D1877260

Der Supercode ist der erste umfassende, kritische Insider-Bericht über das Genomprojekt, das größte Gen-Forschungsvorhaben der Welt, in dem Versuchung und Verheißung zugleich stecken. Internationale Kapazitäten haben sich das Ziel gesetzt, das komplette Erbgut des Menschen zu erforschen, zu kartographieren und die Voraussetzung für künftige Eingriffe ins Erbgut zu schaffen. Führende Wissenschaftler – u.a. die Nobelpreisträger James D. Watson und Walter Gilbert – beleuchten die volle Tragweite des Unternehmens, indem sie den gentechnologischen Fortschritt bei der Entschlüsselung der Erbanlagen des Menschen zur Prävention und Behandlung schwerer Krankheiten schildern, gleichzeitig aber auch die ethischen, rechtlichen und sozialen Implikationen der Genom-Analyse aufzeigen. Eine umfassende, kompetente und kritische Debatte um ein hochaktuelles Thema der Jahrtausendwende.

Daniel J. Kevles, Professor für Humanbiologie am California Institute of Technology. In seinen Publikationen befaßt er sich in erster Linie mit den sozialen und politischen Implikationen der Naturwissenschaften.

Leroy Hood, Professor für Biologie am California Institute of Technology, eine Koryphäe auf dem Gebiet der Immunologie und der Erforschung des menschlichen Genoms. Mitglied der National Academy of Sciences. Seit September 1992 Professor für Molekularbiologie an der Universität Washington.

Daniel J. Kevles und Leroy Hood (Hg.)
Der Supercode

Die genetische Karte des Menschen

Aus dem Amerikanischen von
Günther Kirchberger
und Rainer von Savigny

Insel Verlag

insel taschenbuch 1721
Erste Auflage 1995
Insel Verlag Frankfurt am Main und Leipzig

Lizenzausgabe mit freundlicher Genehmigung
des Artemis Verlags
Hinweise zu dieser Ausgabe am Schluß des Bandes
Vertrieb durch den Suhrkamp Taschenbuch Verlag
Umschlag nach Entwürfen von Hermann Michels
Druck: Nomos Verlagsgesellschaft, Baden-Baden
Printed in Germany

1 2 3 4 5 6 – 00 99 98 97 96 95

Inhalt

Vorwort zur deutschen Ausgabe

Das Genom des Menschen vereinigt in sich alle Gene, die sich in den menschlichen Zellen befinden. Der Nobelpreisträger Walter Gilbert hat es den »Gral der Humangenetik« genannt, den Schlüssel zu dem, was uns zu Menschen macht, unsere Fähigkeiten festlegt und uns als Angehörige der Spezies »homo sapiens« abgrenzt. Was aus uns Menschen anstatt Schimpansen macht, ist ein Unterschied von lediglich einem Prozent zwischen dem Genom des Affen und unserem eigenen. Diese Unterscheidung beruht allerdings nur auf einer groben Berechnung. Das Wesen und die Vielfalt des menschlichen Genoms sind in seinen Details begründet, in der Information über alle Gene, die wir besitzen – ihre Zahl wird auf 50000 bis 100000 geschätzt –, darüber, wie sie zu der gewaltigen Menge menschlicher Eigenschaften beitragen, sowie über den Einfluß, den sie auf Krankheit, Entwicklung und Verhalten haben. Seit dem Erscheinen dieses Buches in den USA im Herbst 1992 sind die gesellschaftlichen Probleme, die das Genomprojekt aufwirft und verschärft, sowohl im privaten Bereich als auch in der Öffentlichkeit auf wachsendes Interesse gestoßen, ohne daß sie sich unterdessen grundsätzlich verändert hätten. Gleichzeitig hat sich dank der Fortschritte bei den Kartierungs- und Sequenzierungsmethoden die technische Entwicklung des Genomprojekts beschleunigt.

In Frankreich hat der Biologe Daniel Cohen eine industrielle Methode der physikalischen Kartierung entwickelt, die Segmente menschlicher DNA von einer Megabase-Größe in künstliche Hefechromosomen einfügt. Die Verwendung so großer DNA-Teile erleichtert es, die Reihenfolge der Segmente auf dem Chromosom zu bestimmen. Außerdem eignet sich die enorme Größe für die physikalische Kartierung mit »Fließbandmethoden«. Cohen hat bereits eine vollständige Karte des Chromosoms 21 erstellt, und in den Vereinigten Staaten hat Eric Lander Pionierarbeit bei der Entwicklung von Techniken zur genetischen Kartierung geleistet. Diese Methoden verwenden einfache Wiederholungspolymorphismen, die beispielsweise zwei Basen, etwa AC, umfassen, und die sich bei verschiedenen Mitgliedern der Bevölkerung fünf- bis fünfzigmal hintereinander wiederholen. Da diese Wiederholungssequenzen leicht zu identifizieren und innerhalb der menschlichen Bevölkerung variabel, also bedeutungstragend sind, werden sie die rasche Produktion einer genetischen Karte mit der vergleichsweise hohen Dichte von zwei Centimorgan möglich machen. Sowohl Cohens als auch Landers Methoden profitieren von der Wirtschaftlichkeit der Verfahren und machen deshalb eine Konzentration der Kräfte erforderlich. Ähnliche Vorteile hat man bei der DNA-Sequenzierung erkannt, so daß vor kurzem mehrere Institute entstanden sind, die sich mit der Sequenzierung in großem Maßstab befassen. Das Sanger-Institut in Cambridge, England, erwartet im ersten Jahr der Sequenzierung eine Gesamtgeschwindigkeit von 30 bis 40 Megabasen zu erreichen. Nach Ansicht der dort arbeitenden Forscher läßt sich diese Verarbeitungsmenge in den folgenden Jahren noch wesentlich steigern. Die Notwendigkeit, bestimmte Arbeitsgänge in großen Zentren zu konzentrieren, die über ein weites Spektrum von interdisziplinären wissenschaftlichen Fähigkeiten verfügen, bedeutet nicht, daß aus dem Genomprojekt »große Biologie« wird, in dem Sinne, wie das Fermilab »große Physik« darstellt. So profitiert beispielsweise ein Netz von Dutzenden kleinerer Gruppen in Europa und Amerika von Cohens Zentrum zur physikalischen Kartierung. Auch in Zukunft werden nicht zentrale Leitung, Hierarchie und Konzentration, sondern lose Koordination, lokale Freiheit, programmatischer sowie institutioneller Pluralismus charakteristisch für das Genomprojekt sein. Die Suche nach dem biologischen Gral läuft seit der Jahrhundertwende, aber mit dem Genomprojekt hat sie ihren Höhepunkt erreicht, denn das Ziel dieses Projektes ist es letztendlich, alle Einzelheiten unserer Gene zu entschlüsseln. Dieses Wissen wird zweifellos unser Verständnis der menschlichen Entwicklung revolutionieren, der Entwicklung der normalen Eigenschaften, der Organfunktionen, ebenso wie der von der Norm abweichenden, wie etwa Krankheiten. Wir werden fähig sein, unsere Entwicklung vorherzusehen und uns auf unser genetisches Schicksal einzustellen. Zweifellos schwingt wie beim heiligen Gral auch bei seinem biologischen Gegenstück, dem Genomprojekt, Macht und Furcht mit. Es hat sowohl hohe Erwartungen als auch Befürchtungen der Fachwelt geweckt, und es wird die Biologie des 21. Jahrhunderts nachhaltig beeinflussen. Welcher Art diese Auswirkungen auch sein werden, die Suche nach dem Gral wird ihr Ziel früher oder später erreichen.

Geschichte, Politik und Genetik

Daniel J. Kevles

Die Geschichte der Genetik und Eugenik

Die wissenschaftliche Suche nach dem »Heiligen Gral« der Biologie reicht bis zur Wiederentdeckung von Gregor Mendels Vererbungsgesetzen im Jahre 1900 zurück. Mendel hatte diese Grundregeln erstellt, indem er die Vererbung von Merkmalen bei Erbsen studierte, aber die Wissenschaftler bewiesen rasch, daß die dominanten und rezessiven Erbfaktoren, die später Gene genannt wurden, die Vererbung auch bei vielen anderen Organismen bestimmten. Sie zeigten auch, daß sich die Gene auf den Chromosomen befinden, den winzigen, fadenähnlichen Gebilden im Zellkern, die durch Einfärbung sichtbar werden. Seit 1910 brachten sie zahlreiche Einzelheiten der Vererbung durch Untersuchungen an Taufliegen in Erfahrung, die geeignete Studienobjekte der genetischen Forschung sind, weil sie sich rasch vermehren und sich ihre Fortpflanzung experimentell kontrollieren läßt. Der Mensch dagegen ist kein gutes Forschungsobjekt, weil er sich langsam, selbständig und heimlich fortpflanzt. Dennoch setzen fast unmittelbar nach der Wiederentdeckung der Mendelschen Gesetze Versuche ein, bei denen ihre Anwendbarkeit auf die menschliche Vererbung überprüft wurde. Bis 1907 hatte man nachgewiesen, daß die Mendelschen Regeln die Vererbung der Augenfarbe wie auch der angeborenen Stoffwechselstörung Alkaptonurie erklären konnten (s. Abb. 1).

In den folgenden Jahrzehnten machten sich einige Wissenschaftler und Ärzte wieder auf die Suche nach dem biologischen Gral. Einige wollten die menschliche Vererbung um ihrer selbst willen begreifen, während für andere der Anreiz in ihrer Verbindung zur Medizin und Eugenik lag. Darunter verstand man die Gesamtheit der Ideen und Aktivitäten, die darauf abzielten, die Qualität der menschlichen Rasse durch die Manipulation des biologischen Erbguts zu verbessern.

Die moderne Eugenik setzte mit Francis Galton, einem brillanten Wissenschaftler und Vetter ersten Grades von Charles Darwin ein.

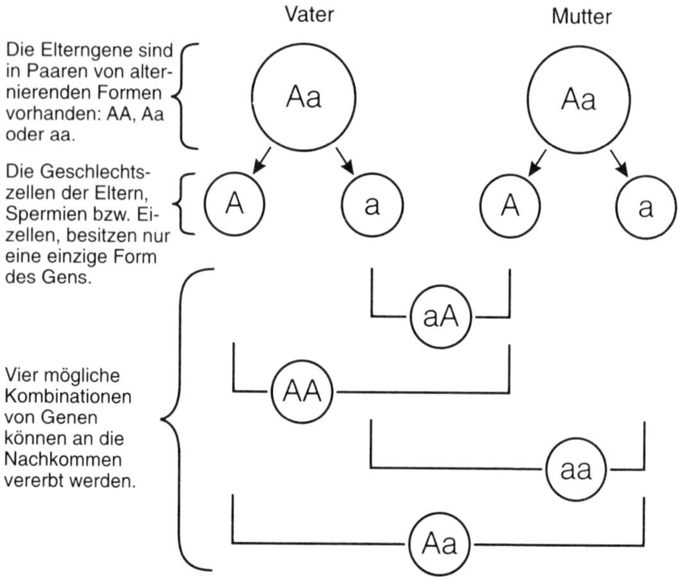

Abb. 1: Der einfachste Typ der Mendelschen Vererbung. Wenn *A* und *a* die dominanten bzw. rezessiven Formen eines Gens darstellen, das ein bestimmtes Merkmal codiert, beträgt die Wahrscheinlichkeit für jeden Nachkommen 3 zu 4, daß das dominante Merkmal, und 1 zu 4, daß das rezessive Gen zum Ausdruck kommt. Beispiele für rezessive Merkmale bei Menschen sind blaue Augenfarbe und Alkaptonurie. Bei einer sehr hohen Zahl der Nachkommen ergibt sich eine Verteilung $AA + 2Aa + aa$, aber die durchschnittliche menschliche Familie ist zu klein, um diese Verteilung zu zeigen.

Ende des 19. Jahrhunderts schlug Galton vor, man könne die menschliche Rasse mit den gleichen Methoden wie bei der Züchtung von Pflanzen und Tieren verbessern. Die Bezeichnung »Eugenik« stammt von Galton selbst, er entlehnte das Wort der griechischen Wurzel, die soviel wie »edel im Erbgut« bedeutet. Sein Ziel war es, mittels der Eugenik die menschliche Rasse zu verbessern, indem er sie von sogenannten unerwünschten Exemplaren befreite und die Zahl der erwünschten Exemplare vermehrte.[1]

Galtons eugenische Ideen wurden nach der Jahrhundertwende

populär und gewannen eine große Gefolgschaft in den USA, Großbritannien und Deutschland sowie in vielen anderen Ländern. Unterstützt wurde die Bewegung von Weißen, die der Mittel- und oberen Mittelschicht entstammten und bestimmten Berufsgruppen angehörten. Zu ihren Anhängern gehörten sowohl prominente Laien als auch Wissenschaftler, vor allem Genetiker, denen die Wissenschaft der biologischen Verbesserung des Menschen einen Weg zu öffentlichem Ansehen und Nutzen eröffnete. Die Eugeniker beabsichtigten, eine gesellschaftliche Degeneration zu verhindern, deren Anzeichen sie in den sozialen Spannungen und dem Verhalten der Stadtbevölkerung der Industriegesellschaften sahen. Phänomene wie Verbrechen, Elendsviertel und um sich greifende Krankheiten, deren Ursachen sie in erster Linie der Biologie zuschrieben, dem »Blut«, wie man um die Jahrhundertwende den vererblichen Charakter zu bezeichnen pflegte.[2]

Die Anhänger der Eugenik unter den Biologen wollten die biologischen Ursachen der gesellschaftlichen Degeneration analysieren. Aus diesem Grund war das Studium des menschlichen Erbguts ein wesentlicher Bestandteil des eugenischen Programms. Unter Eugenik verstanden sie die Anwendung des humangenetischen Wissens auf soziale Probleme und betrachteten die Erweiterung dieses Wissens als den wichtigsten Sektor der eugenischen »Wissenschaft«. Infolgedessen umfaßte das Programm der Humangenetik die Untersuchung von Krankheiten, wie etwa Diabetes oder Epilepsie, nicht nur aus medizinischem Interesse, sondern auch im Hinblick auf die Kosten, die sie der Gesellschaft verursachten. Ein noch weitaus größerer Teil des Programms bestand aus der Analyse von Merkmalen, die angeblich soziale Belastungen darstellten. Zu diesen Merkmalen zählten Eigenschaften des Temperaments und des Verhaltens, in denen man die Ursache von Alkoholismus, Prostitution, Kriminalität und Armut vermutete. Ein wichtiger Forschungsgegenstand waren geistig zurückgebliebene Menschen, die man damals aufgrund von Intelligenztests zumeist als Schwachsinnige bezeichnete und als sozial schädlich betrachtete.

Ein Großteil der Forschung auf dem Gebiet der menschlichen Vererbung wurde in Laboratorien betrieben, die ursprünglich gegründet worden waren, um eugenisch nützliches Wissen zu erarbeiten. Die zwei wichtigsten Einrichtungen im englischsprachigen Raum, beide zu Beginn des 20. Jahrhunderts gegründet, waren das Galton Laboratory for National Eugenics am University College

London unter der Leitung des Statistikers und Bevölkerungsbiologen Karl Pearson und das Eugenics Record Office, das in Verbindung mit den biologischen Einrichtungen stand, die, von der Washingtoner Carnegie Institution in Cold Spring Harbor (Long Island) finanziert, unter der Leitung des Biologen Charles B. Davenport stand. In Deutschland stand der eugenischen Wissenschaft ab 1918 mit dem späteren Kaiser-Wilhelm-Institut für psychiatrische Forschung eine eigene Einrichtung zur Verfügung. Die Institutionalisierung schritt 1923 mit der Einrichtung eines Lehrstuhls für Rassenhygiene in München fort, auf den der Biologe Fritz Lenz berufen wurde, und 1927 mit der Gründung des Kaiser-Wilhelm-Instituts für Anthropologie, menschliche Erblehre und Eugenik in Berlin, das von dem Anthropologen Eugen Fischer geleitet wurde.[3]

Die Forscher, die in diesen Labors arbeiteten oder mit ihnen in Verbindung standen, sammelten Informationen über die menschliche Vererbung, indem sie medizinische Aufzeichnungen auswerteten oder umfangreiche Familienuntersuchungen durchführten; sie stützten sich dabei häufig auf Feldarbeit, um auf der Grundlage von Befragungen und der Überprüfung von genealogischen Aufzeichnungen Stammbäume von Merkmalen in ausgewählten Bevölkerungsgruppen, z. B. Bewohner einer ländlichen Gemeinde, zu konstruieren. Ein charakteristisches Arbeitsfeld der wissenschaftlichen Eugenik in Deutschland waren vergleichende Zwillingsstudien. Dabei ging man von der Vorstellung aus, möglicherweise durch Untersuchungen an genetisch ähnlichen oder identischen Kindern, die in verschiedenen familiären Umgebungen aufgewachsen waren, enthüllen zu können, was an menschlichen Merkmalen genetisch bedingt sei. Bis 1926 hatte das Eugenics Record Office als Ergebnis seiner Erhebungen und Untersuchungen etwa 65 000 Manuskriptseiten mit Berichten der Feldforschung, 30 000 Seiten mit Aufzeichnungen über spezielle Merkmale, 8500 Tabellen mit Familienmerkmalen und 1900 Genealogien, Geschichten von Ortschaften und Biographien angehäuft.

Karl Pearson, ein entschiedener Gegner der Mendelschen Lehre, versuchte die Vererbbarkeit zu bestimmen, indem er die Korrelationen bei Verwandten oder zwischen Generationen in bezug auf die Häufigkeit des Auftretens verschiedener Krankheiten, Störungen und Merkmale berechnete. In den Studien aus seinen Labors wurden in erster Linie die Beziehung von Körperbau und Intelligenz, die Ähnlichkeit zwischen Vettern ersten Grades, die Auswirkung des

Berufs der Eltern auf das Befinden der Kinder oder die Geburtsrate und die Erblichkeit von Alkoholismus, Tuberkulose und Fehlsichtigkeit erforscht. Dennoch war die häufigste Methode der eugenischen Wissenschaft nicht korrelativ, sondern eine Auswertung im Mendelschen Sinne. Analysiert wurden phänotypische und Familiendaten, um nicht nur die Vererbung einer Vielzahl von Krankheiten, sondern auch von Verhaltensweisen genetisch zu erklären.

Ein typisches Beispiel für die Arbeit, die nach Mendels Vorbild auf dem Gebiet der eugenischen Wissenschaft geleistet wurde, waren die Studien von Charles B. Davenport und seinen Kollegen, die in *Heredity in Relation to Eugenics* (1911) und in späteren Publikationen enthalten sind. Immer wenn Familienstammbäume eine hohe Inzidenz eines bestimmten Merkmals vermuten ließen, folgerte Davenport, daß das Merkmal biologisch vererbbar sei, und versuchte, das Vererbungsmuster in ein Mendelsches Schema einzupassen. Obwohl er feststellte, daß einzelne Gene wichtige geistige und soziale Merkmale nicht zu bestimmen schienen, vertrat er die Ansicht, die Vererbungsmuster bei Wahnsinn, Epilepsie, Alkoholismus, Pauperismus und Kriminalität seien offensichtlich. Die geistigen Merkmale und das Verhalten verschiedener Rassen waren von großer Bedeutung für Davenport, der ähnlich wie Eugeniker in anderen Ländern davon ausging, daß verschiedene nationale Gruppen biologisch unterschiedliche Rassen darstellten und verschiedene Rassenmerkmale aufwiesen. Er äußerte sich zwar wiederholt zu diesem Thema, betrieb aber auf diesem Gebiet nur wenig eigenständige Forschung nach dem Mendelschen Vorbild – mit Ausnahme einer Untersuchung zur »Rassenkreuzung« zwischen Schwarzen und Weißen auf Jamaika, deren Auswirkungen seiner Meinung nach biologisch und sozial schädlich waren.[4]

Davenport trug dazu bei, die Mendelschen Regeln in die Studien über den »Schwachsinn« einzuführen, die Henry H. Goddard leitete. Dieser Psychologe, der die Intelligenztests in den USA einführte, stellte die Hypothese auf, daß Schwachsinnige unentwikkelte Menschen seien: »ein kräftiger tierischer Organismus mit niedrigem Intellekt, aber starkem Körperbau – der Wilde von heute«. Seiner Meinung nach mangelte es den Schwachsinnigen an dem »einen oder dem anderen der Faktoren, die für ein moralisches Leben wesentlich sind – ein Verständnis von Recht und Unrecht und die Fähigkeit der Selbstbeherrschung«. Diese Schwächen machten sie dafür anfällig, sich zu Kriminellen, Almosenempfängern und Prostituierten zu entwickeln. Goddard war sich nicht sicher, ob die geistige Behinderung daher rührte, daß im Gehirn ein Faktor vorhanden war, der eine normale Entwicklung behinderte, oder ob etwas fehlte, das sie anregte. Was auch immer die Ursache sein mochte, in diesem Punkt war er sich nahezu sicher: Es verhielt sich wie ein Mendelsches Merkmal. Schwachsinn war »eine Anlage des Verstandes oder des Gehirns, die ebenso regelmäßig und sicher vererbt wird wie die Farbe der Haare oder der Augen«.[5] Späteren Studien Goddards und anderer Forscher zufolge trat er unverhältnismäßig oft bei Gruppen mit niedrigem Einkommen und bei Minderheiten auf – vor allem bei Einwanderern, die erst vor kurzem aus Ost- und Südeuropa in die USA gekommen waren.

Vor der nationalsozialistischen Herrschaft unterschied sich die eugenische Forschung in Deutschland wenig von der in den USA und Großbritannien. Auch nach Hitlers Machtübernahme änderte sich wenig. Das Institut für Anthropologie, menschliche Erblehre und Eugenik beispielsweise führte weiterhin vor allem Untersuchungen zur Genetik von Diabetes, Tuberkulose und Hirnerkrankungen, zur Vererbbarkeit von Kriminalität und zu den Auswirkungen von Rassenvermischung durch, ohne besonderes Gewicht auf das Thema Juden oder Arier zu legen. Während des Hitlerregimes jedoch unterstützten die nationalsozialistischen Bürokraten die eugenischen Forschungseinrichtungen großzügig; ihre Forschungsprogramme wurden erweitert, um die Zielsetzungen des Dritten Reichs zu unterstützen. Sie werteten fortlaufende Untersuchungen über die Vererbung von Krankheiten, Intelligenz, Verhaltensweisen und rassischen Merkmalen aus und berieten die Regierung in ihrer biologischen Politik.[6]

Davenport, Lenz und Eugeniker in anderen Ländern schafften es schließlich, Mendelsche Muster bei der Vererbung von Merkmalen aufzudecken, die leicht zu bestimmen und rein physischer Natur waren, wie beispielsweise die Farbenblindheit. Ihre Arbeiten zeigten, daß möglicherweise einzelne Gene für Anomalien wie Brachydaktylie, Polydaktylie und Albinismus oder für Krankheiten wie Hämophilie, Otosklerose und Chorea Huntington verantwortlich waren. Insbesondere Lenz entwickelte auch wichtige mathematische Methoden, um statistische Verzerrungen zu überwinden. Bei genetischen Felduntersuchungen zeigte sich nämlich, daß ein bestimmtes Merkmal bei Geschwistern mit größerer Häufigkeit auftrat, als man der Wahrscheinlichkeit nach hätte annehmen müssen.

Indem die Eugeniker die Mendelsche Theorie mit unbedachten Spekulationen vermischten, vernachlässigten sie oft komplexe polygenetische Zusammenhänge, wie die Abhängigkeit eines Merkmals von vielen Genen, zugunsten von Erklärungsversuchen durch ein einzelnes Gen. Auch kulturellen, wirtschaftlichen und anderen Umwelteinflüssen schenkten sie bei ihren Beschreibungen von geistigen Fähigkeiten und sozialen Verhaltensweisen zu wenig Beachtung. Einige von Davenports Merkmalskategorien waren nicht ernstzunehmen, besonders in Studien über die Vererbung dessen, was er als »Nomadismus«, »Unbeholfenheit« und »Thalassophilie« bezeichnete. Letztere, die »Liebe zum Meer«, stellte er bei Marineoffizieren fest und schloß daraus, es müsse sich dabei um ein geschlechtsgebundenes rezessives Merkmal handeln, weil es ähnlich wie bei Farbenblindheit immer nur bei Männern zum Ausdruck kam.[7]

Schicht- und Rassenvorurteile waren in der eugenischen Wissenschaft weit verbreitet. In Nordeuropa und den USA verbreitete die Eugenik Normen der Leistungsfähigkeit und des gesellschaftlichen Werts, die vorwiegend für Angehörige der weißen protestantischen Mittelschicht galten und mit »arisch« gleichgesetzt wurden. In der Argumentation der Eugeniker waren Gruppen mit geringem Einkommen nicht arm, weil sie keine Chancengleichheit in Erziehung und Beruf hatten, sondern weil ihre biologisch bedingten moralischen Fähigkeiten und ihr Lernvermögen ungenügend waren. Wenn die Eugeniker die Arier verherrlichten, zeigten sie damit nur ihre eigenen rassischen Vorlieben. Davenport, der einer unvertretbaren Anthropologie huldigte, die keiner wissenschaftlichen Kritik standhielt, erachtete die Polen für »freiheitsliebend und selbstsicher, aber familienverbunden«, während die Italiener zu »Gewalt gegen Personen« neigten und die Juden »zwischen den schlampigen Serben und Griechen und den ordentlichen Schweden, Deutschen und Böhmen« standen und dem »Diebstahl« verfallen waren, jedoch selten zu Gewalttätigkeit gegen Personen neigten. Er erwartete, daß der »große Zustrom von Blut aus Südosteuropa« die amerikanische Bevölkerung »dunkler in der Pigmentierung, kleiner in der Statur, unbeständiger ... stärker Verbrechen wie Diebstahl, Kindesentführung, Gewalttätigkeit, Mord, Vergewaltigung und Lasterhaftigkeit verfallen« machen werde.[8]

Wissenschaftliche Selbstzweifel kannten Eugeniker wie Davenport kaum. Sie legten einen hohen Grad an wissenschaftlicher

Überheblichkeit an den Tag, die noch durch den Wunsch verstärkt wurde, gesellschaftlich von Einfluß und Nutzen zu sein. Sie drängten auf eine Anwendung ihres angeblich objektiven Wissens auf die gesellschaftlichen Probleme und boten dem Staat und den Bundesregierungen ihre Sachkenntnis an, um eine biologisch gesunde Politik für das gesamte Volk zu entwickeln.

Sie rieten zu Eingriffen in die menschliche Fortpflanzung, um das häufige Auftreten von sozial günstigen Genen in der Bevölkerung zu erhöhen und das Vorkommen von schlechten Genen zu vermindern. Dabei schlugen sie zwei Verfahrensweisen vor: Die eine, die »positive« Eugenik, bedeutete Manipulation des menschlichen Erbguts und/oder Züchtung, um höherwertige Menschen zu erzeugen; die andere war »negative« Eugenik. Sie beabsichtigte eine Verbesserung der Qualität der menschlichen Rasse durch die Eliminierung biologisch minderwertiger Menschen aus der Bevölkerung. Eine Möglichkeit bestünde darin, biologisch minderwertige Menschen davon abzuhalten, sich fortzupflanzen oder sich als Einwanderer mit der eigenen Bevölkerung zu vermischen. In der Praxis wurde wenig für positive Eugenik getan, auch wenn beim Aufkommen der Familienbewilligungspolitik in Großbritannien und Deutschland in den 30er Jahren eugenische Aspekte eine Rolle spielten. Positive eugenische Themen spielten auch bei den Wettbewerben der »gesünderen Familie« eine Rolle, die in den 20er Jahren auf einer Reihe von staatlichen Ausstellungen in den USA organisiert wurden. Diese Wettbewerbe wurden in den Abteilungen »menschliche Rasse« der Ausstellungen veranstaltet. Auf der Kansas Free Fair 1924 wurden siegreiche Familien in den drei Kategorien klein, durchschnittlich und groß mit einer »Governor's Fitter Family Trophy« ausgezeichnet. Außerdem erhielten »Stufe A-Individuen« eine Medaille; sie zeigte ein Elternpaar, das, in durchsichtige Gewänder gehüllt, seine Arme nach einem vermutlich »eugenisch verdienstvollen« Kind ausstreckt. Warum diese Familien und die Individuen als gesund herausragen sollten, ist schwer zu erkennen, aber einen Hinweis liefert die Tatsache, daß alle Teilnehmer einen IQ-Test machen mußten und darüber hinaus den Wassermann-Test zur Erkennung von Syphilis.[9]

Auf dem Gebiet der negativen Eugenik wurden wesentlich größere Aktivitäten entfaltet, insbesondere durch die Verabschiedung von eugenischen Sterilisierungsgesetzen. Bis Ende der 20er Jahre hatten etwa zwei Dutzend amerikanische Bundesstaaten derartige

Gesetze, oft mit Hilfe des Eugenics Office Record, erarbeitet und erlassen. In der Entscheidung *Buck gegen Bell* erklärte der Oberste Gerichtshof der USA 1927 dieses Gesetz für verfassungsmäßig. Darin vertrat Richter Oliver Wendell Holmes die Auffassung, drei Generationen von Geistesschwachen würden ausreichen. Der führende Bundesstaat war hier Kalifornien, das 1933 mehr Menschen aus eugenischen Gründen sterilisieren ließ als alle anderen Bundesstaaten der USA zusammen.[10]

Die einflußreichste Verbindung von eugenischer Forschung und staatlicher Politik kam in Deutschland während des Nationalsozialismus zustande, wo die Sterilisierungsmaßnahmen teilweise durch das kalifornische Gesetz angeregt wurden. Dort veranlaßte die Eugenikbewegung die Sterilisierung von mehreren hunderttausend Menschen, ein erster Schritt auf dem Weg zu den Todeslagern. Eugen Fischers Institut in Berlin bildete Ärzte für die SS in den Feinheiten der Rassenhygiene aus und analysierte die Ergebnisse seiner Experimente in den Konzentrationslagern. Zum Teil arbeitete er mit den inneren Organen von toten Kindern und den Skeletten ermordeter Juden, die ihm von Josef Mengele, Assistent von Otmar von Verschuer am Institut für Anthropologie, menschliche Erblehre und Eugenik zur Verfügung gestellt worden waren. Verschuer wurde 1942 Nachfolger Fischers als Leiter des Instituts. Dennoch lehrte er nach dem Krieg Humangenetik als Professor an der Universität Münster).[11]

In den 30er Jahren wandten sich die Wissenschaftler in den USA und Großbritannien zunehmend gegen die Eugenik, teils wegen ihrer Verbindung mit dem Nationalsozialismus, teils wegen des geringen wissenschaftlichen Werts ihrer Theorien über die menschliche Vererbung. Ein Gutachten des Eugenics Record Office wies beispielsweise darauf hin, daß umfangreiche Aufzeichnungen für das Forschungsgebiet der Humangenetik wertlos waren, nicht zuletzt deshalb, weil sie an Merkmalen wie Persönlichkeit, Charakter, Sinn für Humor, Selbstachtung, Rechtschaffenheit, Mißgunst und ähnlichem festhielten, Eigenschaften, die sich kaum nachweisen oder aufzeichnen ließen.[12]

In den USA, wo sich die eugenische Lehre stark gegen Minderheiten gerichtet hatte, schreckte dies die Pflanzen- und Tiergenetiker ab, die nichts mit der Humangenetik zu tun haben wollten, weil diese mit Rassismus, Sterilisation und mit mangelnder wissenschaftlicher Seriosität in Zusammenhang gebracht wurde. Das Gebiet fand auch deshalb keinen Anklang, weil sich die Methoden und Kenntnisse der Pflanzen- und Tiergenetik, in der die meisten Genetiker ausgebildet waren, nicht unmittelbar auf das Studium der menschlichen Vererbung übertragen ließen; dieses erforderte nämlich ein hohes Maß an medizinischem Wissen und mathematische Methoden, um beispielsweise Verzerrungsfehler bei Untersuchungen zu vermeiden. In einem Interview aus dem Jahr 1982 erinnert sich ein amerikanischer Genetiker, davor gewarnt zu haben, daß es zu schwierig sei, die notwendigen verläßlichen Informationen über die menschliche Vererbung zu erhalten: »Die Aufzeichnungen sind dürftig, die Einteilung ist mangelhaft. ... Wir sollten mit experimentellen Organismen arbeiten. Das einzige, was wir mit Humangenetik anfangen können, ist, Vorurteile zu entwickeln. Und jemand, der sich mit Humangenetik befaßte, galt sofort als mit Vorurteilen behaftet.«

Die eugenische Idee beschäftigte jedoch auch weiterhin einige Wissenschaftler, unter anderem eine Gruppe von außergewöhnlich begabten Forschern. Unter ihnen befanden sich die britischen Wissenschaftler Ronald A. Fisher, J. B. S. Haldane, Lancelot Hogben und Julian Huxley sowie der Amerikaner Hermann J. Muller. Man könnte sie vielleicht als »Reformeugeniker« bezeichnen, weil sie im Unterschied zu ihren Vorgängern die Auffassung vertraten, jegliche Eugenik müsse frei von rassischen und schichtbedingten Vorurteilen sein und in Einklang mit dem stehen, was über die Vererbungsgesetze bekannt sei. In diesem Punkt fanden sie wichtige Verbündete bei den Ärzten, wie etwa Lionel Penrose, führend auf dem Forschungsgebiet der geistigen Behinderung. Penrose, ein Gegner der Eugenik, war der Meinung, man könne die Genetik vorteilhaft innerhalb der präventiven oder therapeutischen Medizin einsetzen. Was Penrose mit Reformeugenikern wie Haldane verband, war die fest verwurzelte Überzeugung, daß es notwendig sei, eine zuverlässige Wissenschaft der Humangenetik zu entwickeln.

Um die Humangenetik vom Ruch der Eugenik zu befreien, zog es die neue Generation von Forschern vor, gut definierte Merkmale in Erfahrung zu bringen, die sich deutlich aufspalteten, sicher zu bestimmen und immun gegenüber Umwelteinflüssen waren. Sie begrüßten deshalb das rasche Anwachsen des Wissens bezüglich der Blutgruppen des Menschen, wovon Anfang der 30er Jahre sieben bekannt waren. Sie zeigten Vererbungsmuster, die mit den Mendelschen Gesetzen übereinzustimmen schienen. Da sie rasch bestimmbar waren, konnten sie vielleicht auch genaue und universelle genetische Marker liefern, die sich bei den meisten Individuen an der gleichen Chromosomenstelle befanden und im Bezug zu denen sich möglicherweise die Gene für andere Merkmale lokalisieren ließen. Lancelot Hogben erklärte in seinen 1931 erschienenen *Genetical Principles in Medicine and Social Science*, falls sich solche eindeutigen Marker für jedes Chromosom fänden, würde man über eine Gruppe von gesellschaftlich unbeeinflußten Bestimmungsmarken verfügen, mit deren Hilfe das menschliche Genom katalogisiert oder, wie man heute sagen würde, genetisch kartiert werden könne.[13]

Die Genkartierung ist auf die Kopplungsanalyse angewiesen. Diese Technik wurde kurz vor dem Ersten Weltkrieg von Genetikern entwickelt, die mit Taufliegen experimentierten, und erfaßte Merkmale, die in erkennbar alternierenden Formen auftreten – beispielsweise Augenfarbe oder Flügeltyp. Wenn die eine oder andere Form zweier solcher Merkmale jeweils zur gemeinsamen Vererbung tendiert, liegen ihre jeweiligen Gene wahrscheinlich auf demselben Chromosom, und man spricht davon, daß sie miteinander verknüpft sind. Gene, die eng nebeneinander liegen, werden deshalb mit großer Häufigkeit gemeinsam vererbt. Gene, die weit voneinander entfernt sind, werden mit geringer Wahrscheinlichkeit gemeinsam vererbt. Der Grund dafür ist, daß bei Chromosomenpaaren häufig nach dem Zufallsprinzip ein Crossing-over stattfindet, d. h., daß sie wechselseitig Segmente austauschen. Dieser Vorgang kann zwei miteinander verknüpfte Gene trennen, wobei das eine auf dem ursprünglichen Gen verbleibt und das andere bei der Neukombination auf das Partnerchromosom überwechselt. Auf diese Weise liefert die Bestimmung der Häufigkeit, mit der Merkmale gemeinsam vererbt werden, ein Maß der linearen Trennung auf einem Chromosom zwischen den Genen für die Merkmale. Dabei durchlaufen zwei Gene eine Rekombination mit einer Wahrscheinlichkeit von einem Prozent, wenn sie 1 Million Basenpaare voneinander getrennt sind – eine genetische Entfernung von 1 Centimorgan. Im Prinzip kann man eine genetische Karte anhand der Häufigkeitsbestimmung zeichnen, als zeichnerische Darstellung relativer Entfernungen zwischen Genen auf einem Chromosom und als Spezifizierung der Reihenfolge, in der sie auftreten.

Man hatte zwar schon Kopplungskarten für Taufliegen gezeichnet, die nur vier Chromosomenpaare besitzen, aber für Menschen waren solche Karten erheblich schwieriger anzufertigen. Man wußte, daß die menschliche Zelle zwei Geschlechtschromosomen enthielt und angeblich 23 Chromosomenpaare besaß, die als *Autosomen* bezeichnet wurden und unabhängig vom Geschlecht ihre Funktion erfüllten. Die beiden Geschlechtschromosomen konnte man identifizieren; nach ihrer Form wurden sie als X und Y bezeichnet. Die damaligen Labormethoden reichten jedoch nicht aus, um die Autosomen deutlich zu trennen; selbst ihre Zählung bedeutete eine Herausforderung. Heute wissen wir, daß es 22 Autosomenpaare beim Menschen gibt, und sie voneinander zu unterscheiden war äußerst problematisch. Es war klar, daß sich die Gene für geschlechtsgebundene Merkmale bei Männern, wie etwa für die Hämophilie, auf dem X-Chromosom befanden; doch es war unklar, wie man ein Autosom als Ort eines speziellen Genmarkers, einschließlich des Gens für eine Blutgruppe, identifizieren sollte. In den 30er Jahren war die Idee einer Genkarte des Menschen eine Vision, die ihrer Zeit voraus war.

Realistischer schien die Erwartung von Hogben und anderen Wissenschaftlern, daß Kopplungsstudien vielversprechende Aussichten für die eugenische Vorhersage eröffneten. Die Eugeniker standen lange Zeit vor dem Problem, die Träger einzelner Gene für rezessive Merkmale zu identifizieren, die erst dann zum Ausdruck kamen, wenn sie homozygot, also reinerbig, bei einem Nachkommen zusammentrafen – zu spät vom eugenischen Standpunkt aus. Kopplungsstudien zeigten, daß ein schädliches rezessives Gen auf dem gleichen Chromosom auftrat wie eines der Blutgruppen. Dann war es nicht mehr erforderlich zu wissen, welches Chromosom beteiligt war, um den Angehörigen einer der Blutgruppen als wahrscheinlichen Träger des rezessiven Merkmals zu bestimmen. Handelte es sich um ein dominantes Gen, wäre es durch die Bestimmung der Blutgruppe eines Kindes möglich, die wiederum vom Grad der Kopplung abhängige Wahrscheinlichkeit vorherzusagen, mit der die aus dem dominanten Gen resultierende Krankheit bei diesem Kind ausbräche. Es wäre dann vielleicht möglich, geeignete Schritte zu unternehmen, um den Ausbruch der Krankheit zu verhindern oder zumindest ihre Auswirkungen abzuschwächen. Falls die Krankheit erst spät im zeugungs- bzw. gebärfähigen Alter auftrat, konnte man Menschen mit dieser Anlage über die Wahrscheinlichkeit einer Vererbung beraten, so daß sie möglicherweise auf eigene Kinder verzichteten.

Ein großer Teil der Forschung galt insbesondere in Großbritannien der Suche nach Kopplungen. Man fand keine zwischen den Blutgruppen oder einem universellen, nicht geschlechtsgebundenen Merkmal einerseits und einer Erbkrankheit oder einer erblichen Störung andererseits. Aber J. B. S. Haldane und Julia Bell, Assistentin am University College London, hatten mehr Erfolg. Sie konzentrierten sich auf geschlechtsgebundene Merkmale bei Männern, weil sich die Gene dafür offensichtlich auf dem X-Chromosom befanden, und entdeckten, was Haldane in Bells Bericht »einen ›sensationellen‹ Stammbaum« nannte, »der die Verknüpfung von Hämophilie und Farbenblindheit zeigt«. Dies war der erste sichere Beweis einer Kopplung bei Menschen.[14]

1945 wurde Lionel Penrose dank Haldanes Einfluß und Unterstützung Leiter des Galton Laboratory for National Eugenics am University College London. Nach wie vor ein entschiedener Gegner der Eugenik, änderte er 1954 den Titel der Fachzeitschrift des Labors von *Annals of Eugenics* zu *Annals of Human Genetics*. 1961 erreichte er, daß sein Lehrstuhl in Galton-Professur für Humangenetik umbenannt wurde. Penrose führte das Forschungsprogramm des Galton-Instituts von eugenisch ausgerichteten Themen weg und konzentrierte es auf Humangenetik und medizinische Genetik, insbesondere auf die Untersuchung von Vererbungsphänomenen, die sich z. B. quantitativ objektivieren ließen. In dem Vierteljahrhundert nach dem Zweiten Weltkrieg war das Galton-Institut eines der wichtigsten Zentren für Humangenetik im englischsprachigen Raum, ein Mekka für die wachsende Zahl von Wissenschaftlern und Ärzten, die bestrebt waren, die Methoden ihres Fachgebiets zu beherrschen und es von eugenischen Vorurteilen zu befreien. In den USA gründete eine Gruppe solcher Enthusiasten 1950 die American Society of Human Genetics; 1954 riefen ihre Mitglieder das *American Journal of Human Genetics* ins Leben.

Bei der Loslösung der Humangenetik von ihren eugenischen Wurzeln war nach dem Krieg in den USA James V. Neel eine Schlüsselfigur, der seine Forschungsarbeit mit genetischen Studien an Taufliegen begonnen hatte, in Medizin promovierte und 1948 eine Berufung an die Medical School und das Labor für Wirbeltierbiologie an der University of Michigan annahm.[15] Neel erinnert sich: »Als ich zur Humangenetik kam, hatte ich ein absolutes Leitprinzip: ›Versuche so exakt zu sein, als ob du bei *Drosophila* geblieben wärest! Das hieß, Probleme, bei denen man solide wissenschaftliche Zeugnisse über die Vererbung beim Menschen erhalten konnte, sorgfältig anzugehen.« Auf der Suche nach soliden wissenschaftlichen Beweisen und nach Indikatoren für Träger von schädlichen Genen konzentrierte Neel, ähnlich wie andere vor ihm, seine Aufmerksamkeit auf das menschliche Blut. »Man kann es ausbreiten, man kann es anschauen, man kann objektiv mit ihm umgehen«, betonte er.

Neel wies ab 1948 nach, daß die Sichelzellenanämie, die damals auf ein dominantes Gen zurückgeführt wurde, deren Symptome aber von massiven bis zu leichten Anzeichen reichten, das Ergebnis eines einzelnen rezessiven Gens war. Im selben Jahr entdeckten Linus Pauling und mehrere Mitarbeiter am California Institute of Technology, daß sich das Hämoglobinmolekül in Sichelzellen in seiner Form von dem im normalen Zellentyp unterschied. Die Pauling-Gruppe stärkte Neels Schlußfolgerung und interpretierte ihre Ergebnisse in dem Sinne, daß das Merkmal und die Krankheit von einem bestimmten rezessiven Gen herrührten, das an der Herstellung des Hämoglobinmoleküls beteiligt sei.[16]

In den 50er Jahren nutzten die Humangenetiker sowohl in den USA als auch in Großbritannien die Resultate der Arbeit, die damals innerhalb des molekularbiologischen und biochemischen Zweigs der Pflanzen-, Tier- und zunehmend auch der Bakteriengenetik geleistet wurde, und profitierten von dem raschen Wissenszuwachs in der Biochemie des menschlichen Körpers. Der Durchbruch auf dem Gebiet der Molekularbiologie war die Entdeckung von James Watson und Francis Crick im Jahre 1953, daß es sich bei den Genen um Stränge der Desoxyribonucleinsäure, der DNA, in der Form einer Doppelhelix handelte, wobei die beiden Stränge antiparallel zueinander verliefen und in regelmäßigen Abständen durch Sprossen verbunden waren, die von einem von zwei Basenpaaren, Adenin und Thymin oder Cytosin und Guanin, gebildet wurden. Innerhalb eines Jahrzehnts erkannten die Wissenschaftler, daß die vier Basen das Alphabet des genetischen Codes bilden. Variationen in der linearen Reihenfolge der Buchstaben machen Einheiten der genetischen Information aus: die Sequenzen des Codes, die als Gene bezeichnet werden.

Bis Mitte der 60er Jahre war eine große Zahl von klar umrissenen biochemischen Abweichungen bekannt, darunter mehr als ein Dutzend angeborene Stoffwechselfehler, wahrscheinlich die Folge von Enzymdefekten. Außerdem entdeckte man zahlreiche Proteinvarianten des Hämoglobins und des Blutserums. Es wurden auch Methoden entwickelt, die menschlichen Chromosomen zu analysieren. 1956 entwickelten die schwedischen Wissenschaftler Joe-Hin Tijo und Albert Levan mehrere kombinierte Techniken, um zu zeigen, daß das menschliche Genom 22 und nicht 23 Autosomenpaare enthielt, so daß das normale menschliche Genom aus 46 Chromosomen einschließlich der beiden Geschlechtschromosomen besteht (s. Abb. 2). Anfang 1959 wurde in Frankreich und England fast gleichzeitig nachgewiesen, daß das Down-Syndrom aus einer Chromosomenanomalie resultiert, der Trisomie 21, deren Name daher rührt, daß das betreffende Individuum anstelle von zwei bei gesunden Menschen drei Kopien des Chromosoms 21 besitzt.[17]

Die biochemischen und zytogenetischen Fortschritte förderten das neue Gebiet der genetischen Beratung. In seiner Anfangszeit hatten Genetiker versucht, die Praxis zum eugenischen Vorteil einzusetzen, die Häufigkeit einer Erbkrankheit in der Bevölkerung zu verringern und infolgedessen die Wahrscheinlichkeit schädlicher Gene im menschlichen Genpool zu reduzieren. Deshalb sahen es einige als die Pflicht des Beraters an, Paare nicht nur über das mögliche genetische Ergebnis ihrer Verbindung zu informieren, sondern sie auch zu beraten, ob sie überhaupt Kinder bekommen sollten. In den 50er Jahren jedoch richteten sich die Normen der genetischen Beratung entschieden gegen eugenisch orientierte Ratschläge, d.h. gegen Ratschläge, die mehr auf die Gesundheit des Genpools als der Familie abzielten. Es wurde zur Norm, daß kein Berater das Recht hatte, einem Paar zu sagen, es solle ein Kind bekommen oder nicht, auch wenn es aus Sorge um die Gesundheit des Paars selbst geschah.[18]

Die Enthüllungen über den Holocaust hatten den Begriff »Eugenik« diskreditiert. Je mehr über die Komplexität der Vererbung beim Menschen bekannt wurde, desto schwieriger erschien es, die Eugenik zu verteidigen und wissenschaftlich zu verwirklichen. Die meisten Humangenetiker konnten Lionel Penrose zustimmen, der 1966 erklärte: »Unser Wissen über die menschlichen Gene und ihre Wirkung ist noch immer so gering, daß es anmaßend und dumm ist, positive Prinzipien für die menschliche Fortpflanzung festzulegen.«[19] Die Suche nach dem biologischen Gral, die sich inzwischen von ihren eugenischen Wurzeln befreit hatte, war zu einem unabhängigen und angesehenen wissenschaftlichen Projekt geworden.

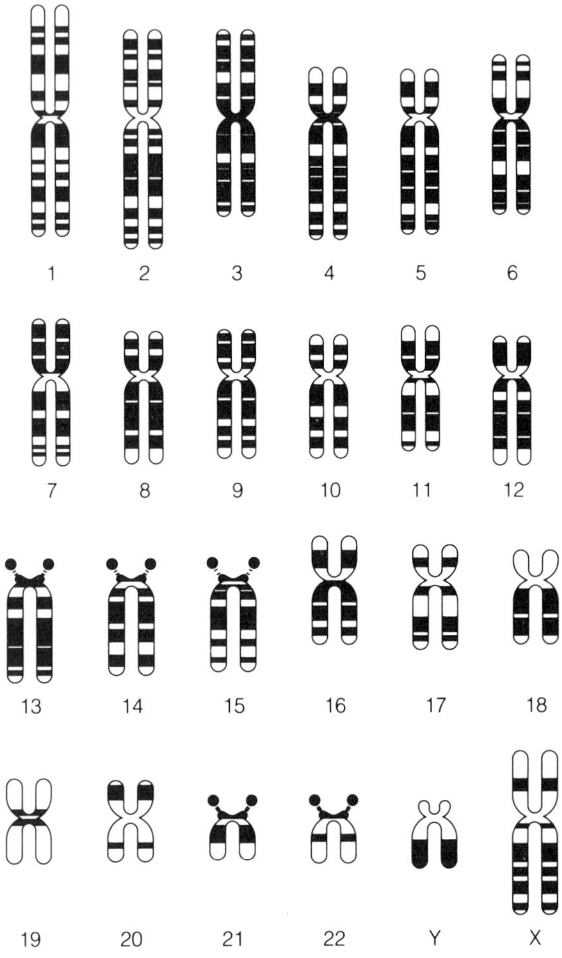

Abb. 2: Das menschliche Genom umfaßt 22 Autosomenpaare sowie ein Geschlechtschromosomenpaar, zwei X-Chromosomen bei Frauen, ein X- und ein Y-Chromosom bei Männern. Nach dem Einfärben mit Chemikalien zeigt jedes menschliche Chromosom ein einmaliges Streifenmuster, nämlich Bereiche, die aufgrund der Wechselwirkung mit dem Farbstoff dunkel erscheinen, und läßt sich so mit Hilfe seines individuellen Musters identifizieren. Die Größe der menschlichen Chromosomen reicht von 50 Millionen bis 250 Millionen DNA-Basenpaare.

Man schätzte die Erforschung der menschlichen Vererbung um ihrer selbst willen und sah sie als Möglichkeit an, das Verständnis, die Diagnose und die Behandlung von Krankheiten zu verbessern.

Das Genomprojekt entstand weitgehend aus Initiativen, die Robert Sinsheimer und Charles DeLisi Mitte der 80er Jahre angeregt hatten. Sinsheimer, ein Molekularbiologe, hatte 1969 erklärt, daß die Molekularbiologie eine neue und grenzenlose Aussicht für den Menschen eröffne, indem sie die Wissenschaftler in die Lage versetze, neue Gene und neue Eigenschaften zu schaffen: »Zum ersten Mal überhaupt versteht ein Lebewesen seinen Ursprung und kann es in die Hand nehmen, seine Zukunft zu gestalten.« 1977 wurde Sinsheimer Kanzler der University of California in Santa Cruz. Die neue Sicht des Menschen behielt er im Gedächtnis; hinzu kam der Wunsch, seiner Einrichtung einen Namen in der internationalen Wissenschaft zu verschaffen. 1984 hatte er die Vision, ein großes Projekt zur Erforschung des menschlichen Genoms in Santa Cruz ins Leben zu rufen.[20]

Charles DeLisi, von Haus aus Physiker und vormals Abteilungsleiter für mathematische Biologie an den National Institutes of Health, war der Direktor des Office of Health and Environment im Energieministerium in Washington. Das Ministerium, das auf das Manhattan-Projekt und die Erfindung der Atombombe im Zweiten Weltkrieg zurückging, hatte lange Zeit die Forschung auf dem Gebiet der biologischen Auswirkungen von Strahlung, insbesondere der genetischen Mutationen, gefördert. Es unterhielt eine Abteilung für biologische Wissenschaften am Los Alamos National Laboratory in Los Alamos, New Mexico, und hatte dort 1983 eine große Datenbank, eine »Genbank«, für Informationen über DNA-Sequenzen aufgebaut. Im Oktober 1985 entwarf er ein Verfahren, um Mutationen festzustellen: den Vergleich des Genoms eines Kindes mit dem seiner Eltern, DNA-Basenpaar für DNA-Basenpaar. Dies führte DeLisi zu der Überlegung, ob es möglicherweise realisierbar sei, die Basenpaarabfolge in einem gesamten menschlichen Genom zu ermitteln.[21]

Im Mai 1985 vereinte Sinsheimer ein Dutzend führender amerikanischer und europäischer Molekularbiologen in Santa Cruz zu einem Workshop, der sich mit den technischen Aussichten eines Genomprojekts beim Menschen befaßte. Im März 1986 organisierte DeLisi in Los Alamos einen ähnlichen Erfahrungsaustausch zum selben Thema. Einige Teilnehmer, wie Walter Gilbert, besuchten beide Veranstaltungen, und es war in Los Alamos, wo Gilbert das vollständige menschliche Genom zum Gral erklärte und hinzufügte, dies sei auch die letzte Antwort auf das Gebot: »Erkenne dich selbst«.[22] Ähnlich wie Gilbert waren die meisten Teilnehmer der Auffassung, daß eine Vielzahl von technologischen Neuerungen seit den späten 60er Jahren vielversprechende Perspektiven eröffneten, dieses Ziel zu erreichen.

Der entscheidendste Fortschritt war vielleicht die Erfindung der rekombinierten DNA im Jahre 1973. Mit Hilfe dieser Methode konnte man ein DNA-Fragment aus einem Genom herausschneiden und, neu kombiniert, in ein anderes einspleißen. Die Schere zum Schneiden sind Proteine, die als Restriktionsenzyme bezeichnet werden. Sie heften sich an spezifischen Stellen, die durch die Abfolge der Basenpaare bestimmt werden, an die DNA an und zerschneiden sie.[23] Die rekombinierte DNA eröffnet eine ungeheure Bandbreite von wissenschaftlichen Möglichkeiten, darunter die Isolierung einzelner menschlicher Gene und die Bestimmung ihrer Funktion. In den 70er Jahren entwickelten Gilbert und Allan M. Maxam an der Harvard University und Fred Sanger an der Universität Cambridge, England, Technologien, um die Reihenfolge von Basenpaaren in einem DNA-Basenpaar zu bestimmen. Zu Beginn der 80er Jahre erfanden Wissenschaftler am California Institute of Technology unter der Leitung von Leroy E. Hood eine neue Technologie, die den Sequenzierungsvorgang automatisieren und beschleunigen sollte.[24]

Um den Ort einer bestimmten Sequenz zu bestimmen, war man zum Teil von einer physikalischen Karte des Genoms abhängig, einer linearen Anordnung der DNA-Fragmente, die sich entlang jedes Chromosoms erstrecken. Die Fragmente konnten dann mittels Impulsfeld-Gelelektrophorese getrennt werden. Diese Technik, in den frühen 80er Jahren von Charles Cantor und seinen Mitarbeitern an der Columbia University entwickelt, konnte relativ große DNA-Fragmente abspalten.[25] Sobald die Fragmente getrennt waren, konnte man sie in genetische Elemente, wie etwa Plasmide, einfügen, die sich als rekombinierte Moleküle in geeigneten Wirtszellen, wie z. B. Bakterien, verdoppeln können.

Die neuen Techniken versprachen auch, Hogbens Vision einer vollständigen Genkarte des menschlichen Genoms in die Realität umzusetzen. Dank einer chemischen Einfärbungsmethode war es möglich, die Autosomen zu identifizieren. Ein bestimmtes Chromosom zeigt ein einmaliges, charakteristisches Muster von fluoreszierenden Streifen. Bestimmte Gene konnten nunmehr mit Hilfe von speziellen Zellkulturmethoden bis zu einem bestimmten Chromosom verfolgt werden. Vor allem konnte man Restriktionsenzyme zur Herstellung von genetischen Markern auf den menschlichen Chromosomen verwenden, die häufiger als etwa die Blutgruppengene waren. Einige Positionen einer bestimmten DNA-Restriktionsschnittstelle variieren zwischen zwei Individuen. Zumeist in der Länge unterscheiden sich als Folge davon die DNA-Fragmente, die bei zwei Individuen durch ein Restriktionsenzym erzeugt werden, das auf den gleichen Chromosomenbereich angewendet wird. Diese DNA-Marker sind somit vielgestaltig oder – in der Terminologie der Genetik – polymorph. Biologen bezeichnen sie als *Restriktionsfragment-Längenpolymorphismen*, kurz *RFLPs*, »Riflips« ausgesprochen (s. Abb. 3).

Ende der 70er Jahre hatten der Biologe David Botstein und mehrere Kollegen erkannt, daß die RFLPs ein System von genetischen Markern bilden, weil sie über alle Chromosomen verstreut sind, und jedes Gen in bezug auf diese Marker kartiert werden kann.[26] Im Jahre 1980, als die grundlegenden Aufsätze über RFLP-Genkartierung veröffentlicht wurden, waren 450 menschliche Gene kartiert, vor allem mit Hilfe von zytologischen Methoden. Bis Mitte der 80er Jahre hatte sich die Gesamtzahl nach dem Einsatz von RFLP-Methoden auf fast 1500 Gene verdreifacht.[27]

Die RFLP-Kartierung konnte auch das leisten, was Hogben sich vergeblich von den Blutgruppen erhofft hatte, nämlich Gene für Krankheiten nachweisen. Die RFLP-Marker können in einer Form auf einem normalen Chromosom auftreten, aber in einer anderen Form auf einem Chromosom, das das Krankheitsgen enthält. Ist letztere Form auch eng mit dem Gen verbunden, so zeigt das Auffinden dieses RFLP das Vorhandensein des Gens an. Der nächste Schritt besteht darin, seine annähernde Entfernung vom RFLP-Marker zu berechnen, was wiederum die Möglichkeit eröffnet, das Gen aufzuspüren und zu analysieren. 1983 gaben James Gusella von der Harvard Medical School und Nancy Wexler von der Columbia University bekannt, sie hätten die RFLP-Kartierung erfolgreich eingesetzt, um das Vorhandensein des Gens für Chorea Huntington nachzuweisen, das sie auf Chromosom 4 lokalisierten. Dieser aufsehenerregende Bericht beschleunigte die RFLP-Kartie-

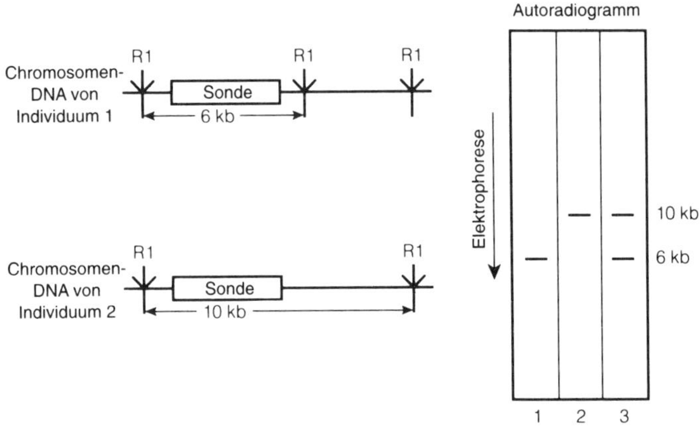

Abb. 3: Restriktionsfragment-Längenpolymorphismen, RFLPs, sind genetische Marker. Ein Restriktionsenzym schneidet die Chromosomen-DNA nur an einer bestimmten Basenpaarsequenz: wo immer diese Abfolge (hier als *R 1* gekennzeichnet) vorkommt, wird die DNA-Kette aufgebrochen. Bei Individuum 1 ist das DNA-Fragment, das die Sondenabfolge enthält, 6 Kilobasen (kb) lang; bei Individuum 2 ist es länger, nämlich 10 kb, weil eine der Restriktionserkennungsstellen infolge einer DNA-Basenmutation verlorengegangen ist. Der Längenunterschied ist im Audiogramm rechts zu sehen, das auch eine Probe eines dritten Individuums zeigt. Die DNA-Fragmente, die durch radioaktive Sonden markiert sind, werden mittels Elektrophorese nach Größe getrennt; die Sonden werden auf einem Röntgenfilm aufgezeichnet. Individuum 1 ist homozygot (reinerbig) für das 6-kb-Fragment, Individuum 2 homozygot für das 10-kb-Fragment, während Individuum 3 heterozygot (mischerbig) ist.

rungsbestrebungen, die bereits im Gange waren, und regte neue an, um angenommene Erbkrankheiten und erbliche Störungen zu untersuchen.[28]

Bis Mitte der 80er Jahre wurden in rascher Folge Entdeckungen über den Einfluß von Genen auf Krankheiten gemacht. Potentiell tödliche Krankheiten wie Hypercholesterinämie, eine Ursache von Herzerkrankungen, wurden auf ein rezessives Gen zurückgeführt, während man bei Krebs feststellte, daß er zum Teil aufgrund der Veränderung von sogenannten Onkogenen entsteht. Onkogene sind normale Zellgene, die als Folge einer Deregulierung oder

Mutation »durchdrehen«. Diese Erkenntnis veranlaßte den Nobelpreisträger Renato Dulbecco in einem Leitartikel der Zeitschrift *Science* vom 7. März 1986, drei Tage nach dem Ende der Konferenz von Santa Fe, zu erklären, die Wissenschaft habe einen Wendepunkt in der Krebsforschung erreicht und der weitere Fortschritt werde sich mit dem Wissen um die vollständige Abfolge der DNA im menschlichen Genom beschleunigen. Obwohl Dulbecco weder an dem Treffen von Santa Fe noch an dem von Santa Cruz teilgenommen hatte, rief er die USA dazu auf, ein Projekt zu initiieren, in den Anstrengungen und im Geist dem Programm vergleichbar, das »zur Eroberung des Weltraums geführt« hatte.[29]

Dulbeccos Artikel und inoffizielle Berichte von den Treffen in Santa Cruz und Santa Fe regten die Biologen zu einer intensiven Diskussion über ein Genom-Projekt an. Walter Gilbert, ein erklärter Anhänger dieser Idee, überzeugte mehrere wichtige Wissenschaftler vom Wert eines solchen Projekts, darunter James D. Watson, der zusammen mit Crick die DNA-Struktur entdeckt hatte und der Leiter des biologischen Labors in Cold Spring Harbor auf Long Island war. Gilbert befürwortete unermüdlich die rasche Durchführung eines Programms für die Sequenzierung des menschlichen Genoms. Er behauptete, es gebe keinen vernünftigen Grund für einen Aufschub, da die erforderliche Technologie bereits vorhanden sei. Im Juni 1986 erklärte Gilbert bei einer Konferenz in Cold Spring Harbor, das Projekt könne beschleunigt werden, wenn man mehrere tausend Leute daran arbeiten ließe. Er schätzte, daß man bei Sequenzierungskosten von einem Dollar pro Basenpaar die vollständige menschliche Sequenz für 3 Milliarden Dollar erhalten könne.[30] Es könne ein Großprojekt der modernen Biologie werden. Walter Bodmer, der Forschungsdirektor des Imperial Cancer Research Fund in London war, fügte noch hinzu, das Projekt habe möglicherweise Ähnlichkeit mit den großen Unternehmungen der Teilchenphysik oder der Raumfahrt, werde sich aber mit größerer Sicherheit auszahlen. Einen Menschen »ein Drittel oder Viertel des Weges zum Mars« zu befördern sei nutzlos. »Ein Viertel oder ein Drittel ... der gesamten Sequenz des menschlichen Genoms jedoch ... könne bereits ein äußerst wertvolles Anwendungsergebnis liefern.«[31]

Charles DeLisi wies aus dem bewilligten Haushalt 1987 des Energieministeriums 4,5 Millionen Dollar für das Genomprojekt aus und beantragte, das Projekt in ein Hauptprogramm des Ministeriums zu überführen. Das Ministerium war nicht nur an den gesundheitlichen Auswirkungen von Strahlung interessiert. Als wichtigster Förderer von Teilchenbeschleunigern in den USA war es an großangelegte wissenschaftliche Projekte modernster Technologie gewohnt. Es war immer darauf bedacht, die Lebensfähigkeit seiner Waffenlabors, wie derjenigen in Los Alamos und Livermore, zu erhalten, indem es neue Forschungsprojekte förderte.[32]

Das Ministerium unterstützte DeLisi, als er 1986 den Plan für ein ehrgeiziges Genomprojekt des DOE (US-Department of Energy) vorlegte, das bei einer Laufzeit von fünf Jahren die physikalische Kartierung, die Entwicklung von Hochgeschwindigkeits-Sequenzierungstechnologien und Forschung auf dem Gebiet der Computeranalyse von Sequenzdaten umfassen sollte. Im September 1987 ordnete der Energieminister die Gründung von Forschungszentren für das menschliche Genom an drei nationalen Labors des Ministeriums an: in Los Alamos, Livermore und dem Lawrence Berkeley Laboratory.[33] Der Vorstoß des Ministeriums auf das Gebiet der Genom-Forschung gewann die Unterstützung von Senator Pete Domenici aus New Mexico, einem Förderer der Waffenlabors in seinem Bundesstaat, der sich um das Schicksal dieser Einrichtungen nach dem Ende des kalten Krieges sorgte. Domenici setzte das Genomprojekt auf die Tagesordnung des Kongresses, führte im gleichen Monat, in dem das DOE seine Anordnung erließ, Hearings über das Thema durch und brachte eine Gesetzesvorlage ein, die das Unternehmen im Zuge einer allgemeinen Wiederbelebung der nationalen Labors beschleunigen sollte.[34]

Der Vorstoß des DOE mit einem großen Programm in den Bereich der biologischen und medizinischen Forschung mißfiel einer Reihe von Wissenschaftlern, die Fachleute auf diesen Gebieten waren. Die wichtigste Bundesbehörde, in deren Zuständigkeitsbereich diese Wissenschaften einschließlich der Genetik fielen, waren die Nationalen Gesundheitsinstitute (National Institutes of Health, NIH). Maßgeblich waren hier Biomediziner, die zwar eine Reihe von großen Labors zur Erforschung bestimmter Krankheiten unterhielten, aber annähernd die Hälfte ihres Budgets darauf verwendeten, externe Forschungsvorhaben finanziell zu unterstützen. Die Nationalen Gesundheitsinstitute schrieben im allgemeinen den Empfängern dieser Zuschüsse die Art ihrer Forschung nicht vor. Traditionell förderten sie Untersuchungen in kleinem Rahmen und lokale Initiativen. Im Gegensatz dazu stand das Energieministerium unter Leitung von

Physikern; seine Forschungsprogramme in vorwiegend nationalen Labors neigten zu einer großen, bürokratischen Ausrichtung auf ein einziges Forschungsziel. Viele Biomediziner sahen in der Beteiligung des DOE an der Erforschung des Genoms die Gefahr, daß Finanzmittel von den Nationalen Gesundheitsinstituten abgezogen und die Kartierungs- und Sequenzierungsforschung einer zentralisierten Kontrolle unterworfen werden würden. Im Juni 1986 erntete David Botstein, der als einer der Erfinder der RFLP-Kartierung großes Ansehen genoß, in Cold Spring Harbor Beifall, als er die Biomediziner davor warnte, sich zu geistloser Sequenzierung einer Wissenschaft im großen Maßstab verpflichten zu lassen.[35]

James Wyngaarden, der angesehene Leiter der Nationalen Gesundheitsinstitute, hatte gezögert, sich an dem Projekt zu beteiligen, weil er fürchtete, daß die Kosten die anderen Programme der Gesundheitsbehörde gefährden könnten. Renommierte Biomediziner setzten sich für eine Beteiligung der Nationalen Gesundheitsinstitute ein, nicht zuletzt, um dem Energieministerium die Oberaufsicht über das Projekt zu entziehen. Sie stimmten Wyngaarden um. Außerdem mobilisierten sie Lobbyisten der Nationalen Gesundheitsinstitute im Kongreß gegen die Gesetzesvorlage Domenicis, vor allem Edward M. Kennedy, den Senator von Massachusetts, der den Vorsitz im Senatsausschuß innehatte, der die Gelder für die Nationalen Gesundheitsinstitute bewilligte.[36] Als Ergebnis dieser Bemühungen unterstützte Wyngaarden Anfang 1987 das Genomprojekt vor dem Kongreß. Im Herbst wurde Domenicis Vorlage in einen Sammelgesetzentwurf zur Biotechnologie aufgenommen, der im Ausschuß scheiterte. Im Dezember schließlich bewilligte der Kongreß im Haushalt 1988 sowohl den Nationalen Gesundheitsinstituten als auch dem Enrrgieministerium Finanzmittel für die Erforschung des menschlichen Genoms. Die Gesundheitsbehörde erhielt dabei 17,2 Millionen Dollar, eine Summe, die fast fünfzig Prozent über der des Energieministeriums lag.[37]

Das wachsende Engagement der Nationalen Gesundheitsinstitute für das Genomprojekt brachte jedoch die Kritiker keineswegs zum Verstummen, sondern steigerte im Gegenteil noch die Meinungsverschiedenheiten der Biomediziner. Die Kritiker sagten voraus, daß die Arbeit langweilig, schablonenhaft und intellektuell unbefriedigend ausfallen werde. Nach ihrer Auffassung liefe die Sequenzierung des gesamten menschlichen Genoms auf schädliche, unrentable Wissenschaft hinaus. Nur etwa 5 Prozent der Basenpaare in der menschlichen DNA codieren Gene. Diese codierenden Bereiche, die als Exons bezeichnet werden, sind zwischen ausgedehnte Regionen ohne Codierungsfunktion eingestreut: lange DNA-Abschnitte, die offiziell Introns heißen und inoffiziell »Abfall-DNA« genannt werden. Aus der Sicht des Biologen Robert Weinberg vom Massachusetts Institute of Technology, einer Autorität auf dem Gebiet der Onkogenetik, »erscheint ein Gen wie ein kleines Archipel von Informationsinseln, die verstreut inmitten eines riesigen Ozeans voll sinnlosem Geschwätz liegen«. Weinberg hielt es nicht für sinnvoll, Zeit und Ressourcen darauf zu verwenden, Daten zu erarbeiten, die zum größten Teil wenig oder nichts über Krankheiten oder die Entwicklung des Menschen enthüllen würden.[38]

Auch vielen anderen erschien das Vorhaben nicht sinnvoll, zumal die Nationalen Gesundheitsinstitute einen großen Teil der enormen Kosten zu tragen hätten. Der Molekularbiologe David Baltimore, Nobelpreisträger und Leiter des Whitehead-Instituts für biomedizinische Forschung am Massachusetts Institute of Technology, brachte eine weit verbreitete Meinung zum Ausdruck: »Die Überzeugung, daß neues Geld für ein Sequenzierungsvorhaben auftauchen und daß dieses Projekt nicht mit anderen Prioritäten in Konkurrenz treten wird, ist naiv. ... Ein Großprojekt von geringer Priorität im Bereich der Biologie würde die Bemühungen derjenigen beschneiden, die argumentieren, daß wissenschaftliche Forschung von sehr hoher Priorität heute nicht finanziell unterstützt wird.«[39]

Dennoch veröffentlichte im Februar 1988 ein Ausschuß des National Research Council, NRC, eines Organs der amerikanischen Akademie der Wissenschaften, einen überraschend günstigen Bericht über das Genom-Projekt. Überraschend deshalb, weil sich unter den Ausschußmitgliedern entschiedene Gegner der »großen Biologie« wie David Botstein und verschiedene andere Wissenschaftler befanden, die dem Genomprojekt anfangs skeptisch gegenüberstanden. Der Bericht sprach der Genom-Forschung beträchtlichen Wert zu, solange sie von umfassendem Interesse für die Biologie war und nicht als kurzfristiges Programm fungierte. Der Bericht forderte eine abgestufte, langfristige Durchführung und schlug vor, das Projekt fünfzehn Jahre lang mit jährlich 200 Millionen Dollar zu unterstützen, wobei dieses Geld nicht der übrigen biomedizinischen Forschung entzogen werden sollte. Das Geld müsse zunächst vorrangig für die physikalische und genetische Kartierung der DNA von menschlichen und anderen Organismen bestimmt sein, um die Suche nach Genen, die mit Krankheiten in Verbindung gebracht wurden, zu beschleunigen. Ein Teil des Geldes sollte auch in die Entwicklung von Technologien investiert werden, die das Sequenzierungsverfahren schnell und billig machen sollten – billig genug, um es in vielen kleineren und nicht nur in wenigen großen Labors zur Anwendung bringen zu können. Nach Ansicht des Ausschusses könne die technische Entwicklung in bis zu zehn großen Zentren im ganzen Land geleistet werden, die Wissenschaftler mehrerer Fachgebiete vereinten, wobei das Geld auf Grundlage gegenseitiger Konkurrenz und der Bewertung durch Fachkollegen vergeben würde.[40]

David Baltimore erklärte sich bereit, den Vorsitz einer hochrangig besetzten wissenschaftlichen Konferenz über das Genomprojekt zu übernehmen, die Wyngaarden Anfang März 1988 einberufen konnte. Dort stellten sich Baltimore, Botstein, Watson und der Rest der Beratungsgruppe gemeinsam hinter ein Projekt, das sich an den vom NRC-Ausschuß empfohlenen Richtlinien orientierte. Wyngaarden seinerseits kündigte an, ein NIH-Büro für Genom-Forschung zu schaffen, und im Oktober 1988 willigte Watson ein, diese Dienststelle zu leiten.[41].

Watson hatte sich bereits als einflußreicher Fürsprecher für das Projekt auf dem Capitol erwiesen und fand hierbei starke Verbündete unter Biomedizinern ebenso wie unter Vertretern der pharmazeutischen und biotechnischen Industrie. Die Biomediziner betonten zumeist, daß das Projekt sich in medizinischer Hinsicht auszuzahlen versprach. Die Fürsprecher aus der Industrie behaupteten, es sei von wesentlicher Bedeutung für eine nationale Vorrangstellung auf dem Gebiet der Biotechnologie im weltweiten Vergleich, insbesondere um die Konkurrenzfähigkeit der USA mit Japan zu erhalten.[42]

Tatsächlich waren die USA auf dem Gebiet der Molekular- und Biotechnologie im allgemeinen und der Genom-Forschung im besonderen deutlich führend vor Europa und Japan gegenüber weit voraus. Laut einer Untersuchung der Vereinten Nationen befanden sich von 1000 Firmen, die sich hauptsächlich mit Biotechnologie befaßten, fast die Hälfte in den USA und beinahe ein Drittel in Großbritannien. Die USA und Europa zusammen brachten 80 Prozent der Finanzmittel für die Genom-Forschung auf, Japan dagegen nur 5 Prozent. Zwischen 1977 und 1986 erschienen von 10000 Artikeln, die über die Genomforschung veröffentlicht wurden, über 42 Prozent in den USA – fast doppelt soviel wie in Großbritannien, Frankreich und Deutschland zusammen und zehnmal soviel wie in Japan.[43]. Doch die Japaner schienen sich auf einen größeren Vorstoß in das Gebiet der Molekularbiologie vorzubereiten. Auf dem Weltwirtschaftsgipfel der sieben führenden Industrienationen 1987 in Venedig kündigte die japanische Regierung an, sie sei dabei, ein wissenschaftliches Programm zur Erforschung menschlicher Grenzbereiche, ein internationales Projekt zur kooperativen Grundlagenforschung im Bereich der Neuro- und Molekularbiologie, ins Leben zu rufen. Sie luden die anderen G 7-Staaten ein, sich daran zu beteiligen. Die Japaner erklärten sich bereit, während einer dreijährigen Versuchsperiode den Hauptteil der Finanzierung zu übernehmen, was aber auch bedeutete, daß die Japaner weiteren Zugang zum molekularbiologischen Fachwissen Europas und der USA erhalten würden.[44]

Die Japaner bereiteten auch ein eigenes großes Genomprojekt vor; seit Anfang der 80er Jahre trieben sie die Entwicklung automatischer Sequenzierungstechnologien voran. An der Spitze des Unternehmens stand ein Biophysiker der Universität Tokio, Akiyoshi Wada, und es beteiligten sich Konzerne wie Fuji, Hitachi, Mitsui und Seiko, die imstande waren, qualitativ hochwertige Technologien zu niedrigen Stückkosten herzustellen. 1986 hatte Wada erklärt, die Automatisierung von komplexen Laborverfahren »könnte sich durchaus als Gegenstück zur industriellen Revolution in biologischen und biochemischen Labors herausstellen«. Wadas Gruppe rechnete damit, daß ihre automatischen Sequenzierungsapparaturen Anfang der 90er Jahre eine Million Basenpaare pro Tag identifizieren würden – mehr als zu diesem Zeitpunkt auf der gesamten Welt innerhalb eines Jahres möglich war. Darüber hinaus hatten sie die Sequenzierungskosten angeblich bereits auf 17 Cent pro Basenpaar reduziert.[45]

In Europa gewannen die Genom-Forschung und die Sequenzierungsbemühungen 1987/88 in mehreren Ländern an Intensität, darunter in Großbritannien, Frankreich, Italien, der Bundesrepublik, den Niederlanden, Dänemark und sogar der Sowjetunion. In Italien koordinierte Renato Dulbecco ein Projekt, um ein Fragment des X-Chromosoms zu sequenzieren, das als Ursache von Oligophrenie bekannt ist. Das britische Vorhaben wurde von Walter Bodmer, dem Kodirektor einer Gruppe von Spezialisten im Medical Research Council, dem britischen Gegenstück der Nationalen Gesundheitsinstitute, geleitet, der dem Programm besondere Dringlichkeit zumaß.[46] Der wichtigste Förderer der Genom-Forschung in Frankreich war der Biologe Jean Dausset, der 1980 für die Identifizierung und Analyse von menschlichen Leukozytenantigenen (HLA) den Nobelpreis erhalten hatte. Dabei handelt es sich um Proteine auf der Oberfläche der weißen Blutkörperchen, die eine entscheidende Rolle bei der Immunreaktion spielen. Die Entwirrung des komplexen HLA-Systems hatte die genaue Prüfung von Tausenden von verschiedenen Blutseren, systematische Untersuchungen von Bevölkerungsgruppen und computergestützte Korrelationsstudien erforderlich gemacht, ganz zu schweigen von institutioneller und internationaler Zusammenarbeit, kurz, die Art von organisatorischer Offensive, die die Genom-Forschung erforderte.[47]

1984 hatte Dausset eine wichtige Einrichtung für die Kartierung des menschlichen Genoms gegründet; das Centre d'Etude du Polymorphisme Humain, CEPH, am Collège de France in Paris. Das CEPH hatte die DNA eines bestimmten Sample von vierzig Familien gesammelt in der Annahme, wie Dausset später erklärte, daß man die genetische Kopplungskarte am effizientesten durch »Gemeinschaftsforschung an der DNA vom *selben* Sample menschlicher Familien« ermitteln könne. 1987 stellte das CEPH Klone seiner DNA her, die damit etwa drei Dutzend Forschern in Europa, Nordamerika und Afrika zur Verfügung standen. Sie untersuchten die Klone auf für sie interessante RFLPs hin, überließen die Ergebnisse dieser Tests der CEPH-Datenbasis und ergänzten auf diese Weise Stellen auf einer standardisierten genetischen Karte des Menschen. Der französische Ministerpräsident Jacques Chirac erklärte die Genomforschung zu einer nationalen Aufgabe. Bis Mai 1988 hatte sich die französische Regierung bereit erklärt, 8 Millionen Franc für dieses Vorhaben bereitzustellen.[48]

Die vielfältigen Entwicklungen der weltweiten Genforschung veranlaßten Sydney Brenner, einen prominenten Molekularbiologen, der an der Genkartierung der Universität Cambridge beteiligt war, zum Nachdenken über die Vorteile einer internationalen Organisation auf diesem Gebiet. Im April 1988 trug Brenner die Idee in Cold Spring Harbor vor, und während einer Konferenz in Montreux im September 1988 rief ein Gründungsrat die Human Genome Organization offiziell ins Leben. HUGO, wie man die Organisation bald nannte, finanzierte sich aus privaten Quellen, hauptsächlich vom Howard Hughes Medical Institute und vom Imperial Cancer Research Fund. Sie sollte dazu beitragen, die Genom-Forschung auf internationaler Ebene zu koordinieren, den Austausch von Daten, Material und Technologien zu fördern und Genomstudien an nichtmenschlichen Organismen zu unterstützen.[49]

In Europa ebenso wie in den USA war eine Reihe von Biologen über das Tempo beunruhigt, mit dem die Genom-Forschung vorangetrieben wurde. Die französische Zeitung *Le Figaro* berichtete Mitte 1988, daß zahlreiche Wissenschaftler die Sequenzierung menschlicher Gene als übereilt ansahen – so, als wolle man »die Millionen von Buchstaben mit einer Enzyklopädie auflisten, ohne in der Lage zu sein, sie zu interpretieren, und dabei Vokabular und Syntax fast völlig ignorieren«.[50]

In Frankreich bevorzugten die meisten Molekularbiologen das Modell des Institut Pasteur, einer privaten Forschungseinrichtung, die sich lange der staatlichen Kontrolle entzogen hatte und bemerkenswertes wissenschaftliches Ansehen genoß, nicht zuletzt deshalb, weil sie mehrere Nobelpreisträger hervorgebracht hatte. Die Mitarbeiter des Instituts fürchteten, die Genom-Forschung werde Management und Technologie in den Vordergrund rücken, die Wissenschaft im kleinen Rahmen verdrängen und ihre Finanzierung gefährden.[51] In Italien dagegen bearbeiteten dreißig verschiedene Labors den ihnen zugewiesenen Teil des X-Chromosoms. Doch sogar begeisterte Befürworter der Genom-Forschung waren zum Teil nicht gewillt, sich einer zentralisierten Aufteilung der Forschungsarbeit, wie der Zuweisung eines Chromosoms für ein Land, unterzuordnen. Sydney Brenner selbst erklärte 1989: »Wir [in Cambridge] wollen nicht von irgendeinem Politbüro einen Teil eines Chromosoms zugewiesen bekommen. So betreibt man keine Genetik.«[52]

Dennoch wurden die Befürchtungen in Europa durch Anerkennung der Realität aufgewogen. Jean-Michel Claverie, Leiter der Gruppe für wissenschaftliche Berechnung am Institut Pasteur, merkte 1988 bei der Pariser Debatte an, zweifellos sei es auf kurze Sicht vom wissenschaftlichen Standpunkt aus gesehen nützlicher und interessanter, das Genom der Maus oder des Kaninchens zu erforschen, aber man müsse berücksichtigen, daß »der Mensch die einzige Spezies ist, die dafür zahlt, daß man ihr Genom sequenziert«.[53] Das zwingendste Argument für das Genomprojekt aber waren die Konsequenzen, die eine Nichtbeteiligung Europas zur

Folge hätte, nämlich gravierende Nachteile im Bereich der Medizin, Biologie und Technologie einschließlich der diagnostischen und therapeutischen Methoden. John Tooze, Geschäftsführer der Europäischen Molekularbiologischen Organisation, und Lennart Philipson, Generaldirektor des Europäischen Molekularbiologischen Labors in Heidelberg, hatten 1987 gemahnt: »Wir Europäer können es uns einfach nicht leisten, abseits zu stehen und zuzusehen. ... Das ›Buch des Menschen‹, etwa 3500 Millionen Basenpaare lang, ist vielleicht bis zum Jahr 2000 auf Compact Discs erhältlich; es sollte auch einige europäische Autoren haben.«[54]

Unter den Wissenschaftlern begann sich ein Meinungsumschwung abzuzeichnen. Die Teilnehmer der Pariser Debatte gaben zu, daß die Ausbildung und der Rahmen, den ein großes Genomprojekt erforderte, jenseits der Kapazitäten des akademischen Wissenschaftsbetriebs lagen und europäische Dimensionen annehmen müsse. Ernst Winnacker, Direktor des Genzentrums in München, behauptete, falls Europa auf dem Gebiet der Genomforschung »mit den Vereinigten Staaten und Japan wissenschaftlich zusammenarbeiten wie auch technologisch konkurrieren« wolle, müsse es sein Genomvorhaben auf europäischer Ebene koordinieren.[55]

Derartige Überlegungen veranlaßten die Europäische Kommission im Juli 1988 dazu, für die Schaffung eines eigenen Genom-Projekts einzutreten.[56] Der als Gesundheitsentwurf bezeichnete Vorschlag trug den Titel »Prädiktive Medizin: Menschliche Genomanalyse«. Die Argumentation stützte sich auf einen einfachen Syllogismus: Viele Krankheiten resultierten aus Wechselwirkungen zwischen Genen und Umwelt. Da es nicht möglich sei, alle schädlichen Umweltfaktoren zu beseitigen, könne der Mensch am besten gegen Krankheiten geschützt werden, wenn man die genetischen Anlagen für die einzelnen Krankheiten bestimme. Das Resümee des Entwurfs lautete: »Prädiktive Medizin versucht, Individuen vor denjenigen Krankheiten zu schützen, für die sie genetisch am anfälligsten sind, und, wo es angemessen scheint, die Vererbung von genetischen Anfälligkeiten auf die nächste Generation zu verhindern.«[57]

Nach Auffassung der EG-Kommission werde das Genomprojekt, in Übereinstimmung mit den Zielsetzungen der EG bezüglich Forschung und Technik, die Lebensqualität erhöhen. Auf lange Sicht werde es Europa konkurrenzfähiger machen: indirekt, indem es dazu beitrage, das rapide Wachstum der Gesundheitsausgaben zu verlangsamen, und unmittelbar durch die Stärkung der wissenschaftlichen und technologischen Grundlagen Europas. Nach zuverlässigen Schätzungen werde allein der potentielle Markt für DNA-Diagnoseeinrichtung ein Volumen von 1 bis 2 Milliarden ECU pro Jahr erreichen. Um mit der Schaffung eines »gesunden Europas« auch den europäischen Wohlstand zu heben, schlug die Kommission vor, ein Gen-Projekt zu gründen und in den ersten drei Jahren vom 1. Januar 1989 an mit 13 Millionen ECU auszustatten.[58]

Der EG-Ministerrat unterbreitete im August 1988 seinen Genom-Entwurf dem Europäischen Parlament, das ihn in einer ersten Lesung beraten und gegebenenfalls Änderungen vorschlagen sollte, um im Fall von Uneinigkeiten einen für beide Seiten annehmbaren Vermittlungsvorschlag zum Text zu erarbeiten.[59] Das Parlament übertrug die Bewertung des Genom-Entwurfs dem Ausschuß für Energie, Forschung und Technologie, der ihn in mehreren Sitzungen beriet und bis Ende Januar 1989 seinen Abschlußbericht zur Abstimmung stellen konnte.[60]

Die Abfassung der Ausschußberichte im Europäischen Parlament steht unter der Leitung eines Mitglieds, des sogenannten Berichterstatters, der die Position des Ausschusses maßgeblich beeinflussen kann. Zum Berichterstatter für den Genom-Entwurf wurde Benedikt Härlin gewählt, ein Vertreter der Grünen in Deutschland, die der modernen Technik im allgemeinen und genetischen Manipulationen am Menschen im besonderen stets kritisch gegenübergestanden hatten. Die Partei hatte dazu beigetragen, der Biotechnologie in der Bundesrepublik strenge Restriktionen aufzuerlegen, und warf der Genom-Forschung vor, sie werde zu einer Wiederbelebung der nationalsozialistischen Gesundheitspolitik führen. James Burn, ein schottischer Experte für Biotechnologie, der lange Zeit in der Bundesrepublik gelebt hat, meint dazu: »Die Deutschen haben eine beständige und verständliche Angst vor allem, was mit genetischer Forschung in Verbindung steht. Diese Wissenschaft erinnert sie an all das, was sie vergessen wollen.«[61]

Der Härlin-Report rief die Europäische Gemeinschaft auf, die Vergangenheit nicht zu vergessen, und warnte vor dem Genomprojekt als einer Unternehmung auf dem Gebiet der prädiktiven Medizin. Er erinnerte daran, daß in der Vergangenheit eugenische Ideen grauenhafte Konsequenzen gehabt hätten, und sah in der Zielsetzung, Menschen vor Erbkrankheiten zu schützen und deren

Vererbung zu verhindern, »klare Hinweise auf eugenische Tendenzen und Ziele«. Denn eine derartige Anwendung von humangenetischem Wissen impliziere eugenisch definierte Normen dessen, was als »normale und anomale, tragbare und untragbare, lebensfähige und nicht lebensfähige Formen der genetischen Ausstattung« gelten solle. Der Härlin-Report wies auch darauf hin, daß die biologischen Reproduktionstechniken zu einer »modernen Reagenzglas-Eugenik« führen könnten, die, anders als ihre Vorläufer, ihre »weitaus radikalere und totalitärere Form von ›Biopolitik‹« verleugne. Da der Bericht die vorrangige Aufgabe der europäischen Gesundheits- und Forschungspolitik darin sah, »jegliche eugenische Neigungen in bezug auf die Genom-Forschung« zu unterbinden, bezeichnete er das vorgeschlagene Programm auf dem Gebiet der prädiktiven Medizin in der vorliegenden Fassung als »unannehmbar«.[62]

Härlin ging es aber nicht um die Ablehnung des Projektes, sondern vielmehr um eine konsensfähige Form. »Man kann Deutschland die Zukunft nicht vorenthalten«, äußerte er sich später zur Beteiligung seines eigenen Landes an der Genom-Forschung.[63] Am 25. Januar 1988 stimmte der Energieausschuß mit 20 gegen eine Stimme für die Annahme des Härlin-Reports. Auf diese Weise sah sich das Parlament zu einer Billigung des Entwurfs der EG-Kommission genötigt, der durch 38 im Report enthaltene Änderungen, darunter die vollständige Streichung des Ausdrucks »prädiktive Medizin«, modifiziert wurde. Diese Änderungen sollten dazu dienen, eine eugenisch ausgerichtete Gesundheitspolitik auszuschließen, die Geheimhaltung und Anonymität von genetischen Daten zu schützen und den Fortgang der Diskussion um die gesellschaftliche, ethische und gesetzliche Dimension der humangenetischen Forschung sicherzustellen.[64]

Mitte Februar 1989 passierte der Härlin-Report in erster Lesung das Europäische Parlament mit der Unterstützung nicht nur der Grünen, sondern auch der Konservativen in ganz Europa.[65] Dadurch sah sich Filip Maria Pandolfi, der neue EG-Kommissar für Forschung und Entwicklung, veranlaßt, im April 1989 die Mittel für die EG-Genomforschung auf unbestimmte Zeit einzufrieren. Pandolfi erklärte, man brauche Zeit zum Nachdenken, denn, wie er es ausdrückte, »wenn britische Konservative mit deutschen Grünen einer Meinung sind, muß es sich um eine Angelegenheit von höchster Wichtigkeit handeln«.[66]

Die so erzwungene Denkpause führte zu einem modifizierten Vorschlag der EG-Kommission. Der neue Entwurf forderte ein Dreijahresprogramm für die Analyse des menschlichen Genoms ohne Bezug auf die prädiktive Medizin und verpflichtete die Gemeinschaft unter anderem durch das Verbot von Keimbahnforschung und genetischen Eingriffen an menschlichen Embryonen dazu, ethisch bedenkliche eugenische Praktiken zu unterbinden und individuelle Rechte und Geheimhaltung zu gewährleisten. Ebenso sollten das Parlament und die Öffentlichkeit in Jahresberichten über die ethische und gesetzliche Grundlage der Genom-Forschung umfassend informiert werden.[67] Am 15. Dezember 1989 nahm der EG-Ministerrat diesen Entwurf als gemeinsame Position zum Genom-Projekt an und erhob ihn im Juni 1990 zum offiziellen Genom-Programm der Europäischen Gemeinschaft für die folgenden drei Jahre. Von den 17 Millionen ECU Gesamtkosten waren 7 Prozent für Studien zu den ethischen Problemen der Genforschung vorgesehen.[68]

Unterdessen hatten die Genomprogramme auf nationaler Ebene Fortschritte gemacht. Bereits 1989 wurden in 18 europäischen Ländern Genanalysen durchgeführt, die von 50 Behörden finanziert wurden. Im selben Jahr legte sich die britische Regierung auf ein offizielles Genomprojekt fest, das sie mit 11 Millionen Pfund für die kommenden drei Jahre und mit 4,6 Millionen Pfund für das darauf folgende Jahr unterstützte. 1990 erhielten die Genom-Forscher in Frankreich 100 Millionen Franc und die Zusage von Hubert Curien, dem Minister für Forschung und Technik, die Förderung 1992 erheblich zu erhöhen. In der Sowjetunion bewilligte das Politbüro 1989 für die Genom-Forschung ein Budget von 25 Millionen Rubel und darüber hinaus Gelder in Höhe von mehreren Millionen Dollar – ein hoher Betrag im Vergleich zu den Summen, die der zivilen Forschung zur Verfügung standen. 1990 kündigte die EG an, sich dem von den Japanern initiierten Programm anzuschließen, das als forschungsfördernde Organisation seinen Hauptsitz in Straßburg haben sollte. Im Haushaltsjahr 1991 wendete die EG 34 Millionen Dollar für die Genomforschung auf, wovon etwa die Hälfte allgemeinen wissenschaftlichen Forschungsprogrammen zur Unterstützung von Projekten in den Mitgliedstaaten entstammte, die andere Hälfte für das eigene Genomvorhaben der EG vorgesehen war.[69]

Auch in den Vereinigten Staaten stand die Diskussion um das Genom-Projekt unter dem Eindruck der ethischen Probleme der Eugenik. Der Journalist Robert Wright schrieb 1990, daß »Biologen und Ethiker bisher viele Worte darauf verwandt haben, vor gefährlichem eugenischem Terrain zu warnen, über Hitlerdeutschland nachzudenken und vor einem neuerlichen Streben von seiten eines Staates nach einer ›Superrasse‹ zu warnen«. Jeremy Rifkin, ein unermüdlicher Kritiker der Gentechnologie, verwies auf die eugenischen Möglichkeiten, die das Projekt eröffnete. Auch im Kongreß wurden besorgte Stimmen laut, vom linken bis zum rechten Flügel, von dem Demokraten Albert Gore, den die Einmischung des Staates in private genetische Bereiche beunruhigte, bis zu dem konservativen Republikaner Orrin Hatch, der befürchtete, daß das Genom-Projekt durch die Förderung der pränatalen Diagnose die Zahl der Abtreibungen steigern würde.[70]

Unter den Amerikanern, die die mit dem Projekt verbundenen eugenischen Gefahren und ethischen Herausforderungen am deutlichsten erkannten, war eine Reihe von führenden Wissenschaftlern, die das Projekt aber grundsätzlich befürwortete. Zu ihnen gehörte auch James D. Watson, der bereits 1971 in *The Atlantic* einen Artikel mit dem Titel »Entwicklung hin zum klonalen Menschen« veröffentlicht hatte, in dem er die Gesellschaft davor warnte, den Wissenschaftlern Entscheidungsfreiheit über neue Fortpflanzungstechnologien, wie etwa die Befruchtung im Reagenzglas zu überlassen. Statt dessen gelte es, eine breite Diskussion über die sozialen Implikationen zu eröffnen. Andernfalls bestünde die Möglichkeit, daß »wir eines Tages nicht mehr die Wahl einer freien Entscheidung haben«. Obwohl Watson sich nicht als Autorität auf dem Gebiet der Ethik betrachtete, hielt er es nicht nur für wünschenswert, sondern sogar für unumgänglich, Untersuchungen und Diskussionen über die sozialen, ethischen und gesetzlichen Auswirkungen des Genom-Programms anzuregen. Deshalb erklärte er 1988 auf der Pressekonferenz anläßlich seiner Berufung zum Leiter des neuen Office of Genome Research, die NIH sollten einen Teil ihrer Gelder für die Genom-Forschung darauf verwenden, die ethischen Folgen der Arbeit zu untersuchen. Dafür kämen etwa 3 Prozent des Etats des NIH-Genomprojekts in Frage.[71].

Daß NIH-Geldmittel dafür aufgewendet wurden, die ethische Debatte zu fördern, war einmalig ebenso wie die Tatsache, daß Bioethik zum festen Bestandteil eines biologischen Forschungsprogramms gemacht wurde. Nicht alle Biologen, die sich mit dem Genom-Projekt befaßten, unterstützten Watsons Politik. Dennoch verteidigte er seine Auffassung unerschrocken, wie auf einer wissenschaftlichen Konferenz über das Genom, wo er sagte: »Wir müssen uns der schrecklichen Vergangenheit der Eugenik bewußt sein, als unvollständiges Wissen auf anmaßende und schreckliche Weise eingesetzt wurde, sowohl in den USA als auch in Deutschland. Wir müssen den Menschen die Sicherheit geben, daß ihre DNA Bereich der Privatsphäre bleibt.[72]

Watsons Politik trug zweifellos dazu bei, Ängste zu zerstreuen, die am Genomprojekt beteiligten Forscher könnten gleichgültig gegenüber ethischen Erwägungen sein oder sich über sie hinwegsetzen. So sehr Gore und Hatch auch die Aufmerksamkeit auf solche Themen lenkten, waren die Ausschüsse und Sitzungen im Kongreß doch von der Diskussion um die medizinischen und wirtschaftlichen Aspekte des Projekts beherrscht. 1988 bewilligte der Kongreß den Nationalen Gesundheitsinstituten und dem DOE zusammen rund 39 Millionen Dollar für das Genomprojekt für das folgende Jahr.[73] Im Oktober 1989 erhob der amerikanische Gesundheits- und Sozialminister Watsons Dienststelle zu einem Nationalen Zentrum für Genom-Forschung. Die auf Bundesebene finanzierte Genomforschung arbeitete 1990 mit einem Budget von ca. 88 Millionen Dollar, wobei das Nationale Zentrum etwa zwei Drittel der Gesamtsumme und das Energieministerium den Rest erhielt. Watson kündigte an, das Zentrum werde bis zur Hälfte seines Budgets darauf verwenden, mehrere Genomzentren im ganzen Land zu gründen, von denen jedes an Teilbereichen des Projekts arbeiten und jeweils fünf Jahre lang mit 2 bis 3 Millionen Dollar pro Jahr unterstützt werden solle. Außerdem rief er eine Beratergruppe aus fünf Wissenschaftlern, einem Juristen und einem Ethiker ins Leben, die sich mit ethischen Fragen beschäftigte.[74]

1991, das Jahr in dem das Genomprojekt zum offiziellen Bundesprogramm wurde, erhielt es rund 135 Millionen Dollar und lief dank der nun vorhandenen Infrastruktur rasch an.[75] Von zunächst sieben NIH-Zentren konzentrierten sich fünf auf die Genkartierung des Menschen, eines auf die Genkartierung der Maus und eines auf die Sequenzierung von Hefechromosomen.[76] Die Genomeinrichtungen in den Labors von Lawrence Livermore, Lawrence Berkeley und Los Alamos waren damit beschäftigt, Technologien und elektronische Datenverarbeitung für die Genkartierung und

DNA-Sequenzierung zu entwickeln. Vier zusätzliche Projekte befaßten sich mit Sequenzierungsvorhaben und Innovationen im großen Rahmen. Genkartierung und DNA-Sequenzierung sollten auch in anderen Labors finanziert werden, wobei die Initiative für das jeweilige Projekt von den einzelnen Forschern ausging und von den Nationalen Gesundheitsinstituten unterstützt wurde.

In Japan dagegen hatte man die eigene Fähigkeit, Sequenzierungsmaschinen zu entwickeln, stark überschätzt, die Zielsetzung auf 100000 Basenpaare pro Jahr reduziert und das Genombudget auf 8 Millionen Dollar jährlich zurückgeschraubt.[77] An der John Hopkins University wurden Informationen über die Genkartierung des Menschen in eine zentrale Datenbank eingespeist, in der bis zum Oktober 1990 fast 2000 menschliche Gene kartiert waren.[78] Die Daten wurden in eine Datenbank am Europäischen Molekularbiologischen Labor und in die Genbank in Los Alamos eingegeben, die nunmehr Informationen über 60 Millionen DNA-Basenpaare mehrerer Arten, darunter etwa 5 Millionen des Menschen, enthielt. Die erste vollständige Sequenz sollte einem »künstlichen« Menschen gehören, der sowohl ein X- als auch ein Y-Geschlechtschromosom besitzen sollte, also ein Mann sein sollte. Dieser »er« sollte über Autosomen verfügen, die von Männern und Frauen verschiedener Nationen, den USA, Europa und Japan, stammten. Der so sequenzierte Mensch sollte in diesem Sinne multinational sein, ein zweiter Adam des 21. Jahrhunderts.

Horace Freeland Judson

Eine Geschichte der Wissenschaft und der Technologie der Genkartierung und -sequenzierung

Die Genetik ist das zentrale Problem der Biologie. Sie ist die Erklärung, wie Organismen Merkmale des Körperbaus, der Physiologie und des Verhaltens an ihre Nachkommen weitergeben und wie jedes Individuum diese Merkmale bei seiner Entstehung und während seines ganzen Lebens zum Ausdruck bringt. Wenn wir die Weitergabe und die Äußerung von Erbanlagen vollständiger begreifen, bedeutet es auch, daß wir schrittweise mit ganz anderen Problemen der Biologie in Berührung kommen. Daher bildet die Genetik die Grundlage der gesamten Zellbiologie, zu der die Entwicklungsbiologie oder Embryologie gehört, aber auch die Enzymologie und die Untersuchung von Krebserkrankungen, die Immunologie und Endokrinologie, die Neurobiologie ebenso wie zahlreiche Störungen des Nervensystems und Geisteskrankheiten und schließlich die Evolutionsprozesse. Obwohl niemand behauptet, daß die genetische Analyse befriedigend erklären kann, was wir in diesen Disziplinen in Erfahrung bringen wollen, ist die Notwendigkeit der Genetik für jede derartige Erklärung unbestritten. Notwendig in zweierlei Hinsicht: Die Genetik liefert wesentliche Argumente für die Begründungen, nach denen die Biologen suchen, und wichtige Methoden, um in noch unerforschte Bereiche der menschlichen Biologie vorzudringen.

Von zentraler Bedeutung für die Genetik ist der Begriff des Gens; Gene aber funktionieren nur in einem System von Wechselbeziehungen, so daß die Idee von der Erforschung eines Gens von Anfang an die Kartierung von Genen, ihrer Standorte und Beziehungen und später die Abfolge ihrer chemischen Untereinheiten mit einschloß. Die moderne Genetik setzte mit der Wiederentdeckung der Mendelschen Regeln ein. Der Begriff *Gen* tauchte erstmals um 1909 auf. Die erste wissenschaftliche Darstellung, die einem bestimmten Gen einen Locus, das heißt einen Platz auf einem bestimmten Chromosom, zuordnete, erschien 1910, und 1913 wurde die erste genetische Karte, die die relativen Stellen von sechs Genen auf einem Chromosom zeigte, publiziert. In dem folgenden Dreivierteljahrhundert haben sich nicht nur die experimentellen Systeme von Organismen und die von den Genetikern verwendeten Techniken weiterentwickelt, sondern auch der Begriff des Gens hat eine Wandlung durchgemacht.

Heute schlagen Biologen vor, die gesamte Genmenge eines so komplexen Geschöpfes wie des Menschen, dessen Gene sich auf 50000, möglicherweise sogar auf ein Mehrfaches belaufen, zu erfassen und zu bestimmen. Ein Unterfangen, das unter dem Namen Genom-Projekt bekannt geworden ist. Die Tragweite dieses Projekts, seine Chancen und auch seine Grenzen, all das wird nur vor dem Hintergrund der historischen Entwicklung der Genetik von 1900 bis heute deutlich. Trotz des breiten Spektrums und der erstaunlichen Komplexität der modernen Genetik ist ihre Geschichte im wesentlichen geradlinig verlaufen.

Zwei einleitende Bemerkungen sollen diese Entwicklungslinie nachzeichnen. Zum einen entwickelten sich die grundlegenden Entdeckungen der Genetik in Form einer Reihe von Annäherungen. Man kann sich diese als nacheinander entstandene Modelle von Vererbungsvorgängen vorstellen, als Folge von Definitionsversuchen bezüglich des Gens und der Beschaffenheit von Genkarten und Gensequenzen. Dabei verfeinerte jedes Modell, jede Neudefinition die vorangegangene Version und machte sie komplexer, um der offensichtlichen Vielfalt von Formen der Vererbung Rechnung zu tragen. Auch in technischer Hinsicht hat sich die genetische Analyse in diesem Sinn als konservativ erwiesen: Auch heute noch wendet man die frühesten Methoden der Kartierung an.

Zum anderen hat die Vererbung notwendigerweise einen doppelten Charakter: als Weitergabe von Merkmalen von einer Generation an die folgende und als Manifestierung von Merkmalen im Verlauf des Entwicklungsprozesses, in dem ein individueller Organismus entsteht. Diese beiden Stränge, die Weitergabe der Merkmale und ihre Äußerung, wurden miteinander vereint, als 1953 James Watson und Francis Crick die dreidimensionale Struktur der genetischen Substanz, der DNA, mit dem Modell der Doppelhelix erklärten.

Die DNA nimmt die Form von zwei Strängen an, die sich im

Uhrzeigersinn koaxial umeinander winden, wobei der eine nach oben und der andere nach unten verläuft. Jeder Strang besteht aus einer Kette von chemischen Untereinheiten, den Nucleotiden. Es gibt vier Arten von Nucleotiden, die sich nur in der Form einer sogenannten Base unterscheiden. Bei den Basen handelt es sich um Adenin, Thymin, Guanin und Cytosin. Die beiden Stränge befinden sich an der Außenseite des Gebildes und sind durch die Basen, die Paare bilden, miteinander verbunden, so daß die Basenpaare die Rippen des Gebildes sind. Ihre Bedeutung rührt daher, daß ihre Abfolge auf dem Strang das einzige veränderliche Element der Struktur ist. Watsons fundamentale Entdeckung besteht darin, daß die äußerliche Form der Basen diese auf nur zwei Arten von Kombinationsmöglichkeiten bei der Verbindung der Stränge beschränkt: Adenin und Thymin sowie Guanin und Cytosin ordnen sich jeweils zu einem Paar. Die Basen sind so über den Strang verteilt, daß genau zehn Paare innerhalb einer vollen Windung der Helix vorkommen. Die Paare sind eng geschichtet, wobei jedes Element 3,4 Ångström (10^{-10} m) lang und eine Zehntelumdrehung von den vorhergehenden und dem darauffolgenden Paar getrennt ist. Für die genetischen Anweisungen ist die Freiheit, die die Struktur bietet, unvorstellbar groß, denn auf einem Strang bestimmt keine physikalische oder chemische Gesetzmäßigkeit die Abfolge der Basen. Obwohl sie nur 3,4 Å voneinander entfernt liegen, ist die gesamte DNA in einer typischen Säugetierzelle über zwei Meter lang. Gleichzeitig sind die Beschränkungen aber fast vollkommen bindend. Zwischen zwei Strängen bestimmt, sobald die Reihenfolge auf einem davon festliegt, die paarweise Bindung der Basen die komplementäre Abfolge auf dem gegenüberliegenden Strang.

Form und Funktion sind hier ein und dasselbe, und das Modell erhellt auf den ersten Blick die Weitergabe eines potentiellen Merkmals und seine Ausformung. Die aus den Paarungsregeln resultierende Beschränkung hat die Konsequenz, daß bei der Trennung der Stränge jede der Hälften eine Kopie des komplementären vorherigen Partners nachbilden kann, so daß bei der Zellteilung zwei identische Doppelhelices entstehen. Es dauerte mehrere Jahre nachzuweisen, daß sich die DNA bei Lebewesen auf diese Weise verdoppelt, und mehrere Jahrzehnte, bis man die biochemischen Details ermittelt hatte. Die Freiheit der Basenabfolge auf dem Strang erlaubt, wie bei einem vier Buchstaben umfassenden Alphabet, die Verschlüsselung der gesamten Beschreibung von Substanz und Struktur des Organismus.

Bis zur Entdeckung der DNA-Struktur konnten die Biologen nur tun, was bereits Mendel getan hatte, nämlich das Vorhandensein und die Wechselwirkungen von Genen anhand ihrer sichtbaren Anzeichen herzuleiten. Die Genetik im Mendelschen Sinne erzielte mit dieser Methode bemerkenswerte, detaillierte Ergebnisse. Aber erst als die Molekularbiologen das Gen als spezielle Basenabfolge in der DNA verstanden, konnten sie mit der Analyse beginnen, indem sie funktionelle Basensequenzen identifizierten und ermittelten, was diese im Detail festlegten.

Von Mendel zur ersten genetischen Karte. Gregor Mendel veröffentlichte 1865 die Ergebnisse seiner Kreuzungsversuche mit Pflanzen. Er dachte dabei, wie er selbst zugab, ursprünglich nicht an Karten oder Sequenzen, sondern eher an eine Statistik der Vererbung von sichtbaren Merkmalen. Seine Leistung bestand darin, bei seinen Experimenten mit Erbsenpflanzen unterscheidbare Paare von alternativen Merkmalen zu ermitteln, die besonders unvermischt vererbt wurden: glatte bzw. runzlige Samengestalt, lange bzw. kurze Blütenachse usw., insgesamt sieben Paare. Er beobachtete diese Paare bei aufeinanderfolgenden Generationen von Hybriden. Zum einen zeigte jede Pflanze entweder das eine oder das andere Merkmal, die alternativen Möglichkeiten mischten sich nicht. So waren die Erbsenpflanzen entweder hoch oder niedrig, aber nie von mittlerer Höhe. Zum anderen wurde jedes Merkmalspaar unabhängig von den anderen sechs Paaren vererbt. Beispielsweise konnte eine hochwachsende Pflanze ebenso wie eine mit niedrigem Wuchs entweder glatte oder runzlige Samen besitzen. Dies galt für alle sieben Merkmalspaare in jeder beliebigen Kombination. Außerdem konnte ein Merkmalspaar nach vielen Generationen, in denen es sich nicht manifestiert hatte, wieder auftreten: Ein solches verborgenes Merkmal war, nach Mendels Terminologie, *rezessiv*, ein sichtbares Merkmal *dominant*, Begriffe, die wir noch heute verwenden. Beispielsweise kreuzte er eine hochwachsende Pflanze aus einer reinrassigen Abstammungslinie mit einer niedrigwachsenden, ebenfalls reinrassigen Pflanze. Dabei erhielt er in der ersten Generation nur hochgewachsene Pflanzen, woraus er schloß, hoher Wuchs sei ein dominantes Merkmal. Als er aber diese Hybriden miteinander kreuzte, war etwa ein Viertel der nächsten

Generation niedrig im Wuchs. Dies führte ihn zu der Annahme, daß jede Elternpflanze genau einen Faktor eines Faktorenpaars beisteuerte. Wenn ein Nachkomme hinsichtlich eines bestimmten Merkmals hybrid, also mischerbig war, einer der beiden Faktoren rezessiv war, trat bei der Pflanze die dominante Form auf. Bei den Nachkommen wiederum lagen die Faktoren zur Hälfte dominant und zur Hälfte rezessiv vor.

Heute sind uns diese Beobachtungen geläufig und vertraut, damals aber waren sie revolutionär. Sie bilden die Grundlage für viele fundamentale Prinzipien der Genetik. Die Vererbung eines Organismus muß anhand seiner verschiedenen Einzelmerkmale analysiert werden. Diese werden durch Faktoren bestimmt, die typischerweise in Paaren vorkommen, wobei ein Faktor jedes Paars von jedem der beiden Elternteile stammt. Die Faktoren eines Paares vermischen sich nicht, und ein Faktor eines solchen Paars kann von dem anderen überdeckt werden, ohne dabei verlorenzugehen. Bei der Vererbung auf die nächste Generation wird jedes Paar aufgespalten und nach dem Zufallsprinzip weitergegeben. Um die Vererbungsmuster statistisch genau zu ermitteln, muß die Untersuchung sich deshalb auf eine möglichst hohe Zahl von Nachkommen stützen.[1]

Mendels Aufsatz fand bei Erscheinen wenig Beachtung. Erst drei Jahrzehnte später wurde man sich der Tragweite seiner Entdeckung bewußt. Unterdessen hatte sich die Statistik weiter entwickelt, ebenso wie die Zellbiologie oder Zytologie, die der Genetik das anatomische Grundwissen lieferte. Zum erstenmal konnten Biologen unter dem Mikroskop beobachten, wie eine Samenzelle in eine Eizelle eindringt und mit ihr verschmilzt. 1877 entdeckte man, daß während der Zellteilung im Zellkern fadenähnliche Gebilde, die Chromosomen, sichtbar werden. Dank der Fortschritte der Mikroskopie wurde es möglich, die Phasen zu erfassen, in denen sich die Chromosomen bei der Zellteilung in zusammengehörenden Paaren anordnen, sich verdoppeln und schließlich aufspalten, so daß jede Tochterzelle einen vollständigen und identischen Chromosomensatz erhält. Die Forscher entdeckten auch eine zweite Art der Zellteilung, den sogenannten Tanz der Chromosomen, in dessen Verlauf die Keimzellen entstehen und jede Samen- oder Eizelle einen halben Chromosomensatz erhält.

1892 veröffentlichte der Physiologie August Weismann das Buch *Das Keimplasma*. Dort legte er dar, daß der männliche und der weibliche Elternteil in gleichem Maße zum Erbgut der Nachkommenschaft beitragen, daß die sexuelle Fortpflanzung auf diese Weise neue Kombinationen der Erbfaktoren erzeugt und daß die Chromosomen die Träger des Erbguts sein müssen. Auf den Chromosomen befinden sich die grundlegenden Elemente, die Determinanten, für jedes einzelne Merkmal des Organismus. Weismann stellte Überlegungen an, wie viele Determinanten notwendig seien, um alle Merkmale zu erklären. Er kam dabei auf Millionen von Determinanten und vermutete, daß sie nicht alle in den Chromosomen Platz finden könnten. Auch wenn er sich auf dem Gebiet der Spekulation bewegte, war Weismann der erste, der systematisch über das Erbgut als materielle Substanz und seine Eigenschaften nachdachte. Er stieß dabei auf großes Interesse, und seine Bücher wurden bald ins Französische und Englische übersetzt. Nachdem 1893 die englische Übersetzung erschienen war, arbeitete der amerikanische Zellbiologie E. B. Wilson innerhalb von drei Jahren eine Chromosomentheorie des Erbguts aus.[2]

So waren, als Mendels Theorien im Jahr 1900 wiederentdeckt wurden, die wissenschaftlichen Grundlagen geschaffen, um die Vererbung unter zytologischen und statistischen Gesichtspunkten zu untersuchen. 1902 berichtete der englische Arzt Archibald Garrod in *The Lancet* über seine Beobachtungen bezüglich der Alkaptonurie, einer Krankheit, bei der sich der Urin des Patienten unter dem Einfluß von Sauerstoff schwarz verfärbt und die er bei einer Reihe von Familien über mehrere Generationen hinweg verfolgt hatte. Er führte ihre Vererbung auf Mendelsche Gesetze zurück und war so der erste, der die Gültigkeit dieser Gesetze für die Vererbung einer Eigenschaft beim Menschen zeigte. Er stand damit am Anfang einer Reihe von Forschern, die zugleich Ärzte waren und deren Arbeit in den folgenden 90 Jahren die Humangenetik maßgeblich beeinflußte. Garrod führte die Alkaptonurie auf die Blockierung einer biochemischen Reaktion bei einem bestimmten Stoffwechselschritt zurück und bezeichnete die Krankheit deshalb als *angeborene Stoffwechselstörung*. Er war damit wiederum der erste, der Vererbung im Mendelschen Sinne mit den chemischen Abläufen im einzelnen Organismus in Verbindung brachte. Garrod bestimmte noch mehrere andere angeborene Stoffwechselstörungen, darunter die Cystinurie und den Albinismus.[3] Bis 1991 führte die Computerversion des von Victor McKusick herausgegebenen Nachschlagewerks *Mendelian Inheritance in Man* etwa 5600 Gene auf, von denen man wußte oder vermutete, daß sie nach den Mendelschen Mustern vererbt wurden.[4] Die meisten davon werden als Mutationen identifiziert, die eine Stoffwechselblockierung als Folge eines fehlenden Enzyms hervorrufen. Erbkrankheiten sind in der Mehrzahl rezessiv, und dank verfeinerter Methoden hat man inzwischen eine wachsende Zahl von dominanten Erbkrankheiten beim Menschen auf Mutationen anderer Art, bei Steuerelementen oder bei Genen für Strukturproteine oder Zellrezeptoren, zurückführen können.

1903 legten Walter Sutton in den USA und Theodor Boveri in Deutschland unabhängig voneinander den Zusammenhang zwischen den Mustern dar, nach denen sich Paare Mendelscher Erbfaktoren verteilen, und zeigten die analoge Scheidung und Neukombination der Chromosomen bei der Bildung von Keimzellen und der Befruchtung der Eizelle auf. Da Mendelsche Erbfaktoren sich wie die Chromosomen fortpflanzten, nahm Sutton an, daß sie auf den Chromosomen verschlüsselt seien. Er wies auch darauf hin, daß die Zahl der Chromosomen in einer Zelle weitaus kleiner sei als die der einzelnen Merkmale, die man ihnen zuschrieb. Taufliegen besitzen beispielsweise nur vier Chromosomenpaare, der Mensch 23. Deshalb müßten sich viele Elemente anders als Mendels sieben Merkmalspaare bei den Erbsenpflanzen gemeinsam vererben.[5]

Zwischen 1905 und 1908 zeigten Analysen von William Bateson und Reginald Crundell Punnett, daß einige Gene die Wirkung von anderen Genen modifizieren. Anhand von Studien über die Blütenfarben von Hahnenkamm und Gartenwicke zeigten sie, daß in manchen Fällen mehr als ein Gen erforderlich ist, um ein Merkmal auftreten zu lassen.[6] In Garrods Nachfolge begründeten Bateson, Punnet und ihre Schuler die Forschungsrichtung, die sich mit der Genexpression befaßte und später als biochemische Genetik bezeichnet wurde. Bis 1910 wurde nachgewiesen, daß sich auch die Vererbung einer anscheinend variierenden Eigenschaft im Sinne von Mendel interpretieren läßt, indem man sie auf mehrere Genpaare zurückführt, deren Wirkung sich addieren kann.[7]

Mendels Modell wurde nicht verworfen, aber doch deutlich modifiziert: Gene befinden sich auf Chromosomen und können beim Vererbungsvorgang verknüpft oder bei der biochemischen Umsetzung aufeinander bezogen werden. Zu diesem Zeitpunkt hatte man aber noch kein Gen mit einem bestimmten Chromosom in Verbindung gebracht. 1910 machte Thomas Hunt Morgan an der

Columbia University Züchtungsexperimente mit Taufliegen, *Drosophila melanogaster*. Bei dieser Art zeugt ein einziges Paar in weniger als drei Wochen Hunderte von Nachkommen, die sich selbst bereits weitervermehren. Morgan hatte seine Forschungsarbeit als Embryologe begonnen und sich mit der Frage beschäftigt, wie sich aus einer einzigen befruchteten Eizelle ein komplexer Organismus mit Milliarden von deutlich spezialisierten Zellen, wie Muskeln, Nerven, Retina, Blut oder Drüsen, entwickelt. Morgan interessierte sich u. a. dafür, warum ein Individuum männlich oder weiblich ist. Denn das Geschlecht verhält sich ähnlich wie ein Mendelsches Merkmalspaar. Zytologen hatten kurz zuvor festgestellt, daß höhere Organismen ein anomales Chromosomenpaar besitzen: Bei einem Geschlecht sind sich die beiden Chromosomen nicht ähnlich; das eine ist nur rudimentär vorhanden. Ein Geschlecht, bei Fliegen und Menschen ist es das weibliche, weist zwei normal entwickelte Chromosomen dieses Paars auf, die als X und X bezeichnet werden; beim anderen Geschlecht dagegen kommt neben einem normalen X-Chromosom ein rudimentäres vor, das Y genannt wird. Morgan entdeckte bei einem Stamm von Fliegen, der sich mehr als 20 Generationen lang reinerbig vermehrt hatte, eine männliche Fliege mit weißen Augen. Er wandte die Mendelschen Kreuzungsversuche an und fand heraus, daß das Gen für weiße Augen gegenüber dem für rote Augen rezessiv an den Erbfaktor für das Geschlecht gebunden war. So trat es bei einem Männchen nur dann auf, wenn es von einem Weibchen vererbt wurde. Ein Weibchen dagegen konnte weißäugig sein, wenn sein Vater weiße Augen besaß und seine Mutter zumindest hybrid war.[8] Das Gen für die Augenfarbe wurde mit dem X-Chromosom, der Geschlechtsdeterminante, weitergegeben. Wir bezeichnen heute ein solches Gen als *geschlechtsgebunden* oder genauer *X-gekoppelt*.

Bald erkannte man, daß Morgans Entdeckung der X-Kopplung auch die Vererbung vieler anderer Eigenschaften erklären konnte. Das erste Beispiel, das man beim Menschen fand, war die Farbenblindheit. Ein anderes bekanntes Beispiel ist die Hämophilie, die über Königin Viktoria und ihre zahlreichen Töchter in vielen europäischen Königshäusern auftrat. Heute sind Hunderte von menschlichen Eigenschaften als X-gekoppelt bekannt. Unter den in jüngster Zeit isolierten Genen befinden sich diejenigen für Duchenne-Muskelschwund und für progressive septische Granulomatose, die zur Erblindung führt.[10]

Mit dem Gen für die Augenfarbe wurde zum erstenmal ein Gen einem bestimmten Chromosom zugeordnet, und dies führte direkt zur ersten genetischen Karte. Innerhalb eines Jahres identifizierten Morgan und seine Kollegen eine Reihe von X-gekoppelten Eigenschaften bei der Taufliege. Sie führten Paarungsversuche durch, um festzustellen, ob diese Eigenschaften, wie vermutet, gruppenweise vererbt wurden. Sie fanden heraus, daß solche Gene meistens zusammen weitergegeben werden. Beispielsweise kreuzte Morgan eine weißäugige Fliege mit normalen Flügeln mit einer rotäugigen Fliege, die eine weitere X-gekoppelte Eigenschaft, nämlich Stummelflügel, besaß. Nach zwei Generationen traten Fliegen auf, die weiße Augen und rudimentäre Flügel hatten. Beide Mutationsmerkmale traten nun bei den gleichen Fliegen auf, die jedoch immer noch das Muster einer X-gekoppelten Vererbung zeigten, die nur bei den männlichen Nachkommen weiblicher Exemplare auftrat.

Die Erklärung für dieses Ergebnis konnte nur darin bestehen, daß manchmal zwischen zwei Chromosomen eines Paars ein Austausch von Material stattfindet, in diesem Fall zwischen den beiden X-Chromosomen des Weibchens. Diesen Austausch bezeichneten sie als *Crossing-over* (Abb. 4). Man kann sich ein Chromosomenpaar wie zwei Bandnudeln vorstellen, von denen die eine rot und die andere grün ist. Wenn sich die beiden nun umwickeln, an einer Stelle brechen und sich wieder vereinigen, dann ist die eine ein langes Stück rot und ein kurzes Stück grün, die andere ein kurzes Stück rot und ein langes Stück grün. Nach diesem Prinzip verläuft das Crossing-over, nur daß es bei den Chromosomen nicht sichtbar gemacht werden kann. Im Falle der weißäugigen Fliege konnte das Crossing-over nur beim Weibchen stattfinden, da das Männchen nur ein X-Chromosom hat. Aber die Idee einer Kopplung, die manchmal durch den Austausch von genetischem Material durchbrochen wird, konnte auch andere Neukombinationen von Merkmalen erklären, nicht nur von solchen, deren Gene auf den Geschlechtschromosomen liegen.

1913 analysierte Alfred H. Sturtevant, ein Schüler Morgans, Kreuzungsergebnisse bei Taufliegen mit sechs verschiedenen Mutationsfaktoren, von denen jeder rezessiv und X-gekoppelt war. Er erforschte jede Mutation und ihre normale Alternative im Verhältnis zu jeder der anderen Mutationen und berechnete auf diese Weise den genauen Anteil des Crossing-over zwischen zwei Genen. Dabei kam er zu dem Ergebnis, daß einige Faktoren enger als andere

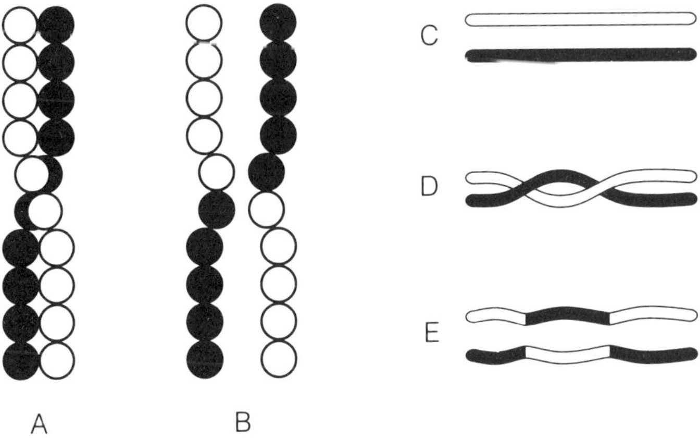

Abb. 4: Crossing-over ist Teil eines komplexen Vorgangs, bei dem Keimzellen – Spermien und Eizellen – gebildet werden. Zellen höherer Organismen besitzen zwei vollständige Chromosomensätze, *Drosophila* beispielsweise 8, der Mensch 46, und tragen die Gene paarweise auf den entsprechenden Chromosomen. Die Keimzelle besitzt nur einen vollständigen Satz. Bei der Verschmelzung zweier Keimzellen mit je einem Satz von jedem Elternteil entsteht eine neue Einzelzelle mit einem zweifachen Chromosomensatz, die sich dann zu einem neuen Individuum entwickelt. Die Zellen, die die Spermien bzw. Eizellen bilden, müssen sich vermehren und gleichzeitig ihre Chromosomenzahl auf einen vollständigen Satz reduzieren. Dieser Vorgang wird als *Meiose* oder Reduktionsteilung bezeichnet. Bei einem Schritt der Meiose können zwei Chromosomen eines übereinstimmenden Paares Teilstücke austauschen (s. *A–B*). Es kann auch zu einem zweifachen Crossing-over (s. *C–E*) kommen. (Nach: T. H. Morgan, A. H. Sturtevant, H. J. Muller and C. B. Bridges, *The Mechanism of Mendelian Heredity*, 1915.)

miteinander verknüpft waren. Falls das Crossing-over tatsächlich auf den Austausch von Chromosomenteilen zurückzuführen war, dann hing die Wahrscheinlichkeit von der Entfernung zweier Gene voneinander ab. Sturtevant fand heraus, daß die vollständige Tabelle der Crossing-over-Häufigkeit die Reihenfolge der Gene auf einem Chromosom sowie ihre annähernden Entfernungen voneinander zeigt. Ausgehend von diesem Ergebnis konnte er die Tabellen um diese Angaben erweitern und jeweils drei Gene auf einmal berücksichtigen. Die Berechnungen ergaben, daß zuweilen zwei Gene, die weit voneinander entfernt sind, gekoppelt bleiben, während ein dazwischenliegendes Gen mit dem anderen Chromosom ausgetauscht wird, und daß zwischen demselben Chromosomenpaar ein mehrfaches Crossing-over stattfinden kann. Dabei werden Segmente aus der Mitte der Chromosomen ausgetauscht. Sturtevant entdeckte sogar Fälle von dreifachem Crossing-over, doch all diese Variationen bestätigten vor allem die Abfolge der Gene und die Zuordnung ihrer relativen Positionen. In seinem Aufsatz »The Linear Arrangement of Six Sex-Linked Factors in Drosophila, as Shown by Their Mode of Association« veröffentlichte er Listen mit Daten und Tabellen von Crossing-over-Häufigkeiten und eine einzige Illustration: eine lange, waagerechte Linie mit drei Genen, die sich am linken Ende gruppieren, mit zwei Genen, die sich etwas rechts von der Mitte befinden und dicht nebeneinander liegen, und einem sechsten Gen am äußersten rechten Rand. Sturtevant hatte die erste Genkarte gezeichnet.[11]

Die Fehlerkarte. Die Genetiker erkannten bald, daß Mutationen eines bestimmten Gens selten und zufällig vorkommen. Wenn eine Mutation auftritt, ist es wahrscheinlich, daß sie rezessiv gegenüber dem Merkmal ist, das im normalen Organismus auftritt. Morgans Team fand bald Eigenschaften, die nicht mit dem X-Chromosom verknüpft sind und Kopplungsgruppen bilden. Die Bestimmung der Kopplungsgruppen eines Organismus ähnelt einem Puzzle: Wenn zu einer gekoppelten Gruppe, beispielsweise $\overline{\text{A C B}}$ + E oder $\overline{\text{L J G K}}$ + H, Eigenschaften hinzugefügt werden, überlappen sich manche Gruppen in einigen Elementen, etwa D und I, und vereinigen sich zu einer einzigen Kopplungsgruppe. Auf solche Weise fand man heraus, daß die Gene der Taufliegen neben der X-gekoppelten Gruppe zu drei Kopplungsgruppen gehören. Eigenschaften, die in verschiedenen Kopplungsgruppen liegen, verteilen sich bei der Vererbung frei, während die Gene oder ihre Mutationen innerhalb einer Kopplungsgruppe mehr oder weniger fest verknüpft sind und sich mit unterschiedlicher Häufigkeit überkreuzen. Diese Entdeckungen zog die Einstellung von Karten nach sich, die gerade Linien mit Markierungen für die relativen Positionen der Gene zeigten.[12]

Bei allen Lebewesen sind die Mutationseigenschaften zu einem gewissen Grad schädlich, viele können sogar tödlich sein. Bei

Morgans Experimenten vermehrten sich die weißäugigen Fliegen auch unter optimalen Bedingungen weniger fruchtbar als ihre normalen Artgenossen; Fliegen mit Mutationen der Flügel oder des Mittelleibs hätten in Freiheit nicht überleben können. Aber erst über den Umweg der Mutation, der Abweichung von der Normalform, konnte eine Grundeigenschaft identifiziert, ihre Vererbung analysiert und ihr Gen erfaßt werden. Aus diesem Grund war die genetische Karte einer Art in erster Linie eine Karte von Fehlern.[13]

Unvermeidlich stellte sich die Frage nach Ursachen und Folgen von Mutationen. 1921 hielt Hermann J. Muller, ein Schüler Morgans, vor Naturwissenschaftlern in Toronto einen Vortrag über das Wesen der Gene, in dem er erstaunliche Voraussicht bewies. Er verstand das Gen als ein Teilchen, das trotz seiner geringen Größe eine hochkomplexe Struktur aufweisen mußte. Er lenkte die Aufmerksamkeit der Genetiker auf die doppelte Funktion des Gens, nämlich zum einen die Produktion einer speziellen Substanz, wie eines Enzyms, eines Antikörpers oder eines Pigments, im Organismus zu steuern, und andererseits seine Fähigkeit zur Bildung einer Kopie seiner selbst. Die Fähigkeit der Selbstreplikation sei eine wesentliche Eigenschaft des Gens, deren Tragweite die Biologen noch nicht erfaßt hätten, denn auf diese Weise werde auch jede Mutation unweigerlich weitergegeben.

Muller, der das Gen als eine Substanz mit Struktur verstand, unterschied diesbezüglich mehrere Typen von Mutation, wie Verlust, Erwerb, Ersetzung oder Neuanordnung, und stellte fest, daß es auch in größerem Rahmen zu Veränderungen des genetischen Materials kommen müsse. Er erklärte: »Vielleicht wird man eines Tages eine neue und ungewöhnliche Methode finden, um direkt Mutationen zu erzeugen.«[14] 1927 wies Muller nach, daß Röntgenstrahlen bei Taufliegen Mutationen verursachen. Die Häufigkeit von Mutationen erhöhte sich mit der Dosis der Röntgenstrahlung, aber welche Gene davon betroffen wurden, ließ sich nicht vorhersagen.[15] Im Jahr darauf zeigte Lewis Stadler, daß auch ultraviolette Strahlung Mutationen hervorrufen kann, und in den folgenden Jahren entdeckte man auch den Zusammenhang zwischen Mutationen und bestimmten chemischen Substanzen.

1933 gab T. S. Painter in einem kurzen Aufsatz in *Science* bekannt, er habe unter dem Mikroskop wahrnehmbare Unterschiede zwischen Chromosomen festgestellt – Unterschiede im Detail, die es erlaubten, das Crossing-over von Genen, das die Statistiken verzeichneten, mit dem tatsächlichen Austausch von Chromosomenmaterial in Zusammenhang zu bringen. Die Larven vieler Fliegenarten, wie der *Drosophila*, besitzen Speicheldrüsen mit abnorm großen Chromosomen, die länglich und in eine Reihe von Ringen oder Bändern unterteilt sind. In einen bestimmten Farbstoff eingefärbt, zeigten diese Bänder eine feine Sequenz aus hell und dunkel, dick oder dünn. Diese Bänderung verlieh jedem Chromosomenpaar ein charakteristisches Muster, das wiederum bei jeder Fliege gleich war. Zum ersten Mal war es möglich, außer dem X- oder Y-Chromosom auch andere Chromosomen eindeutig zu unterscheiden. Außerdem konnte man nun Umgruppierungen von Teilen eines Chromosoms, einfaches oder mehrfaches Crossing-over, Verdopplung oder Verschwinden, Verschiebung oder Umkehrung eines Teilstücks nachweisen und mit genetischen Veränderungen in Verbindung bringen.[16] Painter ordnete Kopplungsgruppen der *Drosophila* bestimmten Chromosomen zu und lokalisierte zahlreiche einzelne Gene auf den Chromosomen. Allerdings schien diese Methode auf *Drosophila* und verwandte Arten beschränkt zu sein, denn andere Organismen besitzen keine Riesenchromosomen.

Gene und chemische Abläufe. Von wesentlicher Bedeutung für das Verständnis der Genexpression ist seit Garrod die Stellung des Gens bei den biochemischen Vorgängen des Organismus. Das Hauptinteresse der Biochemie gilt seit mehr als einem Jahrhundert dem Funktionieren bestimmter große Moleküle wie der Enzyme, die bei den chemischen Abläufen im Organismus eine Rolle spielen. Die lebende Zelle enthält eine große Zahl unterschiedlicher Moleküle, die meistens sehr klein oder extrem groß sind. Diese als Polymere bezeichneten großen Moleküle sind lange Stränge, die aus miteinander verknüpften Untereinheiten bestehen.

Es existieren vier Arten von Polymeren: Die Lipide oder Fette, die aus Ketten von Zuckermolekülen bestehenden Kohlenhydrate, die Proteine und die Nucleinsäuren. Lipide und Kohlenhydrate sind, so lang ihre Ketten auch sein mögen, in chemischer Hinsicht für die Forschung uninteressant: Eine oder wenige Untereinheiten wiederholen sich in einer vorhersagbaren Reihenfolge. Die Nucleinsäuren, die Desoxyribonucleinsäure, DNA, und die chemisch eng verwandte Ribonucleinsäure, RNA, wurden erst gegen Ende des 19. Jahrhunderts entdeckt. Ihre chemischen Bausteine, die Nucleotide mit den vier Basenarten, wurden bald darauf bestimmt.

Obwohl kaum Hinweise darauf vorlagen, ging die Forschung bis Ende der 40er Jahre davon aus, daß sich die vier Nucleotide fortlaufend wiederholten, und zwar in Form eines als Tetranucleotid bezeichneten Bauelements, eines Modells, das dem der Kohlenhydrate ähnlich war. Max Delbrück, einer der Begründer der Molekularbiologie, erklärte, man habe Nucleinsäuren lange Zeit für »dumme Moleküle« gehalten, für Moleküle und Substanzen ohne interessante Funktion.[17]

Als interessant galten damals die Proteine, die aus chemischen Untereinheiten bestehen, die als Aminosäuren bezeichnet werden. Bis Ende der 40er Jahre fand man neben den 20 in Proteinen häufigen Aminosäuren auch eine Reihe von weiteren Aminosäuren, die selten vorkamen. Die zentrale Stellung der Proteine bei allen biochemischen Vorgängen im Organismus war bekannt. Zu ihnen zählen zahlreiche Hormone, das Hämoglobin sowie die gesamte Gruppe der an der Atmung beteiligten Moleküle, die Immunglobuline oder Antikörper ebenso wie viele Substanzen, gegen die sie reagieren. Die wesentliche Funktion der Proteine besteht in ihrer Wirkung als Enzyme, d. h. als biologische Katalysatoren. In einem komplizierten Geflecht von Stoffwechselabläufen spaltet die Zelle ihre Bestandteile stufenweise auf oder synthetisiert sie. Dabei hängt jeder dieser Schritte von einem speziellen Enzym ab, das den jeweiligen Stoffwechselvorgang katalysiert und sein Tempo bestimmt.

Der Beziehung von Genen zu Enzymen galt daher die besondere Aufmerksamkeit der Genforscher.

Ein Gen, ein Enzym. Einer der einflußreichsten Genetiker auf dem Gebiet der Biochemie war der Amerikaner Sewall Wright, der kurz vor dem Ersten Weltkrieg an der Harvard University forschte, wo eine Gruppe von Genetikern anstatt mit Fliegen mit kleinen Säugetieren arbeitete. In einer Reihe von Aufsätzen analysierte Wright 1917 und 1918 die Vererbung der Fellfarbe bei Meerschweinchen, Mäusen, Ratten, Kaninchen, Pferden und anderen Säugetieren. Sein Programm sah folgendermaßen aus:

»Die Aufgabe der Genetik bleibt es, die Embryologie und die Biochemie in speziellen Fällen bei der Ergänzung der Glieder in der Kette zwischen Keimzelle und erwachsenem Exemplar zu unterstützen. Variationen von Eigenschaften des erwachsenen Exemplars müssen auf jeder Entwicklungsstufe auf die mitwirkenden Ursachen zurückgeführt werden ... andererseits müssen auch die sich verzweigenden Einflüsse von Variationen des Erbfaktors in der Keimzelle in ihrer Entwicklung nach vorne verfolgt werden.«

Wright zeigte im besonderen, daß die Produktion des Pigments für die Fellfarbe von Säugetieren in mehreren biochemischen Schritten mit einer bestimmten Reihenfolge abläuft. Er nahm für jeden Schritt ein anderes, spezifisches Enzym an.[18]

Wright stellte dabei mehrere Vermutungen an. Die erste war eine Annahme, die er bereits in früheren Arbeiten vorgeschlagen hatte und nunmehr mit Nachdruck verallgemeinerte: Gene produzieren Eigenschaften in einer kombinierten Wirkung, so daß Eigenschaften durch das Einwirken mehrerer Gene modifiziert werden. Deshalb werden viele Gene als *polytrop* und viele Eigenschaften als *polygen* bezeichnet. Zum zweiten nahm er an, daß das Gen in der Wirkung eines Enzyms zum Ausdruck kommt. Dies wiederum impliziert das Ziel, die Beziehung zwischen der Karte der Gene auf dem Chromosom und der zeitlichen Reihenfolge der Schritte im Stoffwechselablauf zu erhalten. Es stellte sich heraus, daß letztere Annahme zwar für Mikroorganismen galt, aber auf höhere Organismen kaum anzuwenden war. Diese Weiterentwicklungen des Mendelschen Modells belegten die Komplexität der Idee der genetischen Karten und Sequenzen. Wright forschte mehr als 40 Jahre auf diesem Gebiet, und beschäftigte sich auch mit Bevölkerungsgenetik und Evolutionstheorie.[19]

Im Sommer 1935 arbeiteten in Frankreich der Amerikaner George Beadle und der französische Genetiker Boris Ephrussi an einer Reihe von Experimenten. Sie verpflanzten Gewebe zwischen Larven von Taufliegen mit verschiedenen Mutationen der Augenfarbe und beobachteten dann die Entwicklung der erwachsenen Fliegen. Ausgehend von den Auswirkungen der speziellen genetischen Kreuzungen bestimmten sie die Reihenfolge aufeinanderfolgender Schritte im Stoffwechselprozeß, der zum normalen Pigment des rotäugigen Wildtyps führt.

Nach seiner Rückkehr in die USA begann Beadle die Suche nach geeigneteren Versuchsorganismen, nach Lebewesen, die sich leichter manipulieren ließen und eine kürzere Generationsdauer hatten als Fliegen. Zusammen mit Edward Tatum entschied er sich für einen einzelligen Organismus, *Neurospora*, einen Schimmelpilz, der in den Tropen auf Brot wächst. Sie fanden mutierte Pilzstämme, denen ein Wachstumsfaktor fehlte, so daß sie mit diesem Pilz Experimente auf dem Gebiet der biochemischen Genetik innerhalb weniger Tage durchführen konnten, während diese mit Fliegen Monate gedauert hätten. Bis 1941 überzeugte ihre Arbeit die meisten Genetiker davon, daß die Funktion des Gens darin besteht, jeweils ein Enzym zu spezifizieren. Diese Theorie bezeichneten sie als Ein-Gen/Ein-Enzym-Hypothese.[20]

Die Sequenzierung von biologischen Polymeren. Ein grundlegender Wandel im Verständnis der chemischen Natur von biologisch bedeutsamen großen Molekülen vollzog sich Ende der 40er Jahre. Bis dahin waren die Biochemiker davon ausgegangen, Gene bestünden aus Proteinen. Doch Mitte der 40er Jahre zeichnete sich die Möglichkeit ab, daß Gene nicht aus Proteinen, sondern aus einer anderen Gruppe von Makromolekülen, den Nucleinsäuren, vor allem der DNA, bestanden. Trotzdem hatte diese Neubestimmung des genetischen Materials zunächst kaum Folgen für das Wissen um die Gene, denn Proteine und Nucleinsäuren waren gleichermaßen schlecht charakterisiert; man kannte weder ihre dreidimensionale Struktur noch die physikalisch-chemische Grundlage ihrer biologischen Spezifität.[21]

Die Arbeit der Biochemiker Frederick Sanger und Erwin Chargaff, die eine neue Technik einführten, veränderte die Einschätzung der Spezifität der Gene grundlegend. Die von ihnen entdeckte Methode war die *Chromatographie.* Mit ihrer Hilfe und verwandten Methoden, wie der Elektrophorese, ist es möglich, auch verschwindend kleine Mengen nahezu identischer komplexer Substanzen zu trennen, während diese in einer Lösung über einen Bogen Filterpapier, entlang einer Säule mit reaktionsträgen Körnchen oder über eine Platte fester Gallerte wandern. Dabei bewegen sie sich aufgrund von Unterschieden in Gewicht, in Löslichkeit oder der elektrischen Ladung zwischen den Molekülen unterschiedlich schnell und weit.

Fast zehn Jahre lang setzte Sanger, der seit Mitte der 40er Jahre an der Universität Cambridge arbeitete, die neue Methode ein, um die Reihenfolge der Aminosäuren des Insulinmoleküls von Rindern zu bestimmen. Als er mit der Erforschung des Insulins begann, war nicht einmal sein Molekulargewicht bekannt. Sanger zeigte, daß das Molekül zwei Ketten besitzt, die an bestimmten Stellen durch Querverbindungen miteinander verknüpft sind, und daß die Abfolge jeder Kette einmalig und immer gleich ist, also, abgesehen von seltenen Mutationen, alle Moleküle des Rinderinsulins den gleichen Aufbau haben. Er arbeitete zuerst mit vergleichsweise groben chemischen Methoden, um Aminosäuren an den Anfängen der Ketten abzutrennen und zu bestimmen. Dann fand er heraus, daß natürliche Verdauungsenzyme eine Proteinkette an ganz bestimmten Stellen aufbrechen, wobei jeder Enzymtyp die Bindungen zwischen zwei ganz bestimmten Aminosäuren trennt. Mit Hilfe von Enzymen und radioaktiven Markierungen konnte er die Moleküle in mehrere Gruppen von Bruchstücken zerlegen, die Fragmente chromatographisch trennen, jede Gruppe auf dem Filterpapier anhand ihrer radioaktiven Markierung ausfindig machen und danach jedes Fragment in seine Bestandteile zerlegen. Zum Schluß verband er die Bruchstücke anhand ihrer Überlappungen miteinander und erhielt so die Abfolgen der Ketten des gesamten Moleküls.

Noch während Sanger an diesem Verfahren arbeitete, wurde sich die Fachwelt über ihre Implikationen klar. Im Juni 1949 veröffentlichte er einen Aufsatz, in dem er erklärte: »Es scheint kein Prinzip zu geben, das die Natur des Aminosäuren-Rests erklärt, der eine bestimmte Stelle in einem Protein besetzt.«[22] Die Reihenfolge von Aminosäuren ist in einmaliger Weise spezifiziert. Kein allgemeines Gesetz, keine physikalische oder chemische Regel bestimmt ihre Zusammensetzung.

Die Spezifität der Abfolge im Protein verlangt eine entsprechende Information von seiten des Gens. 1950 veröffentlichte Erwin Chargaff, der fünf Jahre zuvor mit Hilfe chromatographischer Methoden eine Analyse der Kernsäuren begonnen hatte, einen Aufsatz, in dem er seine Ergebnisse präsentierte. Er und seine Kollegen hatten die DNA einer Vielzahl von verschiedenen Organismen untersucht. Die vier Nucleotidarten traten in der DNA in einem Verhältnis auf, das für jede Art konstant war, aber von einer Art zur anderen stark variierte. Nur bei wenigen Arten entsprach es dem gleichmäßigen Vorkommen, das die Tetranucleotid-Hypothese forderte. Chargaff wiederlegte damit die Vorstellung, die DNA sei ein repetitives Molekül, eine »dumme Substanz«, die keine Spezifität befördern könne. Vielmehr bewies er, daß die DNA ebenso spezifisch in der Abfolge war wie die Proteine.[23]

Molekularbiologie und die Struktur des Gens. Immer war es das Hauptziel der Molekularbiologie gewesen, Natur und Funktion der Gene im Hinblick auf ihre physikalische Struktur im Sinne einer Ansammlung von Atomen zu erklären. Seit den frühen 40er Jahren versuchten die später als Molekularbiologen bezeichneten Wissenschaftler, die genetischen Gesetzmäßigkeiten der Vererbung der allereinfachsten Lebewesen zu analysieren. Während Beadle und Tatum *Neurospora* verwendeten, arbeitete die Gruppe um Delbrück mit einem Stamm des weit verbreiteten Darmbakteriums *Escherichia coli* und einer Gruppe von Viren, den *Bakteriophagen,* die auf Kosten von *E. coli* leben. Bakterien sind einzellige Lebewesen ohne Zellkern. Zusammen mit bestimmten Algen werden sie als *Prokaryonten,* abgeleitet von griechisch »vor« und »Kern«, bezeichnet. Höhere Organismen, deren Zellen Kerne besitzen, heißen *Eukaryonten,* »gute Kerne«. Bei *E. coli* beläuft sich die Gesamtzahl aller biochemischen Schritte auf etwa 2000. Bakterien können sich innerhalb einer halben Stunde durch Verdopplung vermehren. Viren sind weitaus kleiner und weniger komplex. Sie besitzen nur rund ein Dutzend Gene und können sich nicht selbst vermehren. Statt dessen befällt der Virus eine Wirtszelle und bringt sie dazu, Viren zu reproduzieren. Ein Bakteriophage kann sich innerhalb von 20 Minuten verhundertfachen, wobei er die Zelle tötet. Wenn man ein oder mehrere Bakterien auf einer Petrischale, einer flachen, niedrigen Glasplatte, mit Nährgelatine aussät, wächst die Kolonie innerhalb von wenigen Stunden zu einem Fleck, der mit dem bloßen Auge zu erkennen ist. Wird nun ein Bakteriophage in diese Kultur eingesetzt, ist seine Vermehrung schon bald daran zu erkennen, daß im Bakterienrasen eine Scheibe aus vom Virus zerstörten Zellen sichtbar wird.

Zu Beginn der 40er Jahre nahmen die Bakteriologen allgemein an, Bakterien besäßen keine Gene, und vermuteten deshalb, daß sie nicht den Mendelschen Gesetzen unterlagen. Eine von Delbrücks ersten Entdeckungen war die, daß auch bei Bakterien Mutationen auftreten. Zur gleichen Zeit machte unabhängig davon in Paris der französische Mikrobiologe Jacques Monod mit einer anderen Methode dieselbe Entdeckung.[24]

Der dreidimensionalen Struktur von Nucleinsäuren und Proteinen mußte man sich mittels einer Technologie nähern, die aus dem Bereich der Physik stammte, der Röntgenkristallstrukturanalyse. Man hatte diese Methode 1912 entwickelt, um die Anordnung der Atome von Natrium und Chlor in Kochsalzkristallen zu ermitteln. Physikochemiker bedienten sich ihrer in den 20er und 30er Jahren, um die genaue räumliche Anordnung der Atome von immer größeren und komplexeren Molekülen zu erforschen. Bis 1940, als die Forschung durch den Krieg unterbrochen wurde, hatten bereits mehrere Labors die Methoden der Röntgenkristallstrukturanalyse auf kristalline Formen von Proteinen und Nucleinsäuren angewandt.

1951 kam James Watson, der seine Ausbildung in Bakteriophagengenetik in Delbrücks Gruppe absolviert hatte, nach England, an das Labor für experimentelle Physik der Universität Cambridge. Dort schloß er sich einer Forschungsgruppe an, die versuchte, mit Hilfe von Röntgenmethoden die Struktur von Proteinmolekülen zu bestimmen. Er begegnete Francis Crick, einem Physiker, der sich gerade erst mit biologischen Problemen zu beschäftigen begann. Achtzehn Monate später, im Frühjahr 1953, veröffentlichten Watson und Crick das Modell der dreidimensionalen DNA-Struktur, die Doppelhelix.[25]

Geschlechtliche Rekombination bei Bakterien. Laien und Wissenschaftshistoriker neigen dazu, die Bedeutung der Entdeckung der DNA-Struktur überzubewerten. Zwar liefert dieses Strukturmodell eine elegante Erklärung, aber innerhalb der Molekularbiologie war eine andere Entdeckung mindestens genauso folgenreich, die bereits mehrere Jahre zuvor gemacht worden war, die Entdeckung der Geschlechtlichkeit von Bakterien.

Auch als die genetische Natur von Bakterien und Viren bereits bekannt war, glaubte man an eine ungeschlechtliche Vermehrung der Bakterien durch eine Aufspaltung der Zelle in zwei identische Nachkommen. Aber 1946 zeigten Edward Tatum und Joshua Lederberg, daß Bakterien genetisches Material direkt austauschen können mittels eines Vorgangs, den sie *Konjugation* nannten. Wie William Hayes bis 1952 herausfand, leitet bei der Konjugation eine Zelle eine Kopie ihrer Gene in die andere über. Diese Übertragung dauert etwa 90 Minuten. Inzwischen hatten Lederberg und Norton Zinder gezeigt, daß Bakterien bisweilen Gene mittels einer weiteren, indirekten Methode austauschen, die sie als *Transduktion* bezeichneten. Hierbei fungiert ein Bakteriophage als Vermittler, indem er während der Vermehrung in einer Bakterienzelle Stücke der DNA aufnimmt und die Bakteriengene dann in die Zellen transportiert, die er befällt. 1955 zeigten Elie Wollman und François Jacob am Institut Pasteur in Paris, daß sich die Bakterienkonjugation jederzeit stoppen ließ, wenn nur ein Teil der Gene hinübergeleitet worden war, indem sie die Kultur in einem Mixer durchrührten. Das Experiment nannten sie »Koitus interruptus«.[26]

Konjugation, Transduktion und ähnliche Verfahren lieferten entsprechende Ergebnisse bei Bakterien wie die Paarungen bei Taufliegen. In experimenteller Hinsicht sind sie effizienter und genauer als Paarungen bei höheren Organismen, weil sie die Möglichkeit bieten, kleine, ausgesuchte Teilstücke genetischen Materials in ein Bakterium einzuführen und dann das Ergebnis zu analysieren. Die meisten wichtigen Entdeckungen der Molekularbiologie gehen auf diese Methode zurück.

Die Erstellung einer Karte oder Sequenz der Gene wurde rasch exakter, aber auch komplizierter. Am Institut Pasteur konnten Jacob und Wollman die Übertragung bestimmter Gene von Spendern eines Stamms *E. coli* auf Empfänger eines anderen Stamms messen, indem sie die Konjugationen nach unterschiedlich langen Zeitabschnitten unterbrachen und dann die Empfänger auf neue biochemische Mutationen hin untersuchten. Sie fanden heraus, daß die Genkarte bei jedem Stamm stets gleich war, und zeigten die Karte als eine in 90 Minuten unterteilte Zeitskala.[27] Die Karte der Gene von *E. coli* ist ein direkter Abkömmling der ersten Karten des X-Chromosoms von *Drosophila*, denn sie beruht auf Brüchen und Neukombinationen im Chromosom, die durch den Vergleich der Wirkung von Genmutationen mit dem Wildtyp nachweisbar sind.

In der Zwischenzeit ließ die Entdeckung der DNA-Struktur das Gen größer erscheinen. Es war nicht mehr ein Punkt auf dem Chromosom, sondern ein Abschnitt von Basenpaaren mit einer eigenen Struktur und einer spezifischen Mutationstheorie. Ein Gen kann auf mehrere Weisen mutieren: durch Wegfall (Deletion), Hinzufügung eines oder mehrerer Basenpaare oder durch Ersetzung (Substitution) eines Basenpaars durch ein anderes. Außerdem sollten Brüche, Crossing-over-Vorgänge und andere Neukombinationen nicht nur zwischen, sondern auch innerhalb von Genen stattfinden. Mitte der 50er Jahre entwarf der Physiker Seymour Benzer eine Versuchsanordnung, um Mutationen innerhalb eines kurzen genetischen Bereichs eines Bakterienvirus zu erfassen. Auf der Grundlage von vielen tausend Einzelexperimenten kartierte Benzer über einen Zeitraum von fünf Jahren Rekombinationen von genetischem Material, das sich oft bezüglich der Mutationsveränderungen in nebeneinanderliegenden Basenpaaren unterschied.[28] Das

Gen besaß eine Feinstruktur, die mit Hilfe geschickt adaptierter Techniken der klassischen Genetik kartiert werden konnte.

Ein neues Problem: Struktur oder Kontrolle? Ende der 40er Jahre sah die auf Mais spezialisierte Genetikerin Barbara McClintock, die als eine der ersten Frauen in die amerikanische Akademie der Wissenschaften gewählt wurde, in den Entwicklungstafeln von Maispflanzen Hinweise auf Elemente, die keine gewöhnlichen Gene waren und nicht die Eigenschaft selbst, sondern eher den Grad der Expression von Genen beeinflußten. Sie fand Inhibitoren, Induktoren und andere Elemente, die sie bald unter dem Begriff »Kontrollelemente« zusammenfaßte. Einige davon bewegten sich auf völlig unvorhersagbare Weise, weswegen sie von springenden Genen sprach. Anfang der 50er Jahre begann sie, Aufsätze über diese Kontrollelemente zu veröffentlichen, fand aber kaum Beachtung, weil viele ihrer Theorien, insbesondere die der springenden Gene, bizarr und unwissenschaftlich schienen.

Zur selben Zeit begannen François Jacob und Jacques Monod in Paris ihre Zusammenarbeit. Sie erforschten dabei die Expression von Genen bei *E. coli,* die es den Bakterien ermöglichen, Galaktose, einen komplexen Zucker, zu verwerten, indem sie die Moleküle aufspalten und so Energie und Rohstoffe gewinnen. Sie fanden heraus, daß die Bakterien drei verschiedene Proteine benötigen, um Galaktose zu verdauen. Auffällig war, daß die Bakterien die notwendigen Enzyme nur dann herstellten, wenn Galaktose vorhanden war, eine Beobachtung, die sie zu der folgenden Überlegung veranlaßte.

Bakterien und Zellen höherer Organismen besitzen Gene für sehr viel mehr Funktionen, als zu einem bestimmten Zeitpunkt in Anspruch genommen werden. Anderenfalls wäre der Energievorrat der Zelle rasch erschöpft. Wie erreicht nun die Zelle, daß nur die Funktionen zum Einsatz kommen, die im jeweiligen Augenblick benötigt werden? Jacob und Monod stellten fest, daß die drei Gene von *E. coli* für den Galaktosestoffwechsel in einer bestimmten Reihenfolge nebeneinander auf dem Bakterienchromosom liegen und daß andere Elemente sich direkt daneben befinden. Das erste davon ist der »Hauptschalter« für die gesamte Reihe von Genen, den sie *Operator* nannten. Sie entdeckten noch weitere Kontrollfunktionen. So lokalisierten sie ein Gen nicht für ein Enzym, sondern für ein Molekül an einer bestimmten Stelle der DNA, wo es die Gensequenz abschließt. Dies bezeichneten sie als *Repressor*. Wenn ein Galaktosemolekül auftaucht, heftet es sich an einer Stelle an den Repressor, wo es als Schlüssel fungiert: Der Repressor verändert die Form und löst sich von der DNA, so daß die Genabfolge abgelesen wird. Sobald die verfügbare Galaktose verdaut ist, entfällt der Schlüssel, und der Repressor heftet sich wieder an die DNA, wo er die Gensequenz wieder abschaltet. Jacob und Monod tauften die gesamte koordinierte Abfolge von Genen und Kontrollmechanismen auf dem Chromosom das *Operon*.[30]

Diese Entdeckungen bewiesen die Existenz einer Genregulation durch Kontrollfunktionen, die sich auf dem Chromosom erfaßbar in der DNA-Sequenz befinden. Seitdem bezeichnet man Gene, die als Enzyme oder Proteine abgelesen werden, als *Strukturgene*, um sie von den neu entdeckten *Regulationsgenen* und anderen Kontrollelementen abzugrenzen. Jacob und Monod belegten außerdem die Existenz von Proteinen, die eine zweifache Spezifität besitzen: Sie reagieren auf das Vorhandensein oder die Abwesenheit einer Substanz, indem sie ihre Gestalt ändern und infolgedessen mit einer anderen, chemisch nicht verwandten Substanz, wie z. B. einer Bindungsstelle auf der Bakterien-DNA, reagieren. Monod und Jacob entdeckten auch andere Repressoren, die Funktionen bei Bakterien und Viren kontrollieren. Sie fanden heraus, daß einige Enzyme und sogar Trägermolcküle wie Hämoglobin eine solche zweifache Spezifität besitzen, die auf einer induzierten Veränderung der Gestalt beruht. Sie bezeichneten sie nach dem griechischen Wort für »veränderliche Gestalt« als *allosterische* Proteine. Zu den zahlreichen Funktionen dieser Proteine gehört die Regulation der Stoffwechselabläufe. Sie erfordert eine biologische Version dessen, was Informationstheoretiker und Computertechniker als *Rückkopplungsschleifen* bezeichnen, Systeme, in denen das Endprodukt den Verlauf der einzelnen Studien des Vorgangs beeinflußt. Monod war der Ansicht, das Modell der negativen Rückkopplung, wie es das Galaktose-Operon und der zugehörige Repressor lieferten, werde sich als allgemeingültig erweisen. Es stellte sich aber heraus, daß die Rückkopplungsschleifen in lebenden Systemen weitaus komplexer sind.

Regulationsgene und andere Kontroll-Loci sind Elemente im genetischen Material, die – verglichen mit Strukturgenen – andere und manchmal subtile Aufgaben haben.

Der Bote und der Code. Die Erforschung der Genregulation lieferte auch wichtige Hinweise auf die Art und Weise, wie die Zelle die Abfolge der Basenpaare auf der DNA in die richtige Reihenfolge von Aminosäuren der Proteinkette umsetzt. In den 50er Jahren hatte die Elektronenmikroskopie gezeigt, daß das Zellinnere mit winzigen, aber voll ausgebildeten Körperchen gefüllt ist, unter anderem mit einer großen Zahl komplexer molekularer Organe, die heute als *Ribosomen* bezeichnet werden. Die Ribosomen sind die Orte, an denen Proteine aus den in der Zellsuppe enthaltenen Aminosäuren zusammengesetzt werden. Jacob und Crick ergänzten das letzte fehlende Glied dieses Mechanismus, als sie aus der Geschwindigkeit, mit der Gene ein- und ausgeschaltet werden, die Existenz eines Vermittlers der genetischen Anweisungen von der DNA zu den Ribosomen folgerten. Bei diesem Zwischenträger handelt es sich um ein Stück der mit der DNA chemisch verwandten Ribonucleinsäure, RNA. Sie besteht ebenfalls aus einer Kette von Basen, die aber in Einzelsträngen angeordnet sind. Um das Gen abzulesen, wächst ein RNA-Molekül entlang der DNA zusammen, wobei die RNA-Basen sich entsprechend den komplementären Basenpaaren aneinanderreihen. Dieser Vorgang wird als *Transkription*, der zusammengesetzte lange Strang als *Messenger*- oder *Boten-RNA*, kurz mRNA, bezeichnet. Der »Bote« wird von einem Ribosom aufgenommen, das die Information abliest. Diesen Vorgang nennt man *Translation.* Diese Abläufe der Protein-Biosynthese waren bis zum Sommer 1959 hinreichend erforscht und wurden bald darauf veröffentlicht.[31]

Die Spezifität von Genen unterschied sich somit grundlegend von derjenigen der Proteine. Ein Strukturgen ist eine Anweisung, eine Botschaft und ist als einmalige Abfolge von Basen auf der DNA geschrieben und insofern linear und eindimensional. Im Gegensatz dazu ist die spezifische Reaktion des Proteinmoleküls räumlich, dreidimensional. Ob es sich bei dem Protein um ein Enzym, ein Hormon, Hämoglobin, einen Repressor oder sonst etwas handelt, seine Spezifität resultiert aus den Umrissen, Vertiefungen und der örtlichen Verteilung von Ladungen über die Oberfläche; diese wiederum ergeben sich, wenn sich die Aminosäurenketten zu ihrer endgültigen Gestalt formen. Dennoch bestimmt die eindimensionale Reihenfolge die dreidimensionale Form, denn sobald die Proteinkette richtig zusammengeknüpft ist, faltet sie sich aufgrund der Reihenfolge von Untereinheiten zu ihrer spezifischen Konformation.

Unbeantwortet blieb weiterhin die Frage, welche Abfolge der vier Basen im Einzelfall jede Aminosäure spezifiziert. 1960 stellten Marshall Nirenberg und Heinrich Matthaei einen künstlichen RNA-Strang her, in dem alle Basen von einer einzigen Art waren. Sie gaben diesen als Boten in eine Lösung mit Ribosomen, Aminosäuren, biochemischen Stoffen und anderen für die Proteinbildung notwendigen Zellbestandteilen und erhielten eine Proteinkette aus einer einzigen Art von Aminosäuren.[32] Im Verlauf der folgenden sechs Jahre wiesen künstliche Botensequenzen den Weg, um das vollständige Wörterbuch des genetischen Codes zu bestimmen.

Ein Basentriplett in einer bestimmten Reihenfolge entlang dem Nucleinsäurenstrang spezifiziert eine Aminosäure. Ein solches Triplett wird als *Codon* bezeichnet. Zum Beispiel veranlassen die Basen Cytosin-Cytosin-Guanin (CCG) auf dem Boten das Ribosom, an der nächsten Stelle in der wachsenden Proteinkette die Aminosäure Prolin hinzuzufügen, während die gleichen Basen in der umgekehrten Reihenfolge, also GCC, als Alanin übersetzt werden. Der genetische Code besitzt 64 Codons, wobei jede der vier möglichen Basen in der ersten, zweiten oder dritten Position auftreten kann. Drei der 64 Codons spezifizieren keine Aminosäure, sondern fungieren als Stoppsignale, die das Ende der Kette anzeigen.

Die Unterscheidung zwischen Strukturgenen und Regulator-Loci ebenso wie die Aufklärung des genetischen Codes führten zu einer Neubestimmung der Vorstellungen von der Sequenz und der Karte der Gene. Die Sequenz definiert die lineare Abfolge der Basen bzw. Basenpaare, der Codons. Die Karte jedoch wird komplexer; sie verzeichnet nicht mehr nur die Reihe von Genen auf dem Chromosom, sondern die Reihe von Strukturgenen und Kontrollelementen, die signifikanten Mutationsstellen innerhalb jedes Teilstücks, zusammen mit einem Verzeichnis der Beziehungen zwischen all diesen Aspekten untereinander.

Die Entdeckung der rekombinierten DNA. Gegen Ende der 60er Jahre legten die Begründer der Molekularbiologie einen gewissen Hochmut an den Tag. In den vorangegangenen 20 Jahren hatten sie ein zusammenhängendes und befriedigendes System entworfen, das die genetisch gesteuerten Vorgänge der Zelle erklärte. Diese funktionierten demnach mittels der auf der komplementären Doppelstruktur der DNA verschlüsselten Information, der Mechanismen, mit deren Hilfe sie abgelesen wird, sowie der Rückkopplungsschleifen, die die biochemischen Vorgänge der Zelle und die Funktionsweise der Gene selbst kontrollieren. Dieses System war für alle Lebewesen charakteristisch. In seinem Mittelpunkt standen der genetische Code und die Regulationsschleifen, so daß auf der molekularen Ebene Struktur und Funktion, Anatomie und Physiologie vereinigt waren.

Zumindest hatten die Molekularbiologen dies im Ansatz bei den einfachsten einzelligen Organismen, den Bakterien und anderen Prokaryonten erreicht.

Ausgehend von diesen Ergebnissen sei es die Aufgabe der Molekularbiologen laut Francis Crick, »die grundlegenden klassischen Fragen bezüglich der Gene und ihrer Produkte immer auch für die höheren Organismen« zu stellen, eine Aufgabe, die sich keineswegs als leicht erwies.[33] Der molekularbiologische Unterschied zwischen Eukaryonten und Bakterien besteht in dem Prozeß, im Laufe dessen sich eine einzige befruchtete Eizelle zu einem vielzelligen Lebewesen aus differenziertem Gewebe entwickelt, ein Prozeß, der schon immer zu den komplexesten Gebieten der Biologie zählte.

Eukaryontenzellen stehen zu Bakterien in einem Größenverhältnis wie ein Pferd zu einer Hummel und besitzen viele hundertmal mehr Gene und 500mal mehr DNA. Da jedoch alle Zellen in den frühesten Entwicklungsstadien eines Embryos genau den gleichen Gensatz haben, liegt der Schlüssel zu Entwicklung und Differenzierung in den Kontrollmechanismen, die ganze Genblöcke in einer bestimmten Reihenfolge ein- und ausschalten. Nur durch eine solche Regulierung ist es denkbar, daß von zwei benachbarten Zellen in einem Embryo im Frühstadium eine nach vielen Teilungen zur Leber wird, während die andere sich zum Gehirn ausdifferenziert.

Voraussetzung dafür war die Erarbeitung von Methoden, Tierzellen nicht als zusammenhängende Gewebe, sondern ähnlich wie Bakterien als Kulturen von losen, unabhängigen Zellen zu züchten. Die Molekularbiologen versuchten, Viren einzusetzen, die, wie Bakterienviren bei Bakterien, Tierzellen befallen, um Stücke des genetischen Materials herauszutrennen und weiterzutransportieren. Besonders interessant waren hierbei Tumorviren von Tieren, weil dieser Virentyp die Zelle nicht tötet, sondern Steuerungsfunktionen übernimmt und ihre biochemische Maschinerie umstellt.

Die Wissenschaftler stellten fest, daß sie auf diese Weise Bakterien verwenden und DNA-Segmente aus Eukaryonten in diese einsetzen konnten. Bakterien besitzen ein einziges Chromosom und in der Regel zusätzlich winzige DNA-Ringe mit einigen Genen darauf, die als *Plasmide* bezeichnet werden und die sie untereinander austauschen. Die Biologen fanden Methoden, den Bakterienplasmiden kurze DNA-Abschnitte, ein oder zwei Gene, hinzuzufügen und diese wieder in die Bakterien einzusetzen. Die Bakterien können sich normal weitervermehren, wobei sich gleichzeitig auch die fremde DNA vervielfältigt. Auf diese Weise kann ein Biologe, ausgehend von ein paar Kopien eines Segments von genetischem Material aus einem höheren Organismus, große Mengen dieser Gene züchten. Die Molekularbiologen übernahmen aus der Botanik den Begriff *Klon,* der die vielen identischen Nachkommen einer einzigen Zelle bezeichnet, und übertrugen ihn auf eine solche Bakterienkultur. Mit Hilfe weiterer Kunstgriffe ist es möglich, die notwendigen Kontrollfunktionen zusammen mit der fremden DNA zu befördern oder die eigenen Kontrollmechanismen der Bakterien zu übernehmen, so daß die geklonten Gene in den Bakterien transkribiert und übersetzt werden, die so das Proteinendprodukt herstellen.

Von entscheidender Bedeutung für diese Methoden war die Entdeckung bestimmter Enzyme, die Nucleinsäuren beeinflussen können. Zu ihnen zählt die Klasse von Enzymen, die Nucleinsäuren kopieren, indem sie die DNA in Boten-RNA transkribieren oder indem sie Nucleotide verknüpfen und den neuen komplementären Strang bilden, wenn sich die DNA-Doppelhelix verdoppelt. Sie werden als *Polymerasen* bezeichnet. Zellen verschiedener Organismen verwenden eine Reihe von DNA- und RNA-Polymerasen. Eine wichtige Untergruppe umfaßt Enzyme, die in der umgekehrten Richtung transkribiert und eine DNA-Kopie von einer RNA-Botschaft herstellt. Viele Viren, die höhere Organismen befallen, insbesondere Viren von tierischen Tumoren, tragen ihre Gene als RNA-Strang und nicht als DNA-Strang; diesen injizieren sie bei der Infektion in die Zelle. Die Biologen hatten angenommen, die DNA werde direkt in die RNA kopiert, aber 1970 zeigten Howard Temin und David Baltimore unabhängig voneinander, daß viele solcher Viren, sobald ihre RNA sich in der Wirtszelle befindet, sie in DNA transkribieren, die dann in die DNA des Wirts eingebaut wird. Für diesen Vorgang ist ein als *Reverse Transkriptase* bezeichnetes Enzym verantwortlich.[34] Verwendet ein Biologe ein solches

Enzym, so muß er nicht mit einem DNA-Gen, sondern er kann statt dessen mit einem mRNA-Strang beginnen, ihn mittels eines RNA-Virus in die Zelle befördern, die Botschaft dann in die entsprechende DNA zurückschreiben, den Klon züchten und schließlich die Expression des Gens beobachten.

Andere Forscher fanden Enzyme, die Nucleinsäuren spalten oder reparieren. Man entdeckte, daß Bakterien über Schutzmechanismen verfügen, die fremde DNA, wie die eines eindringenden Virus, unschädlich machen. Zu ihnen zählen *Restriktionsenzyme*, die wie winzige Drahtschneider funktionieren und die DNA zwischen bestimmten Basensequenzen schneiden. Ihr Name leitet sich ab von ihrer Fähigkeit, mögliche Wirte zu restringieren, in denen ein Virus überleben kann.

In den Anfangsjahren war es das Ziel der Molekularbiologen, Wege zu finden, kleine, identifizierte Segmente des Erbmaterials aus einer Zelle in eine andere zu befördern und dann zu beobachten, welche Veränderungen die eingefügten Gene bewirkten. Oft erfolgte der Transport aus Gründen einer bequemeren Analyse von einer Art, die man nur unzureichend verstand, zu einer anderen Art, die man gut kannte, in der Regel zu einer Bakterienart. Die Wissenschaftler bezeichnen die Gesamtheit dieser Methoden als *rekombinierte DNA*, während Journalisten auch von *Genmanipulation* oder Gentechnologie sprechen.

Obwohl das Verfahren immer noch kompliziert ist, können mit solchen Hilfsmitteln große Mengen seltener biochemischer Substanzen produziert werden. Zu den frühen Erfolgen gehörte die Produktion des menschlichen Wachstumshormons und des menschlichen Insulins in Bakterienkulturen, Substanzen, die wertvoll für die Medizin und gewinnbringend für ihre Hersteller waren. Ausgehend von solchen Methoden, suchen verschiedene Forschergruppen heute nach Möglichkeiten, bestimmte Gene in die Zellen von Kleinkindern einzusetzen, denen diese Gene aufgrund von angeborenen Stoffwechselfehlern fehlen. Die vorrangige Aufgabe der Technik der rekombinierten DNA besteht allerdings nicht darin, Krankheiten zu heilen, sondern das große, früher schwer zugängliche Gebiet der Entwicklung und Differenzierung bei höheren Organismen zu erschließen.

Die Genetik der Eukaryonten steckt voller Überraschungen. So ist das Genom in den frühen Entwicklungsstadien der Lebewesen unerwartet flexibel. Die Gene wirken aufeinander ein und beeinflussen Eigenschaften innerhalb des gesamten Entwicklungsbereichs – intensiver und komplizierter, als man je vermutete. Unerwartet war auch die Entdeckung, daß bei höheren Organismen viele

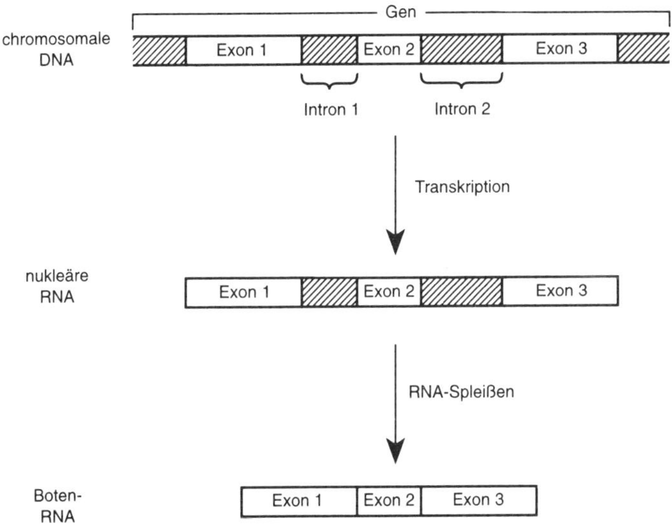

Abb. 5: Das Erbmaterial höherer Organismen, die DNA der Chromosomen, tritt in Form von langen Fäden auf. Einige Bereiche tragen Anweisungen für den Aufbau von Proteinketten, während andere Bereiche ohne bekannte Funktion sind. Bei vielen Genen ist die DNA-Sequenz, die die Proteine codiert, von Abschnitten nicht-codierender DNA unterbrochen. Die unterbrechenden Abschnitte werden als *Introns*, die codierenden Bereiche als *Exons* bezeichnet. Im Zellkern wird der DNA-Abschnitt, der alle Exons und Introns des Gens umfaßt, zunächst in eine komplementäre RNA-Kopie transkribiert. Dieses Transkript wird als *nukleäre RNA* oder kurz *n*RNA bezeichnet. In einem zweiten Schritt werden durch einen Vorgang, das RNA-Spleißen, Introns aus der nRNA entfernt. Die daraus resultierende redigierte Sequenz heißt *Messenger-* oder *Boten-RNA*, kurz *mRNA*. Die mRNA kann den Kern verlassen und in das Zytoplasma gelangen, wo sie auf die *Ribosomen* trifft; bei diesen handelt es sich um mikroskopisch kleine Maschinen zur Produktion von Proteinketten. Die mRNA, die die Anweisungen des Gens trägt, bestimmt die spezifische Abfolge, in der in den Ribosomen die Untereinheiten der Proteinkette zusammengeknüpft werden.

Gene in der Abfolge auf der DNA durch Abschnitte aus Basen unterbrochen sind, die in keiner Beziehung zum Gen stehen und die keine erkennbare Funktion haben. Diese Bereiche werden als *intervenierende Sequenzen* oder *Introns* bezeichnet; die DNA-Abschnitte, die Teil des Strukturgens sind, heißen *Exons* (s. Abb. 5). Dieses Phänomen kompliziert das Verhalten der Boten-RNA. Nachdem das Gen transkribiert ist, muß die mRNA »redigiert« werden, wobei die Introns herausgeschnitten werden, um den Boten zu bilden. Erst dann kann der mRNA-Strang die Kernmembran zum Zytoplasma passieren, wo sich die Ribosomen und die übrige Translationsmaschinerie befinden.

Die Kontrolle der Transkription und Redaktion bei Eukaryonten ist jedoch noch keineswegs vollständig erforscht. Bei höheren Organismen unterscheiden sich die Kontrollmechanismen unerwartet von denen der Bakterien und sind vielfältiger. So haben beispielsweise die Operons und Repressoren von Bakterien kein offensichtliches Gegenstück bei höheren Organismen.

Die Sequenzierung von Nucleinsäuren. Nachdem Frederick Sanger das Problem der Aminosäurensequenzen des Insulinmoleküls gelöst hatte, wandte er sich der Sequenzierung von Nucleinsäuren zu. In technischer Hinsicht war dieses Unterfangen bei weitem schwieriger. Als Sanger mit der Erforschung der Nucleinsäuren begann, hatte er keine Möglichkeit, sich einen Vorrat von gleichartigen Molekülen zu beschaffen. Bei Proteinen lassen sich Gruppen von überlappenden Sequenzen leicht unterscheiden und zu längeren Abschnitten zusammensetzen, da es 20 Aminosäuren gibt. Nucleinsäuren besitzen jedoch nur vier Basen. Sanger untersuchte zunächst die einsträngige RNA von Viren. Erst als die Technologie für Manipulationen der DNA verfügbar wurde, wechselte er auf dieses Gebiet über.

Er entschied sich, mit der DNA des Bakteriophagen zu arbeiten, der unter der Bezeichnung φX174 (»phi-X 174«) bekannt ist. Dieses Virus ist eines der kleinsten und besitzt wenige Gene und wenig DNA. Seine DNA besteht nicht aus einer Doppelhelix, sondern aus einem einzelnen Strang in der Form eines Kreises. Sie hat, wie wir heute wissen, insgesamt 5375 Nucleotide. Im Gegensatz dazu besitzen die beiden Ketten des Insulinmoleküls insgesamt 51 Aminosäuren. Dennoch lieferte φX174 Sanger eine reiche Quelle von Molekülen, die alle Teile des einen Genoms enthielten.

Sanger hatte Proteine sequenziert, indem er die Ketten an bestimmten Stellen mit Hilfe von spezifischen Verdauungsenzymen zerlegte, die Fragmente chromatographisch in gleichartige Gruppen trennte und jedes Fragment wiederum in Untergruppen zerlegte. Die wiederholte Zerlegung und Trennung von Bruchstücken und Fragmenten dieser Bruchstücke der φX 174-DNA erforderte zwar ungeheure Arbeit, lieferte jedoch oft nicht genügend Material, um damit zu arbeiten.

Sanger fand eine elegante Lösung dieses Problems: Anstatt die DNA zu zerlegen, vermehrte er sie. Eine bestimmte Menge identischer einsträngiger DNA mit einem bekannten Startpunkt kann in einer Lösung verdoppelt werden, die die notwendigen Bestandteile einschließlich freier Nucleotide enthält. Wenn man eine DNA-Polymerase hinzugibt, knüpft das System die DNA zusammen, die gemäß den Basenpaarungsregeln komplementär zum Original ist. Sanger baute vier Systeme gleichzeitig auf und versorgte sie mit DNA-Strängen jeglicher Länge und radioaktiven Nucleotiden, wobei er aber jeweils eine der vier Nucleotidarten wegließ. Wenn der Strang eine Stelle erreicht, an der die φX-Sequenz nach dem fehlenden Nucleotid verlangt, hört das Wachstum auf. Falls das fehlende Nucleotid A ist, ergibt sich ein Gemisch, in dem jede Kette, gleich welcher Länge, als nächste Base ein A benötigt. Ähnliche Inkubationen ohne T, ohne G und ohne C erzeugen insgesamt vier Proben, von denen jede eine Mischung verschieden langer Stücke ist, wobei jeweils die Identität der nächsten Base nach dem äußersten Ende des Stranges bekannt ist.

Diese unterschiedlich langen Polymere können mittels Elektrophorese getrennt werden. Bei dieser Variante der Chromatographie läßt eine schwache elektrische Spannung die in Lösung befindlichen Moleküle durch eine Gallerteplatte wandern, wobei sich die kleineren Ketten schneller und somit weiter bewegen. Die Gelelektrophorese ist empfindlich genug, um auch kleine Molekülgruppen zu trennen, deren Längendifferenz nur ein Nucleotid ausmacht. Das Ergebnis ist eine Reihe von Streifen, die jeweils eine Stranglänge anzeigen. Diese Streifen bilden sich dank ihrer Radioaktivität auf einem Bogen Fotopapier ab, den man auf die Platte legt. Wenn man die vier Proben mittels Elektrophorese gleichzeitig auf demselben Gel fraktioniert, erhält man ein »Bandenmuster« nicht nur in einer, sondern in vier Spuren, aus dem man »unter idealen Bedingungen die Nucleotidreihenfolge ablesen kann«.[35]

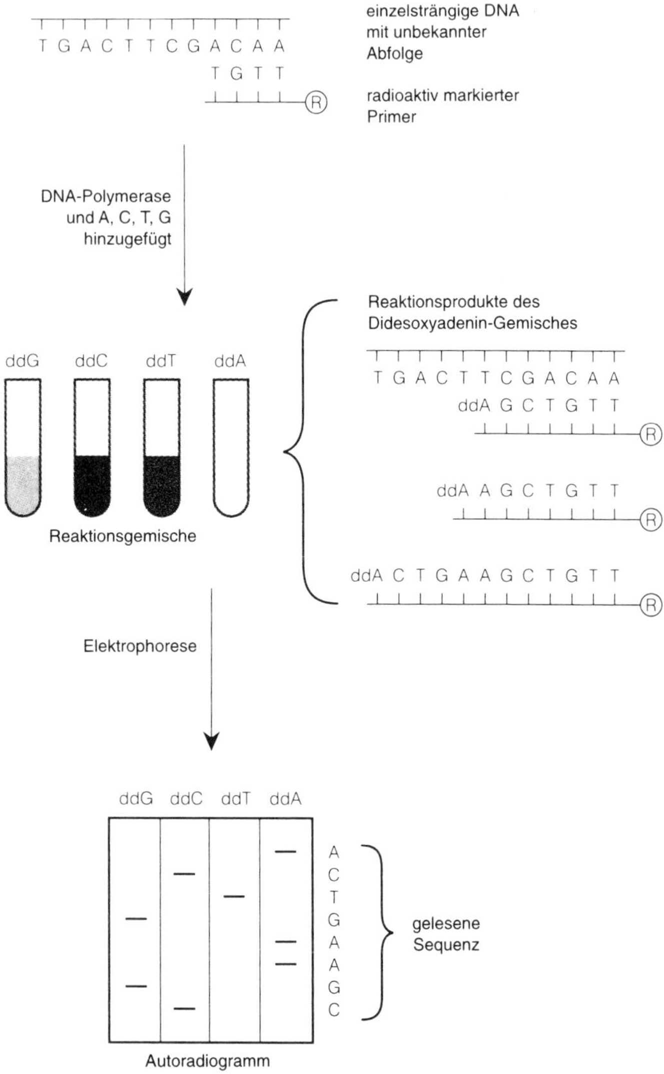

Abb. 6: Frederick Sangers Methode der DNA-Sequenzierung mittels Enzyme, wobei Didesoxy-Nucleotide als radioaktive Markierung verwendet werden.

Zwei Jahre später vereinfachte Sanger sein Verfahren. Normale Nucleotide besitzen einen Wachstumspunkt, eine Stelle auf dem Molekül, an der die Polymerase das nächste der Kette anheftet. Nun ist es möglich, künstliche Nucleotide herzustellen, bei denen dieser Wachstumspunkt blockiert ist, die sogenannten *Didesoxy-Nucleotide*. Wenn die Polymerase ein solches Nucleotid an eine wachsende Kette heftet, bricht das Wachstum dieser Kette an dieser Stelle ab. Sanger stellte Didesoxy-Nucleotide mit radioaktiven Markierungen her. Dann zog er die DNA, die sequenziert werden sollte, in einer Lösung der Polymerase und aller vier Nucleotide in ihrer natürlichen Form auf und gab ein Nucleotid in der radioaktiven Didesoxyform hinzu. In der Lösung, die Didesoxy-Adenin enthielt, kam nach einer Weile jeder Polymer, der ein radioaktives Adenin an seinem Ende trug, zum Stillstand. Bei den anderen drei Synthesen kam es zu ähnlichen Ergebnissen[36] (s. Abb. 6).

Um dieselbe Zeit entwickelten Walter Gilbert und Allan M. Maxam in Harvard eine Methode für die DNA-Sequenzierung, die chemische Stoffe und keine Enzyme verwendete, aber von vergleichbarer Einfachheit war. Seitdem sind die beiden Methoden standardisiert, in ihrer Geschwindigkeit erhöht und zu einem großen Teil automatisiert worden.[37]

Die Anatomie des menschlichen Genoms. Die Genetik des Menschen hält Hindernisse sowohl biologischer als auch ethischer Natur bereit, die ein Niveau der technischen Methoden erforderlich machen, das weit über das der meisten anderen Studien hinausgeht. Selbst bei einer großen Familie ist die Zahl der Kinder zu klein für eine Analyse des Stammbaums. Trotz verfeinerter statistischer Methoden waren die praktischen Ergebnisse nur begrenzt aussagefähig. Der Mensch gehört zu den langlebigsten Säugetieren und besitzt eine Generationendauer, die nur von wenigen Lebewesen, wie den Meeresschildkröten, übertroffen wird. Die Genetiker können die Fortpflanzung des Menschen schon deshalb nicht über einen notwendig langen Zeitraum verfolgen, weil ihre eigene Lebenserwartung nur wenigen Generationen entspricht. Bis 1970 waren die Humangenetiker kaum über die Untersuchungsmethoden hinausgekommen, die bereits Garrod angewandt hatte. Man wußte, daß eine große Zahl menschlicher Eigenschaften wie Mendelsche Gene vererbt wird. Die meisten waren Störungen, die durch biochemische Mangelfunktionen verursacht wurden. Es war sogar schwierig, diese in anderen Kopplungsgruppen als der Gruppe auf dem X-Chromosom zu verbinden: Noch 1967 waren nur neun Kopplungen beim Menschen nachgewiesen, von denen sieben lediglich zwei Gene einschlossen. Selbst solche rudimentären Kopplungsgruppen konnte man keinem bestimmten menschlichen Chromosom zuordnen, und noch immer war es nicht möglich, bestimmte menschliche Chromosomen mit Sicherheit zu identifizieren.

1967 unternahmen Mary Weiss und Howard Green einen entscheidenden ersten Schritt auf dem Gebiet der Genkartierung beim Menschen, als sie eine Technik für die Verschmelzung von innerhalb einer Kultur gezüchteten Menschen- und Mäusezellen entwickelten. Dabei handelt es sich um die *somatische Zellhybridisierung*. Diese Technik arbeitet mit einem als Sendai-Virus bekannten Säugetiertumor-Virus. Wenn ein Sendai-Teilchen einer Kultur von Menschen- und Mäusezellen hinzugefügt wird, heftet es sich an mehrere Zellen an. Da es sehr viel kleiner als die Zellen selbst ist, hält es sie in engem Kontakt. Weiss und Green zeigten, daß geeignete chemische Stoffe die Zellwände aufweichen, so daß einige Zellen verschmelzen. Einige der Hybriden überleben und vermehren sich in der Kultur. Die Hybridzellen neigen zwar dazu, die menschlichen Chromosomen bei weiteren Zellteilungen abzustoßen, aber es lassen sich Zellinien stabilisieren, die das vollständige Mäusegenom sowie ein oder mehrere menschliche Chromosomen reproduzieren, die sich unter dem Mikroskop leicht von den Mäusechromosomen unterscheiden lassen. Bei einer weiteren Verfeinerung des Verfahrens fanden die Genetiker heraus, daß sie mit Hilfe von Röntgenstrahlen bei einer Kultur von Hybridzellen mit einem einzigen menschlichen Chromosom Stücke von den beiden Armen dieses Chromosoms abbrechen können. Sie erzeugen auf diese Weise ein Dutzend und mehr Zellinien, die alle ein unterschiedlich langes Fragment eines menschlichen Chromosoms besitzen. Für die Kartierung war diese Technik vielversprechend, so daß der Genetiker Guido Pontecorvo sie als »parasexuell« bezeichnete und J.B.S. Haldane sie »eine Alternative zur Sexualität« nannte.[38]

1970 fanden die Schweden Torbjörn Caspersson und L. Zech die erste Methode, die Chromosomen von Menschen und anderen Säugetieren so einzufärben, daß Bandenmuster sichtbar werden, wie sie Painter fast 40 Jahre zuvor bei den Riesenchromosomen der

Taufliegen gefunden hatte. Caspersson verwendete fluoreszierende Farbstoffe, die ein Ultraviolettmikroskop erforderten. Innerhalb eines Jahres entwickelten mehrere andere Labors Färbemethoden, die keine Spezialinstrumente notwendig machten. Die heute am weitesten verbreitete Technik der Bandenfärbung arbeitet mit dem Farbstoff Giemsa.[39]

Diese Methoden enthüllten den anatomischen Aufbau des menschlichen Chromosomensatzes, indem sie die Bandenmuster sichtbar machten, an Hand derer sich jedes Chromosom eindeutig identifizieren läßt. Man kann die Chromosomen nunmehr aufgrund der übereinstimmenden Streifen paarweise zusammenstellen und voneinander unterscheiden: So unterscheidet sich etwa Chromosom 6 für das Auge erkennbar von Chromosom 7. Ebenso ist es möglich, ein bestimmtes Chromosom in Zellen verschiedener Individuen zu identifizieren. Außerdem kann man an einzelnen Chromosomen Veränderungen feststellen, die das Bandenmuster umgestalten, wie Inversionen, Translokationen, Deletionen oder Verdopplungen. Es ist möglich, genau zu sagen, welche menschlichen Chromosomen in einer stabilen Zellinie von hybriden Mäuse-Menschen-Zellen enthalten sind.

Mit der Erfindung der Bandenfärbung machte die somatische Zellhybridisierung große Fortschritte. Die erste Konferenz über die Kartierung menschlicher Gene im Jahre 1973 basierte zum größten Teil auf der raschen Entwicklung der Kartierung durch die somatische Zellhybridisierung. Die Genetiker begannen, Gene spezifischen Chromosomen und sogar Teilbereichen der Chromosomen, wie spezifischen Banden, zuzuordnen. Zu diesem Zweck verwendeten sie als menschliche Komponente bei einem Zellverschmelzungsversuch eine Zellinie, bei der die gewöhnlichen Chromosomen beispielsweise durch reziproke Translokationen verändert waren. Diese Techniken waren von der Konzeption her die direkte Weiterentwicklung der klassischen Genkartierung von Morgan, Sturtevant und Painter. Die Bandenfärbung und die somatische Zellhybridisierung machten Kopplungs- und Crossing-over-Studien bei menschlichen Genen ergiebig.[40]

Ende der 70er Jahre wurde eine Methode zur Analyse des Erbmaterials auf der Ebene der Molekülsequenzen der DNA entwickelt, die die Untersuchung von Stammbäumen mit Grundmethoden der Gentechnologie kombiniert. Restriktionsenzyme von hoher Spezifität wurden verfügbar, Enzyme, die die DNA an bestimmten, durch längere Basensequenzen definierten Stellen zerschneiden. Ein derartiges Enzym zerlegt eine bestimmte DNA-Probe in Fragmente unterschiedlicher Länge. David Botstein, der Ende der 70er Jahre am Massachusetts Institute of Technology arbeitete und heute in Stanford forscht, fand heraus, daß, wenn ein Restriktionsenzym auf die DNA verschiedener Individuen angewendet wird, sich die daraus resultierenden Fragmentgruppen manchmal von einer Person zur anderen deutlich unterscheiden. Die Ursache mußte in der Lage von Restriktionserkennungsstellen liegen, die aufgrund von Mutationen in der Basenabfolge von Person zu Person variieren. Eine Veränderung zwischen Individuen konnte also, anders als in der klassischen Mendelschen Genetik, nicht auf der Ebene der Eigenschaft oder des Enzyms, sondern auf der Ebene des Erbmaterials selbst lokalisiert werden. Die Wahrscheinlichkeit sprach dabei gegen Abweichungen innerhalb eines bestimmten Gens. Doch einige Genetiker erkannten rasch, daß Variationen in der Nachbarschaft eines Gens als Marker eingesetzt werden konnten.[41]

Derartige Variationen in der DNA werden als *Restriktionsfragment-Längenpolymorphismen* oder RFLPs bezeichnet. Ihre Untersuchung erwies sich als ausgesprochen produktiv. 1983 wurde eine große Untersuchung über eine weitverzweigte Familie in Venezuela veröffentlicht, in der die Krankheit Chorea Huntington auftrat. Die Genetiker wiesen nach, daß Familienmitglieder mit der Krankheit ein bestimmtes, charakteristisches Muster bezüglich der Länge von Restriktionsfragmenten besitzen. Verwandte, bei denen die Krankheit selbst noch nicht ausgebrochen war, zeigten ebenfalls das charakteristische Muster – und erkrankten schließlich.[42] Zu ähnlichen Ergebnissen gelangten die Forscher bei Mukoviszidose, bei der Erwachsenenform von polyzystischer Nierendegeneration, beim Duchenne-Muskelschwund und vielen anderen Krankheiten. In vielen Fällen hat die Methode zur Lokalisierung des Gens auf einem bestimmten Chromosom geführt. Der nächste Schritt soll darin bestehen, das Gen selbst für eine solche Krankheit zu isolieren, es zu sequenzieren und so das Produkt des Gens zu identifizieren. Auf diese Weise hoffen die Genetiker, seine Wirkungsweise zu erkennen und eine Behandlungsmöglichkeit zu finden, ein Vorgehen, das man als *Reverse Genetik* bezeichnet.

Ein wichtiger Schritt in technischer Hinsicht wurde 1980 mit der sogenannten *In-situ*-Hybridisierung von Erbmaterial unternommen, einer Technik, die keine Vorläufer in der klassischen Genetik hat. Die Vorgehensweise verlangt hohe technische Präzision. Die Ausgangssubstanz ist ein DNA-Stück, das ein Gen oder einen kurzen Abschnitt eines Gens enthält. Dieses wird in Bakterien geklont, bis eine ausreichende Menge zur Verfügung steht.

Für die *In-situ*-Hybridisierung stellt der Genetiker die geklonte DNA mit einer radioaktiven Markierung her. Die Menge des so markierten Erbmaterials wird als Sonde bezeichnet. Ein Präparat menschlicher Chromosomen wird so behandelt, daß der DNA-Strang dieser Chromosomen sich öffnet und Basenpaare mit komplementären DNA-Sequenzen bilden kann. Die Sonde wird zu dem Chromosomenpräparat gegeben und bildet dann an den Stellen, wo sich die Basensequenzen paaren, Hybriden mit der zellularen DNA. Der Genetiker stellt ein Autoradiogramm des Präparats her, ein Bild der Chromosomen mit durch die Radioaktivität der Sonde geschwärzten Stellen, die anzeigen, wo sich die markierten Gene befinden. Dieses Verfahren bringt gute Ergebnisse bei Genen, die in zahlreichen Kopien auf dem Chromosom vorhanden sind. Bei seltenen Genen dagegen, von denen nur eine einzige Kopie im Genom vorkommt, war die Radioaktivitätsmenge zu gering, um sie sichtbar zu machen. 1980 verfeinerte Mary Harper das Verfahren durch eine weitere Entdeckung. Sie stellte fest, daß das Kohlenhydrat Dextran ein Geflecht bildet, das zu einer Zusammenballung der Moleküle der Sonde führt. Infolge dieser Verdichtung besitzt die Hybridisierungsstelle genug Radioaktivität, um im Autoradiogramm sichtbar zu werden. Mit diesem Verfahren kartierte Harper 1981 das Gen für Insulin. Sie stellte ein Autoradiogramm her, das einen Klecks aus radioaktiver Substanz am Ende des kurzen Arms von Chromosom 11 zeigte.[43]

Der Genetiker, der ein Gen klont, hat dessen Charakterisierung erst dann abgeschlossen, wenn er seinen genauen Ort bestimmt hat. Dazu wird das Gen zuerst durch eine Gruppe von somatischen Zellhybriden geschickt. Nachdem der Genetiker herausgefunden hat, daß es auf einem bestimmten Chromosom liegt, bestätigt er die Zuordnung und verengt sie mittels *In-situ*-Hybridisierung auf einen bestimmten Teil dieses Chromosoms. Dieses Kartierungsverfahren hat sich zu einer Standardmethode entwickelt.

Die dritte Welle der Gentechnologie. Mitte bis Ende der 80er Jahre entwickelten die Molekularbiologen eine Reihe von gentechnologischen Verfahren, die von wesentlicher Bedeutung für die Manipulierung der DNA in großem Maßstab sind. Zur selben Zeit fing man an, die Idee, gesamte Genome zu kartieren und zu sequenzieren, ernstzunehmen. Die erste Generation von gentechnologischen Entdeckungen zu Beginn der 70er Jahre, die der rekombinierten DNA ihren Namen gaben, umfaßten Züchtung von Säugetierzellen in Kulturen, Restriktionsenzyme und DNA-Reparierenzyme, die DNA-Segmente schneiden und zusammenkleben, Reverse Transkriptase, um die RNA in die DNA zurückzulesen, Bakterienplasmide und Virusvektoren, um DNA-Stücke in Zellen hineinzubefördern, und Klonierung, um Gene und ihre Produkte in großen Mengen herzustellen. DNA-Sequenzierung, somatische Zellhybridisierung, Bandenfärbung von Chromosomen, Restriktionsfragment-Längenpolymorphismen und *In-situ*-Hybridisierung waren die Erfindung der späten 70er Jahre. Zu den wichtigsten Methoden, die bis 1991 entwickelt wurden, gehören DNA-Synthese, Impulsfeld-Gelelektrophorese, YACs (künstliche Hefechromosomen), automatisierte DNA-Fluoreszenzsequenzierung und Polymerase-Kettenreaktion.

Eine wichtige Vorbedingung für fast alle späteren Entwicklungen war die Möglichkeit, DNA-Stränge mit einer beliebigen Abfolge zu synthetisieren. Anfang der 80er Jahre fand Marvin Carruthers eine Methode, ausgehend von einer einzelnen bekannten Base, die an ein winziges festes Kügelchen gebunden ist, mit chemischen Mitteln nach Wunsch nacheinander neue Basen hinzuzufügen (s. Abb. 7). Diese Technik konstruiert DNA-Fragmente mit einer Länge von 5 bis etwa 75 Basenpaaren und einer vorher festgelegten Abfolge. Carruthers und Leroy Hood entwickelten in der Folge Apparaturen zur automatischen Herstellung solcher Fragmente.

Mit der herkömmlichen Gelelektrophorese lassen sich große DNA-Segmente nur ungenau trennen. Stränge, die länger als 30 Kilobasen (30000 Basen) sind, bewegen sich in etwa mit der gleichen Geschwindigkeit. David Schwartz und Charles Cantor fanden

Abb. 7: Die chemische Synthese von DNA wird in einer kleinen Glassäule durchgeführt, die mit winzigen Silikatkügelchen gefüllt ist; diese liefern einen reaktionsträgen Anker für die wachsenden DNA-Ketten. Zunächst befestigt man an den Kügelchen jeweils ein Molekül der ersten Base der Sequenz, z. B. Cytosin, C. Die Basen sind so behandelt, daß die Stelle, wo sich die nächste Base anheftet, zeitweilig durch eine chemische Schutz-

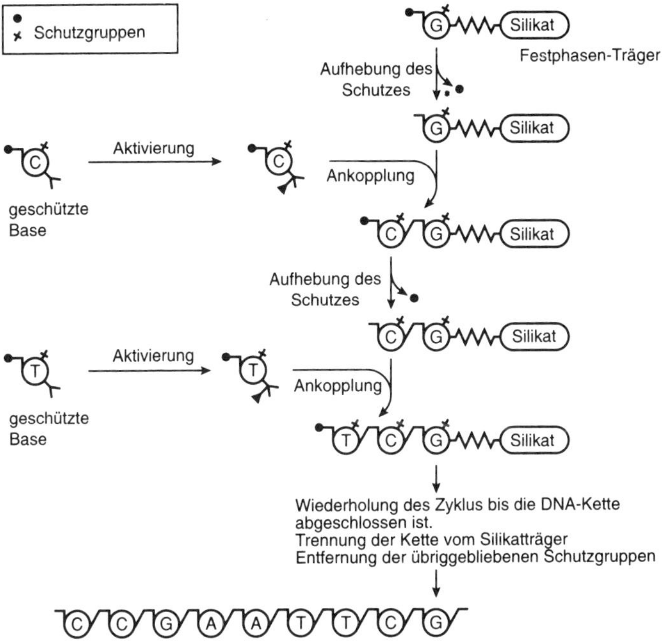

gruppe (hier durch kleine Punkte angezeigt) blockiert wird: so können sich keine Sequenzen CC oder CCC bilden. Die Schutzgruppen blockieren auch andere Reaktionsstellen als die Erweiterungsstellen auf den Basen, hier durch kleine Kreuze symbolisiert. Dann gibt man in wechselnder Reihenfolge chemische Stoffe in die Säule. Zuerst wird eine Lösung hinzugefügt, die die Schutzgruppen an den Erweiterungsstellen entfernt, so daß diese Stellen offen bleiben. In einem zweiten Schritt wird eine Lösung der nächsten gewünschten Base hinzugefügt, z. B. Thymin, T (hier als Anheftung eines Dreiecks an die geschützte Base dargestellt), die sich an die erste Base ankoppelt. Bei diesen Basen sind die Erweiterungsstellen ebenfalls blockiert; sie binden sich an die Cs auf den Kügelchen und ergeben durch die gesamte Säule hindurch die Sequenz CT, aber nie CTT, CTTT etc. Der erste Schritt wird wiederholt, wobei die Schutzgruppen weggeschwemmt werden; es folgt wiederum der zweite Schritt, eine Lösung der nächsten vorher festgelegten Base, deren Erweiterungsstelle geschützt ist. Dieser Vorgang wird beliebig oft wiederholt und ist heute weitgehend automatisiert (s. Abb. 14). Ein Computer steuert die Reihenfolge der Basen und beendet den Zyklus, wenn die DNA-Sequenz abgeschlossen ist. Dann werden die Ketten chemisch von den Silikatkügelchen getrennt, und die Schutzgruppen werden ein letztes Mal entfernt.

Abhilfe: Indem sie die Richtung des elektrischen Feldes änderten, brachten sie die Moleküle dazu, sich neu anzuordnen, bevor sie sich in die neue Richtung weiterbewegten. DNA-Moleküle verhalten sich im elektrischen Feld wie Wasserpflanzen, die in Fließrichtung gestreckt einen Strom hinuntertreiben. Wenn die Fließbewegung stoppt und dann ihre Richtung wechselt, bündeln sich die Fäden der Wasserpflanzen. Ein Teil bewegt sich in der Mitte, und die Fäden strecken sich bald wieder. Das zweite Feld kann jeden gewünschten Winkel im Verhältnis zum ersten Feld einnehmen, die Dauer jedes Impulses kann Sekunden oder Minuten betragen. Entscheidend ist der Zeitraum, der dem Wechsel des Feldes folgt: Die Zeit, die ein Molekül braucht, um sich neu auszurichten, steht in direktem Verhältnis zu seiner Größe, so daß diese Methode Moleküle in der Größenordnung von 1000 bis zu 10 Millionen Basenpaaren zuverlässig nach ihrer Größe trennt. Cantor und Schwartz bezeichneten das Verfahren als *Impulsfeld-Gelelektrophorese.*[44]

Für die effiziente Sequenzierung großer DNA-Stücke wie Teile eines ganzen Säugetierchromosoms oder -genoms ist eine spezielle Technologie erforderlich, um große Mengen eines solchen Teilstücks zu klonen. Biologen stellten fest, daß sie mit Hefepilzen Genetik an der Grenze zwischen Bakterien und vielzelligen Lebewesen betreiben konnten. Hefepilze sind Eukaryonten mit etwa siebzehn Chromosomen, wobei die genaue Zahl von Art zu Art variiert. Sie sind Einzelzellen mit einer weniger komplexen Struktur als die meisten Eukaryonten. 1987 führte Maynard Olson eine Methode ein, mit der fremde DNA mit der eines von seiner Hülle befreiten Klumpens von Hefechromosomen vereint werden kann, so daß ein künstliches Chromosom entsteht, das wieder in eine Hefezelle eingesetzt wird (Abb. 8). Dort verdoppelt es sich zusammen mit den normalen Chromosomen der Zelle.

Die Methode entspricht weitgehend der Verwendung von Bakterienplasmiden zur Vermehrung ausgewählter DNA-Segmente in Bakterien. Aber während ein genetisches Segment, das in ein Bakterienplasmid eingesetzt wird, eine Länge in der Größenordnung von 100 Basen besitzt, sind Hefechromosomen 300 bis 400 Kilobasen lang. Die Maschinerie der Zelle kann mit künstlichen Chromosomen von 100 kb bis zum Zehnfachen dieser Länge umgehen. Olson nannte seine Erfindung *künstliche Hefechromosomen,* oft als YACs, nach der englischen Bezeichnung *yeast artificial chromosomes*, abgekürzt.[45] Damit stand den Biologen eine Mög-

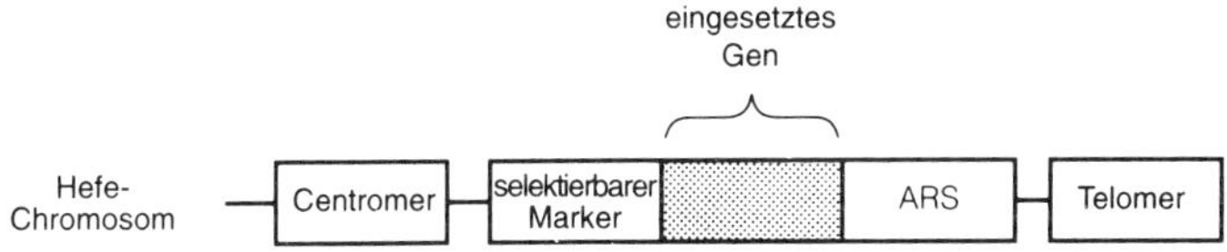

Abb. 8: DNA von 100–1000 kb Länge kann in Hefezellen geklont werden, indem die Fragmente in ein speziell konstruiertes künstliches Hefechromosom (YAC = yeast artificial chromosome) eingesetzt werden. Damit sich ein YAC fehlerfrei verdoppeln kann, muß es die folgenden Elemente eines natürlichen Hefechromosoms besitzen: das Centromer, das die Bewegung des Chromosoms während der Zellteilung kontrolliert, die autonom replizierende Sequenz (ARS), die die DNA-Replikation startet und das Telomer, den Bereich, der das Ende des Chromosoms darstellt. Zusätzlich muß ein selektierbarer Marker vorhanden sein, um das YAC in den Hefezellen verfolgen zu können. Die so konstruierten künstlichen Chromosomen können einschließlich der Sequenz, die geklont werden soll, zur Reproduktion in einen Hefepilzstamm eingesetzt werden.

lichkeit offen, um lange, ausgewählte DNA-Segmente zu klonen – Segmente, die tausend- bis zehntausendmal länger waren als die Fragmente, die man in Bakterien klonen konnte.

Zur selben Zeit erfand Kary Mullis bei Cetus Corporation in Berkeley eine Methode, die sogenannte *Polymerase-Kettenreaktion,* um DNA-Sequenzen im Reagenzglas zu vervielfachen. Die Methode beruht auf folgendem Prinzip: Wenn eine DNA-Lösung erhitzt wird, trennen sich die beiden Stränge der Doppelhelix, die nur durch die Wasserstoffbindungen zwischen komplementären Basen auf gegenüberliegenden Ketten zusammengehalten werden. Beim Abkühlen der Lösung bildet die DNA wieder Doppelhelices, die mit sehr hoher Genauigkeit zusammenfinden. Die Polymerase-Kettenreaktion beginnt mit einer DNA-Probe, von der bekannt ist, daß sie das gewünschte genetische Segment enthält. Nun müssen zwei kurze DNA-Stränge synthetisiert werden, wobei der eine komplementär zu einer Sequenz ist, die sich auf einer Kette links vom Zielsegment befindet, und die andere zu einer Sequenz auf der anderen Kette rechts davon paßt. Diese Sonden oder Primer, die DNA-Probe, gibt man mit vielen Nucleotiden in eine Lösung. Außerdem ist eine hitzebeständige DNA-Polymerase erforderlich. Die Lösung wird auf 95 °C erhitzt und zwei Minuten lang bei dieser

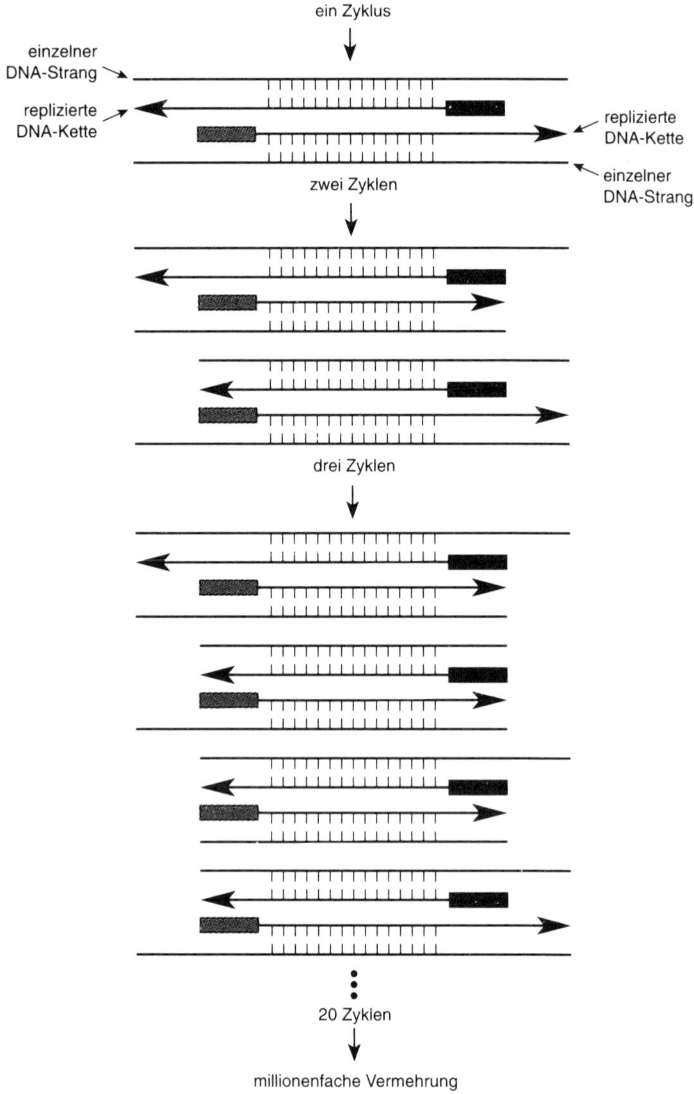

Abb. 9: DNA-Replikation mittels Polymerase-Kettenreaktion.

Temperatur gehalten. Nachdem sie auf 30°C abgekühlt ist, wird die Polymerase hinzugegeben. Nach weiteren zwei Minuten wird der Erhitzungs- und Abkühlungsvorgang wiederholt. Bei jedem Erhitzen trennen sich die Doppelhelices, bei jeder Abkühlung »glühen« sie wieder aus, und die DNA-Sonden heften sich an ihre komplementären Stränge. Dann greift die Polymerase ein und verdoppelt nur den Teil der DNA zwischen den beiden Sonden, einschließlich des Zielsegments. Beim nächsten Erhitzen und Abkühlen trennen sich die Helices wieder, aber diesmal enthält die Lösung beim Ausglühen doppelt so viele DNA-Kopien, an die sich Sonden heften. Nach zwanzig Zyklen hat sich das DNA-Stück einschließlich des Zielsegments vermillionenfacht (s. Abb. 9)[46]. Das Verfahren ermöglicht eine schnelle Klonierung, ohne Zellen selbst zu verwenden. Deshalb gilt die Polymerase-Kettenreaktion als revolutionärste Technik in der Molekularbiologie der 80er Jahre. Cetus ließ das Verfahren patentieren und verkaufte das Patent 1991 für 300 Millionen Dollar an Hoffmann-La Roche.

Die Sequenzierung selbst sollte enorm beschleunigt werden, ohne an Genauigkeit zu verlieren. Dies wurde durch die Erfindung des automatischen DNA-Fluoreszenzsequenzierers durch Hood möglich. Dieses Verfahren setzte dort an, wo Sangers Sequenzierung aufgehört hatte – bei der Verwendung der Didesoxy-Nucleotide, die die weitere Verlängerung eines DNA-Strangs aufhalten. Man fand eine Möglichkeit, die Primer zu markieren, mit denen die Didesoxysequenzierung beginnt, indem man an jeden ein Molekül eines fluoreszierenden Farbstoffs heftete. Dabei verwendete man vier Reaktionsmischungen; bei jeder waren die Primer mit einer von vier verschiedenen fluoreszierenden Farben markiert. Jede Reaktionsmischung wurde mit einem unterschiedlichen Didesoxy-Nucleotid versehen, und die zu sequenzierende DNA wurde bis zu einer Länge von 450 bis 500 Basenpaaren vermehrt. So endete in einer Mischung jede Kette mit Didesoxy-Guanin und war rot markiert, während in der nächsten jede Kette mit Didesoxy-Adenin endete und mit Blau markiert war. Dann wurden alle vier Mischungen in einen einzigen Gelelektrophorese-Kanal geleitet. Wenn die DNA-Stränge das andere Ende des Gels erreichen, regt ein Laser die verschiedenen Farben an, und das Ergebnis wird direkt an einen Computer weitergeleitet. Die Farben Rot, Grün, Blau, Blau, Gelb entsprechen der Basensequenz G, C, A, A, T. Als Hood und seine Kollegen ihre Methode 1986 bekanntgaben, analysierte das neueste

Modell gleichzeitig 24 Kanäle mit einem einzigen Laser, der den Boden abtastet, so daß innerhalb von zwölf bis vierzehn Stunden 12000 Basen abgelesen werden konnten. Die Maschinen selbst kosten bis zu 100000 Dollar pro Stück.[47]

Fazit: Die Sequenzen und die Karten. Die Technologie, die im Rahmen der genetischen Experimente und Analysen entwickelt wurde, hat mehr geleistet, als nur die Forschung und die Theorie zu erleichtern. Sie hat der Wissenschaft wichtige Impulse gegeben und ihren Horizont erweitert. Beispielhaft ist der Wandel, den die Vorstellung vom Gen durchgemacht hat, bis hin zur Idee einer Gensequenz und Genkarte. Für Morgan und Sturtevant waren Karte und Sequenz noch vertauschbar, eine lineare Anordnung von Faktoren, die bekannte Eigenschaften bestimmen und im Verhältnis zu Crossing-over-Häufigkeiten verteilt sind. Heute ist der Unterschied in der Konzeption von genetischen Sequenzen und Karten entscheidend.

Die Sequenz ist inzwischen einfach definiert als die Reihenfolge von Basenpaaren in der DNA vom langen Arm von Chromosom 1 bis zum kurzen Arm von Y. Dank der großen Vielfalt in der genetischen Ausstattung jeder Art kann aus keiner einzelnen Sequenz ein Typ oder eine Norm abgeleitet werden. Aussagefähige Analysen machen deshalb parallele Sequenzen erforderlich. Dennoch steht der modernen Genetik eine entsprechende Technologie zur Verfügung, die sich in einem Prozeß der ständigen Modernisierung und Anpassung an die neuesten Forschungsergebnisse befindet.

Man hat die Sequenz das Genoms oft als »die letzte Karte« bezeichnet. Viel eher könnte man sie als letztes unerforschtes »Territorium« des Genomprojekts bezeichnen. Karten sind nie identisch mit dem kartierten Gebiet. Sie sind gleichzeitig weniger als das »Territorium« und mehr. Sie sind Abstraktionen vom »Territorium«, weil sie vieles Verschiedene auf ein Allgemeines reduzieren. Jedes natürliche »Territorium« bringt viele unterschiedliche Karten hervor, die in ihrer je unterschiedlichen Funktion begründet sind. Gemeinsam ist ihnen jedoch eines: Die Abstraktion und die Beschriftung begründen eine Reihe von Beziehungen und bringen einen Zugewinn an Erklärungskraft. Sie werden alle verschiedenen Bestandteile des Genoms lokalisieren und unterscheiden, ihre Funktionen und Wechselwirkungen ermitteln und uns dadurch dem Ziel näherbringen, die Beziehung zwischen der Sequenz – dem Genom – und dem lebenden Organismus in ihren Einzelheiten zu verstehen.

Die Sequenz an sich ist nichts als eine endlose Kette von Elementen, A, T, G, C in keiner vorhersagbaren Reihenfolge. Die Karte dagegen wird komplexer sein, als wir es uns vorstellen können. Denn das menschliche Genom wurde nicht entworfen, es entwikkelte sich. Es gilt, die Beziehung der Genkarte jedes lebenden Geschöpfes im Einzelfall zu analysieren.

Selbst auf der einfachsten Ebene, derjenigen der Strukturgene, ist die Kartierung so weit fortgeschritten, daß sich auch für die Forschung entmutigende Eigenschaften abzeichnen. Aufgrund der Evolutionsgeschichte der Säugetiere liegen die Gene für ein Organ, ein System oder eine Funktion oft nicht auf einem einzigen Chromosom. Gene für Enzyme, die für die verschiedenen Schritte in einem biochemischen Ablauf verantwortlich sind, sind häufig nicht wie beim Bakterienmodell in einem Operon zu finden, sondern liegen auf einem oder mehreren Chromosomen. So befindet sich das Gen für die Alpha-Kette von Hämoglobin auf Chromosom 16, das für die Beta-Kette auf Chromosom 11.

Auf der nächsten Ebene müssen die Karten die Regulation erklären, genetische Sequenzen, die keine Struktur-, sondern Kontrollelemente sind. Ebenso gilt es, die ungeheure Menge von DNA, die keine uns bekannte Funktion besitzt oder möglicherweise funktionslos ist, zu identifizieren und die verschiedenen Segmente von Strukturgenen zu verbinden, die durch die intervenierenden Sequenzen unterbrochen werden.

Die vorletzte Ebene der Karten betrifft die Entwicklung: Sie soll uns zeigen, welche Prozesse während der Entwicklung des Menschen ablaufen, um die schwierigen Fragen der Embryologie und der Differenzierung zu beantworten. Mit diesem Wissen wird es möglich sein, Entwicklungskarten zu erstellen, die sich beispielsweise mit angeborenen Stoffwechselkrankheiten und ihrer Heilung durch Gentherapie oder mit Krebserkrankungen und ihrer Verhütung befassen.

Die letzte Karte wird in den Sequenzen und in den vorangehenden Ebenen der Kartierung, ähnlich wie ein Archäologe aus den Schichten einer Ausgrabung, die Spuren des menschlichen Evolutionsprozesses verfolgen.

Genetik, Technologie und Medizin

Walter Gilbert

Das Genom – eine Zukunftsvision

Das Genom-Projekt ist mehr als ein isoliertes Vorhaben seitens der Molekularbiologen. Es ist die Weiterentwicklung aktueller Themen, die die Biologie als Ganzes beschäftigen. Die Idee, die Sequenz des menschlichen Genoms zu bestimmen, ist ein Versuch, alle Gene zu definieren, die ein menschliches Wesen ausmachen. Die Kenntnis der DNA-Sequenz stellt eine ungeheure Erweiterung unseres Wissenshorizonts dar. Doch selbst wenn wir in den Besitz dieses Wissens gelangen, müssen wir auch weiterhin versuchen, die Mechanismen der Sequenz vollständig zu erforschen. Denn es sind kaum grundlegendere und wichtigere Informationen denkbar.

Die DNA-Sequenz läßt sich als einfacher numerischer Wert angeben: Sie besteht aus 3 Milliarden Basenpaaren, die etwa 100000 bis 300000 Gene codieren, wobei jedes Gen ein Protein oder eine andere Struktur, die eine Funktion im Organismus innehat, spezifizieren kann. Niemand weiß, wie viele Gene wirklich an diesen Prozessen beteiligt sind, weil die tatsächliche Größe eines Gens im menschlichen Körper nicht bekannt ist. Die Schätzung von 100000 Genen geht davon aus, daß etwa 30000 Basenpaare ein Gen bilden. Viele Gene sind aber nur 10000 Basenpaare lang, so daß man möglicherweise bis zu 300000 annehmen kann. Viele der interessantesten Gene besitzen mehrfache RNA-Spleißmuster, d. h., die Boten-RNA, die von einem einzelnen Gen transkribiert wird, kann verschiedene Teile der DNA-Sequenz des Gens zusammenspleißen. Um ein einzelnes menschliches Gen zu studieren, ist die genaue Kenntnis dieser Muster nötig. Die Aussage, der Mensch sei aus 100000 Genen aufgebaut, unterschlägt die Komplexität des Menschen insofern, als viele Gene zehn oder zwanzig unterschiedliche Funktionen in verschiedenen Gewebsarten codieren.

Die 3 Milliarden Basenpaare des menschlichen Genoms enthalten eine Informationsmenge, die 1000 Telefonbüchern zu je 1000 Seiten entspricht. Indem wir die Reihenfolge dieser Basenpaare ermitteln, hoffen wir, eine Liste aller Gene, die ein menschliches Wesen definieren, in Erfahrung zu bringen. Diese Information wirft drei zentrale Fragen hinsichtlich der Natur des Menschen auf. Die erste ist dee folgende: Wie entwickelt sich ein menschliches Wesen aus einem befruchteten Ei? Die Anfänge der Entwicklung bei Tieren lassen sich am besten an Modellsystemen, wie etwa des Wurms oder der Taufliege, studieren. Diese Art der Modellbildung ist ein zentraler Teil der modernen Biologie. Die zweite Frage lautet: Was spezifiziert den menschlichen Organismus und macht uns zu Menschen? Mit diesem Punkt befaßt sich die Medizin: mit den *spezifischen* Eigenschaften, in denen wir uns von Tieren unterscheiden. Zum dritten muß man fragen: Wie unterscheiden wir uns voneinander? Dies, die *Variation* innerhalb der Art »homo sapiens«, ist das Arbeitsgebiet der Populationsbiologie.

Das Genomprojekt kann nur die zweite dieser Fragen beantworten, nicht aber die dritte, denn es ist auf die molekularbiologische und nicht auf die populationsbiologische Sicht einer Art ausgerichtet. Die Populationsbiologie betrachtet eine Art als Gefäß für viele mögliche Varianten. Dank dieser Varietät innerhalb einer Art kann sich eine Population stets an seine veränderte Umgebung anpassen. Molekularbiologen fassen die Art als Entität auf, die eindeutig durch eine Gruppe von Genen und ihnen zugehörigen Funktionen definiert ist. Beide Sichtweisen des Menschen sind richtig und schließen sich nicht aus. Die eine betont die Variation, auf der die Evolution beruht, während die andere die wesentlichen Merkmale hervorhebt, die eine Art von der anderen abgrenzen. Wenn der Populationsgenetiker oder der klassische Biologe die Art definiert, bezieht er sich auf ein typisches Individuum, das exemplarisch für diese Art ist. Für den Molekularbiologen ist dieser Organismus durch seine DNA definiert. Sein DNA-Molekül kann sequenziert werden, um die wesentliche Information zu erhalten, die diesen typischen Organismus und somit die Art definiert.

Können wir alle Gene begreifen, die ein menschliches Wesen ausmachen? Könnten wir all ihre Wechselwirkungen und ihre Unterschiede innerhalb unserer Art verstehen? Diese Fragen betreffen die gesamte Biologie und gehen weit über das Genomprojekt hinaus. Das Genom-Projekt selbst kann sie nicht beantworten, aber es macht die Sequenz des menschlichen Genoms zu einem Werkzeug der Forschung. Das Genomprojekt wird auch die Sequenzen der Genome von einfachen Modellorganismen bestimmen, und die beiden Sequenzen, die des menschlichen Genoms und die der Modellorganismen, werden die Basis für die biologische Forschung sein.

Die Erschließung des menschlichen Genoms läßt sich in drei Phasen teilen, die sich hinsichtlich der jeweils zu bewältigenden Arbeit in ihrer Dimension grundsätzlich unterscheiden. Zum ersten muß die DNA, die zwei Meter lang ist, in geordnete kleinere Fragmente zerlegt werden – ein Vorgang, der als *physikalische Kartierung* bezeichnet wird. Die Dauer dieses Kartierungsvorgangs wird auf eine Größenordnung von 100 »Personenjahren« geschätzt (1 Personenjahr entspricht der Arbeitsleistung einer Person innerhalb eines Jahres). Die zweite Phase, die Bestimmung der Sequenz sämtlicher Basenpaare aller Chromosomen, wird 3000 bis 10000 »Personenjahre« in Anspruch nehmen. Die dritte Phase, die Gene selbst zu erforschen, wird die Biologie im gesamten nächsten Jahrhundert beschäftigen: etwa 1000000 »Personenjahre« oder 100 Jahre weltweiter Forschung.

Neben der Bestimmung der Basenpaarabfolge wird das Projekt zwei weitere Typen von Karten des Genoms erstellen (s. Abb. 10). Genetische Karten werden die Vererbung von DNA-Regionen in menschlichen Populationen erfassen und bestimmte DNA-Regionen mit Krankheiten in Zusammenhang bringen. Physikalische Karten werden DNA-Forschungsmaterial liefern. Der erste Versuch, eine vollständige genetische Karte der menschlichen Chromosomen herzustellen, wurde vor wenigen Jahren veröffentlicht. Die Versuchsanordnung besteht aus rund 150 polymorphen Markern, die über jedes der menschlichen Chromosomen verteilt sind; die Marker sind durch etwa 20 Megabasen, also 20 Millionen Basenpaare, getrennt und liegen somit etwa 20 Centimorgan voneinander entfernt. Wenn diese Karten im Laufe der nächsten Jahre in der Auflösung feiner werden, wird man darauf eine immer größere Zahl von Krankheiten genau lokalisieren können.

Es wird zwei Typen von physikalischen Karten geben. Der eine Kartentyp beruht auf der Messung der Entfernung auf jedem Chromosom mittels der Sequenzen, an denen die Restriktionsenzyme schneiden. Dieses Verfahren liefert eine abstrakte Entfernungskarte für die Größe der Chromosomen und seiner Teilbereiche. Die zweite Art von physikalischen Karten wird als *Cosmidkarte* bezeichnet. Sie besteht aus DNA-Stücken mit einer Länge von 50000 Basen, die jeweils in einem eigenen Bakterienstamm

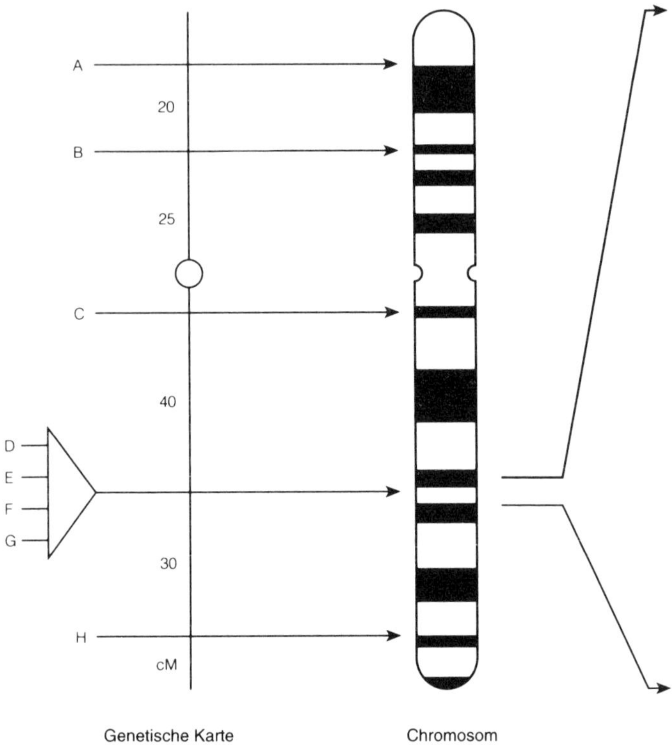

Abb. 10: Das Ziel des Genomprojekts ist eine Bestimmung der Abfolge der Basenpaare, aus denen jedes menschliche Chromosom besteht. Diese *Sequenz* wird die detaillierteste Karte des menschlichen Genoms sein. Weniger detaillierte Karten sind bereits seit Beginn dieses Jahrhunderts erstellt worden. Die Karten, die heute entwickelt werden, sind nicht nur auf das Sequenzierungsprogramm, sondern auch auf andere Forschungsziele, wie etwa die Erforschung der genetischen Ursachen von Erbkrankheiten, zugeschnitten.

Genetische Karten sind Darstellungen von Krankheitsmerkmalen, physiologischen Merkmalen oder zufälligen Polymorphismen, die bestimmten Chromosomen zugeordnet und im Verhältnis zueinander erfaßt werden können, indem man die Übertragung wechselnder Formen dieser Merkmale in Familien verfolgt. Dieses Modell einer genetischen Karte zeigt die Lage von acht Markern *(A–H)*, wie Genen oder Polymorphismen entlang

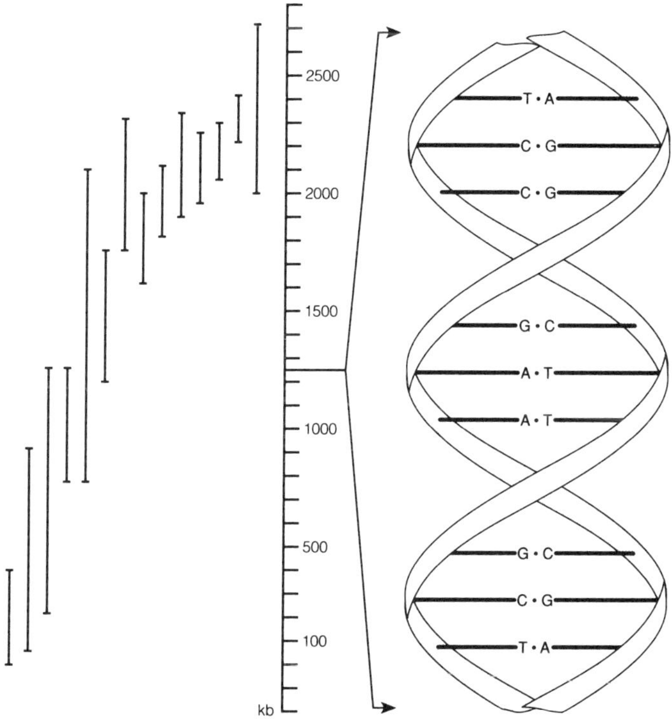

Physikalische Karte DNA-Sequenz

des Chromosoms. Das Dreieck kartiert einen kleinen Teil des Chromosoms detaillierter, als es für einen intensiv untersuchten Teil eines Chromosoms notwendig ist, wie eine Region, für die ein krankheitsverursachendes Gen vermutet wird. Entfernungen innerhalb genetischer Karten werden in Centimorgan gemessen, wobei ein cM etwa 1 Million Basenpaaren entspricht.

Physikalische Karten sind keine Darstellungen, sondern sich überlappende Sammlungen von DNA-Fragmenten. Die DNA wird durch die Wirkung von Restriktionsenzymen in Fragmente geschnitten und dann auf verschiedene Weisen – wie Cosmiden in Bakterien oder YACs in Hefepilzen – geklont und gespeichert. Diese Fragmente, die in Kilobasen oder kb gemessen werden, können anhand verschiedener Methoden analysiert werden, um so die Abfolge der DNA Base für Base zu ermitteln.

geklont sind und sich auf beiden Seiten mit anderen Cosmiden überlappen. Im Grunde ist diese Karte eine Ansammlung von etwa 100000 Bakterien, die die als Cosmide bezeichneten Klone enthalten. Sie umfassen das gesamte Genom, und dies ist annähernd gleichbedeutend damit, daß das physische Material für jedes der 100000 menschlichen Gene zur Verfügung steht. Eine Kartierung mittels dieser Methode schließt den »Fingerabdruck« von DNA-Stücken ein, die Identifizierung von Abfolgemerkmalen, die das Vorhandensein von gemeinsamen DNA-Sequenzen oder einer Überlappung bei zwei Cosmiden nachweisen kann. Wenn man die Cosmide zu einem bekannten Überlappungsmuster zusammensetzt, liefern sie das Material, anhand dessen das Genom weiter analysiert werden kann.

Die genetische Karte steht mit der Cosmidkarte insofern in Beziehung, als die genetische oder Polymorphismuskarte DNA-Regionen spezifiziert, deren genetische Entfernung bekannt ist und die durch DNA-Hybridisierung nachweisbar sind. Ein Vergleich der genetischen und der physikalischen Karten macht es möglich festzustellen, ob ein Fragment oder ein spezieller Polymorphismus auf einem bestimmten Cosmid liegen. Die Wechselbeziehung zwischen Cosmidkarte und genetischer Karte erlaubt es beispielsweise, ein Krankheitsgen auf der Cosmidkarte zu lokalisieren.

Die einfachste Methode, das gesamte Genom zu sequenzieren, beginnt mit einer Cosmidkarte des Menschen. Jedes der Cosmide wird getrennt und sequenziert. So läßt sich beispielsweise die Struktur eines Chromosoms, das aus annähernd 1000 Cosmiden besteht, Schritt für Schritt bestimmen. Innerhalb des menschlichen Genoms wird etwa 1 Prozent der Sequenz, d.h. 30 Megabasen (30 Millionen Basen) durch die Analyse von Regionen in der Nähe von Genen sequenziert, die von Interesse für die Biologie und Medizin sind. Weitere 10 Prozent, also 300 Megabasen, die man entdecken wird, bestehen aus den Sequenzen einzelner kleiner Chromosomen. Die übrigen 90 Prozent, 2700 Megabasen, umfassen alle anderen Bereiche. Dank der raschen Entwicklung der Sequenzierungstechnologie wird jede dieser drei Aufgaben in etwa die gleiche Zeit in Anspruch nehmen.

Vor 1976 schien es beinahe ausgeschlossen, die DNA zu sequenzieren. Als Allan M. Maxam und ich 1971 gemeinsam eine der ersten DNA-Regionen ermittelten, benötigten wir zwei Jahre, um 20 Basenpaare zu bestimmen. Zur Erfassung eines ganzen Gens ist eine Verarbeitungsmenge dieser Größenordnung unbrauchbar. 1976 entdeckten Fred Sanger in England, Maxam und ich zwei Wege der DNA-Analyse, die es möglich machten, daß eine einzelne Person bis zu 5000 Basenpaare im Jahr entziffern konnte, eine Zahl, die der Struktur eines kleinen Gens entspricht. Heute, fünfzehn Jahre später, liegt diese Geschwindigkeit zwischen 10000 und 100000 DNA-Basenpaaren pro Jahr.

Die meiste Zeit wird allerdings nicht auf die Sequenzierung des Gens verwendet, sondern auf die Vorbereitung der DNA-Fragmente für die Analyse. Zu den heute angewandten Verfahren gehört die Fragmentierung des Genoms in kleinere DNA-Teilstücke, die sich zu geeigneten rekombinierten DNA-Vektoren klonen lassen. Typische Klone enthalten DNA-Fragmente in einer Größenordnung von 15000 bis 50000 Basenpaaren. Diese müssen in kleinere, etwa 300 bis 1000 Basenpaare lange Fragmente zerlegt oder »subkloniert« werden, die sich für die DNA-Sequenzierung eignen. Die Arbeitsleistung der DNA-Sequenzierung hängt vom jeweiligen Verfahren ab. Zwei alternative Strategien können eingesetzt werden: Das geordnete Vorgehen und das »Schrotschuß«-Verfahren. Bei der geordneten Strategie wird die DNA ihrer linearen Anordnung folgend sequenziert. Bei der Schrotschuß-Strategie wird ein großes DNA-Stück nach dem Zufallsprinzip in kleinere Fragmente zerschnitten, die dann sequenziert und wieder von Computern zur endgültigen Sequenz zusammengesetzt werden. Das Schrotschuß-Verfahren macht es erforderlich, daß jeder DNA-Abschnitt durchschnittlich fünf- bis sechsmal sequenziert wird. Bei einer Konzentration und Vereinfachung des Sequenzierungsvorgangs wären vermutlich schon heute Sequenzierungsgeschwindigkeiten von 1 Million Basenpaare pro »Personenjahr« denkbar. Durch koordinierte Bemühungen könnte man schließlich bis zu 10 Millionen Basenpaare pro »Personenjahr« erreichen.

In Dollar umgerechnet würden sich die Kosten der DNA-Sequenzierung bei einer Arbeitsleistung von 1 Million Basenpaare pro Jahr und Person auf etwa 10 Cent pro Base belaufen. Bei dieser Sequenzierungsgeschwindigkeit würde eine Arbeitsgruppe von etwa 300 Personen unter Verwendung der neuesten Technologien zehn Jahre benötigen, um das gesamte Genom zu bestimmen. Innerhalb von nur 10 Jahren ist die Geschwindigkeit der Sequenzierung von beinahe null auf etwa 20 Millionen Basen DNA-Sequenz im Jahr 1990 angestiegen. Im Dezember 1990 waren 50 Millionen

DNA-Basen in Datenbanken gespeichert. Weltweit beschleunigt sich die Geschwindigkeit der DNA-Sequenzierung um 60 Prozent pro Jahr. Würde man jedoch die Sequenzierung nur mit der heutigen Geschwindigkeit und ohne koordinierte Großprojekte fortführen, so würde es mehrere hundert Jahre dauern, bis das menschliche Genom vollständig sequenziert wäre.

Eine Million Basenpaare pro Jahr entspricht etwa 5000 Basenpaaren pro Tag. Es gibt zwei Techniken, die mit dieser Geschwindigkeit sequenzieren können. Zum einen Maschinen, die am Tag einen Näherungswert für etwa 10000 Basen ermitteln. Ein als genomische Sequenzierung bezeichnetes Verfahren kann pro Tag etwa 30000 Basen Rohsequenz identifizieren. Da beide Verfahren mit einer Schrotschuß-Strategie arbeiten, entspricht etwa ein Fünftel davon der endgültigen Sequenz.

Man kann das Genom-Projekt als eine Anstrengung unter rein technologischem Gesichtspunkt ansehen, als einen Versuch, die DNA-Sequenz zu erhalten, sie in eine Computer-Datenbasis einzuspeisen und sie dann auszuwerten. Heute ist eine Vielzahl von Techniken zur Analyse dieser DNA-Sequenz bekannt, die es erlauben, die Genstruktur mit annähernd 90prozentiger Genauigkeit zu bestimmen. Welche Konsequenzen hat dies für die Biologie? Wären wir heute im Besitz einer Datenbasis der Sequenz des menschlichen Genoms, wären wir auch in der Lage, sie zu verstehen? Ich denke, die Antwort lautet ja: Wir haben viel über das Funktionieren von Genen gelernt, indem wir die Proteinabfolge analysiert haben, die sie steuern. So gibt es eine Gruppe von etwa hundert Genen, die als Oncogene bezeichnet werden: Jedes von ihnen ist als ein DNA-Fragment identifiziert worden, das aus einer Tumorzelle oder einer Tumorzellinie isoliert werden konnte. Es stattet eine normale Zelle mit der Fähigkeit zu unbegrenztem Wachstum aus. Die normale Form jedes dieser Proto-Oncogene beeinflußt einen Aspekt des Zellwachstums.

Durch einen Sequenzvergleich läßt sich erkennen, daß ein bestimmtes Oncogen mit dem Rezeptor für ein Hormon verbunden ist. Es zeigt sich, daß andere Produkte der Onkogene leicht abgewandelte Wachstumsfaktoren sind und daß sich einige der Onkogenprodukte an die DNA heften und dort die Transkription der DNA beeinflussen. All diese Erkenntnisse sind unmittelbare Ergebnisse von Sequenzvergleichen.

Ein weiteres Beispiel ist das charakteristische Abfolgemuster von

Aminosäuren, das als »Zink-Finger« bezeichnet wird; es wurde erstmals bei einem Protein entdeckt, das die Transkription eines Gens reguliert. Dieses Muster ist eine Aminosäurenfolge mit zwei Cysteinen und zwei Histidinen, die einen Komplex bilden, der Zink bindet. Wissenschaftler, die diese kurze Aminosäurensequenz studierten, fanden heraus, daß sie bei Proteinen mit diesem Muster die Fähigkeit anzeigt, sich an RNA oder DNA zu binden. Dann stellten die Biologen fest, daß diese Sequenz bei einer Reihe von Transkriptionsfaktoren vorkommt.

Viele Gene, die die Musterbildung bei der *Drosophila* steuern, spezifizieren Proteine, die dieses Aminosäurenmuster besitzen. Daraus ließ sich folgern, daß die Funktion dieser Genprodukte in der Herstellung von Proteinen besteht, die sich an DNA binden. Wenn ein neuartiges Gen sequenziert wird, zeigt das Vorhandensein des Aminosäurenmusters an, daß dieses Genprodukt ein Transkriptionsfaktor ist.

Viele Gene gehören zu größeren Klassen von Genen, zu Genfamilien. Familienbeziehungen von Genen lassen sich durch die Analyse der Gensequenzen ermitteln. Wenn wir heute ein neues Gen isolieren, werden wir mit 50prozentiger Wahrscheinlichkeit eine Verwandtschaft zu bereits identifizierten Genen feststellen. In dem Maße, wie das Genomprojekt voranschreitet, werden die Wechselbeziehungen zwischen Genprodukten deutlich zutage treten und uns so die Möglichkeit eröffnen, die Funktion neuer Gene zu prognostizieren und geeignete Analysemethoden zu entwerfen, die diese Annahmen überprüfen.

Auch wenn die dreidimensionale Struktur der Produkte der Gene ein interessantes Forschungsfeld darstellt, gehört es nicht zum Arbeitsbereich des Genomprojekts. Die Frage nach der Beziehung zwischen Struktur und Funktion ist fundamental für die Biologie, und diese Wechselbeziehung liegt unserem Verständnis von Proteinen zugrunde. Wir können durch Berechnung von der DNA-Sequenz zur Aminosäurensequenz gelangen, aber können wir aus einer Aminosäurenabfolge eine dreidimensionale Struktur und eine Funktion ableiten? Bislang lautet die Antwort nein. Zur Lösung dieses theoretischen Problems bieten sich zwei Vorgehensweisen an. Die eine besteht in der Entwicklung von Computerprogrammen, die Aminosäurensequenzen, die nach stabilen Anordnungen streben, mittels Energieberechnungen falten. Die zweite Methode besteht darin, genügend dreidimensionale Strukturen zu identifizieren, um bei einem neuen Protein die Muster zu erkennen, die als Bausteine dienen, und seine Struktur als eine Mischung von bekannten Mustern zu ermitteln. Diese äußerst effektive Methode setzt sich gerade erst durch und wird voraussichtlich in den nächsten fünf Jahren zur Erforschung der Proteinfaltung führen.

Aufgrund dieses Wissens und mit der Datenbasis der DNA-Sequenz werden wir imstande sein, nicht nur die Proteinsequenz, die von den Genen codiert wird, sondern auch die dreidimensionale Struktur der Proteine vorauszusagen. An diesem Punkt wird eine theoretische Biologie entstehen. Sie wird eine Wissenschaft der Mustererkennung sein, die aus der Genomsequenz die Identität menschlicher Gene, ihre Wechselbeziehungen und ihre Kontrollelemente ableitet. Mit Hilfe dieser Information wird man vorhersagen können, wie die Gene und ihre Proteine funktionieren. Die Wissenschaftler werden diese Vermutungen dann anhand von Laborverfahren überprüfen können. Die künftige Datenbasis wird der Humanbiologie völlig neue Vorgehensweisen ermöglichen. Heute können wir noch nicht erkennen, welche Gene im Gehirn oder im Herz zum Ausdruck kommen. Wir wissen, daß der Körper über Mechanismen verfügt, um eine Gruppe von Genen im Herz und eine zweite Gruppe im Gehirn zu exprimieren. Diese Mechanismen legen molekulare Adressen fest, die Kontrollelemente auf der DNA, die die gewebespezifische Expression der Gene steuern. In der Zukunft werden wir diese molekularen Adressen dazu einsetzen können, Gene und Organe zu klassifizieren. Unser gegenwärtiger Wissensstand und unsere heutige Technologie erlauben uns nur, jeweils ein Gen zu erforschen und die neu entdeckten Gene zu den früher entdeckten in Beziehung zu setzen.

Das Genomprojekt ist eine Anwendung von wissenschaftlicher Technologie, um den Informationsgehalt des Genoms zu ermitteln. Die Wissenschaft wird sich im Laufe der kommenden zehn Jahre dramatisch verändern – in welche Richtung ist noch nicht abzusehen. Ein Wandel hat sich im Verhältnis der Molekularbiologie zur allgemeinen Biologie vollzogen. In den letzten 10 Jahren hat sich abgezeichnet, daß molekulare Techniken ein wirksames Instrument für alle Arten von Fragestellungen innerhalb der Biologie darstellen, angefangen von Fragen der Entwicklung bis zu solchen der Evolutions- und Populationsbiologie.

Welchen Stellenwert nimmt aber die Biologie innerhalb der Molekularbiologie ein? Im Augenblick erleben wir das letzte Stadium der Entwicklung einer Technologie. Viele molekularbiologische Techniken werden in Kürze die Forschungslabore verlassen und als Dienstleistungen auf den Markt kommen, die sich nicht mehr in der Hand von Wissenschaftlern befinden.

Vor dreißig bis vierzig Jahren mußten Studenten lernen, wie man Glas bläst, um ihre eigenen Apparaturen anfertigen zu können. Heute kaufen wir Kunststoffausrüstungen und werfen sie nach Gebrauch weg. Als vor fünfzehn bis zwanzig Jahren die Restriktionsenzyme entdeckt wurden, stellte jeder Doktorand Restriktionsenzyme her. Um mit DNA arbeiten zu können, mußte jeder Student ein oder mehrere Restriktionsenzyme herstellen und wissen, wie man ein Protein reinigt und den Vorrat der nötigen Materialien am Leben erhält. Heute kaufen wir die Enzyme und die Bakterienstämme, die für die Produktion von Klonbibliotheken benötigt werden. Wissenschaftler müssen nicht mehr selbst Bakterien züchten, um angemessene Wirte zu erzeugen. Statt dessen kaufen sie fertige Klonbibliotheken. Bald werden sie eine Sonde verwenden und den spezifischen Klon bei einem kommerziellen Zulieferer bestellen. Im Laufe des kommenden Jahrzehnts werden die DNA-Sequenzierung und viele rekombinierte DNA-Techniken nicht mehr in Labors vorgenommen werden. Die DNA-Sequenzierung wird in großen Dienstleistungsorganisationen zentralisiert werden, die DNA je nach Bedarf sequenzieren. Die Wissenschaft wird sich dann auf die Frage verlagern, was eine Sequenz *bedeutet,* was das Gen tatsächlich bewirkt.

Bis zum Jahr 2000 wird die weltweite Sequenzierungsgeschwindigkeit etwa eine Milliarde Basen pro Jahr erreichen; wir werden die menschliche Sequenz ebenso wie eine Vielzahl von Modellsequenzen abgeschlossen haben. Beispielsweise wird man die Sequenzen des Menschen und der Maus vergleichen und durch diesen Vergleich die Gene bestimmen können, die ein Säugetier festlegen. Darüber hinaus werden wir durch den Vergleich eines Menschen mit einem Primaten die Gene bestimmen können, die die besonderen Merkmale von Primaten codieren und sie von anderen Säugern unterscheiden. Schließlich werden wir mit Hilfe von Computerprogrammen die DNA-Regionen identifizieren, in denen sich Primaten und Menschen unterscheiden, und auf diese Weise die Gene finden, die uns zu Menschen machen.

Die Kenntnis der genetischen Karte und der DNA-Sequenz des Menschen wird auch die Medizin verändern, vor allem im Bereich der Erbkrankheiten. Noch weitaus folgenreicher wird die Identifizierung von Genen für häufige Krankheiten sein. Anhand einer detaillierten genetischen Karte werden wir ganze Gruppen von Genen bestimmen können, die allgemeine Aspekte wie das Wachstum oder die Körperfunktionen beeinflussen. Es wird sich zeigen, daß viele Veranlagungen, wie Herzerkrankungen, Anfälligkeit für Krebs oder Bluthochdruck, mehrere genetische Ursachen haben. Ähnliches wird sich auch bei der Veranlagung zu Geisteskrankheiten, wie Schizophrenie, manisch-depressive Erkrankungen und Anfälligkeit für die Alzheimer Krankheit, abzeichnen. Die Rolle der genetischen Disposition für das Ausbrechen von Krankheiten wird in ein neues Licht gestellt werden.

Die genetische Kartierung wird eine Medizin möglich machen, die auf die genetische Anlage jedes Patienten zugeschnitten ist. Nebenwirkungen von Medikamenten gehen oft auf die zu unterschiedlichen Reaktionen verschiedener Individuen auf einen chemischen Wirkstoff zurück. Beispielsweise ist in der europäischen Bevölkerung ein rezessives Gen verbreitet, das die Reaktion auf blutdrucksenkende Medikamente kontrolliert. Fünf Prozent der Bevölkerung, die dieses Gen aufweisen, können Blutdruckmedikamente nur in Mengen zu sich nehmen, die einem Hundertstel der normalen Dosis entsprechen. Für Patienten mit dieser Anlage können neuartige Medikamente hergestellt werden, die auf ihre genetische Disposition abgestimmt sind.

DNA-Tests zum Nachweis aller bekannten Krankheiten, einschließlich der neurologischen, werden zu unterschiedlichen Behandlungsprogrammen führen. Ein Beispiel sind Krankheiten, wie die Schizophrenie, über deren Ursachen und Wirkungsweisen wir noch wenig wissen. Wir werden in der Lage sein, eine Gruppe von Genen zu identifizieren, die ähnliche Krankheitsbilder hervorrufen, und durch die Untersuchungen dieser Gene sowohl zu einer genaueren Diagnose der Erkrankung selbst als auch zu einer genaueren Prognose für Menschen mit genetischer Vorbelastung gelangen. Unsere Kenntnis spezifischer Gene für Gehirnfunktionen wird auch Auswirkungen auf die Behandlung haben. Die Fähigkeit, die Vielzahl von Rezeptoren für einen bestimmten Neurotransmitter zu isolieren, impliziert die Möglichkeit, spezielle Medikamente zu entwickeln, die jeden dieser Rezeptoren gesondert beeinflussen. Diese Substanzen werden auf spezifische Rezeptoren bestimmter Zellen ausgerichtet sein. Ganz allgemein wird die Kenntnis häufiger Merkmale zu Substitutionsmedikamenten führen, die die natürliche Funktion des Körpers stärken, indem sie körpereigene Substanzen liefern.

Die Identifizierung von genetischen Typen und die genetische Kartierung können aber auch schwerwiegende Folgen für die Gesellschaft haben. Die Probleme, die dieses Wissen mit sich bringt, sind jedoch nicht unüberwindbar, und in einer demokratischen Gesellschaft sollte eine offene Diskussion möglich sein. Die Fähigkeit, mittels einfacher Techniken fehlerhafte Gene bereits beim Embryo zu erkennen, wird eine beständige Verbesserung und Ausweitung der pränatalen Diagnose zur Folge haben. Ein Nebeneffekt der Weiterentwicklung der pränatalen Diagnose wird darin bestehen, die Gesellschaft zu zwingen, sich den Grundfragen der Abtreibungsdiskussion zu stellen.

Wie sieht der Einfluß der Genetik am Arbeitsplatz aus? Was wird geschehen, wenn man Menschen, die für toxische chemische Stoffe anfällig sind, routinemäßig erfassen kann, ebenso wie diejenigen, die resistent gegen dieselben Substanzen sind? Soll die Gesellschaft derartige Untersuchungen von Arbeitnehmern auf ihre genetische Eignung für einen bestimmten Arbeitsplatz erlauben oder ablehnen? Ein warnendes Beispiel sind die Krankenversicherungen. Manche Versicherungsgesellschaften behaupten, daß bestimmte Krankheiten auf eine angeborene Veranlagung zurückzuführen sind und deshalb nicht von der Versicherung abgedeckt werden müssen. Sollten wir eine derartige Verwertung von genetischer Analyse zulassen? Wird unsere Gesellschaft die Privatsphäre des einzelnen hinreichend schützen können? Und wird sie dazu bereit sein? Nachweisuntersuchungen haben sich bereits im Fall der Infektion mit dem HIV-Virus als problematisch erwiesen. Soll man Aids-Tests durchführen, und wie soll man das so ermittelte Wissen verwerten? Dies sind Leitfragen, die auch mit vertieftem Wissen um die Genetik des Menschen nicht verstummen werden.

Wird die Fähigkeit, die genetische Struktur von Individuen zu analysieren, dazu mißbraucht werden, verbesserte Individuen zu definieren, und auf diese Weise dem Rassismus Vorschub leisten? Oder wird die Gesellschaft durch die ungeheure Bandbreite genetischer Eigenschaften den Wert jedes Individuums anerkennen lernen? Allen Menschen ist eine DNA-Struktur gemeinsam, die für die elementaren Körperfunktionen notwendig ist. Ein Weg, ein Mißverständnis dieser Struktur zu vermeiden, liegt dem Konzept des Genom-Projekts zugrunde. Die beteiligten Forscher sequenzieren die Chromosomen von verschiedenen Individuen aus der ganzen Welt, so daß die von ihnen erarbeitete Sequenz der menschlichen DNA eine Mischung und ein Spiegel der Vielfalt der Menschheit sein wird.

All diese Erkenntnisse werden auch einen Wandel unseres philosophischen Selbstverständnisses zur Folge haben. Selbst wenn die menschliche Sequenz so umfangreich wie 1000 Telefonbücher zu je 1000 Seiten ist, stellt sie, verglichen mit der Kapazität von Computern, eine kleine Informationsmenge dar. 3 Milliarden Sequenzbasen können auf einer einzigen Compact Disc gespeichert werden, so daß jeder Mensch seine gesamte genetische Information auf einer CD gespeichert mit sich führen könnte. Wenn wir die menschliche Rasse betrachten, gehen wir nicht nur davon aus, daß sie ungeheuer variabel ist, sondern wir sind auch von der Unbegrenztheit ihres Potentials überzeugt.

Im Laufe der nächsten zehn Jahre werden wir infolge unseres wachsenden biologischen Wissens zu neuen Einsichten gelangen. Wir werden ein neues Verständnis unserer selbst *von Grund auf*, das heißt auf der Basis unserer genetischen Information, entwickeln. Dazu gehört auch die Einsicht, daß die genetische Information *nicht* alles bestimmt. Ausgehend von der Erkenntnis unserer genetischen Bedingtheit müssen wir weiter denken, um nicht in einen vereinfachenden Determinismus zu verfallen. Die Gesellschaft wird sich mit der Frage auseinandersetzen müssen, zu welchem Teil unser Verhalten durch Umwelt und Erbgut und zu welchem Teil durch unseren eigenen Willen bestimmt wird.

Eine Konsequenz des Genom-Projekts ist, daß wir immer deutlicher sehen, wie sehr alle Formen von Leben miteinander vernetzt sind. Die Forschung auf dem Gebiet der frühen Entwicklungsstadien zeigt, daß die Gene, die unseren Körper formen, sehr ähnlich den Genen sind, die auch andere komplexe Organismen hervorbringen. Die Gene sind entstanden, bevor sich die höheren Organismen ausdifferenzierten. Die Datenbasis des menschlichen Genoms verspricht zusammen mit unserer Kenntnis der genetischen Ausstattung von Modellorganismen, uns zu zeigen, wie der Mensch in den Strom der Evolution eingebettet ist, der unsere Welt geprägt hat.

Charles Cantor

Die Herausforderungen an Technologie und Informatik

Das Genomprojekt hat drei »Kennzahlen«. Die erste Zahl, die 24, bezeichnet die genaue Anzahl der verschiedenen Chromosomen des Menschen. Die zweite Zahl, 3 Milliarden, ist eine Schätzung der Gesamtzahl von Basenpaaren, die die menschliche DNA-Sequenz ausmachen. Ursprünglich eine Vermutung, erweist sie sich als bemerkenswert genaue Schätzung. Die Kosten des Genomprojekts erhöhen sich proportional zum Quadrat dieser Zahl, so daß sich bei 6 Milliarden Basenpaaren erhebliche Schwierigkeiten ergeben würden. Die Zahl 3 Milliarden ist innerhalb einer Fehlerwahrscheinlichkeit von 5 bis 10 Prozent vermutlich richtig. Die dritte Zahl, 100000, soll die Gesamtzahl der menschlichen Gene bezeichnen, aber sie beruht auf keiner verläßlichen wissenschaftlichen Grundlage.

Das gesamte menschliche Genom wird unter dem Lichtmikroskop in Form der 46 menschlichen Chromosomen sichtbar. Verfahren aus der Zytogenetik zeigen ein Bandenmuster auf den Chromosomen, das etwa 600 Informationseinheiten enthält; Vergleichbares geschieht auf der Ebene, auf der wir gegenwärtig das vollständige Genom analysieren können. Mit Hilfe von zytogenetischen Methoden können wir unmittelbar Veränderungen im Genom erkennen, die ein paar Millionen Basenpaare betreffen. Aus dem Vorhandensein eines X- und Y-Chromosoms können wir beispielsweise das Geschlecht eines bestimmten Individuums, in diesem Fall das männliche, feststellen. Das dreifache Vorhandensein des Chromosoms 21 wiederum zeigt an, daß das entsprechende Individuum am Down-Syndrom leidet, dem Mongolismus. Eine Analyse auf dieser Ebene bleibt eine grobe Näherung, denn die menschliche DNA-Sequenz enthält zehnmillionenmal so viel Information wie ein chromosomales Bandenmuster. So läßt sich das Ziel des Genomprojekts, die Bestimmung dieser Sequenz, auch folgendermaßen definieren: Es wird eine Perspektive bieten, die zehnmillionenmal detaillierter ist als die eines Chromosoms.

Bei dem Genomprojekt muß man stufenweise vorgehen. Wir werden eine Reihe von Karten erstellen, die das Genom unter verschiedenen Blickwinkeln und auch mit zunehmender Auflösungsschärfe beschreiben. Die erste ist die genetische Karte, die für *alle* Untersuchungen des Genoms von wesentlicher Bedeutung ist, weil sich auf ihr als einziger die Merkmale lokalisieren lassen, die als Phänotyp oder charakteristische Eigenheit, wie etwa Schizophrenie, Alzheimer Krankheit oder Mukoviszidose, definiert werden. Bei der heutigen genetischen Karte des Menschen beträgt der durchschnittliche Abstand zwischen Markern ungefähr die Größe einer Chromosomenbande, das sind 10 Millionen Basenpaare. Im Augenblick ist es das Ziel des Genomprojekts, eine genetische Karte mit Markern im Abstand von zwei Millionen Basenpaaren zu erstellen. Ein zweiter Kartentyp ist die Restriktionskarte, eine Karte, die eine Gruppe von geordneten DNA-Fragmenten darstellt und eine sehr viel feinere Beschreibung ermöglicht. Heute hat man eine Reihe von solchen Karten erstellt, die quer über signifikante Regionen des Genoms einen durchschnittlichen Abstand von 1 Million Basenpaare und enger aufweisen. Diese Karten herzustellen ist relativ leicht, aber es ist schwierig, die daraus resultierende Information zu verarbeiten.

Bevor die Sequenzierung beginnt, ist eine noch detailliertere Karte nötig. Bei der heutigen Technologie wäre diese Karte eine geordnete Bibliothek von Klonen, Abschnitten menschlicher DNA, deren Länge man in Kilobasen messen kann und die sich durch Einbau in andere Organismen vermehren lassen. Ob die Bibliothek nun aus Cosmiden (etwa 50 kb lange eingesetzte DNA-Stücke), künstlichen Hefechromosomen (YACs, rund 300 kb lange Einfügungen) oder Bakteriophagen-Klonen (etwa 15 kb lange Einfügungen) besteht, in jedem Fall *muß* die DNA in einer Form vorliegen, die direkt sequenziert werden kann. Die wichtigste der Karten ist letztlich die DNA-Sequenz, weil sie die einzige ist, die annähernd die Chance bietet, Gene direkt hinsichtlich ihrer Funktion zu interpretieren.

Die Ziele des Projekts umfassen somit sechs bis sieben Ebenen, von der Zwei-Millionen-Basenpaar-Auflösung der genetischen Karte bis zur Ein-Basenpaar-Auflösung der vollständigen Sequenz. Heute wissen wir, wie wir all diese Karten erstellen können, so daß das Projekt mit der heutigen Technologie durchführbar wäre, wenn nicht die Kosten unvertretbar wären. Deshalb gehört es zu den

Haupterfordernissen des Genomprojekts, die Kartierungstechnologie und die Sequenzierungstechnologie im besonderen zu optimieren und damit wirtschaftlich zu machen.

Selbst wenn wir die vollständige Sequenz der 3 Milliarden Basenpaare in einem menschlichen Genom besäßen, befänden wir uns trotzdem noch in keiner guten Ausgangslage, um sie auszuwerten. Denn zum einen ist heute die Fähigkeit, DNA-Sequenzen hinsichtlich ihrer Struktur oder ihrer biologischen Funktion zu interpretieren, noch sehr beschränkt. Zum anderen sind Biologen letztlich Experimentalwissenschaftler, und experimentelle Untersuchungen an Menschen vorzunehmen erweist sich als schwierig. Da der Mensch langlebig ist, lassen sich nicht mehrere Generationen hintereinander studieren. Auch ist es nicht möglich, die Fortpflanzung zu kontrollieren, und nicht zuletzt schränken ethische Erwägungen jegliche Art von Menschenversuchen streng ein. All diese Faktoren machen Menschen zu einem schlechten Beobachtungsobjekt für genetische Experimente. Ein Grundverfahren, die vermutete Funktion eines Gens zu verifizieren, besteht darin, das Gen in einem Organismus zu zerstören und den daraus entstehenden Phänotyp zu bestimmen. Diese Art von Experimenten kann bei einem menschlichen Wesen nicht durchgeführt werden. Aus diesem Grund muß das Genom-Projekt auch eine Reihe von Projekten umfassen, die zur Bestimmung der Genome von Versuchstieren wie etwa von Mäusen, Taufliegen oder Nematoden dienen. Auch wenn die Politiker und die Öffentlichkeit kein großes Interesse an diesen Versuchstieren haben, so daß das Hauptgewicht des Genomprojekts auf dem menschlichen Genom liegt, schließt das Genomprojekt aber auch die Genome dieser »Mitläufer« ein.

Die größte zusammenhängende DNA-Sequenz, die bislang zusammengetragen worden ist, hat eine Länge von ungefähr einer Viertelmillion Basenpaaren, was etwa der Größe der kleinsten bekannten Chromosomen entspricht. Man kann deshalb zu Recht behaupten, daß ganze Chromosomen sequenziert werden können, wenn auch nur die kleinen Chromosomen bestimmter Hefepilze. Das größte Objekt, für das eine vollständige, geordnete »Bibliothek« von DNA-Fragmenten existiert, ist das Bakterium *Escherichia coli*. Die »Bibliothek« von *E. coli* besteht aus 400 Fragmenten, von denen jedes in einer klonierbaren Form aufbewahrt wird, indem es in einen anderen Klonierungsvektor, das Bakterienvirus Phage Lambda, eingesetzt wird. Sie wurde von dem japanischen

Studenten Yuji Kohara zusammengestellt. Die größten groben und vollständigen Restriktionskarten decken DNA-Sequenzen ab, die etwa 15 Megabasen, nicht viel größer als ein ganzes Hefegenom, sind. Das kleinste menschliche Chromosom ist dreimal so lang, doch die Schwierigkeit der Kartierung steigt nicht linear, sondern exponentiell mit der Größe, so daß die Differenz im Schwierigkeitsgrad beim Übergang von Hefepilz-DNA zu menschlicher DNA und vom kleinsten zum größten menschlichen Chromosom beträchtlich ist. Die Zunahme in der Schwierigkeit verläuft nicht linear, weil ein großer Teil der Zeit zum Auffinden von Fehlern verwendet wird. Fehler wiederum vervielfältigen sich wie die Quadratzahl der Stücke, die es zuammenzusetzen gilt.

Die Sequenzierung des menschlichen Genoms mit seinen 3 Milliarden Basenpaaren stellt eine große Herausforderung dar. In der Anfangszeit des Genom-Projekts verließen sich seine Leiter angesichts der Aussicht, mit sehr großen Zahlen arbeiten zu müssen, auf eine kontinuierliche Weiterentwicklung der Technologie. Während der ersten fünf Jahre plante man deshalb hohe Investitionen in die Verbesserung der Kartierungs- und Sequenzierungstechnologie, um letztlich die Kosten zu reduzieren. Denn ohne eine grundlegende Verbesserung der Sequenzierungstechnologie kann das Genomprojekt sein Ziel nicht erreichen. In den folgenden fünf Jahren wird sich der technische Fortschritt der ersten fünf Jahre weitgehend wiederholen müssen; die Methoden müssen mindestens um einen weiteren Faktor 10 effizienter und zuverlässiger werden. In den letzten fünf Jahren des Projekts gilt es, den Rest des Genoms zu sequenzieren, so daß zum Schluß alle Gene ermittelt sein werden.

Im Augenblick ähnelt das Genom-Projekt vielen anderen großangelegten Vorhaben in ihrer ersten Phase: Es vermittelt noch einen chaotischen und desorganisierten Eindruck. Einige Gruppen leisten gute Arbeit, während andere mit Problemen zu kämpfen haben. Viele unterschiedliche Methoden der Sequenzierung und der Kartierung kommen zum Einsatz. Obwohl sich noch nicht klar abzeichnet, welche Methoden die effizientesten sind, wird es in der zweiten Phase des Projekts notwendig sein, die Zahl der Methoden einzuschränken. In der letzten Phase, wenn wir versuchen werden, die Sequenz abzuschließen, wird man die Bemühungen auf eine relativ kleine Zahl von Standorten konzentrieren müssen.

Es gibt zwei allgemeine Vorgehensweisen bei der Kartierung. Bei der Top-Down-Methode, der Zerlegung einer Aufgabe in Teilaufgaben, wird ein gereinigtes Chromosom in Stücke geschnitten; jedes dieser Stücke wird analysiert, um eine feinere Karte zu erhalten. Der Vorgang kann bei jedem Stück beliebig wiederholt werden, bis man eine Sequenz erhält. Bei der Bottom-Up-Methode, der Zusammenfassung von Teilaufgaben zu einer übergeordneten Aufgabe, beginnt man mit einer bewußt randomisierten Gruppe von DNA-Fragmenten oder Klonen der Fragmente, die alle aus einem langen Genomabschnitt stammen. Man nimmt dann von den Fragmenten den »Fingerabdruck«, d. h., man identifiziert sie anhand charakteristischer Muster wie etwa dem der Basenpaare und klebt sie an Stellen, an denen sich die Fingerabdrücke überlappen, zusammen. Das Ergebnis ist eine physikalische Karte des ursprünglichen Genomabschnitts. Der Vorteil der Bottom-Up-Methode besteht darin, daß man tatsächlich Klone besitzt, nämlich DNA in einer Form, die replizierbar und somit unsterblich ist. Bei der Bottom-Up-Methode erweist es sich als schwierig, die Karten fertigzustellen. Mit der Top-Down-Methode läßt sich zwar eine abgeschlossene Karte herstellen, aber die DNA wird dabei in einer Form bewahrt, die weniger bequem für die weitere Analyse ist.

In Berkeley haben Cassandra Smith und ich versucht, eine Restriktionskarte des Chromosoms 21 herzustellen, wobei wir mit dem Restriktionsenzym *Not* 1 arbeiteten, das dieses Chromosom weniger häufig als jedes andere bekannte Restriktionsenzym schneidet. Unsere Ergebnisse beschränken sich bisher im wesentlichen auf den langen Arm von Chromosom 21, weil es sich als äußerst schwierig erwies, geeignete DNA-Sonden für den kurzen Arm zu finden. 1990 umfaßte unsere physikalische Karte 43 DNA-Stücke und belief sich auf insgesamt 47 Millionen DNA-Basenpaare. Sie ist weitaus detaillierter als das Bandenmuster, das man im Lichtmikroskop erkennen kann, aber sie ist noch nicht fortlaufend. Es handelt sich dabei um eine unterbrochene Karte, aber wir wissen noch nicht, ob die Unterbrechungen fehlende DNA-Stücke anzeigen. Fest steht, daß das Chromosom 21 mindestens 5 Millionen weitere DNA-Basenpaare enthält, die sich nicht auf der Karte befinden. Wir vermuten, daß der größte Teil der fehlenden DNA zum kurzen Arm des Chromosoms gehört, können diese Vermutung aber noch nicht beweisen.

Auch nach mehreren Jahren der Forschung und der Kartierung eines großen Teils von Chromosom 21 liegt noch viel Arbeit vor uns. Die Kartierungsprojekte neigen dazu, im Anfangsstadium zwar rasche Fortschritte zu machen, dann aber ins Stocken zu geraten. Etwa 90 Prozent der Arbeit werden darauf verwendet, die letzten 10 Prozent der Karte zu ermitteln. Diese letzten 10 Prozent fordern dem Wissenschaftler große Beharrlichkeit ab, weil sie immer weniger Information erbringen. Die Versuchung ist deshalb groß, eine Karte zu veröffentlichen, die nur zu 90 Prozent fertiggestellt ist. Fairerweise darf man eine solche Teilkarte nicht als »die Karte« des Chromosoms ausgeben. Eine Karte ist nur dann vollständig, wenn sie tatsächlich abgeschlossen ist.

Bei den meisten Kartierungs- und Sequenzierungsprojekten findet ein Wandel in der Vorgehensweise statt. Von einer Strategie, die dazu bestimmt ist, den größten Teil der Karte fertigzustellen, geht man zu einer anderen über, die wir als Endspielstrategie bezeichnen und die die Vollendung der Karte innerhalb eines bestimmten Zeitraums erlaubt. Bei der Kartierung des Chromosoms 21 verfolgen wir inzwischen eine solche Strategie. Um die letzten fehlenden Stücke zu finden, verwenden wir zwei wirksame neue Strategien. Die erste, die *Polymerase-Kettenreaktion* (PCR), vermehrt eine DNA-Sequenz um das Millionenfache mit Hilfe von kurzen, komplementären DNA-Sequenzen *(Primer)*, einer für jeden DNA-Strang auf beiden Seiten der Region, die vermehrt werden soll. Zur zweiten gehört die Wahl einer repetitiven menschlichen DNA-Sequenz, die etwa alle 5000 Basen auftritt und *Alu* genannt wird, als PCR-Primer. Bei der Anwendung von *Alu*-PCR-Amplifikation auf Chromosom 21 erhält man eine Reihe von Fragmenten menschlicher DNA, von denen jedes durch *Alu*-Primer begrenzt wird.

Als Quelle von Chromosom 21 dient eine manipulierte Mensch-Mäuse-Hybridzelle, die als einzige menschliche Komponente dieses Chromosom enthält. Zuerst wird die DNA der Zelle mit Hilfe der Enzyme *Not* 1 in große Fragmente geschnitten. Dann werden diese der Größe nach fraktioniert. Bei jedem Teil, in dem ein unidentifiziertes menschliches DNA-Fragment vermutet wird, werden die Bruchstücke mittels PCR unter Verwendung von *Alu*-Primern verdoppelt. Jegliche menschliche DNA, die auf diese Weise vermehrt wird, befindet sich auf diesem Fragment und kann dazu verwendet werden, die Lage des Fragments mit den Standardmethoden der physikalischen Kartierung zu bestimmen. Die Stärke dieser Vorgehensweise liegt darin, daß man nicht unspezifisch mit Sonden arbeitet, von denen man hofft, sie werden auf einem interessanten Fragment landen, sondern daß man mit dem Fragment selbst beginnen und eine spezifische Sonde erzeugen kann.

Am Ende werden wir nur eine Restriktionskarte erhalten, die für die Mehrheit der Forscher von geringem Nutzen ist, um Zugang zur DNA auf Chromosom 21 zu bekommen. Dagegen ist es möglich, mit Hilfe der PCR-Amplifikationen der DNA-Fragmente von Chromosom 21 Klone entsprechender Fragmente eines Chromosoms zu identifizieren, die in künstliche Hefechromosomen eingebaut worden sind. Da die Anordnung der *Not* 1-Fragmente bekannt ist, würde die Identifikation weitgehend die Reihenfolge der mittels PCR vermehrten Zufallsfragmente bestimmen. Diese Vorgehensweise ist eine Mischung aus Top-Down- und Bottom-Up-Methode, weil zwar eine Zufallsbibliothek verwendet, diese aber durch Vergleich mit den YAC-Fragmenten schrittweise verfeinert wird, anstatt die Teile in ein höheres Ganzes zu integrieren.

Eine Entdeckung im Bereich der Technologie der YAC-Produktion hat diese Methode praktikabel und vielseitig einsetzbar gemacht. 1990 gelang es Wissenschaftlern in Paris, YAC-Bibliotheken des menschlichen Genoms in einer Größenordnung von 400 bis 500 Kilobasen statt bisher 100 bis 200 Kilobasen zu konstruieren. Da die Durchschnittsgröße eines *Not* 1-DNA-Fragments 1 Million Basenpaare beträgt, könnte es von nur drei bis vier YACs umspannt werden, so daß sich das Problem der Anordnung dieser YACs vereinfachen würde.

Die Plötzlichkeit, mit der sich diese Aussicht bot, ist insofern charakteristisch für das Genomprojekt, als sich die methodologischen Möglichkeiten fast alle sechs Monate ändern. Dieses Tempo macht es unmöglich, sich auf eine bestimmte Technologie festzulegen, es weckt aber auch die Erwartung auf weitere richtungweisende Entdeckungen auf dem Feld der Technologie.

In etwa fünfzehn Jahren wird das Genomprojekt vor seinem Abschluß stehen. Welche Veränderungen im Bereich der Medizin, der Technologie, der Meßtechnik, der Biologie, der Informatik und der Biotechnologie wird es mit sich gebracht haben? Ich bin optimistisch, daß wir dann alle 100000 menschlichen Gene ermittelt haben werden, die meisten noch vor Abschluß des Projekts, einige danach. Lange vor Beendigung werden wir über ein genaues Instrumentarium zur Diagnostik von Erbkrankheiten verfügen. Die Diagnostik wird es uns schließlich erlauben, den Anteil jedes Gens an der Entstehung polygener Krankheiten zu verstehen. Auf die genetische Diagnostik werden therapeutische und präventive Maßnahmen folgen. Diese Entwicklung wird durch die systematische Erstellung von Tiermodellen für Humankrankheiten unterstützt werden. Die Vorgehensweise besteht darin, daß man entweder die Gene der Tiere verändert, so daß sie die Krankheit hervorrufen, oder die menschlichen Krankheitsgene anstelle von tierischen Genen in deren Keimbahnen einsetzt. Während die Diagnostik, die sich auf neu entdeckte Gene stützt, rasche Fortschritte machen wird oder, wie im Fall der Mukoviszidose, bereits ausgereift ist, werden therapeutische Maßnahmen länger auf sich warten lassen. So ist der molekulare Defekt, der der Sichelzellenanämie zugrunde liegt, schon seit Jahren bekannt, aber dieses Wissen hat noch zu keinen bedeutsamen therapeutischen Methoden geführt. Die therapeutischen und präventiven Nutzanwendungen, die sich aus der Entdekkung der Gene für eine Krankheit ergeben, könnten mit einer Verzögerung von zwanzig bis fünfzig Jahren auf die Diagnostik folgen.

Die breite Öffentlichkeit neigt, wie auch ein Großteil der Wissenschaftler, zu der irrigen Annahme, Erbkrankheiten seien selten und träfen nur die anderen. Richtig ist, daß die meisten Krankheiten, die auf ein *einzelnes* Gen zurückgehen, relativ selten sind. Chorea Huntington, über die viel geschrieben wird, tritt sehr selten auf, ebenso verhält es sich mit der Alzheimer-Krankheit innerhalb einer Familie. Selbst Mukoviszidose, die am weitesten verbreitete rezessive Erbkrankheit, ist nicht besonders häufig. Dennoch sind einige monogene Krankheiten, wie die familiäre Hypercholesterinämie, den meisten Menschen aus ihrem eigenen Bekanntenkreis vertraut. Wer im Alter von 45 Jahren an einem Herzinfarkt stirbt, ist mit größter Wahrscheinlichkeit Opfer einer familiären Hypercholesterinämie. *Polygene* Krankheiten sind jedoch sehr viel weiter verbreitet, wahrscheinlich deshalb, weil sie viele Gene repräsentieren. Gene spielen eine Rolle bei familiärer Polyposis (Vorhandensein mehrerer bis vieler Polypen), einer häufigen Ursache von Dickdarmkrebs, bei Schizophrenie, zyklischem Irresein, manisch-depressiven Erkrankungen, bei Bluthochdruck, koronarer Herzerkrankung, Alkoholismus, Diabetes und Fettleibigkeit. Diese Krankheiten sind nicht nur genetisch bedingt, und wahrscheinlich ist jeder Leser dieses Buches aufgrund seiner Gene für mindestens eine von ihnen disponiert.

In fünfzehn Jahren werden wir wahrscheinlich in der Lage sein, den Multiplex-Test bereits bei Föten im Uterus anzuwenden, einen Test, mit dem zwischen 100 und 1000 der häufigsten Erbkrankheiten, Krankheitsprädispositionen und genetischen Risikofaktoren festgestellt werden können. Bei jedem Individuum werden wir diesen umfassenden genetischen Fingerabdruck nehmen können, aber zumindest am Anfang werden wir noch nicht imstande sein, aufgrund dieser Information auch therapeutische Hilfe anzubieten. Diese faktische Machtlosigkeit trotz der gewaltigen Informationsmenge wirft ein Schlaglicht auf die schwerwiegenden sozialen Probleme, die sich mit dem Genomprojekt stellen. Solange die Wissenschaft keine wirksame Therapie bieten kann, gilt es, das Recht des Individuums zu schützen, eine Diagnose abzulehnen. Bereits heute kann das Gen für Chorea Huntington mit einem Testverfahren nachgewiesen werden, aber die meisten Menschen mit Risikofaktoren wollen sich einem solchen Test nicht unterziehen. Niemand, der sich gegen einen genetischen Test entscheidet, der ihm allen Lebensmut und alle Hoffnung nehmen kann, darf von der Gesellschaft deswegen verurteilt werden.

Mit geeigneten polymorphen DNA-Sonden ist es möglich, jedes menschliche Individuum mit hoher Genauigkeit anhand eines einzelnen Haars oder einer einzelnen Samenzelle zu identifizieren. Sobald wir verstehen, wie bestimmte Gene die physischen Merkmale wie Augenfarbe, Haarfarbe oder Einzelheiten der Gesichtsphysiognomie erzeugen, kann es möglich werden, aus einem einzigen Haar die notwendige Information zu extrapolieren, um ein Bild der Person zu zeichnen. Diese Möglichkeit lädt allerdings auch zu Mißbrauch ein. Die Speicherung von menschlicher Erbinformation in Datenbanken kann durchaus eine Bedrohung darstellen, wenn die Geheimhaltung dieses Wissens nicht gewährleistet wird. Nicht umsonst ist das FBI eine der Behörden, die das größte Interesse am Genom-Projekt gezeigt haben.

Die meisten Veränderungen wird das Genomprojekt im Bereich der normalen biologischen Forschung hervorrufen, insbesondere in der Art und Weise, wie Biologen mit Information umgehen. Das Projekt wird Informationsmengen liefern, die alles bisher Erlebte um viele Größenordnungen übertreffen, so daß ein völlig neuer Umgang mit Daten notwendig wird, weil die gegenwärtigen Methoden der Informationsverarbeitung nicht mehr ausreichen werden.

Im Unterschied zu den meisten biologischen Vorhaben der Vergangenheit sollte das Genomprojekt im Idealfall etwa die Hälfte seiner Finanzmittel, das sind jährlich 100 Millionen Dollar, für die Entwicklung von Techniken und Technologien verwenden. Früher stand der Biologie wenig Geld für solche Aktivitäten zur Verfügung, denn in der Regel ist es schwierig, Zuschüsse für die Entwicklung neuer Analysemethoden zu erhalten. Aber das Genom-Projekt wird dramatische Veränderungen innerhalb der Technologien der biologischen Forschung fördern und einen Großteil der oft fehlerintensiven Routineverfahren ablösen. So werden beispielsweise im Zuge der Automatisierung Roboter zum Einsatz kommen, die darauf programmiert sind, Aufgaben auszuführen, die für Laborarbeiten aufgrund ihrer Monotonie frustrierend sind.

In Berkeley wurde eine Robotertechnik entwickelt, um das Wachstumsmuster von Bakterien, Hefepilzen oder Viren auf einer Platte von einem im wesentlichen zufälligen in ein geordnetes Muster zu verwandeln. Dahinter steht die Absicht, die Klone besser verfolgen zu können. Im Falle einer vollständigen Klonbibliothek des Menschen handelt es sich beinahe um 1 Million. Das geordnete Muster ist auch für eine folgende automatisierte Manipulierung der Klone notwendig. Heute werden geordnete Klongruppen noch manuell zusammengestellt, indem die Kolonien eine nach der anderen verteilt werden. Ein Roboter, der für diese Aufgabe programmiert wurde, konnte die Arbeit noch nicht völlig zufriedenstellend meistern, aber doch Kolonien herausgreifen und sie anschließend anordnen. Wir hoffen, am Ende ein vollautomatisches System zu erhalten, das von jeder geklonten DNA eine geordnete »Bibliothek« herstellen kann, so daß den Forschern viele monotone Arbeitsprozesse erspart bleiben.

Mit dem Genom-Projekt wird die Biologie auch den Sprung in das Zeitalter der Nanotechnologie tun, einer Epoche, in der wir einzelne Moleküle nachweisen und mit ihnen arbeiten können werden. Obwohl gegenwärtig noch unklar ist, wie diese Technologie im einzelnen aussehen wird, werden ihre Folgen für die Biologie gravierend sein. Schließlich wird das Projekt zu einer direkten Kopplung von Experimenten und Dateneingabe zwingen. Fehler treten unvermeidlich auf, wenn Versuchsdaten manuell in einen Computer eingegeben werden. Noch heute werden 20 Prozent der Daten des Europäischen Molekularbiologischen Laboratoriums aufgrund von Exzerpten aus Fachzeitschriften manuell in die Datenbank eingespeist.

Das Genomprojekt arbeitet bereits mit einer Vielzahl hochentwickelter Technologien, die es möglich machen, in maßvollem Rahmen zu kartieren und zu sequenzieren. Wir können Chromosomen mittels Fließzytometrie und große DNA-Fragmente mittels Impulsfeld-Gelelektrophorese reinigen und automatische Vier-Farben-DNA-Sequenzierung mit Hilfe von Fluoreszenz durchführen. Wir haben Roboter, die Sequenzierungsreaktionen durchführen und mit Klonen umgehen können. Wir können automatisch Nucleotide synthetisieren und natürlich PCR anwenden, um Klone zu bestimmen und zum Schluß kleine DNA-Fragmente für die Sequenzierung zu vermehren. Noch vor 10 Jahren existierte keine dieser Methoden, und vermutlich werden in weiteren zehn Jahren die meisten von der technischen Entwicklung überholt sein, wenn das Genom-Projekt sich seinem Abschluß nähert.

Bei allen Vorzügen kranken die heutigen Methoden an Hemmnissen, von denen das gravierendste die begrenzte Verarbeitungsmenge der Probe ist, so daß die Kartierung und die Sequenzierung nicht beschleunigt werden können. Sechs technologische Bereiche könnten zu Fortschritten bei der Sequenzierung beitragen:

1. Rasterspitzenmikroskope bewegen eine extrem feine Spitze über ein Molekül und registrieren seine Lage und Form. Der Vorgang ist mit dem Lesen von Blindenschrift vergleichbar. Ihre Auflösung ist so hoch, daß einzelne Atome erkennbar sind.
2. Einzelne Moleküle können manipuliert werden, indem man ein DNA-Molekül an einem Ende fixiert und nacheinander einzelne Basen abtrennt und identifiziert.
3. Bei der Sequenzierung durch Hybridisierung wird die Reihenfolge der DNA-Basen nicht einzeln, sondern gleichzeitig bei vielen Basen abgelesen. Das Verfahren ist vergleichbar mit dem Lesen ganzer Wörter anstelle des Buchstabierens einzelner Buchstaben.
4. Massenspektrometrie kann das Gewicht von DNA sehr exakt messen, weil die vier verschiedenen Basen unterschiedliche Gewichte haben. Die Massenspektrometrie ließe sich analog zur fluoreszierenden DNA-Sequenzierung verwenden, nur ist sie potentiell sehr viel schneller.
5. Röntgenbeugung liefert Informationen über die Abstände zwischen Atomen. Wenn man eine Probe von regelmäßig ausgerichteten DNA-Molekülen einer Röntgenstrahlquelle aussetzt, könnte man mittels der Information über die Abstände die Abfolge der Basen rekonstruieren.

6. Einzelmolekül-Profilabtaster würden davon profitieren, daß Enzyme wie etwa DNA- oder RNA-Polymerase die DNA-Sequenz sehr schnell lesen können, wenn sie eine DNA- oder RNA-Kopie von einer DNA-Matrize machen. Könnten diese Enzyme durch ein physikalisches oder chemisches Verfahren dazu gebracht werden, die abgelesene Information zu offenbaren, hätten wir den Schlüssel zur DNA-Sequenz.

Doch selbst ohne diese Technologien produzieren viele Labors Karten- und Sequenzdaten bereits schneller, als sie die Information analysieren können. Das Problem besteht nicht in der Analyse der Daten selbst. Vielmehr ist das augenblickliche Niveau der Informatik das größte Hemmnis der Kartierungs- und Sequenzierungsbemühungen.

Im Prinzip könnte man bereits heute mit dem entsprechenden technischen Aufwand eine Sequenzierung im großen Maßstab durchführen. Die Sequenzierungskosten werden zur Zeit auf einen Dollar pro Base geschätzt, für die fertige DNA-Sequenz einschließlich der Erzeugung der DNA-Proben, des Sequenzierungsvorgangs und der Zusammenstellung der daraus resultierenden Daten zu fertigen DNA-Ketten. Diese Schätzung geht von einem Jahreseinkommen eines Fachmanns von 100000 Dollar aus, und davon, daß die weltweit besten Fachkräfte etwa 100000 Basen im Jahr sequenzieren, was umgerechnet einen Dollar pro Base ergibt. Ein Doktorand leistet aber zehnmal weniger, so daß die Kosten auf etwa 10 Dollar pro Base steigen.

Im Lauf der nächsten zehn Jahre sollten die gegenwärtigen Kosten auf 10 Prozent gesenkt werden, also auf 10 Cent pro Base oder 1 Million pro Person und Jahr bei jeder beliebigen Sequenz. Meiner Meinung nach ist diese Zielsetzung noch zu pessimistisch. Denn ohne Parallelstudien an Menschen oder anderen Modellsystemen durchzuführen, sagen die Sequenzdaten wenig aus. Es gilt, Kosten von einem Cent pro Base anzustreben. Um dieses Kostenziel für Rohdaten zu erreichen, müßte ein Fachmann mit Erfahrung eine DNA-Base pro Sekunde sequenzieren. Um das gleiche Ziel für fertige Daten zu erreichen, müßte die Geschwindigkeit ungefähr zehn Basen pro Sekunde betragen, ein Ziel, das nur mit besonders schnellen oder vielen parallel arbeitenden Geräten möglich ist.

Es dürfte offensichtlich sein, daß das Genomprojekt, solange anfangs die Kosten pro Base hoch sind, nicht die Sequenzierung von Junk-DNA, also »Ausschuß«-DNA fördern sollte, die in biologischer Hinsicht uninteressant ist. Pilotprojekte zur Sequenzierung von Hunderttausenden oder Millionen von DNA-Basenpaaren sollten so gewählt werden, daß die Zielobjekte biologisch oder medizinisch lohnend sind und die Daten auch ausgewertet werden können. Erst wenn die Kosten pro Base deutlich sinken, sollte sich die Sequenzierung auch auf die Regionen des Genoms erstrecken, die vermutlich keine relevante Information enthalten.

Wie auch immer das Szenario im einzelnen aussehen wird, in den nächsten fünfzehn Jahren werden wir eine große Menge von Sequenzdaten erarbeiten, selbst dann, wenn das Projekt im Jahre 2005 erst zur Hälfte vollendet sein sollte. Man macht es den Biologen zu Recht zum Vorwurf, daß sie von Computern weniger verstehen als viele andere Wissenschaftler, denn bei dieser Datenflut werden sie in hohem Maße auf Computer angewiesen sein. Die klassische Laborkladde wird zu einem Anachronismus werden, weil Kartierungs- und Sequenzierungsdaten nicht mehr auf diese Weise gespeichert werden können. Traditionelle Datenaufzeichnungen müssen durch elektronische Speicher abgelöst werden, die auch in der Lage sind, Bilder aufzunehmen. Das Projekt in Berkeley hat beispielsweise so viele Fotos von Genen geliefert, daß sie in eine Bilddatenbank eingegeben werden müssen, weil sie anders nicht mehr zu überblicken sind.

Eine Analogie macht deutlich, warum Genomdaten nicht manuell gehandhabt werden können. Die vollständige menschliche Sequenz, in Druckbuchstaben wie in einem Telefonbuch notiert, würde 200 Bände des tausendseitigen Telefonbuchs Manhattans umfassen. Natürlich könnte niemand eine Datenbank von 3 Milliarden Einträgen manuell überprüfen. Die endgültige menschliche Datenbank wäre viermal so groß.

Entgegen den ursprünglichen Erwartungen des Projekts ist der Aufbau einer zentralisierten Genom-Datenbank nicht der beste Weg, die neuen Daten zu handhaben. Eine Datenbank ist nur so gut wie die Menschen, die sie auf dem neuesten Stand halten. Sequenzieren aber ist eine ungeheuer fehleranfällige Technik; gegenwärtig läßt sich die Sequenzierung mit einer Genauigkeit von nur 99 Prozent durchführen. Die Sequenzen müssen ständig aktualisiert werden, so daß sich Daten fortlaufend ändern und ergänzt werden. Angesichts einer Datenbank mit 3 Milliarden Einträgen wird kaum jemand die laufenden Korrekturen und Ergänzungen aufmerksam verfolgen können. Als Folge davon sehe ich voraus, daß Hunderte oder Tausende von Datenbanken unter der Leitung von Einzelpersonen aufgebaut werden, die sich mit einer kleinen Region des Genoms befassen. Diese Datenbanken werden auf dem aktuellsten Stand, genau und gut kommentiert sein. Die entscheidende Herausforderung wird darin bestehen, sie so zu integrieren, daß sie wie eine einzige virtuelle Datenbank aussehen und reagieren. Es gilt, eine Arbeitsstation des menschlichen Genoms zu schaffen, ein Terminal, mit dem man *alle* Datenbestände abrufen kann, ohne über Kenntnisse ihrer inneren Struktur oder ihrer Hardware verfügen zu müssen. Ein solches System ist heute noch nicht realisierbar, es könnte aber ein Ansporn für die Computerspezialisten sein.

Das Genomprojekt wird die Möglichkeiten innerhalb der biologischen Forschung verändern. Früher galt die Bestimmung der Funktion eines einzigen Gens als die Arbeit eines ganzen Forscherlebens. In fünfzehn Jahren werden 100000 Gene bekannt sein, eine Zahl, die potentiell der Lebenszeit von 100000 Wissenschaftlern entspricht. Die Zahl der Molekularbiologen ist jedoch weitaus geringer. Deshalb ist eine selektive Vorgehensweise bei der Auswahl der für die Analyse interessantesten Gene gefordert. Unsere Gesellschaft sieht möglicherweise nicht die Notwendigkeit, das Genom-Projekt in einem solchen Umfang zu unterstützen, aber die medizinischen Argumente sind zwingend. Sobald uns leistungsfähigere Methoden zur Verfügung stehen, um große Datenmengen von DNA-Sequenzen zu ermitteln und auszuwerten, wird es möglich sein, die biologische Vielfalt auf der molekularen Ebene zu erforschen. Technische Entwicklungen werden uns auf diese Weise den Weg für andere großangelegte Projekte, beispielsweise auf dem Gebiet der Ökologie und Evolutionsbiologie, öffnen.

C. Thomas Caskey

Medizin auf der Grundlage der DNA-Prävention und Therapie

Die raschen Fortschritte der auf DNA beruhenden Technologie in den letzten Jahren haben uns in die Lage versetzt, biologische Prozesse von Grund auf zu erforschen, und sie versprechen einen dramatischen Wandel auch in der medizinischen Praxis. Wir haben Möglichkeiten, den menschlichen Körper von der einzelnen Zelle bis zu nukleärer DNA und Mustern der Genexpression zu studieren, die noch vor zwanzig Jahren undenkbar gewesen wären.

Die DNA-Technologie ist rasch auf die Erforschung von Krankheitsmechanismen und die Herstellung neuer Medikamente angewendet worden. Unsere Fähigkeit, Erbkrankheiten wie Sichelzellenanämie oder erworbene genetische Krankheiten wie Neoplasie zu diagnostizieren, wäre ohne diese Technologie nicht denkbar, ebensowenig wie die Herstellung von therapeutischen Substanzen wie beispielsweise Insulin. Heute werden grundlegende wissenschaftliche Ergebnisse und Entdeckungen innerhalb kürzester Zeit in die medizinische Praxis übernommen (s. Abb. 11). Der Transfer der Technologie vom engeren Kreis der Genetik in andere Wissenschaftsbereiche hat sich in den 70er und 80er Jahren beschleunigt (s. Tabelle 1). Heute werden DNA-Methoden routinemäßig im Bereich der Chirurgie bei Transplantationen, der inneren Medizin bei Krebserkrankungen, der Kinderheilkunde bei genetischen Diagnosen und in der Geburtshilfe und Gynäkologie zur pränatalen Diagnose angewendet. Allerdings sind die neuesten Techniken gegenwärtig meist nur in den großen Universitätszentren verfügbar.

Damit dieser Transfer möglich wird, müssen die praktischen Ärzte eine fundiertere theoretische und praktische Ausbildung in Genetik und in Biotechnologie haben. Nicht nur die Ärzte, sondern auch die Patienten sollten sich im klaren sein, welche Wege, aber auch Probleme und Gefahren die molekularbiologischen Methoden der Medizin eröffnen.

Viele führende Wissenschaftler erwarten, daß das Genompro-

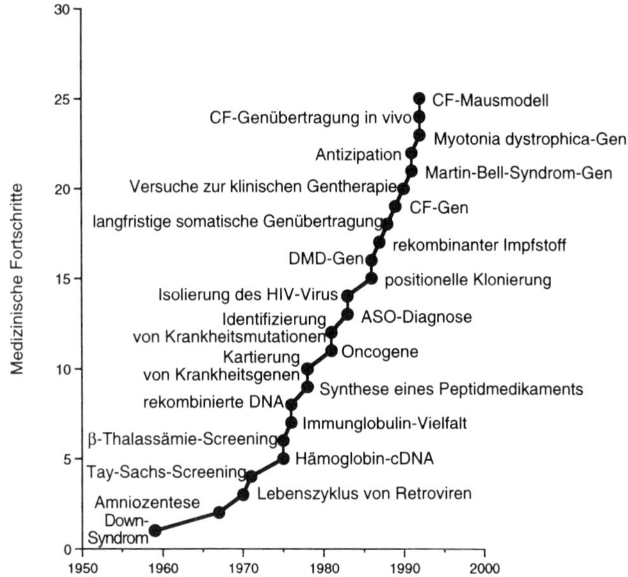

Abb. 11: Die Zahl der Fortschritte auf dem Gebiet der Biomedizin aufgrund von DNA-Technologie ist im Laufe der letzten 30 Jahre stark gestiegen. Die in dieser Graphik verzeichneten Daten beziehen sich auf das Jahr, in dem ein neues Verfahren erstmals veröffentlicht wurde. Tabelle 1 gibt einen Überblick über die Art der aufgelisteten Entwicklungen und zu den Literaturangaben.

jekt innerhalb der nächsten fünfzehn bis zwanzig Jahre eine Beschreibung der genetischen Karte und der DNA-Sequenz des Menschen ermitteln wird.[1] Wissenschaftler in den USA, Kanada, Japan, Frankreich, Großbritannien, Deutschland, Rußland, Italien und anderen Ländern teilen diesen Optimismus. Das Projekt wird eine Zusammenarbeit von Forschungsgemeinschaften erforderlich machen, die in der Biologie und Medizin ohne Vorläufer sind. Anders als viele Großprojekte auf dem Gebiet der Physik, wo wissenschaftliche Resultate ungewiß sein können, wird dieses Unternehmen zwangsläufig für das Verständnis der genetisch bedingten Biologie des Menschen produktiv sein.

Tabelle 1: Eine Auswahl medizinischer Fortschritte, die auf DNA-Biotechnologien basieren, aufgelistet nach dem Erscheinungsjahr der maßgeblichen Veröffentlichungen.

Anomalität des Down-Syndroms erkannt	1959	Lejeune, J., Gautier, M. & Turpin, R.: Etude des chromosomes somatiques de neuf enfants mongoliens. *C. R. Acad. Sci. (Paris)* 248, 1721 f.
Amniozentese und zytogenetische Analyse entwickelt	1967	Jacobson, C. B. & Barter, R. H.: Intrauterine diagnosis and management of genetic defects. *Am. J. Obstet. Gynecol.* 99, 796 ff.
Replikationszyklus der Retroviren entdeckt	1970	Baltimore, D.: RNA-dependent DNA polymerase in virions of RNA tumour viruses. *Nature* 226, 1209 ff. Temin, H. M. & Mizutani, S.: RNA-dependent DNA polymerase in virions of Rous sarcoma virus. *Nature* 226, 1211 ff.
Tay-Sachs-Screening in der aschkenasisch-jüdischen Bevölkerung begonnen	1971	Reilly, P.; in: *Genetics, Law and Social Policy*. Cambridge, Mass., Harvard University Press, S. 29 ff.
Hämoglobin-cDNA geklont	1975	Rougeon, F., Kourilsky, P. & Mach, B.: Insertion of a rabbit β-globin gene sequence into an *E. coli* plasmid. *Nucleic Acids Res.* 2, 2365 ff.
β-Thalassämie-Screening auf Zypern, Sardinien und in Griechenland begonnen	1975	Cao, A.: Results of programmes for antenatal detection of thalassemia in reducing the incidence of the disorder. *Blood Rev.* 1, 169 ff.

Tabelle 1 (Fortsetzung)		
Mechanismus der Immunglobulinvielfalt erhellt	1976	Hozumi, N. & Tonegawa, S.: Evidence for somatic rearrangement of immunoglobulin genes coding for variable and constant regions. *Proc. Natl. Acad. Sci. USA* 73, 3628 ff.
erste klinische Verwendung der rekombinierten DNA	1976	Kan, Y. W., Golbus, M. S. & Dozy, A. M.: Prenatal diagnosis of alphathalassemia. Clinical application of molecular hybridization. *N. Engl. J. Med.* 295, 1165 ff.
Peptidmedikament durch rekombinante Methode synthetisiert	1978	Villa-Komaroff, L., Efstratiadis, A., Broome, S., Lomedico, P., Tizard, R., Naber, S. P., Chick, W. L. & Gilbert, W.: A bacterial clone synthesizing proinsulin. *Proc. Natl. Acad. Sci. USA* 75, 3727 ff.
Krankheitsgen durch Restriktionsfragment-Längenpolymorphismus-Kopplung kartiert	1978	Kan, Y. W. & Dozy, A. M.: Polymorphism of DNA sequence adjacent to human β-globin structural gene: relationship to sickle mutation. *Proc. Natl. Acad. Sci. USA* 75, 5631 ff.
Oncogene isoliert	1981	Parker, R. C., Varmus, H. E. & Bishop, J. M.: Cellular homologue (c-*src*) of the transforming gene of Rous sarcoma virus: isolation, mapping, and transcriptional analysis of c-*src* and flanking regions. *Proc. Natl. Acad. Sci. USA* 78, 5842 ff.
Krankheitsmutation durch molekulare	1981	Geever, R. F., Wilson, L. B., Nallaseth, F. S., Milner, P. F.,

Tabelle 1 (Fortsetzung)

Methoden identifiziert		Bittner, M. & Wilson, J. T.: Direct Identification of sickle anemia by blot hybridization. *Proc. Natl. Acad. Sci. USA* 78, 5081 ff.
Krankheitsdiagnose durch allelspezifisches Oligonucleotid-Screening	1983	Conner, B. J., Reyes, A. A., Morin, C., Itakura, K., Teplitz, R. L. & Wallace, R. B.: Detection of sickle cell β^S-globin allele by hybridization with synthetic oligonucleotides. *Proc. Natl. Acad. Sci. USA* 80, 278 ff.
HIV als verursachender Aids-Erreger isoliert	1983	Barré-Sinoussi, F., Chermann, J. C., Rey, F., Nugeyre, M. T., Chamaret, S., Gruest, J., Dauguet, C., Axler-Blin, C., Vézinet-Brun, F., Rouzioux, C., Rozenbaum, W. & Montagnier, L.: Isolation of a T-lymphotropic retrovirus from a patient at risk for acquired immune deficiency syndrome (AIDS). *Science* 220, 868 ff.
		Gallo, R. C., Sarin, P. S., Gelmann, E. P., Robert-Guroff, M., Richardson, E., Kalyanaraman, V. S., Mann, D., Sidhu, G. D., Stahl, R. E., Zolla-Pazner, S., Leibowitsch, J. & Popovic, M.: Isolation of human T-cell leukemia virus in acquired immune deficiency syndrome (AIDS). *Science* 220, 865 ff.

Tabelle 1 (Fortsetzung)

positionelle Klonierung: Krankheitsgen anhand der Lage auf der Karte charakterisiert	1986	Royer-Pokora, B., Kunkel, L. M., Monaco, A. P., Goff, S. C., Newburger, P. E., Baehner, R. L., Cole, F. S., Curnutte, J. T. & Orkin, S. H.: Cloning the gene for an inherited human disorder – chronic granulomatous disease – on the basis of its chromosomal location. *Nature* 322, 32 ff.
Duchenne-Muskeldystrophie(DMD)-Gen isoliert	1986	Monaco, A. P., Neve, R. L., Colletti-Feener, C., Bertelson, C. J., Kurnit, D. M. & Kunkel, L. M.: Isolation of candidate cDNAs for portions of the Duchenne muscular dystrophy gene. *Nature* 323, 646 ff.
		Burghes, A. H. M., Logan, C., Hu, X., Belfall, B., Worton, R. G. & Ray, P. N. (1987): A cDNA clone from the Duchenne/Becker muscular dystrophy gene. *Nature* 328, 434 ff.
		Koenig, M., Hoffman, E. P., Bertelson, C. J., Monaco, A. P., Feener, C. & Kunkel, L. M. (1987): Complete cloning of the Duchenne muscular dystrophy (DMD) cDNA and preliminary genomic organization of the DMD gene in normal and affected individuals. *Cell* 50, 509 ff.

Tabelle 1 (Fortsetzung)		
rekombinanter Impfstoff produziert	1987	Hilleman, M. R.: Yeast recombinant hepatitis B vaccine. *Infection* 15, 3 ff.
langfristige Expression eines in Somazellen eingebauten Gens	1988	Belmont, J. W., MacGregor, G. R., Wager-Smith, K., Fletcher, F. A., Moore, K. A., Hawkins, D., Villalon, D., Chang, S. M. W. & Caskey, C. T.: Expression of human adenosine deaminase in murine hematopoietic cells. *Mol. Cell. Biol.* 8, 5116 ff.
		Dzierzak, E. A., Papayannopoulou, T. & Mulligan, R. C.: Lineage-specific expression of a human β-globin gene in murine bone marrow transplant recipients reconstituted with retrovirus-transduced stem cells. *Nature* 331, 35 ff.
Mukoviszidose-(CF-) Gen isoliert	1989	Rommens, J. M., Iannuzzi, M. C., Kerem, B. S., Drumm, M. L., Melmer, G., Dean, M., Rozmahel, R., Cole, J. L., Kennedy, D., Hidaka, N., Zsiga, M., Buchwald, M., Riordan, J. R., Tsui, L. C. & Collins, F. S.: Identification of the cystic fibrosis gene: chromosome walking and jumping. *Science* 245, 1059 ff. Riordan, J. R., Rommens, J. M., Kerem, B. S., Alon, N., Rozmahel, R., Grzelczak, Z., Zielenski, J., Lok, S., Plavsic, N., Chou, J. L., Drumm, M. L., Iannuzzi, M. C., Col-

Tabelle 1 (Fortsetzung)		
		lins, F. S. & Tsui, L. C.: Identification of the cystic fibrosis gene: cloning and characterization of complementary DNA. *Science* 245, 1066ff.
		Kerem, B. S., Rommens, J. M., Buchanan, J. A., Markiewicz, D., Cox, T. K., Chakravarti, A., Buchwald, M. & Tsui, L. C.: Identification of the cystic fibrosis gene: genetic analysis. *Science* 245, 1073ff.
erste klinische Versuche von Gentherapie beim Menschen	1990	Anderson, W. F.: September 14, 1990: the beginning (Leitartikel). *Hum. Gene Ther.* 1, 371ff.
Martin-Bell-Syndrom-Gen isoliert	1991	Verkerk, A. J. M. H., Pieretti, M., Sucliffe, J. S., Fu, Y. H., Kuhl, D. P. A., Pizutti, A., Reiner, O., Richards, S., Victoria, M. F., Zhang, F., Eussen, B. E., van Ommen, G. J. B., Blonden, L. A. J., Caskey, C. T., Nelson, D. L., Oostra, B. A. & Warren, S. T.: Identification of a gene *(FMR-1)* containing a CGG repeat coincident with a breakpoint cluster region exhibiting length variation in fragile X syndrome. *Cell* 65, 905ff.
molekularer Mechanismus der klinischen Antizipation erhellt	1991	Fu, Y. H., Kuhl, D. P. A., Pizzuti, A., Pieretti, M., Sutcliffe, J. S., Richards, S., Verkerk, A. J. M. H., Holden,

Tabelle 1 (Fortsetzung)

		J. J. A., Fenwick jr., R. G., Warren, S. T., Oostra, B. A., Nelson, D. L. & Caskey, C. T.: Variation of the CGG repeat at the fragile X site results in genetic instability: resolution of the Sherman paradox. *Cell* 67, 1047ff.
Myotonia dystrophica-Gen isoliert	1992	Brook, J. D., McCurrach, M. E., Harley, H. G., Buckler, A. J., Church, D., Aburantani, H., Hunter, K., Stanton, V. P., Thirion, J. P., Hudson, T., Sohn, R., Zemelman, B., Snell, R. G., Rundle, S. A., Crow, S., Davies, J., Shelbourne, P., Buxton, J., Jones, C., Juvonen, V., Johnson, K., Harper, P. S., Shaw, D. J. & Housman, D. E.: Molecular basis of myotonic dystrophy: expansion of a trinucleotide (CTG) repeat at the 3′ end of a transcript encoding a protein kinase family member. *Cell* 68, 799ff.
		Fu, Y. H., Pizzuti, A., Fenwick jr., R. G., King, J., Rajnarayan, S., Dunne, P. W., Dubel, J., Nasser, G. A., Ashizawa, T., de Jong, P., Wieringa, B., Korneluk, R., Perryman, M. B., Epstein, H. F. & Caskey, C. T.: An unstable triplet repeat in a gene related to myotonic muscular

Tabelle 1 (Fortsetzung)

		dystrophy. *Science* 255, 1256ff.
		Mahadevan, M., Tsilfidis, C., Sabourin, L., Shutler, G., Amemiya, C., Jansen, G., Neville, C., Narang, M., Barceló, J., O'Hoy, K., Leblond, S., Earle-Macdonald, J., de Jong, P. J., Wieringa, B. & Korneluk, R. G.: Myotonic dystrophy mutation: an unstable CTG repeat in the 3′ untranslated region of the gene. *Science* 255, 1253ff.
Mukoviszidose-Genübertragung *in vivo*	1992	Yoshimura, K., Rosenfeld, M. A., Nakamura, H., Scherer, E. M., Lecocq, J. P. & Crystal, R. G.: Expression of the human cystic fibrosis transmembrane conductance regulator gene in the mouse lung after in vivo intratracheal plasmid-mediated gene transfer. *Nucleic Acids Res.* 20, 3233ff.
Mausmodell von Mukoviszidose durch gezielte Insertion des CF-Gens erzeugt	1992	Colledge, W.H., Ratcliff, R., Foster, D., Williamson, R. & Evans, M. J.: Cystic fibrosis mouse with intestinal obstruction. *Lancet* 340, 680.
		Dorin, J. R., Dickinson, P., Alton, E. W. F. W., Smith, S. N., Geddes, D. M., Stevenson, B. J., Kimber, W. L., Fleming, S., Clarke, A. R., Hooper, M. L., Anderson, L.,

Tabelle 1 (Fortsetzung)

	Beddington, R. S. P. & Porteous, D. J.: Cystic fibrosis in the mouse by targeted insertional mutagenesis. *Nature* 359, 211 ff.
	Snouwaert, J. N., Brigman, K. K., Latour, A. M., Malouf, N. N., Boucher, R. C., Smithies, O. & Koller, B. H.: An animal model for cystic fibrosis made by targeting. *Science* 257, 1083 ff.

Das Projekt wird die 50000 bis 100000 Gene des menschlichen Genoms identifizieren. Diese wiederum können als diagnostische Marker oder in einigen Fällen als therapeutische Wirkstoffe für viele genetische Krankheiten eingesetzt werden. Etwa 5000 erbliche Krankheiten sind bereits klinisch charakterisiert worden; von diesen hat man annähernd 800 auf biochemischer Ebene erfaßt und das verantwortliche Gen sequenziert.[2] Wenn wir unsere Gene von Grund auf verstehen wollen, d. h., wie sie an den Immunreaktionen, der Entwicklung des Nervensystems, der Anfälligkeit für Krankheiten, Keimbahn- und Körperzellenmutationen, der Evolution und der Fortpflanzung beteiligt sind, sind enorme zusätzliche Forschungsanstrengungen nötig. Die Technologien, die diese wichtigen biologischen Fragen lösen können, sind verschiedenster Natur. Forscher haben die Wahl zwischen Zellkulturtechniken, Genexpressionsstudien, Herstellungsmethoden transgener Tiere und vielen anderen Verfahren, die die Frucht der jüngsten Erfolge auf molekularbiologischem Gebiet sind.

Das Martin-Bell-Syndrom (fragile-X-Syndrom) illustriert, wie dank der »Genommethode« die genetischen Grundlagen einer Erbkrankheit wirkungsvoll ermittelt werden können. Diese X-chromosomal bedingte geistige Retardation ist über Kopplung mit einer seltenen, brüchigen Stelle verbunden, die sich an der Chromosomenstelle Xq27.3 befindet. Das Chromosom bricht an dieser Stelle leicht, so daß das dort lokalisierte Gen inaktiviert wird und das Syndrom auftritt. Das verantwortliche Gen konnte vor kurzem in unserem Labor geklont werden.[3] Dabei versuchten wir nicht, rekombinierte DNA-Klone zu erzeugen, die spezifisch aus der untersuchten Region stammten, sondern wir erzeugten YAC-Bibliotheken des gesamten X-Chromosoms. Dann wurden die Lage der zufällig gewählten Klone kartiert und schließlich alle Klone im Bereich Xq27.3 analysiert. Zwölf Klone dieser Art wurden isoliert, von denen vier Paare sich überlappende Regionen enthalten, wie durch eine auf PCR beruhende Fingerabdruck-Methode bestimmt werden konnte.[4] Aus einem dieser Klone wurde dann das Gen für das Martin-Bell-Syndrom identifiziert.

Der Vorteil dieser Methode besteht darin, daß von einem recht großen Teil des Genoms (dem X-Chromosom) geklontes Material erzeugt wird, ohne zunächst eine Unterscheidung zu machen, und dieses Material erst später auf spezielle Klone hin untersucht wird. Wenn man viele Gene in einer Region sucht, ist diese Methode besonders ergiebig, weil geklontes Material für künftige Studien verfügbar bleibt.

Das Genomprojekt wird die diagnostischen Möglichkeiten im Vorfeld der Geburt, während der Schwangerschaft und in allen Stadien des Erwachsenenlebens erweitern. Gegenwärtig werden Untersuchungen bezüglich des Risikos einer Erbkrankheit meist bei der Geburt oder bei Erwachsenen während des fortpflanzungsfähigen Alters durchgeführt, wenn ein Kinderwunsch vorhanden ist. Derartige Untersuchungen werden hauptsächlich bei Menschen vorgenommen, die disponiert sind, eine Erbkrankheit weiterzugeben. 1961 führte Robert Guthrie einen einfachen und kostengünstigen Test zum Nachweis eines Stoffwechselprodukts ein, anhand dessen schwerwiegende behandelbare Stoffwechselfehler nachzuweisen waren.[5] Infolgedessen konnte eine geistige Behinderung, die auf Phenylketonurie (PKU) und Galaktosämie zurückging, erfolgreich verhütet werden. Später wurde es möglich, Todesfälle infolge von Sichelzellenanämie bei Neugeborenen zu verhindern und das Auftreten von Schwachsinn zu vermeiden, der mit einer Schilddrüsenunterfunktion in Zusammenhang stand. Heute werden Neugeborene routinemäßig auf eine Vielzahl von genetisch bedingten Krankheiten hin untersucht, die in Tabelle 2 aufgeführt sind.

Screening-Programme sind dann erfolgreich, wenn sie auf häufig vorkommende Krankheiten abzielen, mit geringen Kosten durchge-

Tabelle 2: Krankheiten, auf die Neugeborene durch Nachweis von Proteinfaktoren untersucht werden

Krankheit	Auftreten	Therapiemöglichkeiten
Phenylketonurie	1 : 15 000	Diätplan
Galaktosämie	1 : 70 000	Diätplan
Homocystinurie	1 : 100 000	Diätplan
Ahornsirupharn-Krankheit	1 : 250 000	Diätplan
Biotinidase-Mangel	1 : 70 000	pharmakologische
Sichelzellenanämie	1 : 400 [a]	hämatologische und antiseptische
Mukoviszidose	1 : 2500 [b]	pulmonale und Diätplan
angeborene Hypothyreose (Schilddrüsenunterfunktion)	1 : 4000	Ersetzung der Schilddrüse
angeborene Nebennierenhyperplasie	1 : 12 000	Ersatz von Steroiden
Duchenne-Muskelschwund	1 : 3500	physikalische Therapie

a: betrifft die schwarze Bevölkerung in den USA
b: betrifft die weiße Bevölkerung in den USA

führt werden können und therapeutische Möglichkeiten sowie eine Aufklärung der Eltern über die Implikationen der Testergebnisse bieten, einschließlich von Therapiemöglichkeiten nach der Geburt.

Als Folge der Fortschritte bei der Isolierung von Krankheitsgenen wird sich das Untersuchungsspektrum von Screening-Verfahren für Neugeborene um neue Krankheitsbilder erweitern. Heute sind wir in der Lage, genetische Mutationen mittels einfacher DNA-Methoden festzustellen. Das Screening von Neugeborenen wird sich nicht mehr auf den Nachweis eines zirkulierenden Stoffwechselprodukts oder Blutbestandteils beschränken. Heute lassen sich beispielsweise Hämoglobinpathien genauer durch DNA-Me-

Tabelle 3: Krankheiten, auf die Neugeborene mit DNA-Methoden untersucht werden könnten

Krankheit	Vorkommen	Zahl der zu überprüfenden Allele
Phenylketonurie	1 : 15 000	≈ 4
Galaktosämie	1 : 70 000	≈ 4
Hämoglobinpathien	1 : 1000	≈ 6–8
α_1-Antitrypsin-Mangel	1 : 8000	≈ 2
Gaucher-Krankheit	1 : 2500	≈ 4
Harnstoffzyklus-Defekte	1 : 10 000	≈ 8
Glucose-6-phosphat-dehydrogenase-Mangel	1 : 100	≈ 4
Hyperlipidämie Typ II	1 : 2500	≈ 10
Duchenne-Muskeldystrophie	1 : 3500	Hunderte
Mukoviszidose	1 : 2500	Hunderte
Neurofibromatose	1 : 3500	Hunderte
Erwachsenenform der Zystenniere	1 : 5000	≈ 5
Chorea Huntington	1 : 100 000	1

thoden als durch Protein-Methoden feststellen. Um 50 Prozent der Phenylketonurie-Fälle in den USA zu bestimmen, müßte man nach nur vier Allelen suchen. Tests sowohl auf PKU als auch Hämoglobinpathien hin, die bereits Teil eines amerikanischen Screening-Programms für Neugeborene sind, könnten mit Hilfe einer einzigen, automatisierten DNA-Methode anstelle von heute üblichen Tests durchgeführt werden. Für eine effektive Diagnostik wäre der Nachweis von nur sechs Hämoglobinpathie-Allelen sowie vier

Auswirkung der Krankheit	Therapiemöglichkeiten
geistige Behinderung	Diätplan
geistige Behinderung	Diätplan
Blutarmut, Blutvergiftung	hämatologische und antiseptische
Lungenemphysem, Lebererkrankung	pulmonale, Verzicht auf Rauchen
Blutarmut und/oder Milzvergrößerung	hämatologische und antiseptische
geistige Behinderung, Blutvergiftung, Hyperammonämie	Diätplan
Blutarmut	Vermeidung von Medikamenten
Koronarerkrankung	Diätplan, lipidverringernde Medikamente
Muskelschwund	unterstützende
Lungenversagen	unterstützende
Nerveninsuffizienz	unterstützende
Nierenversagen	Diätplan, Medikamente gegen Bluthochdruck
Demenz	unterstützende

PKU-Allelen erforderlich. Bei einer Reihe von häufigen Krankheiten, wie etwa Galaktosämie und Duchenne-Muskelschwund, sind jedoch mehrere mutierte Allele beteiligt. Deshalb gilt es, allgemeine DNA-Methoden zu suchen, um eine Reihe von verschiedenen Krankheitsallelen in jeder überprüften Familie festzustellen.

Traditionelle Screening-Methoden für Neugeborene, wie der Guthrie-Hemmtest, die Hämoglobin-Elektrophorese und Radioimmunanalyse (RIA) sind äußerst genau. Wenn ein betroffener

Patient mit diesen Tests nicht erfaßt wird, liegt dies an technischen oder methodischen Fehlern. Tests zum Nachweis von Krankheiten mittels der Allelbestimmung müssen von einer ähnlich hohen Genauigkeit sowie kostengünstig sein. Unter Berücksichtigung der Faktoren Krankheitshäufigkeit, Schwere der Krankheit und therapeutische Verfügbarkeit habe ich eine Reihe von Krankheiten aufgeführt, die in Zukunft mittels DNA-Screening-Methoden bei Neugeborenen feststellbar sein werden (s. Tabelle 3).

Man könnte zwar eine umfassendere Liste therapierbarer Krankheiten von Neugeborenen zusammenstellen, die beispielsweise Mängel an Adenosindesaminase, Faktor VIII, Faktor IX und Wachstumshormon mit einschließen würde, aber die Tabelle zeigt die Komplexität des Screening von Neugeborenen mittels DNA-Methode. Schätzungsweise sind zwischen 4 und 100 Allele für die jeweilige Krankheit verantwortlich. Gegenwärtig gibt es DNA-Methoden, um neun unabhängige genetische Loci zu studieren; diese Methoden lassen sich vollständig automatisieren, und vor kurzem berichteten Wissenschaftler von Cetus Corporation über eine Nachweismethode für mehrere HLA-Allele (menschliche Leukozyten-Antigene).[6] In Anbetracht dessen, daß es nun möglich ist, unabhängige Gen-Loci und mehrere Allele an jedem beliebigen Locus zu untersuchen, wird sich das Screening von Neugeborenen mit DNA-Methoden mit hoher Wahrscheinlichkeit durchsetzen.

Angesichts dieser Prognose ist es wichtig, auch die medizinischen und ethischen Probleme zu betrachten, die das Screening aufwirft. Ein Problem ist unmittelbar einsichtig: DNA-Methoden identifizieren Heterozygoten, also Träger. Viele der in Tabelle 3 gezeigten Krankheiten sind autosomal rezessive oder X-chromosomale Störungen; bei diesen Krankheiten bricht bei heterozygoten Individuen die Krankheit selbst nicht aus, aber bei ihren Nachkommen ist das Risiko erhöht. Ein solcher Träger erfreut sich zwar im allgemeinen normaler Gesundheit, aber die Information, daß er ein fehlerhaftes Allel besitzt, würde die Entscheidung, Kinder zu bekommen, schwerwiegend beeinflussen. Diese Information müßte der Geheimhaltung unterliegen, auch um die betreffende Person vor der Verletzung des Datenschutzes und dem Mißbrauch dieses Wissens, wie dem Verlust des Versicherungsschutzes und der Arbeitsmöglichkeiten, zu schützen. Die Erfahrungen mit Screening-Programmen bei Erwachsenen für Sichelzellenanämie, Beta-Thalassämie und Tay-Sachssche Krankheit haben gelehrt, wie wichtig es ist, daß die untersuchten Personen sich über die Konsequenzen ihres Status als Heterozygote (Träger) im klaren sind. Screening-Programme für Beta-Thalassämie und Tay-Sachssche Krankheit haben das Auftreten dieser Krankheiten auf ein Zehntel reduziert; bei der Sichelzellenanämie dagegen sind die Zahlen nicht zurückgegangen.

Ein weiteres Problem besteht darin, daß die DNA zwar den Ausbruch einer Krankheit voraussagt, bevor sie sich durch Symptome bemerkbar macht, aber in einigen Fällen die Krankheit früh (z. B. Tay-Sachssche Krankheit, Gaucher-Krankheit oder Duchenne-Muskelschwund), in anderen Fällen aber erst spät im Leben zum Ausbruch kommt, wie etwa die Erwachsenenform der Zystenniere oder Chorea Huntington. Eine Diagnose vor dem Auftreten der Symptome ist für beide Krankheitstypen möglich, aber Ethiker und Mediziner sind der Meinung, daß ein grundlegender Unterschied zwischen der Vorhersage von Krankheiten liegt, die in der Kindheit ausbrechen, und der von Krankheiten, die im Erwachsenenalter zum Ausbruch kommen. Im Hinblick auf die Identifizierung von Krankheiten, die sich bereits bevor die ersten Symptome auftreten, erkennen lassen, gilt es zu bestimmen, ob das Verhältnis von Nutzen und Risiko für den Einsatz neuer Diagnosetechniken spricht. Denn ein unüberlegter Einsatz diagnostischer Technologien kann ihrer langfristigen Akzeptanz in der Gesellschaft schaden. Allerdings scheint es in jedem Fall angebracht, Screening-Verfahren bei Neugeborenen einzusetzen und betroffene Individuen nach Möglichkeit zu betreuen.

Erwachsenen-Screening bei Trägern für Hämoglobinpathien und Tay-Sachssche Krankheit ist in den USA weit verbreitet. In Sardinien wird eine Verringerung des Auftretens von Beta-Thalassämie auf ein Zehntel durch ein Verbundprogramm von Träger-Screening, genetischer Beratung und pränataler Diagnose verzeichnet.[7] Träger-Screening für Beta-Thalassämie ist auf Sardinien von der Logistik her einfacher durchzuführen als Screening für Hämoglobinpathien in den USA, wo die Zahl der Krankheitsallele innerhalb der Bevölkerungsgruppen italienischer, griechischer und afrikanischer Herkunft erhöht ist. Dort ist das Träger-Screening für Tay-Sachssche Krankheit ebenfalls sehr erfolgreich gewesen: Das Auftreten der Krankheit ging in den USA auf ein Zehntel der Fälle zurück. Die Tay-Sachssche Krankheit wird heute durch das Vorhandensein des Enzyms Hexosaminidase im Blut nachgewiesen: Ist das Enzym vorhanden, so besitzt das Individuum *nicht* das Tay-

Sachs-Gen. Vor kurzem wurden die ersten Gendefekte identifiziert, die den Hexosaminidasemangel bei der Tay-Sachsschen Krankheit verursachen. Angesichts des häufigen Auftretens dieser Krankheit unter den aschkenasischen Juden, die in den USA die Mehrheit der jüdischen Bevölkerung stellen, läßt sich folgern, daß die Krankheit aus einer begrenzten Zahl von veränderten Allelen hervorgeht. Deshalb sind DNA-Methoden denkbar, um die Gaucher-Krankheit, eine weitere unter aschkenasischen Juden häufige Erkrankung, statt durch Enzymtests mit Hilfe der DNA-Träger festzustellen. Die heute gebräuchliche Methode, die das Vorhandensein des Enzyms Glucocerebrosidase überprüft, ist nicht genau genug. In den Fällen von Beta-Thalassämie, Sichelzellenanämie, Tay-Sachssche Krankheit und Gaucher-Krankheit könnten mehr als 95 Prozent der Mutationen in der gefährdeten Bevölkerungsgruppe mittels DNA-Methoden bestimmt werden.

Das häufigste Krankheitsallel innerhalb der europiden Bevölkerung, das für Mukoviszidose (CF = cystic fibrosis) verantwortlich ist, wurde vor kurzem identifiziert und kann für einen Träger-Nachweis mittels DNA-Methoden eingesetzt werden.[9] Dieses Allel ist auf 70 bis 75 Prozent der Chromosomen vorhanden, die CF-Mutationen tragen; zusammen mit vier weiteren Allelen erklärt es 83 Prozent aller Mukoviszidosefälle in der amerikanischen Bevölkerung. Die Frage, ob in den USA ein CF-Screening der gesamten Bevölkerung eingeführt werden sollte, ist umstritten. Die Debatte beunruhigt weniger die erkennbar gefährdeten Familien als die Paare, die ein mehrdeutiges Testergebnis erhalten. Betrachten wir beispielsweise ein Paar, bei dem ein Partner Träger des rezessiven CF-Allels ist und der andere Partner beim Test für *bekannte* Allele einen negativen Bescheid erhält, aber noch nicht identifizierte Allele, die Mukoviszidose verursachen, besitzen *kann*. Dieses Ergebnis träfe auf 7,5 Prozent der getesteten Paare zu. Vor dem Test hat das Paar ein Risiko von 1 zu 2500, ein an Mukoviszidose erkranktes Kind zu bekommen. Falls ein Partner wie in unserem Beispiel ein CF-Allel besitzt, ist das Risiko des Paars 1 zu 396. Wenn beide Partner keine *bekannten* CF-Allele aufweisen, was bei 92,3 Prozent der Paare der Fall ist, läge das Risiko bei 1 zu 39 200; haben beide Partner, wie bei 0,2 Prozent aller Paare, CF-Allele, so besteht ein Risiko von 1 zu 4. Die Humangenetiker sind sich uneinig, ob man die Feststellung von CF-Trägern fortsetzen oder ob man warten soll, bis die Tests eine Genauigkeit von 95 Prozent erreichen.

Tabelle 4 listet Krankheiten auf, die durch Träger-Screening feststellbar sind. Diese Liste wird sich ohne Zweifel noch erweitern, wenn andere autosomal rezessive Krankheiten besser bestimmt sind. Paaren mit dem Risiko, Kinder mit genetisch bedingten Krankheiten zu zeugen, steht es offen, trotz dieses Wissens eine Schwangerschaft zu wagen – angesichts der Tatsache, daß die Gesetze der meisten westlichen Länder einen Schwangerschaftsabbruch erlauben. Bislang machte das Gesetz keinen Unterschied zwischen einem Schwangerschaftsabbruch aufgrund schwerer Erbkrankheiten und einem, der nicht mit einer Krankheit des Fötus in Zusammenhang stand. Solange die Freiheit der Familienplanung vom Obersten Gerichtshof zumindest für schwerwiegende Erbkrankheiten gewährleistet ist, wird der Einsatz des genetischen Screenings für heterozygote Personen in den USA zweifellos noch weiter zunehmen. Wäre der Schwangerschaftsabbruch auch bei schweren Erbkrankheiten *nicht* möglich, ginge auch der Einsatz des genetischen Screenings zurück.

In den USA findet der genetische Aspekt der Schwangerschaft nicht genügend Beachtung, weil Patienten und Ärzte nur unzureichende Vorstellungen vom Träger-Screening haben. Die Mehrzahl der 100000 pränatalen Diagnosen, die jährlich in den USA vorgenommen werden, haben das Ziel, Chromosomenaberrationen bei Föten von Müttern, die älter als 33 Jahre sind, und Neuralrohrdefekte festzustellen. In einigen Fällen versucht man aber Krankheiten zu diagnostizieren, die in der Familiengeschichte der Eltern aufgetreten sind. Die Bevölkerungsgruppe mit hohem Risiko erhält gegenwärtig eine genetische Beratung und wird einem Träger-Screening unterzogen, aber nur 5 Prozent aller Schwangerschaften in den USA werden als sehr riskant eingestuft. Nur in Bevölkerungsgruppen, bei denen ein erhöhtes Risiko für die Tay-Sachssche Krankheit bekannt ist, wird bei Paaren routinemäßig ein genetisches Screening durchgeführt. Eine wirkungsvolle Ermittlung der Träger von anderen Krankheiten fehlt in den USA weitgehend.

Tabelle 3 enthält zwei weitverbreitete autosomal dominante Krankheiten, die Hyperlipidämie Typ II und die Erwachsenenform der Zystenniere (APKD) und eine nicht sehr häufige autosomal dominante Krankheit, Chorea Huntington, die sich bereits bei der Geburt vorhersagen läßt, aber erst im Erwachsenenalter zum Ausbruch kommt. Man hofft, die Koronarerkrankung, die von Hyperlipidämie Typ II herrührt, durch Modifikationen der Nahrung und

Tabelle 4: Krankheiten, für die Träger-Screening mittels DNA-Methoden möglich ist

Krankheit	Zahl der beteiligten Allele	Krankheitshäufigkeit	Trägerhäufigkeit	Bevölkerung mit hohem Risiko
Phenylketonurie	≈4	1:15 000	1:100	allgemein
Hämoglobinpathie				
β^S- und β^C-Allele	2	1:400	1:12	schwarz
β^{39}- und β^{112}-Allele	2	1:2000	1:20	mediterran
α_1-Antitrypsin-Mangel	2	1:8000	1:50	allgemein
Mukoviszidose	≈50	1:2500	1:25	europid
Gaucher-Syndrom	3	1:2500	1:25	aschkenasische Juden
Tay-Sachssche Krankheit	2	1:4000	1:30	aschkenasische Juden

durch medikamentöse Behandlung vermeiden zu können. Bei APKD und Chorea Huntington sind die Prognosen jedoch weniger optimistisch. Bei diesen Krankheiten konzentriert sich die Therapie im Augenblick wie bei Mukoviszidose und Neurofibramotose auf die Abschwächung der Symptome. Der Umgang mit derartigen Krankheiten stellt sowohl in medizinischer als auch in ethischer Hinsicht eine Herausforderung an unser Verantwortungsgefühl dar: Wenn wir Krankheitsrisiken bereits bei der Geburt vorhersagen können, wie sollen wir mit dieser Information umgehen?

Genetisches Screening wirft auch eine Vielzahl weiterer Fragen auf. Zum ersten ist die Zustimmung informierter Erwachsener für eine Teilnahme am Screening und an der staatlich verfügten Vorfelddiagnostik für Kinder nicht unproblematisch. Die Kosten-Nutzen-Rechnung des Erwachsenen-Screenings muß noch abgeschätzt werden, denn einige Krankheiten besitzen verschiedene therapeutische Optionen, und die Bereitschaft zu Diät und Medikamenteneinnahme bei Erwachsenen ist nicht ausgewertet worden. Die Vertraulichkeit der Screening-Information muß um jeden Preis sichergestellt werden, und auch mögliche negative Auswirkungen, wie die Einschränkungen der beruflichen Möglichkeiten und soziale Nachteile, müssen in Betracht gezogen werden. Wird beispielsweise ein Patient mit Hyperlipidämie Typ II auf dem Arbeitsmarkt nicht akzeptiert werden? Wie geht ein Mensch, der weiß, daß bei ihm im Erwachsenenalter eine Krankheit ausbrechen kann, mit diesem Wissen um? Wird ein heterozygoter Träger des Gens für Chorea Huntington oder APKD, der aber noch keine Symptome zeigt, in bezug auf die Leistungen der Gesundheitsfürsorge benachteiligt werden? Werden genetische Krankheiten als »vorher existierende medizinische Veranlagung« eingestuft werden?

Diese Fragen sind zur Zeit noch ungelöst, und falls die Gesellschaft sich nicht mit ihnen auseinandersetzt, könnte sich dies auf die Akzeptanz von Screening-Programmen für Erwachsene negativ auswirken. Eine öffentliche Diskussion ist notwendig, ebenso müssen die Versicherungsträger ihren Standpunkt hinsichtlich der Versicherungsbedingungen klar darlegen. Auf DNA beruhende Daten könnten einerseits in manchen Fällen den Ausschluß aus Kranken- und Lebensversicherungen rückgängig machen. Auf der anderen Seite werden einige – wenn auch nicht alle – Versicherungsträger Patienten, in deren Familie AKPD, Chorea Huntington, Faktor VIII-Mangel oder andere genetisch bedingte Krankheiten aufgetreten sind, nicht aufnehmen. Da DNA-Tests ein Individuum sehr genau als heterozygot oder als normal identifizieren können, läßt sich die Frage, wer wahrscheinlich eine Krankheit entwickelt und wer nicht, mit großer Genauigkeit beantworten. 50 Prozent derjenigen Personen, denen bisher ein Versicherungsschutz verweigert wurde, könnten als genetisch unbelastet nachgewiesen und infolgedessen in die Gruppe der normalen Mitglieder eingestuft werden. Jeder Mensch, bei dem ein erhöhtes Krankheitsrisiko nachgewiesen ist, befindet sich tatsächlich in Gefahr. Deshalb scheint es mir vernünftig, eine spezielle Versicherungskategorie für Versicherte mit hohem Risiko zu schaffen. Eine Alternative ist ein allgemeiner Geltungsbereich der staatlichen Gesundheitsfürsorge, wie er in Europa und Kanada besteht.

DNA-Screening bei Neugeborenen wirft das Problem der »Flüchtigkeit« von genetischen Datenbanken auf. Neugeborenen-

Screening wird heute mit Ausnahme von Sichelzellenanämie und Beta-Thalassämie für die Identifizierung von Trägern eingesetzt. Zudem gelten die Eltern von Kindern mit autosomal rezessiven Krankheiten als obligatorische Träger. Da das DNA-Screening bei Neugeborenen die Träger eindeutig identifiziert, stellt sich auch die Frage nach den Eigentumsrechten an Genotyp-Datenbanken. Ich persönlich möchte nicht zum Aufbau derartiger Datenbanken anregen, bevor diese Grundfragen nicht in einer öffentlichen Diskussion hinreichend geklärt sind.

Es gilt, den Aufbau eines nationalen genetischen Datenspeichers ins Auge zu fassen. Allerdings unterscheiden sich die Probleme, die das Speichern von Daten erwachsener Träger betreffen, grundlegend von denen, die die Datenspeicherung bei Neugeborenen aufwirft. Die Daten der Träger bilden eine private und vertraulich zu behandelnde medizinische Information und sind im Grunde eine Privatstudie des Familienerbguts. Diese Form des Träger-Screenings hat nicht die Gesundheit oder Vorfelddiagnostik der ganzen Bevölkerung zum Ziel. Ein genetischer Datenspeicher könnte in Zukunft zur Kosteneinsparung beitragen und Ärzte darüber informieren, bei welchen Patienten aufgrund eines begründeten genetischen Risikos für häufige Krankheiten eine Untersuchung angeraten erscheint. Dabei werden einfache, kostengünstige Tests für Familienstudien einen nationalen Computer-Datenspeicher wesentlich an Effizienz übertreffen. Zudem erwarte ich, daß die Akzeptanz von genetischen Tests höher ist, wenn die Geheimhaltung der Ergebnisse gewährleistet ist und die Information über Krankheitsrisiken private medizinische Aufzeichnung bleibt.

Trotz der Erfolge der pränatalen Diagnostik sind die genetischen Krankheiten um weniger als 5 Prozent zurückgegangen, so daß eine breitere Anwendung der pränatalen Diagnostik geboten scheint. Beispielsweise werden die Föten von Frauen, die ein bestimmtes Alter überschritten haben, routinemäßig auf Aneuploidie hin untersucht, d.h. auf eine anomale Chromosomenzahl, aber über 90 Prozent der Neugeborenen mit Aneuploidie wie Trisomie 21, 18 oder 13 sind Kinder von Müttern, die nicht aufgrund ihres Alters zu einer Risikogruppe gehören.

Die Nachweisverfahren für Aneuploidie haben sich in den letzten Jahren wesentlich verfeinert. Zum ersten hat man Defekte in einzelnen Genen entdeckt, deren Funktionen bei Hefepilzen nachweislich zu Aneuploidie führen. Zum zweiten hat man Chromosom 21, eines der Chromosomen, bei denen Aneuploidie am häufigsten auftritt, als Analyseobjekt des Genom-Projekts verwendet. Zum dritten erlauben rekombinierte DNA-Methoden inzwischen eine einfache, rasche Methode der Aneuploidie-Diagnose.

Neue Mutationen bei Krankheiten, die auf ein einziges Gen zurückgehen, stellen eine zusätzliche Herausforderung dar. Dies gilt besonders für X-chromosomal rezessive und autosomal dominante Erbkrankheiten. Zu den Krankheiten, die auf dem X-Chromosom codiert sind, gehören u. a. Duchenne-Muskelschwund (DMD = Duchenne-Muskeldystrophie), Ornithin-Carbamyltransferase-Mangel, Faktor VIII- und Faktor IX-Mangel, Lesch-Nyhan-Syndrom und Martin-Bell-Syndrom. Zu den autosomal dominanten Erbkrankheiten zählen das Marfan-Syndrom, Osteogenesis imperfecta, Neurofibromatose und Retinoblastom.

Das Problem, heterogene Mutationen von Duchenne-Muskelschwund, Lesch-Nyhan-Syndrom und Ornithin-Carbamyltransferase-Mangel festzustellen, hat sich durch rekombinante Methoden gelöst. Insbesondere die Polymerase-Kettenreaktion (PCR) hat den effizienten Nachweis von Mutationen möglich gemacht und läßt sich zudem automatisieren. Am Baylor College of Medicine versucht man, Proben auf Deletionen im DMD-Gen mittels einer mehrfachen PCR hin zu überprüfen, die 81 Prozent der Deletionen, das sind 46 Prozent aller Mutationen, in diesem Gen feststellt.[10] Die Multiplexreaktion läßt sich innerhalb weniger Stunden durchführen, während das vorher verwandte Verfahren, die Southern-Blotting-Analyse, mehrere Tage erforderte. Die Suche nach Mutationen im HPRT-Gen, die das Lesch-Nyhan-Syndrom verursachen, ähnelt dem Test für DMD zu Beginn darin, daß eine mehrfache PCR durchgeführt wird. Für das Lesch-Nyhan-Syndrom jedoch liefert der Nachweis eine Diagnose von nur 15 Prozent der Mutationen; die mehrfache PCR dient eher dazu, Material für die nächste Stufe der Analyse, die eine automatisierte Sequenzierung der Reaktionsprodukte ist, zu liefern.[11] Diese Kombination zweier Verfahren bietet die Möglichkeit, fast alle Mutationen im HPRT-Gen zu identifizieren, die zum Lesch-Nyhan-Syndrom führen.

Der Mangel am Enzym Ornithin-Transcarbamylase (OTC) wird durch Mutationen verursacht, für die aufgrund ihrer Größe eine Sequenzierung als routinemäßige Nachweismethode nicht in Frage kommt. PCR wird eingesetzt, um einzelsträngige DNA sowohl von normalen Proben als auch von Proben eines bestimmten Patienten zu erzeugen. Diese Arten werden gemeinsam hybridisiert; an den Stellen, wo die Stränge aufgrund von Mutationen nicht zusammenpassen, unterliegen sie einer chemischen Aufspaltung, während die normalen, zusammen hybridisierten Stränge des OTC-Gens nicht getrennt werden.[12] Mit dieser Methode können Familienmitglieder als Träger bzw. als Nicht-Träger identifiziert werden, sobald die Mutation bei dem ursprünglichen Patienten, dem ersten Fall, bestimmt worden ist. Ob diese Technologie sich auf alle Schwangerschaften anwenden läßt, um ein neues Mutationsereignis zu entdecken, muß sich erst noch herausstellen. Zwei sehr häufig auftretende Krankheiten scheinen geeignete Studienobjekte für die Erforschung von Keimbahnmutationen zu sein. Neue Mutationen, die DMD und Neurofibromatose verursachen, treten mit einer Häufigkeit von 1 zu 3500 auf. Zur Zeit scheinen diese Methoden für die pränatale Diagnose neuer Mutationen noch zu teuer und zu ungenau, aber der technische Fortschritt wird zu schnelleren und billigeren DNA-Methoden führen, die derartige Mutationsereignisse bereits beim Embryo nachweisen werden.

Erblich bedingte Krankheiten besitzen oft eine organ- oder gewebespezifische Pathophysiologie. In einigen Fällen können Mediziner Organ- oder Gewebetransplantationen zwischen einem verträglichen Spender und einem Empfänger verwenden, um den pathologischen Charakter von Erbkrankheiten zu korrigieren. Eine verkürzte Auflistung erfolgreicher Transplantationsversuche findet sich in Tabelle 5.

Tabelle 5: Regulierung von Erbkrankheiten durch Organ- oder Gewebeverpflanzung

Transplantiertes Gewebe	Krankheit	Pathophysiologie
Knochenmark	kombinierte Immuninsuffizienz, verbunden mit Adenosindesaminase- oder Purinnucleosidphosphorylase-Mangel	Übermaß an Desoxyadenin oder Desoxyguanin

Tabelle 5: Fortsetzung		
	Sichelzellenanämie	Sichelzellen-Hämoglobin
	β-Thalassämie	unzureichendes Hämoglobin
Leber	Ornithin-transcarbamylase-Mangel	Hyperammonämie
	α_1-Antitrypsin-Mangel	Zirrhose und Emphysem
	Hyperlipidämie Typ II	Koronarerkrankung
	Hämophilie (VIII [A])	Faktor VIII-Mangel
Niere	Erwachsenenform der Zystenniere	zystisches Nierenversagen
	Fabry-Syndrom	Anhäufung von glomerulären Trihexosylceramid-Lipiden
Herz	angeborene Defekte und/oder Myopathie	Herzversagen
Herz und Lunge	Mukoviszidose	Lungenversagen und Cor pulmonale (Rechtsherzhypertrophie)

Ob es möglich sein wird, Krankheiten durch Gewebeverpflanzungen zu heilen, wird davon abhängen, ob sich die Transplantat-Wirt-Reaktionen regulieren lassen. Heute hängt der Erfolg einer Transplantation hauptsächlich von der Unterdrückung von Immunreaktionen mittels Cyclosporin ab. Eine genaue Kenntnis der Immunreaktionen auf molekularer Ebene wird die Transplantationserfolge erhöhen. Möglicherweise können wir die Forschungserfahrungen auf dem Gebiet der Autoimmunkrankheiten heranziehen, weil sie durch ähnliche Merkmale wie die Abstoßung von verpflanztem Gewebe gekennzeichnet sind. Falls sich dominante Oberflächenepitope (antigene Marker) und entsprechende darauf reagierende T-Zellen-Gene identifizieren lassen, kann man eine Beeinflussung der Immunreaktion ins Auge fassen. Dann gilt es noch zu bestimmen, ob eine selektive Regulierung oder Eliminierung von Killer-T-Zellen dazu verwendet werden kann, die Fähigkeit dieser Zellen, fremdes Gewebe abzustoßen, zu manipulieren. Vor kurzem gelang eine monoklonale Eliminierung von T-Zellen-Klonen, die bei Mäusen für eine der multiplen Sklerose ähnliche Krankheit verantwortlich sind.[13] Bei dieser Störung, bei der das Immunsystem Myelin angreift, konnte eine klinische Besserung erreicht werden. Knochenmarks- und Gewebetransplantation als Behandlungsmethoden sowohl für erblich bedingte wie auch für erworbene Krankheiten werden beträchtlich verbessert werden. Der Zusatz von Peptiden, die die Immunreaktion blockieren, oder die monoklonale Regulierung der T-Zellenabstoßung könnte den Erfolg einer Transplantationstherapie erheblich beeinflussen.

Ein beträchtlicher Fortschritt in Richtung auf eine genetische Korrektur einer Erbkrankheit ist bereits erzielt worden. Diese genetische Methode vermeidet die potentiellen Komplikationen einer Transplantation, indem das normale Gen in die eigenen Körperzellengewebe des Patienten eingeführt wird. Das normale Gen (cDNA) wird in einen Expressionsvektor geklont – einen Wirkstoff, der die cDNA zum Zielgewebe trägt, wo es unter dem Einfluß eines Promotors (Abschnitt der DNA-Sequenz, der Gene aktiviert) tätig wird. Diese Expressionselemente werden in ein defektes Virus eingebaut, das sich in einer Zellinie von Helferzellen vermehren kann. Das defekte Gen transportiert das Gen zu seiner Zielstelle, kann sich aber nicht replizieren. Gegenwärtig sind Retroviren der bevorzugte Vektor, aber auch Adeno- und Herpesviren scheinen als virale Gentransportsysteme in Frage zu kommen. Im Idealfall wird das korrigierende Gen in eine Stammzelle befördert, die sich selbst regeneriert und das übertragene Gen bei jeder Verdoppelung repliziert, so daß die Notwendigkeit einer wiederholten Therapie entfällt. Mehrere Forschungsgruppen haben inzwischen eine Langzeitexpression von menschlicher Adenosindesaminase (ADA) in Mäusen erreicht.[14] ADA-Gene sind auch in Kulturen von menschlichen Knochenmarkzellen eingesetzt worden, wo sie das ADA-Enzym exprimieren konnten. Kürzlich wurde über das erste in den USA zugelassene Experiment berichtet, das die virale Einführung eines Markers in Zellen verfolgte, die Krebspatienten zurückinjiziert wurden; ebenso ist ein klinischer Versuch für eine genetische

Behandlung von ADA-Mangel durchgeführt worden (s. Abb. 12).

Eine alternative Strategie ersetzt das defekte Gen durch ein normales Gen und vermeidet so das biologische Risiko von viralen Vektoren. Bei Mäuse- und Menschenzellen ist die Rekombination in einer Kultur gelungen. Dabei wurden große DNA-Stücke verwendet, die entweder durch Mikroinjektion oder durch Elektroporation eingeführt wurden, bei der Zielzellen durch elektrische Ströme dazu gebracht werden, die fremde DNA aufzunehmen. Die direkte Injektion von DNA in einen Mäusemuskel soll zur Expression der übertragenen Gene geführt haben.[16] Bei Versuchen mit Mäusen war es möglich, Ersatzsequenzen zum mutierten Gen zu befördern und auf diese Weise den genetischen Fehler zu korrigieren.[17] Die Methode ist noch nicht ausgereift, aber sie ermöglicht es, defekte Gene durch gesunde zu *ersetzen*, anstatt sie mittels eines retroviralen Vektors in die defekten Zellen einzufügen. Diese Methode kommt bei der Züchtung von transgenen Mäusen zum Einsatz. Tabelle 6 führt eine Reihe von Krankheiten auf, bei denen die Möglichkeiten einer Behandlung durch Genersatz oder Genübertragung in Körperzellengewebe untersucht werden.

Eine Therapie mittels Genübertragung bei somatischem Gewebe ist in ethischer Hinsicht relativ unproblematisch, weil der Erfolg oder das Scheitern des Versuchs lediglich den Patienten selbst betrifft. Dennoch gilt es, die Risiken, die der Einsatz von viralen Vektoren mit sich bringt, einschließlich ihrer Fähigkeit, Ahnenzellinien zu infizieren, und der Möglichkeit einer schädlichen Insertion, zu prüfen und abzuwägen.

Anders verhält es sich mit der Übertragung von Genen in menschliche Embryonen, die schwerwiegende ethische Befürchtungen hervorgerufen hat. Es ist anzunehmen, daß die Embryonaldiagnostik, wie man sie bei Mäusen bereits verwirklicht hat, zu einem festen Bestandteil der Medizin wird. Ein Paar, das vermeiden will, eine rezessive Erbkrankheit weiterzugeben, würde die Implantation eines gesunden Embryos (drei von vier) der Behandlung eines Embryos mit einem genetischen Defekt (einer von vier) vorziehen. Zur Zeit haben Genübertragungs- und Genersetzungs-Technologien eine niedrige Erfolgsquote (zwischen 1 zu 1000 und 1 zu 100000) und eine hohe Quote (zwischen 1 zu 10000 und 1 zu 1 Million) fehlerhafter Rekombinationen, bei denen sich das Gen an der falschen Stelle einfügt. Bei Mäuseembryonen hat fehlerhafte Insertion von transgenen Sequenzen Krankheiten hervorgerufen.[18]

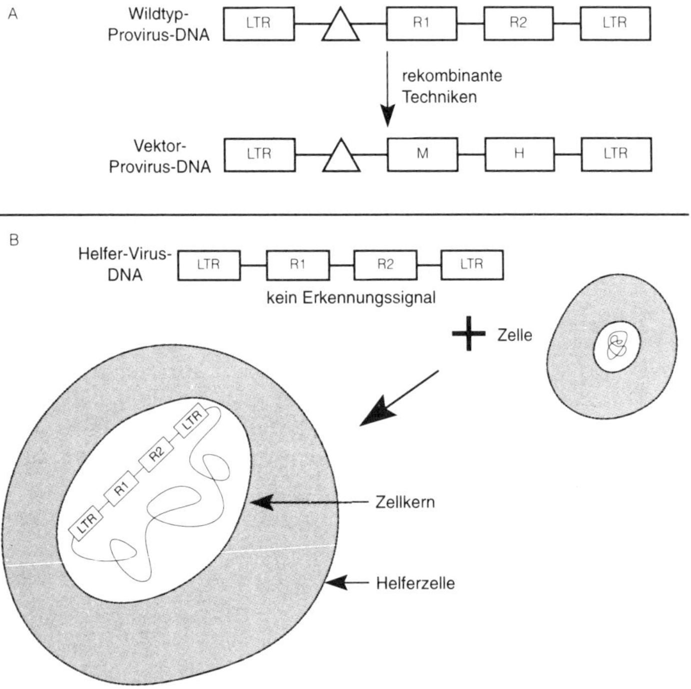

Abb. 12: Gentherapie ist der direkte Einbau von genetischem Material in Zellen, um deren Funktionsweise zu verändern, beispielsweise um einen genetischen Fehler zu korrigieren. *Retroviren*, deren genetisches Material nicht DNA, sondern RNA in einer Proteinhülle ist, sind »vielversprechende Transportmittel« für die Gene. Ein Retrovirus stellt, sobald es eine Wirtszelle infiziert, eine DNA-Kopie seiner RNA her; diese Kopie wird in die chromosomale DNA der Zelle eingebaut. In diesem Stadium wird es als *Provirus* bezeichnet.

Der erste Schritt *(A)* der Gentherapie besteht darin, ein Wildtyp-Provirus so zu verändern, daß seine DNA menschliche DNA zum Patienten transportiert. Außerdem ist ein selektierbarer Marker nötig, um die Zellen zu identifizieren, die das veränderte Provirus enthalten. Das rekombinierte Provirus, das als *Vektorvirus* bezeichnet wird, besitzt Regulationselemente, um seine DNA in das Genom einer anderen Zelle einzubauen (die langen terminalen Repetitionen, *LTRs*, und ein Erkennungssignal), aber es kann die Proteine nicht selbst herstellen, die erforderlich sind, um ein Viruspartikel zu erzeugen. Eine andere Zelle ist nötig, um als »Verpak-

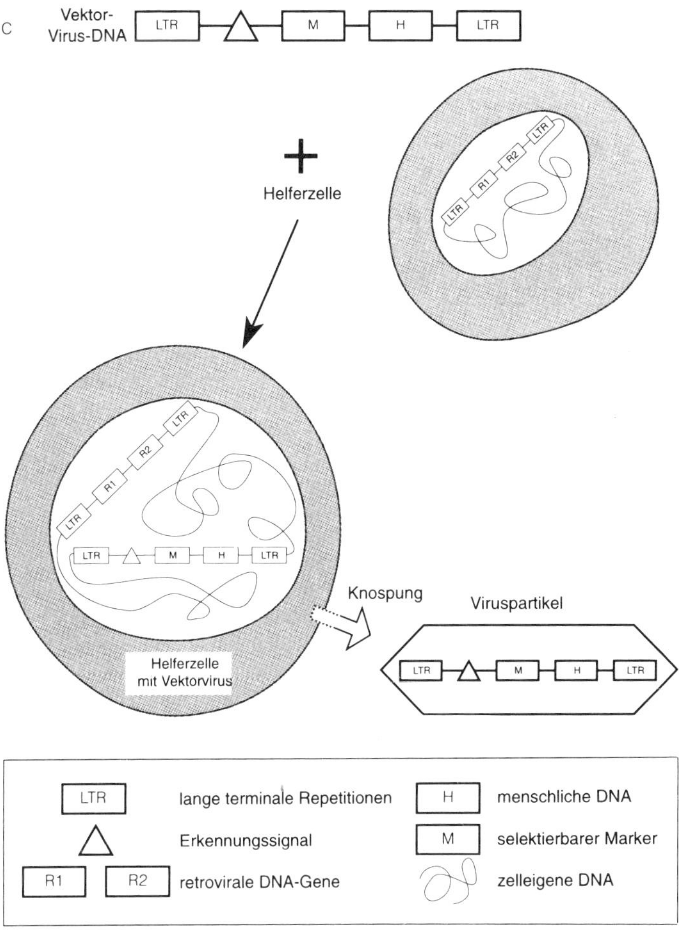

kung« zu fungieren. Eine *Helferzelle* wird konstruiert (Schritt *B*), indem man der zelleigenen DNA ein *Helfervirus* hinzufügt; bei diesem handelt es sich um ein Provirus, das die notwendigen retroviralen Gene besitzt, um die Virusverpackung herzustellen, dessen Erkennungssignal, das die Verpackung in Gang setzt, aber fehlt.

Im nächsten Schritt kann der Vektor selbst erzeugt werden (Schritt *C*). Die Vektorvirus-DNA wird in die Helferzelle (bereits mit dem Helfervirus in seiner DNA integriert) eingebaut, wo sie in RNA übersetzt wird. Dann stellt die Helfervirus-DNA die Virusverpackung für die Vektorvirus-RNA her; das Produkt ist ein Viruspartikel, das die Zielzelle mit dem menschlichen DNA-Stück »infiziert«, mit dessen Hilfe der genetische Defekt korrigiert werden kann.

D

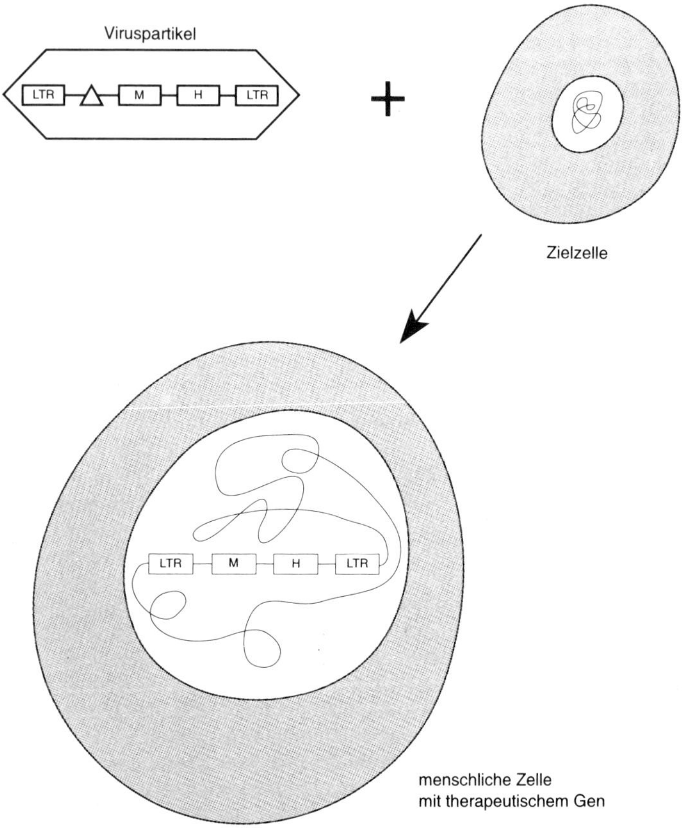

Schließlich wird das »Viruspaket« an seinen Bestimmungsort gebracht: Zielzellen werden mit Helferzellen oder der Flüssigkeit von einer Helferzellenkultur vermischt. Werden die Zielzellen (z. B. Knochenmarkzellen) auf diese Weise mit dem Vektorvirus infiziert, wird das korrigierende menschliche Gen in die eigene DNA der Zellen eingefügt, so daß diese dann über die Instruktionen verfügen, um richtig zu funktionieren.

Tabelle 6: Krankheiten, die für eine Genübertragungs- oder Genersetzungstherapie in Frage kommen	
Krankheit	Zielgewebe
Adenosindesaminase-Mangel	Knochenmark
Thalassämie, Sichelzellenanämie	Knochenmark
Ornithin-Transcarbamylasemangel	Leber oder Dünndarm
Phenylketonurie	Leber
Duchenne-Muskelschwund	Muskeln

In der tiermedizinischen Forschung gilt das Hauptaugenmerk der Widerstandsfähigkeit gegenüber Krankheiten. Sollte man auch beim Menschen die Beeinflussung der Resistenz gegenüber Krankheiten ins Auge fassen? Es ist denkbar, daß in Zukunft die Keimbahn eines Individuums genetisch manipuliert werden kann, um eine Resistenz einzuführen. In diesem Fall müßte man die Abwägungen zwischen Risiko und Nutzen erheblich gegenüber denen der heutigen Richtlinien des Institutional Review Board verändern und das Risiko in der Gegenwart auch zum Nutzen für die Gesundheit künftiger Generationen ins Verhältnis setzen.

Die Rolle somatischer Mutationen bei erworbenen Krankheiten ist bereits bei T-Zellen- und B-Zellen-Neoplasie bekannt. Dank der hohen Genauigkeit von DNA-Methoden wird die Frühdiagnose von bösartigen Tumoren Fortschritte machen. Dabei ist noch unklar, ob für eine große Zahl von Krankheiten ein Gen für Anfälligkeit feststellbar ist. Krankheiten wie Xeroderma pigmentosa (Lichtschrumpfhaut), Bloom-Syndrom und Fanconi-Anämie, bei denen Fehler der DNA-Reparatur zu einer erhöhten Anfälligkeit für Mutationen an vielen Stellen führen, bilden eine eigene Kategorie. Die Modelle von Krankheiten wie Retinoblastom, Neurofibromatose, von Hippel-Lindau-Syndrom und Gardner-Syndrom erlauben uns erste Einblicke in die Anfälligkeit für Tumore. Ein heterozygotes Allel macht ein Individuum anfällig dafür, an bösartigen Geschwulsten zu erkranken. Man wird Techniken entwickeln, um genetisch vorbelastete Menschen zu identifizieren. Im Augenblick werden zur Früherkennung Methoden wie die Mammographie bei Brustkrebs, Röntgenaufnahmen bei Dickdarmkrebs und Blutanalysen bei Leukämie eingesetzt. Die genetische Überwachung mit DNA-Methoden wird die Genauigkeit der Frühdiagnosen und die therapeutische Wirksamkeit zweifellos steigern. Tabelle 7 führt Fälle von Neoplasie auf, die vom Zerbrechen bekannter Gene herrühren. Es handelt sich um Krankheiten, bei denen sich Anfälligkeit unter der Voraussetzung vorhersagen lassen könnte, daß wir Mutationen innerhalb von Oncogenen ermitteln.

Tabelle 7: Neoplasien, die von genetischen Mutationen oder Oncogenen herrühren

Ursache	Neoplasie	beteiligte Gene
Translokationen	B- und T-Zellen-Leukämie	*myc* und Schwerketten-Immunglobulin-Gen
	chronische myeloische Leukämie	*abl* und *bcr*
Punktmutationen	Harnblasen-, Lungenneoplasma	*ras*
rezessive Oncogene	Retinoblastom, Dickdarmkarzinom, Wilms-Tumor, Aniridie	

Genetische Analyse und Diagnostik bringen schwerwiegende Implikationen für die theoretische und praktische Ausbildung von Ärzten mit sich. Die momentane Ausbildungspraxis muß nur geringfügig modifiziert werden, um Ärzte in die Lage zu versetzen, mit pharmakologischen Wirkstoffen aus dem Bereich der Biotechnologie zu arbeiten. Wenn Ärzte die Zellbiologie verstehen sollen, auf der viele neue Medikamente beruhen, reicht das jetzige Ausbildungsniveau allerdings nicht aus. Ärzte können heute die Erythropoiesie (Bildung der roten Blutkörperchen) bei Patienten mit Nierenversagen mit Hilfe exogenen Erythropoetins anregen; sie können die Genesung von Knochenmark mittels Interleukinen nach einer Chemotherapie beschleunigen und bei Patienten, die am Turner-Syndrom leiden, das Wachstum durch ein exogenes Wachstumshormon anregen. Jeder dieser Peptid-Wachstumsfaktoren wird in großen Mengen durch rekombinante Methoden hergestellt.

Bei Mäusen hat man eine klonale T-Zellen-Hemmung mit Hilfe von monoklonalen Antikörpern bewirkt. Synthetische Peptide sind dazu verwendet worden, Immunreaktionen zu hemmen und auf diese Weise den Verlauf von Autoimmunkrankheiten zu beeinflussen. Die rasche Ausweitung der medizinischen Anwendungen (s. Abb. 11) weist auf die Notwendigkeit hin, den medizinischen Ausbildungsprozeß zu überprüfen und den veränderten Bedingungen anzupassen.

Angesichts der Geschwindigkeit, mit der sich das genetische Wissen erweitert, wird ein Großteil der praktischen Ärzte eine »Nachschulung« brauchen, um sich die grundlegenden Kenntnisse der auf DNA beruhenden Medizin anzueignen.

Wenn die DNA-Analyse in absehbarer Zukunft in breiterem Rahmen eingesetzt wird, muß auch die Öffentlichkeit mit genetischen Grundkenntnissen vertraut sein, um die Implikationen der genetischen Information zu begreifen. Insbesondere gilt es, den Status von genetischen Trägern für die individuelle Gesundheit, die Berufswahl, die Versicherbarkeit und Möglichkeiten der Familienplanung deutlich zu machen.

Die mit dem Genom-Projekt verbundene Technologie eröffnet der Medizin neue Möglichkeiten im Hinblick auf geklonte Gene, genetische Marker und verbesserte Verfahren der DNA-Analyse. Auch wenn der Mißbrauch von genetischen Informationen nie vollständig auszuschließen ist, darf dies kein Grund sein, das Projekt nicht fortzusetzen.

Leroy Hood

Biologie und Medizin im 21. Jahrhundert

In den letzten zwanzig Jahren haben die Fortschritte in der Technologie und grundlegende neue Einsichten zu einer Revolution innerhalb der Biologie geführt, die die Medizin zu verändern beginnt. Diese Umwälzung wird sich im 21. Jahrhundert noch beschleunigen und zu weiterreichenden Entwicklungen führen, insbesondere die Entzifferung des menschlichen Genoms, des Bauplans des Lebens. Das Genom-Projekt ist dabei, eine Enzyklopädie des Lebens zu schaffen, die Biologen und Medizinern über den Computer einen direkten Zugriff auf die Geheimnisse unserer Chromosomen ermöglicht. Das Projekt ist beeindruckend in seinem Umfang und seiner Tragweite. Weitere Fortschritte auf dem Gebiet der Chemie, der Technik, des Gerätebaus und der Computertechnologie, sowohl bei der Hardware als auch bei der Software, sind notwendig, um es erfolgreich zu Ende zu führen. Es wird die Infrastruktur der Biologie bereichern und die technologische Entwicklung in der Biologie und der klinischen Medizin vorantreiben.

Das Genomprojekt ist die erste große Initiative auf biologischem Gebiet, die die Entwicklung von neuen Technologien als eines ihrer Hauptziele betrachtet. Einige dieser Techniken sind die Voraussetzung für das Genom-Projekt, um die drei wichtigsten Typen von Karten herzustellen und zu analysieren. Heute verfügen wir bereits über Verfahren, genetische und physikalische Karten anzufertigen, aber verbesserte Technologien werden die Geschwindigkeit ihrer Herstellung steigern. Es gilt, auch Methoden der DNA-Sequenzierung zu entwickeln, die hundert- bis tausendmal schneller als die heute verfügbaren sind, bevor das gesamte menschliche Genom sequenziert werden kann. Die Entwicklung von Hardware und Software ist erforderlich, um die Daten von drei Karten – der genetischen, der physikalischen und der Sequenzkarte – des menschlichen Genoms zu organisieren, so daß Ärzte und Biologen über Computer Zugriff auf diese Information erhalten. Genomanalysen von Modellorganismen, wie etwa Bakterien,

Hefepilze, Würmer, Taufliegen und Mäuse, sind Teil des Genomprojekts (Tabelle 8). Diese Modellorganismen liefern wertvolle Einsichten darüber, wie diejenigen Gene funktionieren, die ihnen mit dem Menschen gemeinsam sind. Mittels des Mäusegenoms (das einzige weitere Säugetiergenom in der Liste) werden menschliche Gene und regulatorische Bereiche durch die Identifizierung von Sequenzregionen zu bestimmen sein, die bei beiden Arten erhalten geblieben sind.

Tabelle 8: Genomgrößen von Modellorganismen

Organismus	Millionen Basen
E. coli	5
Hefe	15
Nematode (Fadenwurm)	100
Drosophila (Taufliege)	180
Maus	3000
Mensch	3000

Der Zeitplan des Genomprojekts (s. Tabelle 9) unterteilt das Vorhaben in drei jeweils fünf Jahre umfassende Perioden. Während der beiden ersten Fünfjahresperioden wird das Hauptgewicht auf der Technologieentwicklung und der Herstellung der genetischen und physikalischen Karten liegen. Wahrscheinlich wird die Technologie für Sequenzierung in großem Umfang nach den ersten zehn Jahren so weit – d. h. konkret zu einer hundertmal höheren Geschwindigkeit – entwickelt worden sein, daß es möglich ist, eine großangelegte Sequenzanalyse des Menschen und vieler Modellorganismen durchzuführen. Deshalb schlagen viele am Genom-Programm beteiligte Wissenschaftler vor, den größten Teil der DNA-Sequenzierung erst dann vorzunehmen, wenn geeignete Geschwindigkeiten der DNA-Sequenzierung erreicht sind.

Gegenwärtig muß für jedes neue Krankheitsgen, das isoliert werden soll, mit Hilfe der rekombinanten DNA-Technologie ein spezieller Zugang zu diesem Gen gefunden werden. Sobald die drei Genomkarten verfügbar sind, wird sich die Suche nach Krankheitsgenen vereinfachen, und die Kosten werden erheblich sinken. So

Tabelle 9: Zeittafel für das Genomprojekt	
Zeitraum	Ziele
1–5 Jahre	Technologie: 5–10fache Verbesserung Informatik grobe genetische Karte physikalische Karte für 5–10 Chromosomen Sequenzierung von einigen biologisch interessanten Regionen (< 1 Prozent) Modellorganismen: Karte und Anfangssequenz
5–10 Jahre	Technologie: 5–10fache Verbesserung mehr Informatik verfeinerte genetische Karte physikalische Karte fertiggestellt Sequenzierung von weiteren biologisch interessanten Regionen (< 5 Prozent) Modellorganismen: Endsequenz
10–15 Jahre	Technologie: mehr Informatik: mehr Sequenz: abgeschlossen (95 Prozent) zusätzliche Modellorganismen sequenziert

kann man die Karten des menschlichen Genoms als wertvolle Bereicherung der Infrastruktur der Biologie und Medizin betrachten.

Wenn im frühen 21. Jahrhundert eine vollständige Sequenzkarte des menschlichen Genoms vorliegen wird, werden sich die positiven Auswirkungen in vier Kategorien einteilen lassen. Zum einen wird die Entwicklung der für das Genom-Projekt erforderlichen Technologien auch andere Bereiche innerhalb der Biologie und Medizin revolutionieren. Zum anderen wird der computergestützte Zugriff auf die Genomkarten die Arbeitsweise der Biologie von Grund auf verändern. Des weiteren wird der Zugang zu den genetischen Karten und den Sequenzkarten auch die Praxis der klinischen Medizin beeinflussen. Und schließlich werden die Informationen ebenso wie die neuen Technologien, die das Genomprojekt liefert, die Konkurrenzfähigkeit der USA innerhalb der weltweiten biotechnologischen Industrie sichern.

Es ist daher nötig, die Leistungsfähigkeit von Technologien auf Grundlage der DNA und ihrer Kartierung, Sequenzierung und Analyse zu steigern. Einschneidende Verbesserungen bei den Techniken der physikalischen und genetischen Kartierung sind möglich. Auch die rechnerischen Probleme stellen eine Herausforderung dar. In vier Bereichen der Technologie sind Verbesserungen der augenblicklichen Verfahren denkbar: die Automatisierung, die gesteigerte Verarbeitungsmenge und die erhöhte Empfindlichkeit der Analyse. Der Schlüssel zur Technologieentwicklung wird zumeist ein multidisziplinäres Vorgehen sein, das auf die Techniken der angewandten Mathematik und Physik, der Chemie, des Maschinenbaus und der Computerwissenschaft sowie der Biologie zurückgreift und sie miteinander verbindet.

Ein Beispiel, das die Effizienz dieser Methode verdeutlicht, ist das Science and Technology Center for Molecular Biotechnology: Dort arbeitet eine interdisziplinäre Gruppe an der Entwicklung neuer Technologien auf dem Gebiet der Biologie. Zu diesen interdisziplinären Bereichen gehören Fachkenntnisse in Proteinchemie, Massenspektrometrie, Nucleinsäurenchemie, DNA-Sequenzierung in großem Umfang, genetischer Kartierung, DNA-Diagnostik und Computertechnik (s. Abb. 13).

Anfang der 80er Jahre wurde beispielsweise die Notwendigkeit deutlich, kleine DNA-Fragmente (Oligonucleotide) von 10 bis 50 Basen Länge automatisch zu synthetisieren. Diese Oligonucleotide oder Sonden wurden zur Klonierung von Genen und zur DNA-Sequenzierung eingesetzt. In einer späteren Phase dienten sie auch als Primer für die Polymerase-Kettenreaktion (PCR), eine Technik, um eine bestimmte DNA-Region millionenfach zu vermehren. Eine manuelle Methode wurde automatisiert, bei der die erste DNA-Base im Oligonucleotid an einem kleinen, reaktionsträgen Kügelchen (Festphasen-Träger) befestigt und dann die weiteren chemischen Vorgänge an diesem basensubstituierten festen Träger ausgeführt wurden, d.h., jeweils eine Base zu der wachsenden DNA-Kette hinzugefügt wurde (s. Abb. 14).[1] Die Automatisierung dieser Technik erhöhte die Verarbeitungsmenge der DNA-Synthese, indem sie die Zeit für einen Arbeitsdurchgang verringerte (ungefähr fünf Minuten) und auch die gleichzeitige Herstellung von mehreren Ketten erlaubte (Vier-Säulen-Maschinen).

Um zu verdeutlichen, was diese Erhöhung der Verarbeitungsmenge bedeutet, soll das folgende Beispiel dienen: Zu Beginn der

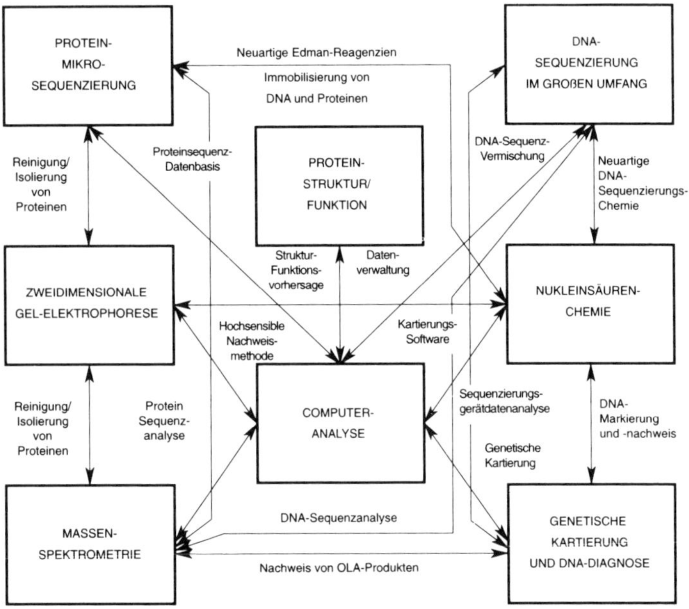

Abb. 13: Die größeren Gruppen innerhalb des Science and Technology Center for Molecular Biotechnology arbeiten an einer Vielzahl von miteinander verbundenen Projekten zusammen.

70er Jahre brauchten H. Ghobind Khorana und 25 Doktoranden fast fünf Jahre für die erste Synthese eines kleinen Gens – eine Aufgabe, die heute ein Labortechniker mit Hilfe mehrerer Vier-Säulen-Maschinen an einem einzigen Tag durchführen kann. In der nächsten Phase des Genomprojekts werden Hunderttausende von DNA-Sonden für PCR-, DNA-Sequenzierungs- und Klonierungsverfahren benötigt werden. Dementsprechend müssen wir DNA-Maschinen entwickeln, die kostengünstig 50 bis 100 DNA-Fragmente gleichzeitig herstellen können.

Die Idee der sequenzetikettierten Stellen (sequence tagged sites, STS) hat die Vorgehensweise bei der physikalischen Kartierung grundlegend verändert.[2] Eine STS ist ein Abschnitt der Genomsequenz, der 100 bis 1000 Basenpaare umfaßt und »in einmaliger

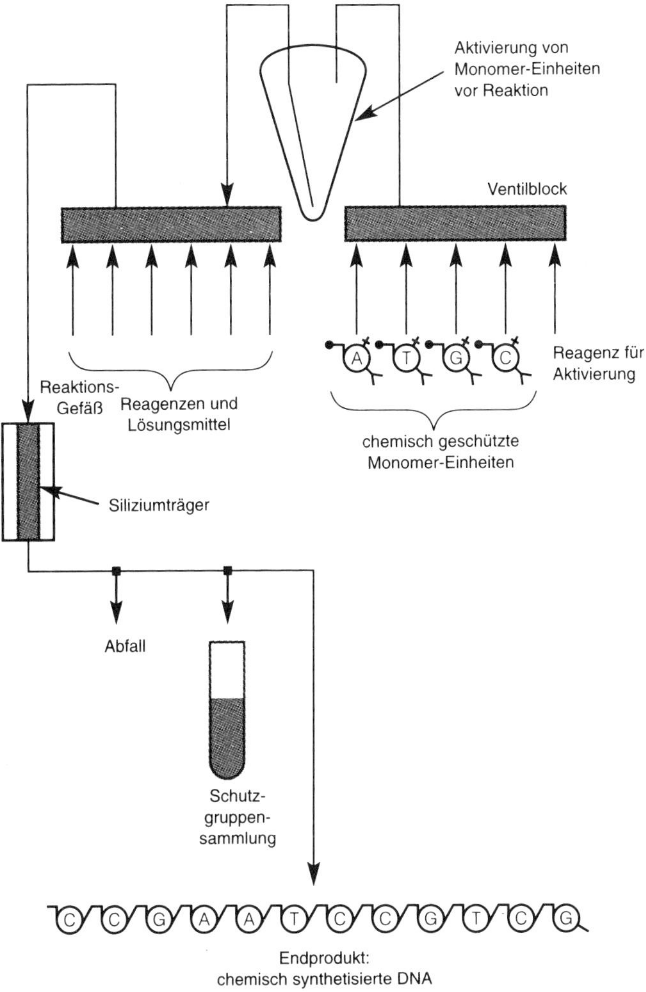

Abb. 14: Die in Abbildung 7 skizzierten Schritte bei der chemischen Synthese von DNA werden jetzt automatisch von einer Maschine ausgeführt, wie hier graphisch dargestellt. Eine heutige Form dieser Maschine kann gleichzeitig vier DNA-Fragmente herstellen, wobei sie alle fünf Minuten eine Base zu jeder Kette hinzufügt. DNA-Fragmente bis zu 100 Basen können leicht synthetisiert werden.

Weise« durch ein Paar von PCR-Primern festgelegt ist. Das Fragment ist insofern »einmalig«, als das PCR-Primerpaar nur eine einzige Sequenz innerhalb der gesamten DNA-Menge des Genoms vermehrt; es dient somit als einmalige Erkennungsstelle für diese Region der Genomsequenz. Die STS sind in verschiedener Hinsicht von Bedeutung für die physikalische Kartierung. Zunächst läßt sich mit ihrer Hilfe jeder DNA-Klon in einmaliger Weise identifizieren, ob es sich dabei um ein künstliches Hefechromosom (eingebautes DNA-Stück, 100000 bis 1 Million Basenpaare groß), ein Cosmid (30000 bis 45000 Basenpaare) oder einen Lambda-Klon (5000 bis 20000 Basenpaare) handelt. Zum anderen kann man die STS verwenden, um andere Klone zu identifizieren, denen diese einmalige DNA-Abfolge gemeinsam ist, und auf diese Weise sich überlappende Insertionsstücke für eine physikalische Karte erzeugen (s. Abb. 15). Zum dritten kann die physikalische Karte im Computer als eine Reihe von STS gespeichert werden, die von sich überlap-

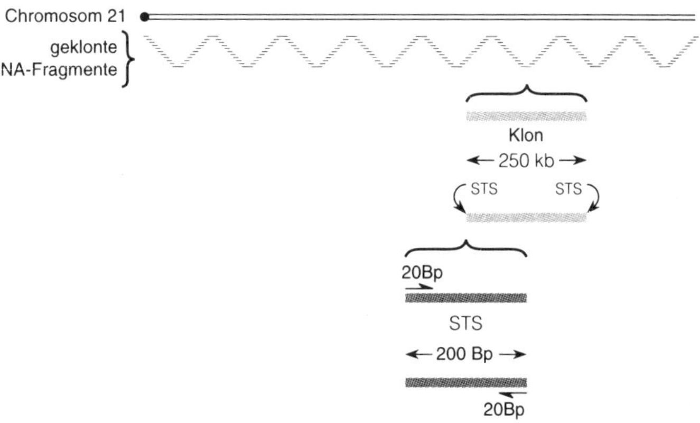

Abb. 15: Sequenzetikettierte Stellen (STSs) sind kurze Abschnitte einer einmaligen DNA-Sequenz, mit deren Hilfe man eine physikalische Karte herstellen wird; jede davon repräsentiert mindestens einen Klon in einer Gruppe von sich überlappenden Klonen für Chromosom 21. In der Zeichnung haben die Klone eine durchschnittliche Länge von 250 kb, wobei jeder mit einer STS beginnt und endet. Die STSs sind durch einmalige PCR-Primer (die 20 Basenpaare lang sind) festgelegt und können dazu verwendet werden, andere Klone zu identifizieren, die mit ihnen die gleiche DNA- oder STS-Sequenz gemeinsam haben.

pende Insertionsstücke für eine physikalische Karte erzeugen (s. Abb. 15). Zum dritten kann die physikalische Karte im Computer als eine Reihe von STS gespeichert werden, die von sich überlappenden Klonen stammen. Diese elektronisch gespeicherte Information läßt sich an andere Forschungszentren weitergeben, so daß dort physikalische Karten der eigenen Genom-Bibliotheken rasch neu erstellt werden können, indem die PCR-Primerpaare als Rasterhilfsmittel eingesetzt werden. Auf diese Weise entfällt die Notwendigkeit, große Gruppen von DNA-Klonen zu speichern und zu befördern. Außerdem können so die STS-Karten mehrerer Labors leicht zusammengestellt werden. Deshalb läßt sich die STS-Karte

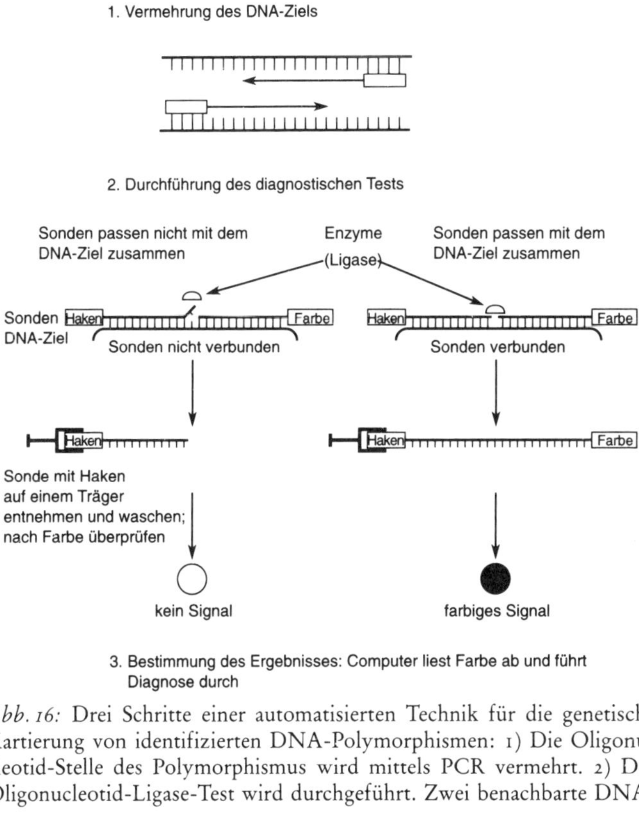

Abb. 16: Drei Schritte einer automatisierten Technik für die genetische Kartierung von identifizierten DNA-Polymorphismen: 1) Die Oligonucleotid-Stelle des Polymorphismus wird mittels PCR vermehrt. 2) Der Oligonucleotid-Ligase-Test wird durchgeführt. Zwei benachbarte DNA-

Sonden werden synthetisiert. Die Sonde auf der linken Seite besitzt einen Haken (Biotin), der an ihrem Ende befestigt ist, während die rechte Probe an ihrem Ende eine farbige Reportergruppe befestigt hat. Die Base am rechten Ende der Sonde mit dem Haken befindet sich an der polymorphen Stelle. Die beiden Sonden werden an die Ziel-DNA hybridisiert. Falls die polymorphe Base der Haken-Sonde zu der Zielbase komplementär ist, kann das Enzym DNA-Ligase die beiden Sonden verbinden, und wenn der Haken dazu verwendet wird, die linke Sonde aus dem Reaktionsgemisch zu entfernen, bringt sie auch die rechte Sonde (und die Farbe) mit. Ist dagegen die Base der Haken-Sonde nicht komplementär, dann verbindet die DNA-Ligase die beiden Sonden nicht; eine Entfernung des Hakens führt somit nur zur linken Sonde (keine Farbe). Oder anders ausgedrückt: Nur diejenigen Proben, die ein farbiges Signal zeigen, enthalten DNA mit dem Zielpolymorphismus. 3) Ein Computer liest das Vorhandensein bzw. das Fehlen von Farbe in jeder der 96 Vertiefungen ab und führt die Berechnungen für die genetische Kartierung durch.

eines Chromosoms unbegrenzt erweitern, was bei der Anordnung von physischen Klonen nicht möglich ist.

Genetische Karten werden hergestellt, indem man die Aufspaltung von DNA-Polymorphismen (bei der Vererbung von Eltern an Kinder) verfolgt. Das Genom des Menschen ist in hohem Maße polymorph, d. h. vielgestaltig: Bei zwei Individuen unterscheidet sich eine von 500 Basen. Um eine 2-Centimorgan-Karte als Teil des Genom-Projekts zu entwickeln, müßten mehr als 1600 gleichmäßig verteilte genetische Marker identifiziert werden (das menschliche Genom ist annähernd 3300 Centimorgan lang). Wir haben eine Technik entwickelt, die die Analyse von DNA-Polymorphismen mit Hilfe eines Roboters automatisiert, der Platten mit 96 kleinen Vertiefungen handhabt, so daß gleichzeitig 96 genetische Marker analysiert werden können. Dieses Verfahren ermöglicht es uns: 1. das DNA-Segment, das im Hinblick auf einen Polymorphismus untersucht werden soll, mittels PCR zu vermehren, 2. die Polymorphismen zu analysieren, und 3. die Ergebnisse automatisch zu lesen und direkt im Computer zu speichern.[3] Pro Tag können auf diese Weise von einem einzigen Techniker 1200 Analysen durchgeführt werden (s. Abb. 16). Mit diesem Verfahren kann man auf die zeitraubenden Techniken der herkömmlichen genetischen Kartierung verzichten, wie etwa der RFLP-Kartierung, die sich kaum automatisieren lassen. Es verwendet polymorphe STS-Marker, um

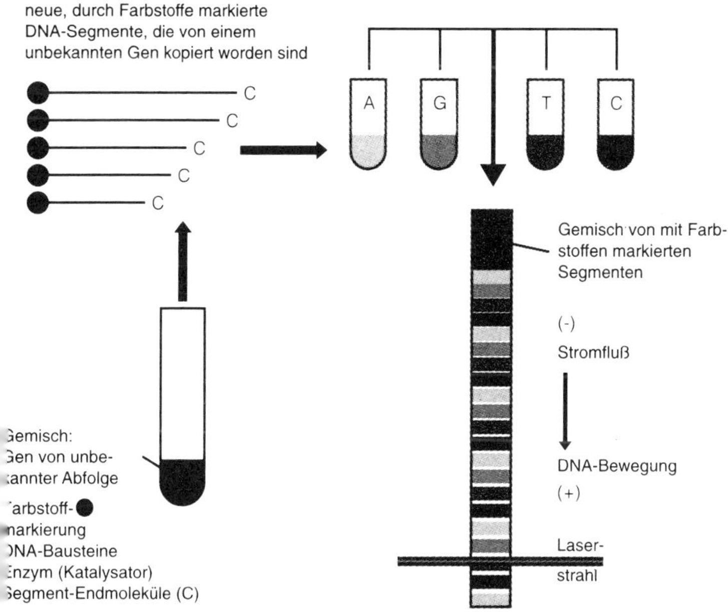

Abb. 17: Eine Darstellung der automatisierten Methode der fluoreszierenden DNA-Sequenzierung. Das Sanger- oder enzymatische Verfahren für die DNA-Sequenzierung (siehe Abb. 6) wird eingesetzt, um vier zusammenpassende Gruppen von DNA-Fragmenten zu synthetisieren, die alle mit C, T, G bzw. A enden. Der Primer, der dazu benutzt wird, die Synthese für die C-Fragmente in Gang zu setzen, wird mit einem roten fluoreszierenden Farbstoff markiert, der für die T-Fragmente mit einem goldenen Farbstoff, der für die G-Fragmente mit einem orange Farbstoff und der für die A-Fragmente mit einem grünen Farbstoff (hier als unterschiedliche Grauschattierungen gezeigt). Diese vier DNA-Fragmentmischungen werden vereinigt und dann mittels Elektrophorese auf einem Gel fraktioniert, das imstande ist, DNA-Fragmente zu trennen, die sich nur in einer Base unterscheiden. Der Laserstrahl aktiviert die Fluoreszenz der Farbstoffe in jeder Spur, wenn die Banden vorüberwandern; dieses Signal wird von einem Nachweisgerät aufgefangen, das die Information zu einem Computer schickt. Auf diese Weise identifiziert die Farbe der Bande die Endbase auf dem DNA-Fragment; die Reihenfolge der farbigen Banden, wie sie am Nachweisgerät vorüberziehen, wird wiederum in die DNA-Sequenz übersetzt. Die im Handel erhältliche Form dieser Maschine bewältigt gleichzeitig 24 Sequenzen, wobei sie jeweils 450–500 Basen abliest.

eine genetische Karte herzustellen, und diese wiederum dient dazu, eine physikalische Karte zu erstellen (s. Abb. 15).

Kern des Genomprojekts ist die Sequenzanalyse der 24 verschiedenen menschlichen Chromosomen. Diese Analyse erfordert neue Techniken der DNA-Sequenzierung. Dieser Prozeß wurde durch die Entwicklung einer automatischen DNA-Sequenzierungsmaschine eingeleitet, die die vier DNA-Basen mittels fluoreszierender Farbstoffe farblich codiert.[4] Die Abfolge der Basen kann anhand von farbigen Streifen abgelesen werden, die über ein Elektrophorese-Gel wandern (s. Abb. 17). Dies Apparatur kann mehr als 12 000 Basenpaare einer DNA-Sequenz pro Tag analysieren – annähernd die Sequenzmenge, die ein Wissenschaftler zu Beginn der 80er Jahre im Verlauf eines Jahres bestimmen konnte.

Die DNA-Sequenzierung im großen Umfang ist ein mehrstufiger Prozeß.[5] Es ist notwendig, die DNA zu reinigen, sie in Stücke zu zerteilen und zu kartieren, die Fragmente mittels Elektrophorese zu trennen, jede Fragmentfolge zu größeren Strängen bis zur Größe jedes Chromosoms zusammenzusetzen und die Abfolge jeweils zu analysieren. Dabei muß jeder dieser Arbeitsschritte automatisiert werden, um eine hohe DNA-Sequenzierungsleistung zu erreichen.

Die Wahrscheinlichkeit, daß in zehn Jahren eine völlig neue Methode der DNA-Sequenzierung – beispielsweise der Einsatz eines Rastertunnelmikroskops oder Massenspektrometrie – verwendet wird, liegt bei etwa 50 Prozent. Dennoch läßt sich die gegenwärtige Sequenzierungsmethode noch mindestens um das Hundertfache effizienter machen. In zehn Jahren werden Geräte und/oder Techniken zur Verfügung stehen, mit denen ein Techniker 1 bis 10 Millionen Basenpaare pro Tag sequenzieren kann.

Das Genomprojekt ist auch für die Computerwissenschaften eine Herausforderung. Verbesserungen sind beispielsweise bei der Signalverarbeitung erforderlich. Wenn wir die Analyse der fluoreszierenden Banden bei der automatisierten DNA-Sequenzierung beschleunigen, ließe sich der Datenausstoß verdoppeln. Auch die Datenbanken werden effiziente Techniken benötigen, um die 3 Milliarden Basenpaare der Genomsequenz zu speichern. Ein weiteres Problem für die Datenverarbeitung stellt der Vergleich der Stränge dar, wobei jede neu erzeugte Sequenz mit allen anderen Sequenzen verglichen wird, die in den Datenbanken erfaßt sind.

Um das Problem des Sequenzvergleichs zu verdeutlichen, betrachten wir die folgende Sequenz:

```
TGCCTGGACTTCGCGCGACTATAGAGCGCGAGCGGCGTGAGC
GAGACCAGTTCGCAATGACTACGGTGCCACGCAAGGGTCGTG
CCTGGCTCACGAAGGGTAGTCCTTAGTGAAGTGGCGGCTTAT
GCCTGGACTTCGCGCGACTATAGAGCGCGAGCGGCGTGAGCG
AGACCAGTTCGCAATGACTACGGTGCCACGCAAGGGTCGTGC
CTGGCTCACGAAGGGTAGTCCTTAGTGAAGTGGCGGCTTATG
CCTGGACTTCGCGCGACTATAGAGCGCGAGCGGCGTGAGCGA
GACCAGTTCGCAATGACTACGGTGCCACGCAAGGGTCGTGCC
TGGCTCACGAAGGGTAGTCCTTAGTGAAGTGGCGGCTTATGC
CTGGACTTCGCGCGACTATAGAGCGCGAGCGGCGTGAGCGAG
ACCAGTTCGCAATGACTACGGTGCCACGCAAGGGTCGTGCCT
GGCTCACGAAGGGTAGTCCTTAGTGAAGTGGCGGCTTATGCC
TGGACTTCGCGCGACTATAGAGCGCGAGCGGCGTGAGCGAGA
CCAGTTCGCAATGACTACGGTGCCACGCAAGGGTCGTGCCTG
GCTCACGAAGGGTAGTCCTTAGTGAAGTGGCGGCTTATGCCT
GGACTTCGCGCGACTATAGAGCGCGAGCGGCGTGAGCGAGAC
CAGTTCGCAATGACTACGGTGCCACGCAAGGGTCGTGCCTGG
CTCACGAAGGGTAGTCCTTAGTGAAGTGGCGGCTTATGCCTG
GACTTCGCGCGACTATAGAGCGCGAGCGGCGTGAGCGAGACC
AGTTCGCAATGACTACGGTGCCACGCAAGGGTCGTGCCTGGC
TCACGAAGGGTAGTCCTTAGTGAAGTGGCGGCTTATGCCTGG
ACTTCGCGCGACTATAGAGCGCGAGCGGCGTGAGCGAGACCA
GTTCGCAATGACTACGGTGCCACGCAAGGGTCGTGCCTGGCT
CACGAAGGGTAGTCCTTAGTGAAGTGGCGGCTTATGCCTGGA
CTTCGCGCGACTATAGAGCGCGAGCGGCGTGAGCGAGACCAG
TTCGCAATGACTACGGTGCCACGCAAGGGTCGTGCCTGGCTC
ACGAAGGGTAGTCCTTAGTGAAGTGGCGGCTTATGCCTGGAC
TTCGCGCGACTATAGAGCGCGAGCGGCGTGAGCGAGACCAGT
TCGCAATGACTACGGTGCCACGCAAGGGTCGTGCCTGGCTCA
CGAAGGGTAGTCCTTAGTGAAGTGGCGGCTTATGCCTGGACT
TCGCGCGACTATAGAGCGCGAGCGGCGTGAGCGAGACCAGTT
CGCAATGACTACGGTGCCACGCAAGGGTCGTGCCTGGCTCAC
GAAGGGTAGTCCTTAGTGAAGTGGCGGCTTATGCCTGGACTT
CGCGCGACTATAGAGCGCGAGCGGCGTGAGCGAGACCAGTTC
GCAATGACTACGGTGCCACGCAAGGGTCGTGCCTGGCTCACG
```

Dieser Sequenzabschnitt entspricht etwa einem Millionstel des menschlichen Genoms. Aus einer Sequenz wie dieser lassen sich eine Vielzahl von Informationen extrapolieren, darunter die Grenzen von Genen, das Vorhandensein von Regulationselementen und von Sequenzen, die möglicherweise mit speziellen Chromosomenfunktionen wie Replikation, Verdichtung und Segregation (Aufspaltung der Erbfaktoren) verbunden sind. Um diese Information abzuleiten, ist es notwendig, diese Sequenz mit allen bereits vorhandenen Sequenzen zu vergleichen, um sie auf Ähnlichkeiten hin zu überprüfen. Um den Sequenzvergleich zu erleichtern, wurde ein spezieller Koprozessor entwickelt: der Biologische Informationssignal-Prozessor (BISP), der den Waterman-Smith-Algorithmus, die allgemeinste Methode der Sequenzanalyse, auf einen Siliziumchip überträgt (s. Abb. 18). Der BISP ist etwa einen Quadratzentimeter groß und enthält 400 000 Transistoren; er ist der komplexeste

Abb. 18: Der »Biological Information Signal Processor«: Ein BISP-Chip ist etwa 1 cm^2 groß und enthält 400 000 Transistoren.

Chip, den das Jet Propulsion Laboratory bei Caltech je entwickelt hat. Seine Geschwindigkeit ist, verglichen mit der von weit teureren Computern, erstaunlich hoch (Tabelle 10).

Institutionen, die den interdisziplinären Gedankenaustausch fördern, wie das Science and Technology Center for Molecular Biotechnology, wo sich Wissenschaftler verschiedener Disziplinen auf die Entwicklung spezieller Techniken konzentrieren, sind ausschlaggebend für den Erfolg des Genomprojekts. Es gilt, Wissenschaftler aus den verschiedensten Bereichen, aus der Computerwissenschaft, der angewandten Physik, der angewandten Mathematik

Tabelle 10: Die überlegene Leistungsfähigkeit des Biological Information Signal Processor: die Zeit, die vier Systeme für den Vergleich einer 500 Basen langen Sequenz mit einer Datenbasis von 40 Millionen Basen benötigen (unter Verwendung eines dynamischen Smith-Waterman-Programmierungsalgorithmus)

Computer	Zeit
Sun Sparcstation 1	5 Stunden
Cray 2	12 Minuten
Connection Machine 3	1 Minute
BISP	3,5 Sekunden

und der Chemie sowie den Teildisziplinen der Biologie für das Genom-Projekt zu interessieren und zu einer langfristigen Beteiligung zu bewegen.

Um die interdisziplinäre Zusammenarbeit attraktiv zu machen, bietet sich der Aufbau eines Studiengangs in Biotechnologie an, der Brücken zu anderen Fachgebieten schlägt. Die Studenten würden ein Hauptfach aus dem Gebiet der Biologie wählen, wie etwa die Molekularbiologie, und als zweites Hauptfach eine andere Disziplin, z. B. Computerwissenschaft. Die Studenten müßten Eignungsprüfungen ablegen, und in jedem der beiden Bereiche stünden ihnen beratende Lehrer zur Seite. Ziel dieses Studiengangs wäre es, Wissenschaftler hervorzubringen, die über Fachwissen in Biologie und anderen Disziplinen verfügen und die Fähigkeit zur interdisziplinären Zusammenarbeit besitzen.

Interdisziplinäre Zusammenarbeit wird im nächsten Jahrhundert grundlegend für die Zukunft der Biologie sein, wenn sie sich der Analyse von komplexen Systemen, wie Moleküle, Zellen oder Zellenverbände, widmet. Um solche Systeme zu verstehen, müssen die einzelnen Elemente ebenso wie die Art ihrer Verknüpfung definiert werden. Die Erforschung von Störungen innerhalb dieses Netzwerks wird sich auf Computermodelle stützen. Schließlich muß das am Modell ermittelte Verhalten an lebenden biologischen Systemen überprüft werden. Als lebende Systeme kommen ganze Organismen oder rekonstruierte Subsysteme von Organismen in Frage. Das Genomprojekt wird wichtige Elemente des komplexen

Systems bestimmen, das für das Wachstum und die Entwicklung des Menschen verantwortlich ist, indem es die Elemente der 100000 menschlichen Gene erfaßt.

Sobald die Sequenz des gesamten menschlichen Genoms bekannt ist, kann man die Lage der 100000 Gene mittels rechnerischer und biologischer Methoden ermitteln. Mehrere Computerprogramme haben die verschiedenen allgemeinen Merkmale von Genen kombiniert, so daß sie unter Rohdaten der DNA-Sequenz identifiziert werden können, indem man beispielsweise nach speziellen Basenzusammensetzungen von codierenden Regionen oder nach speziellen Sequenzen an Exon-Intron-Grenzen sucht. Eine weitere Methode wird neu analysierte Sequenzdaten mit allen bereits vorhandenen Gensequenzen von Menschen oder Modellorganismen vergleichen, um über die Sequenzähnlichkeiten Gengrenzen aufzudecken. Zum Schluß wird die Sequenz des menschlichen Genoms mit der des Mäusegenoms verglichen. Die Maus verfügt über einen Großteil der menschlichen Gene. Die codierenden Regionen und die regulatorischen Elemente werden im Laufe der Evolution in weit höherem Maße bewahrt als die intervenierende DNA, die die Gene umgibt. Die Identifizierung von codierenden Regionen wird zusätzlich durch den Umstand erschwert, daß viele Gene wechselnde Muster des RNA-Spleißens zeigen. Von der gleichen Gensequenz auf der DNA können mehrere verschiedene Messenger-RNAs transkribiert werden, die verschiedene Kombinationen von Exons zusammenspleißen oder bestimmte Exons an verschiedenen Stellen anordnen. Um alle variierenden Formen der Gene zu bestimmen, ist eine sorgfältige Analyse der Messenger-RNA in geeigneten Geweben nötig.

Einige Biologen vertreten die Ansicht, man solle die komplementäre DNA (cDNA) der mRNA und nicht die DNA des Genoms sequenzieren. Die cDNA liefert eine Kopie der codierenden Regionen der Gene; diese Sequenzen, die als *exprimierte Sequenzkennzeichen* (expressed sequence tags, EST) bezeichnet werden, könnten wiederum als Marker eingesetzt werden, um DNA-Fragmente für eine physikalische Karte zu erhalten. Da jede automatische DNA-Sequenzierungsmaschine mühelos 5000 EST pro Jahr bestimmen kann, wäre es möglich, in einem frühen Stadium des Genom-Projekts EST für viele der etwa 100000 menschlichen Gene zu ermitteln.[6] Die regulatorischen Elemente selbst werden nicht in EST exprimiert, ebenso wie viele Sequenzen, die für allgemeine

Chromosomenfunktionen wichtig sind. Aus einer Reihe von technischen Gründen lassen sich auch nicht alle menschlichen Gene mit Hilfe der EST-Methode identifizieren. Deshalb gilt es, beide Sequenzierungsweisen, die genomische und die cDNA-Sequenzierung, zu kombinieren.

Jedes Gen besitzt regulatorische Elemente oder spezielle DNA-Sequenzen, die im allgemeinen 500 bis 5000 Basen innerhalb der Grenze des Gens selbst liegen (s. Abb. 19). Die Funktionsweise der regulatorischen Elemente beruht darauf, daß spezifische Proteine, die DNA binden, mit ihnen in Wechselwirkung treten. Sie werden als transaktive Faktoren bezeichnet und haben drei verschiedene Funktionen. Sie kontrollieren die zeitliche und die räumliche Art und Weise der Expression (Entwicklungszeit und Gewebestelle) und koordinieren dadurch die Expression jedes Gens mit der von Tausenden von anderen Genen. Sie kontrollieren auch die Stärke der Expression. So bestimmen beispielsweise die regulatorischen Elemente und die DNA-bindenden Proteine, die die Expression von Albumin kontrollieren, daß dieses Protein nur in Leberzellen, erst in einem späten Stadium der menschlichen Entwicklung und in einer bis zu tausendfach höheren mRNA-Konzentration als das Durchschnittsgen exprimiert wird. Diese drei Funktionen können als »molekulare Ortskennziffer« beschrieben werden (s. Abb. 19), analog zu dem System, nach dem Telefonnummern aufgebaut sind: Die ersten drei Ziffern legen beispielsweise die räumliche Lage einer bestimmten Sequenz fest, die zweiten vier die zeitlich bedingte Lage. Definierte regulatorische Elemente können als molekulare »Ortskennziffern« dienen, um zu bestimmen, in welchen Zellen ein Gen exprimiert wird, wann es im Laufe der Entwicklung exprimiert wird, wie stark seine Expression ist und gemeinsam mit welchen anderen Genen es exprimiert wird. Molekulare »Ortskennziffern« sind somit Teil des regulatorischen Netzwerks, das das Genomprojekt ermittelt.

Die Ermittlung der regulatorischen Elemente verwendet das gleiche Verfahren wie bei der Suche der Gene. Mittels Computeranalyse werden Vergleiche mit anderen bekannten Regulationselementen durchgeführt. Zusätzlich werden Quervergleiche von angenommenen regulatorischen Regionen in der DNA-Sequenz von Menschen und Mäusen zum Einsatz kommen, um regulatorische Elemente abzugrenzen, die sich bei beiden Arten im Laufe des Evolutionsprozesses erhalten haben.

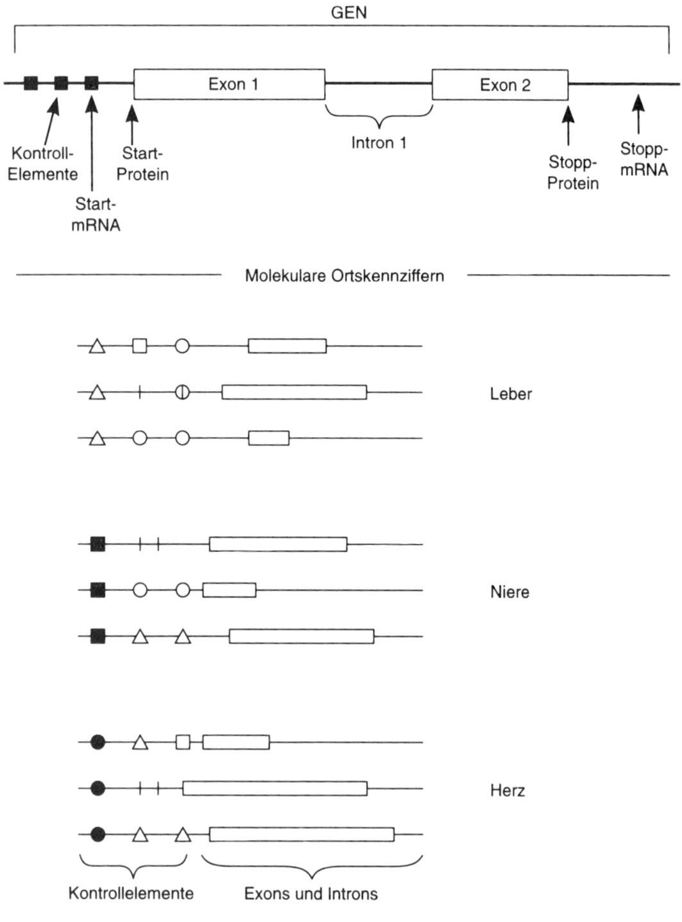

Abb. 19: Nur einige Teile (die Exons) der Sequenz, die ein Gen bildet, werden in mRNA transkribiert: die tatsächlichen Anweisungen, um die Genprodukte herzustellen. Zusätzlich besitzt das Gen auch nicht-codierende Regionen (die Introns) und Kontrollelemente, die die Expression jedes Gens regulieren. Ebenfalls angezeigt sind hier die speziellen Kontrollelemente, die als Start- und Stoppsignale für mRNA und Protein dienen. Die Kontrollelemente für jedes Gen bilden eine molekulare Ortskennziffer-Adresse. Diese regulatorischen Adressen werden es uns irgendwann erlauben, mittels Computeranalyse ihrer regulatorischen Sequenzen

die zeitlichen und räumlichen Expressionsstellen sowie die Stärke der Expression für jedes Gen zu bestimmen. Somit werden sie es uns ermöglichen, festzustellen, in welchem Organ oder Zelltyp bestimmte Gene exprimiert werden.

Die Untersuchung einzelner Proteine begann traditionell mit der Identifizierung einer bestimmten Funktion, der Entwicklung eines Nachweisverfahrens für diese Funktion und dem Einsatz des Tests, um das gesuchte Protein zu reinigen. Wenn das Protein sequenziert, d. h. die Reihenfolge seiner Aminosäure-Untereinheiten bestimmt ist, wird das »Wörterbuch« des genetischen Codes eingesetzt, um die entsprechende DNA-Sequenz des Proteins zu ermitteln. Dann werden DNA-Sonden hergestellt und das Gen mit Hilfe herkömmlicher rekombinanter Techniken geklont. Das Genomprojekt wird diese Vorgehensweise umkehren. In Zukunft werden uns die 100000 menschlichen Gene bekannt sein, und wir werden neue Methoden entwickeln, um ihre Funktionen zu ermitteln. Wir werden in der Lage sein, Gene zu analysieren, die mit den gegenwärtigen Techniken der Molekularbiotechnologie nicht zugänglich sind. So wird beispielsweise mehr als die Hälfte unserer Gene im Gehirn exprimiert, und viele davon nur während einer kurzen Periode der Entwicklung in wenigen Zellen, so daß sie mit den heute bekannten Techniken nicht identifiziert werden können.

Um die Funktion neu entdeckter Gene zu ermitteln, bieten sich mehrere Vorgehensweisen an. Man kann die vorhandenen Daten daraufhin untersuchen, ob andere Gene mit bekannter Funktion ähnliche Sequenzeigenschaften aufweisen. Zum anderen werden die molekularen »Ortskennziffern« Einblicke in die zeitliche, räumliche und koordinierte Expression von Genen ermöglichen. Weiterhin geben die Gene möglicherweise auch Auskunft darüber, wo in der Zelle sich die Funktionen der Gene auswirken, so daß daraus wiederum Schlüsse auf die Funktion möglich sind. Außerdem ist es möglich, daß noch unbekannte Gene in Modellorganismen vorkommen, deren Genom vom Genomprojekt sequenziert wird. Von der Genfunktion bei Modellorganismen, wie der Fliege oder dem Fadenwurm, sind dann wiederum Rückschlüsse auf analoge Funktionen beim Menschen möglich.

Die Sequenz aller menschlichen Gene wird es uns erlauben, auch die Proteine zu identifizieren, die sie codieren. Diese Information eröffnet uns den Zugang zu den Motiven und Domänen, die die Bausteine von Proteinen bilden (s. Abb. 20). Domänen sind die funktionellen Einheiten innerhalb des Proteins; Motive sind die einzelnen Komponenten jeder Domäne. Vergleicht man ein Protein mit einem Zug, so entsprechen die Domänen den Waggons, wobei jede einen unterschiedlichen Wagentyp – Lokomotive, Abteile und Gepäckwagen – verkörpert und eine andere Funktion erfüllt. Die Motive einer Domäne entsprechen den einzelnen Bestandteilen des Wagens, wie etwa Räder, Seitenwände und Fenster. Ein Protein kann aus ein bis fünfzehn Domänen bestehen. Das Antikörper-Molekül, das Menschen gegen Eindringlinge wie Viren oder Bakterien schützt, faltet sich in sechs Domänen, von denen zwei die Aufgabe haben, die Eindringlinge zu erkennen, und vier daran beteiligt sind, sie zu zerstören oder unschädlich zu machen. Jede Domäne besteht aus kleineren Motiven, die als »β-gefaltete Blätter« bezeichnet werden. Wenn wir die Sequenz aller menschlichen

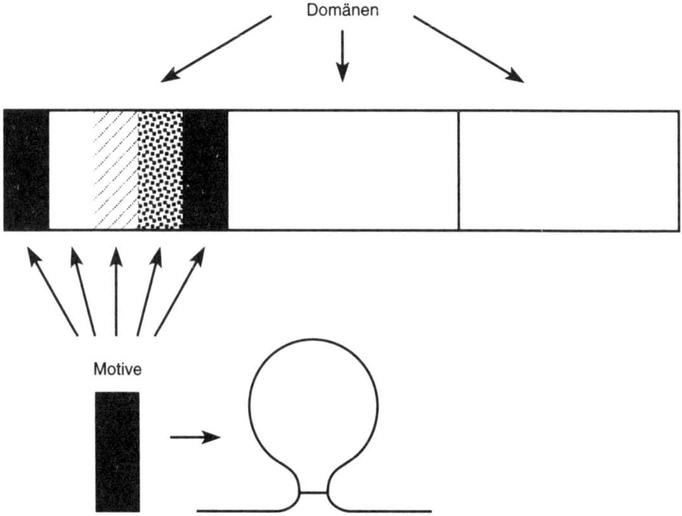

Abb. 20: Proteine bestehen aus kleineren Bausteinen, Motiven und Domänen. Verschiedene Domänen haben auch verschiedene Funktionen, wie etwa Identifizierung oder Eliminierung eines bestimmten Moleküls. Motive sind strukturelle Komponenten des Proteinmoleküls.

Proteine besitzen, können wir rechnerische Methoden einsetzen, um Domänen und Motive zu ermitteln. Falls wir die 100 bis 500 möglichen Motive identifizieren, die die Grundbausteine der Proteine sind, wird uns dieses Wissen in die Lage versetzen, die Funktion jedes Proteins aufgrund seiner Sequenz der Aminosäure-Untereinheiten, die seine dreidimensionale Struktur bestimmen, zu verstehen.

Dieses Proteinfaltungs-Problem ist eines der großen ungelösten Rätsel der modernen Biologie. Vielleicht werden wir bereits in den nächsten fünfzehn bis zwanzig Jahren die Faltungsregeln ermitteln, so daß sich die dreidimensionale Struktur eines Proteins voraussagen läßt, wenn seine primäre Aminosäurensequenz bekannt ist. Die Proteinmotive sind bei diesem Vorgang ausschlaggebend, denn sobald die Struktur eines speziellen Motivs bestimmt ist, können Schlüsse auf alle Formvarianten dieses Motivs, die in verschiedenen Proteinen exprimiert werden, gezogen werden. Wenn wir die 100 bis 500 Grundstrukturen der Proteinmotive bestimmen könnten, würden wir über ein Alphabet der dreidimensionalen Struktur der Proteine verfügen. Eine andere Methode, die Proteinfaltung zu erforschen, besteht in der theoretischen Berechnung, wie der Energieminimierung, der Mutagenese *in vitro*, bei der die DNA-Sequenz eines Gens verändert wird, um zu bestimmen, wie sich die entsprechende Proteinstruktur verändert, sowie in einer Überprüfung vieler zusätzlicher Proteine anhand von dreidimensionalen Strukturen mit hoher Auflösung.

Wenn wir in der Lage sind vorherzusagen, wie sich ein Protein in drei Dimensionen faltet, bleibt noch eine weitere Aufgabe: die Funktion des Proteins und den Zusammenhang zwischen seiner Struktur und Funktion vorherzusagen. Dazu ist anzumerken, daß es in der heutigen Biologie noch immer kein Protein gibt, bei dem dieser Zusammenhang hinreichend geklärt ist.

Das Genomprojekt wird tiefgreifende Folgen für die Medizin des 21. Jahrhunderts haben, sowohl für die Diagnose als auch für die Therapie. Die Entwicklung automatischer Verfahren der Analyse von DNA-Polymorphismen eröffnet die Möglichkeit, die polymorphen Formen von Genen zu identifizieren, die Krankheiten verursachen oder Individuen für Krankheiten disponieren. Die Möglichkeit, bestimmte DNA-Sequenzen durch die molekulare Komplementarität zwischen Sonden- und Ziel-DNA zu erkennen,

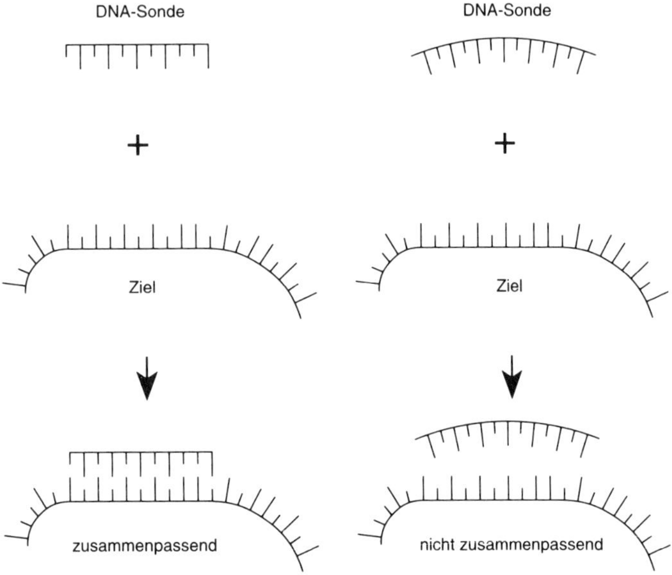

Abb. 21: Die DNA-Diagnostik verwendet einen Abschnitt mit einer bekannten DNA-Sequenz (eine Sonde), um zu bestimmen, ob ein Gen von der (Ziel-)DNA eines Patienten komplementär ist oder nicht. Wenn die Sonde zu einem normalen Gen komplementär ist, dann zeigt ein Nichtzusammenpassen eine Mutation in der DNA des Patienten an.

wird als DNA-Diagnostik bezeichnet (s. Abb. 21). Diese Technologie spielt eine Rolle bei der Diagnose von Erbkrankheiten, deren monogene Defekte identifiziert worden sind, beim Nachweis von dominanten oder rezessiven Oncogenen, die ein Individuum für Krebs disponieren können, bei der Identifizierung von infektiösen Erregern wie etwa dem Aids-Virus, und in der Gerichtsmedizin, bei der Verwendung des DNA-Fingerabdrucks, um die Herkunft eines Gewebes oder einer Blutprobe zu bestimmen. Der Kernbereich der DNA-Diagnostik wird die Identifizierung von Genen sein, die für Krankheiten disponieren. Viele Erkrankungen wie Herz-, Nerven- und Autoimmunkrankheiten sind jedoch polygen, sie beruhen auf dem Wirken zweier oder mehrerer Gene. Die genetische Kartierung des Menschen wird die Bestimmung von spezifischen disponierenden Genen erlauben, während die DNA-Diagnostik ihre Analyse bei vielen verschiedenen Individuen erleichtern wird.

Zur Veranschaulichung gibt Tabelle 11, die Zusammenfassung einer neueren Übersicht im *New England Journal of Medicine*, die Faktoren an, die für Kreislauferkrankungen disponieren, die häufigste Todesursache in den USA. Diese Faktoren lassen sich in zwei Kategorien unterteilen: nicht veränderbare und veränderbare. Die Mehrzahl der nicht veränderbaren Faktoren ist genetischen Ursprungs. In Zukunft werden wir die verschiedenen Gene identifizieren können, die Kreislauffunktionen codieren (Tabelle 12), und mittels DNA-Diagnostik bestimmen, ob ein Mensch aufgrund seiner genetischen Ausstattung für Kreislauferkrankungen disponiert ist. Ein weiteres Beispiel ist die Beobachtung, daß zwei oder drei verschiedene Gene für immunologische Rezeptoren – eines auf Chromosom 6, eines auf Chromosom 7 und eines auf Chromosom 14 – bestimmte Menschen für die Autoimmunkrankheit multiple Sklerose anfällig machen. Man wird therapeutische Methoden entwickeln, um diese Folgen fehlerhafter Gene abzumildern, so zum Beispiel neue Techniken auf dem Gebiet der Molekularpharmakologie, spezielle Manipulationen des Immunsystems (Immuntherapie), eine gezielte Vermeidung oder Veränderung von Umweltfaktoren, wie etwa Rauchen, und in Zukunft auch gentechnologische Eingriffe, bei denen fehlerhafte Gene ersetzt werden.

Tabelle 11: Risikofaktoren für Kreislauferkrankungen

genetische Prädisposition männliches Geschlecht zunehmendes Alter	nicht veränderbar
erhöhte Konzentration von Lipoproteinen (Cholesterin) geringer Dichte geringe Konzentration von Lipoproteinen (Cholesterin) hoher Dichte Rauchen arterieller Bluthochdruck körperliche Untätigkeit Fettleibigkeit Diabetes Typ II	veränderbar

Tabelle 12: Polygene Faktoren, die möglicherweise zu Kreislauferkrankungen beitragen	
Zellen	*Faktoren*
Endothelium Thrombozyten Monozyten/Makrophagen glattmuskuläre Wandschicht der Blutgefäße Fibroblasten	Vielzahl von Wachstumsfaktoren und Chemoattraktanten
Genetische Unterschiede • Produktion von Wachstumsfaktoren oder Chemoattraktanten • Reaktionen auf diese Faktoren • Wirt von parakrinen und autokrinen Faktoren • Produktion von Thromboxan in Thrombozyten oder Prostacyclin in Endotheliumzellen	

In etwa zwanzig Jahren wird es möglich sein, DNA von Neugeborenen bei 50 oder mehr Genen auf die Allelform hin zu untersuchen. Für jedes fehlerhafte Gen können spezielle therapeutische Verhaltensmaßregeln entworfen werden, die eine Lebensweise ermöglichen, die die Einschränkung durch fehlerhafte Gene berücksichtigt. Die Medizin wird so von einer reaktiven zu einer präventiven Behandlungsweise übergehen.

Die Identifizierung des Gens für Mukoviszidose hat schätzungsweise 150 Millionen Dollar gekostet. Wenn die genetische Karte und die Sequenz des menschlichen Genoms bereits bekannt wären, könnte man eine bestimmte Krankheit und die dafür disponierenden Gene für etwa 200 000 Dollar identifizieren. In Zukunft werden wir unsere detaillierte genetische Karte dazu verwenden, ein Krankheitsgen auf einem spezifischen Chromosom innerhalb einer 2 Centimorgan großen Region zu lokalisieren. Dann werden wir mittels der Sequenzinformation für diese Region die spezifische Sequenz bestimmen, die für das jeweilige Krankheitsgen verantwortlich ist.

Sobald das menschliche Genom und das Mäusegenom bestimmt sind, werden wir menschliche Gendefekte an der Maus modellieren können. Heute wird an der Entwicklung von Techniken gearbeitet, mit deren Hilfe Gene an der entsprechenden Stelle in die Chromosomen von Embryostammzellen von Mäusen eingesetzt werden können. Wenn die Mutation für Chorea Huntington bekannt wäre, könnte man den betreffenden genetischen Defekt im gleichartigen Mäusegen erzeugen. Am Modell der Maus ließen sich Möglichkeiten zur Vermeidung der Krankheit studieren, solange die Gentechnologie noch nicht imstande ist, die Auswirkungen dieser Mutation zu korrigieren.

Sobald die 100000 menschlichen Gene bestimmt sein werden, wird man sie als therapeutische Reagenzien zum Einsatz bringen. Falls es uns mit Hilfe molekularer »Ortskennziffern« gelingt, alle Gene zu identifizieren, die in einer bestimmten Zelle, wie etwa einem Lymphozyten, exprimiert werden, können wir uns daran machen, die Wechselwirkungen von Genen, die diesen einmaligen Zellphänotyp erzeugen, auch im Detail zu modellieren. Diese Studien gehen über das Genom-Projekt hinaus, aber wie bei der Proteinfaltung wird die Identifizierung der menschlichen Gene entscheidende Erkenntnisse für nachfolgende Analysen liefern. Das Genom-Projekt dürfte auch das Verständnis des Gehirns verändern. Denn wie Neuronennetzwerke miteinander in Wechselwirkung treten und Informationen übermitteln, hängt wesentlich von den Genen ab, die die im Gehirn aktiven Proteine spezifizieren. Wenn wir die grundlegende Physiologie verschiedener Organe und Organsysteme begreifen, können wir ausgehend davon auch die Folgen von Krankheitspathologien untersuchen und geeignete therapeutische Maßnahmen entwickeln.

Die Industrie wird zweifellos vom Genom-Projekt profitieren, sowohl von der Information, die durch Sequenzkarten und genetische Karten verfügbar wird, als auch von der Entwicklung neuer Techniken und Geräte. Für die pharmazeutische Industrie stellt die Kenntnis der 100000 menschlichen Gene ein riesiges Reservoir für die Entwicklung neuer therapeutischer Verfahren dar. Der Erfolg von Erythropoietin (EPO), einem Hormon, das die Entwicklung von roten Blutkörperchen fördert, und von G-CSF (Granulozytenkolonien stimulierender Faktor), einem Hormon, das die Entwicklung von weißen Blutkörperchen anregt, die Infektionen bekämpfen, wird bei Therapien gegen chronische Anämie bzw. Krebs deutlich. In Zukunft müssen wir mit Hunderten, wenn nicht sogar Tausenden synthetischer Proteine rechnen, die Therapiemethoden für eine Vielzahl von Krankheiten bieten.

DNA-Diagnostik und die Identifizierung von Genen, die Krankheiten verursachen oder dafür disponieren, wird die Pharmaindustrie unter Druck setzen, neue therapeutische Strategien zu entwickeln. Dabei können fünf bis zwanzig Jahre zwischen der Identifizierung der genetischen Ursachen einer Krankheit und der Entwicklung einer speziellen Therapie liegen.

Eine völlig neue Methode zur Kontrolle der Genexpression ist die Verwendung von gegengerichteten Nucleinsäuren. Dazu gehört der Einsatz von Nucleinsäure-Sonden, die sich mit nukleärer RNA verbinden und deren Weiterverarbeitung oder Austritt aus dem Zellkern blockieren oder die sich direkt an das Gen anheften und seine Transkription in RNA verhindern. Diese Methoden befinden sich noch im frühesten Stadium ihrer Entwicklung, aber in einer späteren Phase wird die gegengerichtete Therapie eine spezifische Regulation von Genen kontrollieren. Sie können schwerwiegende Folgen für eine Vielzahl von Krankheiten wie Krebs, Kreislauferkrankungen, krankhafte Immunreaktionen (Allergien und Autoimmunkrankheiten) haben.

Wenn die Proteinfaltung erforscht ist, werden sich völlig neue Therapiemöglichkeiten bieten. Es wird möglich sein, künstliche therapeutische Proteine mit fast jeder gewünschten Struktur zu entwerfen. So können die Gene in Tumorzellen oft einmalige, tumorspezifische Moleküle oder Antigene exprimieren (s. Abb. 22). Sobald ein bestimmtes Tumorantigen (oder -gen) sequenziert worden ist, kann man seine dreidimensionale Struktur ableiten. Für diese Struktur kann dann eine Erkennungseinheit entworfen werden, die komplementär zu dem Tumorantigen ist; daran wird eine zerstörende Domäne befestigt, die jede Tumorzelle tötet, an die sich die Erkennungseinheit heftet. Auf diese Weise können für verschiedene Tumore spezifische therapeutische Reagenzien entwickelt werden. Zu diesem Zweck müssen einmalige oder sehr spezifische Tumorantigene identifiziert werden – eine Zielsetzung, die innerhalb der nächsten fünfzehn bis zwanzig Jahre verwirklicht werden könnte, innerhalb desselben Zeitraums, den die Lösung des Proteinfaltungsproblems erfordert. Das molekulartechnische Ziel der pharmazeutischen Industrie ist die Herstellung kleiner organischer Moleküle, die als Ersatz für therapeutische Proteinreagenzien oral eingenommen werden können. Das Genomprojekt wird 100000 dreidimensionale Formen (Proteine) liefern, die die Lebensfunktionen ausüben; diese Formen können dazu eingesetzt werden, geeig-

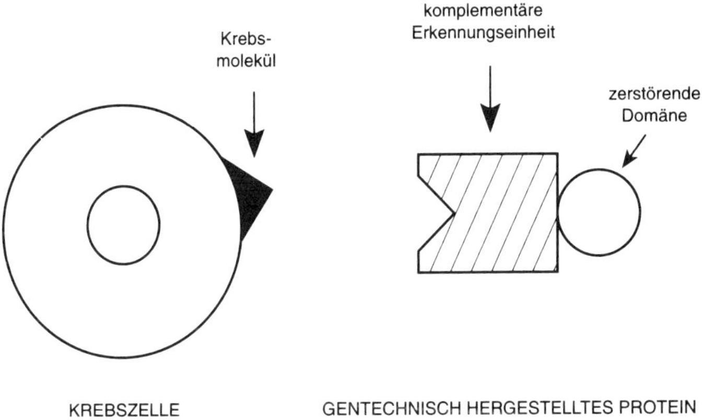

Abb. 22: Eine Lösung für das Proteinfaltungsproblem wird große therapeutische Vorteile bieten. Sobald die DNA-Sequenz bekannt ist, die beispielsweise ein Krebsmolekül codiert, kann die dreidimensionale Struktur des Moleküls (hier als Dreieck gezeigt) ausfindig gemacht werden. Dann wird es möglich sein, ein Protein zu konstruieren, das sich an das Molekül anheftet (eine runde Gestalt würde bei diesem Beispiel erkennbar nicht funktionieren) und es zerstört.

nete Moleküle mit vielfältigen therapeutischen Eigenschaften zu konstruieren.

Auch auf dem Gebiet der DNA-Diagnostik wird die Industrie vom Genomprojekt profitieren. Bei der Anwendung auf Tiere kann mittels DNA-Diagnostik die Abstammung von preisgekrönten Kühen oder Rassepferden eindeutig bestimmt werden. Man wird genetische Karten für die wichtigen Nutzpflanzen erstellen und mit ihrer Hilfe erwünschte polygene Merkmale, wie höheren Proteingehalt oder Geschmack, identifizieren und modifizieren.

Auch für Firmen, die Geräte für biologische Verfahren produzieren, eröffnen sich neue Möglichkeiten. Beispielsweise wird eine Nachfrage nach Robotern für Routineaufgaben wie Klonierung, Kartierung oder Sequenzierung entstehen. Viele Dienstleistungen werden kommerzialisiert und von Spezialfirmen ausgeführt werden. Dazu gehören genetische Kartierung, DNA-Sequenzierung, Klonierung und Genübertragung in Zellen oder Organismen.

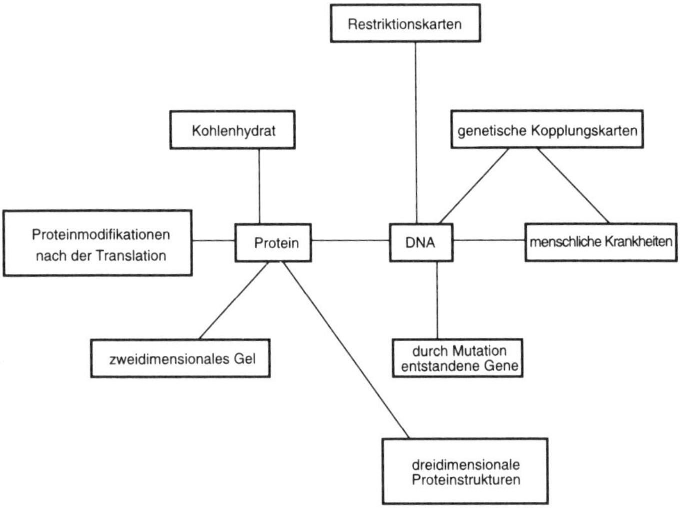

Abb. 23: Ein Modell einiger biologischer Datenbasen und Netzwerkverbindungen, die in der Zukunft benötigt werden.

Auf dem Gebiet der Computer für biologische Zwecke bieten sich ebenfalls Möglichkeiten für die Industrie. Neue Software wird für die Signalverarbeitung und die Bildanalyse benötigt, die mit DNA-Sequenzierungsmaschinen, Robotern für chemische und biologische Zwecke, DNA-Kartierungsgeräten, Massenspektrometern, NMR- (Magnetische Kernresonanz-) Spektrometern, Geräten zur Röntgenkristallstrukturanalyse arbeiten. Die kombinatorischen Probleme der Biologie, wie beispielsweise der Sequenzvergleich, werden die Entwicklung neuer Algorithmen und neuer Hardware wie spezialisierte Koprozessoren und in zunehmendem Maße den Einsatz von Parallelrechnern erfordern. Möglicherweise wird es mehr als 100 verschiedene biologische Datenbasen geben (s. Abb. 23). Es wird eine Herausforderung sein, diese Datenbasen auf dem neuesten Stand zu halten sowie Biologen und Ärzten einen raschen Zugriff auf alle Daten zu ermöglichen. Die Entwicklung neuer objektorientierter Datenbasen, die Informationen im Einklang mit ihren funktionellen Attributen organisieren können, bietet neue Möglichkeiten für den sofortigen Zugriff. In Zukunft werden Biologen in hohem Maße darauf angewiesen sein, Computermodelle von komplexen Systemen und Netzwerken herzustellen, um neue Hypothesen an biologischen Systemen oder lebenden Organismen zu überprüfen.

Auf dem Gebiet der weltweiten Biotechnologie sind die USA zur Zeit führend. Das Genomprojekt wird dazu beitragen, diese Führungsrolle zu sichern. Dabei stellt sich die Frage, inwieweit auch die amerikanische Industrie von dieser führenden Stellung profitiert. Wenn die Nation nicht langfristig Forschungsvorhaben und ihre kommerzielle Verwertung unterstützt, sind die Aussichten ungewiß.

Da das Genomprojekt eine der ersten großen biologischen Initiativen ist, die die Technologieentwicklung in den Mittelpunkt ihrer Bemühungen stellt, besteht ein außerordentlicher Bedarf an interdisziplinärer Zusammenarbeit, um die Kartierungs-, Sequenzierungs- und Informatikprobleme zu bewältigen. Diese Probleme werden sich nur mit den innovativsten Techniken aus den Bereichen der angewandten Mathematik und Physik, der Chemie, der Computerwissenschaft und der Biologie lösen lassen. Außerdem wird das Genomprojekt die Infrastruktur der Biologie ungeheuer bereichern, indem es den Biologen und Medizinern den Computerzugriff zu genetischen, physikalischen und Sequenzkarten verschafft. Beispielsweise wird die Identifizierung der molekularen Adressen, die in den regulatorischen Elementen von menschlichen Genen codiert sind, Daten verfügbar machen, die grundlegende Probleme auf dem Gebiet der Entwicklungsbiologie erhellen. Die Bestimmung der 100 bis 500 Proteinmotive kann wertvolle Erkenntnisse über die Mechanismen der Proteiffaltung liefern.

Das Tempo der biologischen Entdeckungen und des technologischen Fortschritts wird sich in den kommenden Jahren noch steigern. Es ist durchaus berechtigt, von einem Goldenen Zeitalter der Biologie zu sprechen. Noch vor zwanzig Jahren wäre der heutige Stand der Genom-Forschung unvorstellbar gewesen. Die Tragweite der Veränderungen, die das Genomprojekt mit sich bringt, ist nicht überschätzt, sondern vielmehr unterschätzt worden. In den nächsten 25 Jahren werden wir vermutlich mehr über die menschliche Entwicklung und Pathologie lernen als in den vergangenen 2000 Jahren.

James D. Watson

Eine persönliche Sicht des Genomprojekts

Als ich mich für die Wissenschaft zu interessieren begann, stellte man sich Fragen wie: »Woher kommen wir?« Manchmal lautete die Antwort: »Die Wahrheit entstammt der Offenbarung.« Als College-Schüler stand ich dann unter dem Einfluß von Linus Pauling, der sagte: »Wir entstammen der Chemie.« Mein Berufsleben habe ich damit verbracht, eine Erklärung des Lebens auf Grundlage der Chemie zu finden, eine Erklärung dafür, daß wir Menschen sind und nicht Affen. Erst eine Analyse des Lebens auf der Ebene der DNA, wie es das Ziel des Genomprojekts ist, kann eine wirkliche Erklärung seiner vielfältigen Formen und Vorgänge liefern.

Man fragt mich oft, warum *ich* das menschliche Genom erforschen will. Manche vermuten, es gehe mir um einen glanzvollen Abschluß meiner Karriere als Wissenschaftler, die mit der Doppelhelix begonnen hat und mit dem menschlichen Genom enden soll. Im Rückblick erscheint es mir angesichts der Tatsache, wie wenig man noch vor 50 Jahren über die Natur des genetischen Materials wußte, unglaublich, daß wir in absehbarer Zeit den genetischen Bauplan des Menschen besitzen werden. Bereits die vollständige Beschreibung eines Bakteriums, wie beispielsweise die 5 Millionen Basen von *E. coli*, wäre ein historischer Augenblick für die Biologie und Genetik. Ältere Wissenschaftler stehen aufgrund ihres Alters naturgemäß unter größerem Zeitdruck als jüngere. Für mich persönlich ist es von entscheidender Bedeutung, das menschliche Genom bald, und nicht erst in zwanzig Jahren, zu ermitteln, weil ich vor meinem Tod noch die elementaren Funktionen des Lebens kennen möchte.

Häufig stehe ich vor der Frage nach der ethischen Rechtfertigung meiner Arbeit. Bei vielen Wissenschaftlern, guten wie weniger guten, hat sich Widerstand oder zumindest Widerspruch gegen das Genom-Projekt geregt. Die Empörung vieler Kritiker beruht nicht zuletzt darauf, daß entgegen der vorgeschlagenen Erhöhung des Budgets aller NIH-Finanzmittel um 3,6 Prozent für das Genomprojekt eine Erhöhung um 86 Prozent von knapp 60 Millionen auf 108 Millionen Dollar gefordert wurde. Wissenschaftler, die sich benachteiligt fühlten, wie die Biochemiker, Molekularbiologen und Zellbiologen haben über Lobbyisten versucht, eine Erhöhung des gesamten Budgets der Nationalen Gesundheitsinstitute zu erreichen. Wenn sie sich damit durchsetzen, würden sich zumindest Wissenschaftler von Rang nicht aus Konkurrenz um Forschungsgelder zum Widerstand gegen das Genomprojekt verleiten lassen.

In der Zwischenzeit kam im Kongreß eine Kampagne gegen das Genomprojekt in Gang; man erklärte es zu »schlechter Wissenschaft«. Ein Vorwurf lautete, das Projekt sei Geldverschwendung in einer Zeit, in der die meisten Forschungsbudgets von Kürzungen bedroht seien: Wenn bereits renommierte Wissenschaftler keine finanzielle Unterstützung erhielten, warum sollte man dann Milliarden von Dollar in ein Programm zur Sequenzierung von wissenschaftlich wertlosem Material investieren? Viele angesehene Biologen verweigerten die Mitarbeit am Genomprojekt.

Ein Biologe, der die Beteiligung abgelehnt hatte, bat mich, ihm die Gründe darzulegen, die für das Genom-Programm sprächen. Ich erklärte ihm, daß meiner Meinung nach im Kongreß Interesse am Genomprojekt bestünde, nicht nur, weil es auf die Erforschung von Krankheiten abziele, sondern auch, weil sich hier Wissenschaftler tatsächlich um die Gesundheit statt nur um Zuschüsse bemühten. Dies sei schließlich die Aufgabe der Nationalen Gesundheitsinstitute. Denn Wissenschaftler, die sich der Gesellschaft gegenüber verantwortlich fühlen, müssen sich auch fragen, ob die Forschungsgelder in einer Weise verwendet werden, die Erfolg im Hinblick auf die Erforschung und Behandlung von Krankheiten verspricht.

Das Verständnis der Funktion der DNA bietet tatsächlich einen großen Vorteil gegenüber der Arbeit nur mit Proteinen, Fetten oder Kohlehydraten. Beispielhaft waren hierbei die Tumorviren. Hätten wir Krebserkrankungen nicht auf der Ebene der DNA studieren können, stünden wir noch immer hilflos vor dieser Krankheit. Jede Entdeckung eines neuen Enzyms würde die Hoffnung wecken, damit sei die Ursache von Krebserkrankungen gefunden. Viele, selbst die renommiertesten Biochemiker, die ihre Karriere mit der Entschlüsselung von Krebs krönen wollten, sind daran gescheitert. Erst als die genetische Grundlage von Krebserkrankungen bekannt war, konnte man die Erforschung dieser Krankheit in Angriff nehmen.

Ähnlich verhält es sich mit der Alzheimer Krankheit. Ohne die Gene zu ermitteln, die bestimmte Menschen für diese Krankheit disponieren, werden wir kaum in der Lage sein, ihre Mechanismen zu verstehen und geeignete Behandlungsmethoden zu entwickeln.

Jedes Jahr erhöht der Kongreß die Mittel zur Erforschung der Alzheimer Krankheit, auch wenn ein Teil des Geldes zum jetzigen Zeitpunkt nicht sinnvoll verwendet werden kann. Bei weitem nicht der gesamte Haushalt des Gesundheitswesens und alle Zuschüsse für Grundlagenforschung kommen sinnvoll zum Einsatz. Nicht alle Untersuchungsabteilungen der Nationalen Gesundheitsinstitute erhalten Förderungsbewilligungen in gleicher Höhe; oft unterstützen sie Forschungsprojekte oder -programme, weil sie wichtige Probleme ansprechen, auch wenn die Wahrscheinlichkeit, daß sie sich auszahlen, gering ist. Meiner Meinung nach fließt die Hälfte des NIH-Budgets in Projekte mit guten Absichten, aber ohne realistische Chancen, zur Diagnose und Therapie von Krankheiten beizutragen.

Auf dem Gebiet der psychischen Erkrankungen ist der Handlungsbedarf besonders groß, wie viele Menschen aus eigener Erfahrung in ihrem Bekanntenkreis oder der Familie nachvollziehen können. Trotz der hohen Summen, die in die Erforschung von Geisteskrankheiten investiert werden, sind die Ergebnisse unbefriedigend. Zu manisch-depressiven Erkrankungen gehören Phasen großer Produktivität – und vermutlich lassen sich auch viele Höchstleistungen von Wissenschaftlern auf dieses Symptom zurückführen –, aber die Kehrseite sind Depressionen, die bis zum Selbstmord führen können. Lithium kann zwar einige Symptome lindern, aber eine rein medikamentöse Behandlung ist keine befriedigende Antwort. Es zeichnet sich deutlich ab, daß manisch-depressive Erkrankungen eine genetische Ursache haben, und solange wir die Disposition nicht kennen, stehen wir dieser Krankheit hilflos gegenüber.

Zwillingsstudien haben gezeigt, daß auch Alkoholismus genetische Ursachen haben kann. Bei Zwillingen, die nach einer Adoption in verschiedenen Familien aufwuchsen, war zu beobachten, daß es eine genetische Belastung für Alkoholismus gibt. Belastung ist hier nicht im Sinn einer Unfähigkeit, der Droge Alkohol zu widerstehen, gemeint, sondern bezieht sich darauf, daß diese Menschen Alkohol chemisch nicht vertragen. Bisher ist das Gen für Anfälligkeit gegenüber Alkoholismus nicht gefunden worden, und die Chancen bleiben gering, solange die Humangenetik nicht weiter fortgeschritten ist.

Seit langer Zeit versucht man auch, die Ursachen von Schizophrenie durch Analyse der chemischen Abweichungen in Blut und Urin von Erkrankten zu ermitteln – ein Vorgehen, das zu keinen nennenswerten Erfolgen geführt hat. Ebenso schwer wird es sein, die Gene für Schizophrenie zu finden, weil verläßliche Stammbaumdaten schwer zusammenzustellen sind und die Veranlagung kaum diagnostiziert werden kann. Beide Richtungen bieten relativ geringe Erfolgsaussichten – dennoch ist es vermutlich besser, Geld in genetische Grundlagenforschung zu investieren. Auch wenn ich die Neurobiologie für sehr wichtig halte und diese Disziplin immer unterstützt habe, glaube ich nicht, daß sie mit ihren gegenwärtigen Methoden die tieferen Ursachen von manisch-depressiven Erkrankungen erhellen kann.

Wer Krankheiten erforscht, ohne die Gene zu berücksichtigen, verhält sich wie ein schlechter Detektiv, der einen Mordfall aufklären will, ohne den Mörder zu finden. Wir alle sind die Opfer. Das Genom-Projekt versucht, mehr Geld für die DNA-Forschung zu mobilisieren. Jetzt, da es anhand von genetischen Karten möglich ist, die Gene für Krankheiten auf den Chromosomen zu lokalisieren (wie es Francis Collins beim Gen für Mukoviszidose bereits gelungen ist), sollte die Genetik Priorität innerhalb der von den Nationalen Gesundheitsinstituten geförderten Forschung haben. Es ist James Wyngaarden zu verdanken, daß er als Leiter der Nationalen Gesundheitsinstitute die Gründung des Zentrums für menschliche Genom-Forschung ermöglicht hat, das inzwischen zu einer eigenständigen Abteilung innerhalb der Nationalen Gesundheitsinstitute geworden ist. Ich will so viele Menschen wie möglich von den Vorzügen des Genomprojekts überzeugen, aber es geht mir nicht darum, meine Karriere mit dem Genomprojekt zu krönen oder Material für meinen Nachruf zu liefern. Ich versuche, die Öffentlichkeit zu mobilisieren, etwas gegen Krankheiten zu unternehmen, die auch meine eigene Familie betroffen haben. Ich sehe mich dabei eher als eine Art besorgter Familienvater, der versucht, fehlerhafte Entwicklungen zu korrigieren. Meine Bemühungen zielen darauf, eine Gruppe von Wissenschaftlern zusammenzuführen, die die Gene des Menschen ermitteln und damit das tun, was die Öffentlichkeit von der Wissenschaft erwartet.

Das endgültige Ziel des Genom-Programms ist es, die Nucleotidsequenz der menschlichen DNA zu bestimmen, ein Ziel, das das Programm in ungefähr fünfzehn Jahren erreichen will. Wenn wir

98 Prozent der Regionen ermittelt haben, die funktionell sind, wird das Projekt damit wahrscheinlich abgeschlossen sein. Denn wir können nicht unbegrenzte Summen in die Sequenzierung von Material investieren, das unserer Kenntnis nach wenig Information enthält. Wir könnten uns darauf festlegen, daß das Projekt mit der Identifikation aller menschlichen Gene abgeschlossen sein soll – also dann, wenn wir die codierenden Sequenzen lokalisiert haben und die Zahl der menschlichen Gene sowie ihre Variationen innerhalb der Art und ihre Bedeutung für die Entwicklung jedes Individuums benennen können. Vor kurzem hat man festgestellt, daß bei Hefepilzen nur ein Drittel der Gene von wesentlicher Bedeutung ist. Werden zwei Drittel des genetischen Materials entfernt, kann sich der Hefepilz dennoch vermehren. Auch wenn die Untersuchung von weniger wesentlichen Phänomenen die Forscher noch lange beschäftigen wird, glaube ich sagen zu können, daß das Projekt abgeschlossen sein wird, wenn wir die Gene identifiziert haben.

Vermutlich werden wir erst dann imstande sein, die Gene zu bestimmen, wenn der größte Teil der DNA sequenziert ist. Dabei wäre es vorteilhaft, wenn sich das gesamte Programm mittels komplementärer DNA (cDNA), also rein funktioneller DNA, durchführen ließe, so daß man nicht auch den Ausschuß sequenzieren müßte. Tatsächlich werden wir einen Teil Zuschüsse an Fachleute vergeben, die neue Techniken entwickeln, um seltene cDNA an gewebespezifischen Stellen zu erhalten.

In den ersten fünf Jahren des Projekts werden wir uns bemühen, drei vorrangige Ziele zu erreichen. In einem ersten Schritt gilt es, gute genetische Karten zu erstellen, so daß für jedes Genom genügend genetische Marker zur Verfügung stehen, um ein Gen zu lokalisieren, wenn ein Stammbaum verfügbar ist. Im Augenblick besitzen wir nur 150 Marker, die es ermöglichen, die Lage von Genen zu bestimmen. Deshalb wurde ein Sonderprogramm initiiert, das die Wissenschaftler weltweit dazu motivieren soll, viele Marker herzustellen und in einer allen zugänglichen Sammlung zu lagern. So soll die heute unter Forschern verbreitete Praxis verändert werden, Marker nicht mit anderen zu teilen, um als erster ein Gen zu finden.

Das zweite Ziel besteht darin, sich überlappende DNA-Fragmente verfügbar zu machen, so daß jeder Forscher, der nach einem Gen in einem bestimmten Stück eines speziellen Chromosoms sucht, dieses gegen eine geringe Summe erhalten kann. Die erforderlichen Techniken sind bereits heute vorhanden. Die Kosten, um einen Vorrat von überlappenden Fragmenten eines bestimmten Chromosoms anzulegen, sollten 10 Millionen Dollar nicht übersteigen. Um diese Zahl in ein Verhältnis zu setzen, mag der Vergleich mit der Identifizierung des Mukoviszidose-Gens dienen, die zwischen 10 und 50 Millionen Dollar gekostet hat. Wären alle Marker bekannt gewesen, so wären nur 5 Millionen Dollar erforderlich gewesen. Meiner Meinung nach wäre es möglich, eine Bibliothek von überlappenden Fragmenten des gesamten menschlichen Genoms für einige hundert Millionen Dollar aufzubauen. Am Ende stünde uns eine Karte von überlappenden Fragmenten zur Verfügung, von denen jedes durch drei oder vier DNA-Sequenzen, sogenannte sequenzierte Erkennungsstellen, definiert ist.

Das dritte große Ziel ist die Sequenzierung im Megabasenbereich an einem einzigen Ort und innerhalb eines angemessenen Zeitraums. Walter Gilbert hat ein vergleichbares Projekt vorgeschlagen, nämlich ein Mykoplasma mit 800 Kilobasen, ein kleines Bakterium, zu sequenzieren. Gilbert faßt dabei eine Sequenzierungsgeschwindigkeit von 1 Million Basen pro Jahr ins Auge. Sequenzierungen im Megabasenbereich würden die Kosten so weit reduzieren, daß diese innerhalb von ein paar Jahren auf 1 Dollar pro Base und möglicherweise sogar auf 50 Cent fielen. Wir werden keine Forschungsgelder an Projekte vergeben, die DNA auf herkömmliche Weise, mit Doktoranden oder promovierten Stipendiaten bei Kosten von gegenwärtig 5 bis 10 Dollar pro Basenpaar sequenzieren.

Wenn junge Wissenschaftler weiterhin auf diese Weise arbeiten, wird dies auch ihrer Karriere nicht förderlich sein. Früher war es üblich, daß jeder, der DNA sequenzieren konnte, eine Anstellung fand. Das ist heute nicht mehr der Fall, vielmehr hält das zeitaufwendige Sequenzieren eher vom Erwerb anderer wichtiger Qualifikationen ab. Die Sequenzierung mit Hilfe von Maschinen, Multiplex-Verfahren und automatischen Gel-Lesegeräten soll die Forscher entlasten und ihre Kräfte für interessantere Tätigkeiten aufsparen.

Wir hoffen, 10 bis 20 Prozent unseres gesamten Budgets für die Entwicklung von Sequenzierungsmethoden zu verwenden, die in Zukunft den Studenten das Leben leichter machen. Deshalb gilt es, die Untersuchungssektionen der Nationalen Gesundheitsinstitute, die beurteilenden Fachgremien, die Forschungsvorschläge überprüfen und bewilligen, zu einer risikofreudigeren Einstellung gegenüber der Entwicklung von Technologien zur schnellen Sequenzierung zu bringen. Denn die Tendenz ist, nur dann Finanzmittel zu bewilligen, wenn die Durchführung des jeweiligen Projekts bereits im Detail geplant ist. Was wir aber finanziell unterstützen müssen, sind Projekte, deren Ergebnis noch ungewiß ist, denn der einzige Weg zu neuen Entwicklungen besteht darin, Forscher mit vielversprechenden Ideen in ihrem Vorhaben zu unterstützen. Da noch keine Megabase innerhalb eines einzelnen Projekts sequenziert worden ist, sind die Ausschüsse nur schwer zu einer Bewilligung von Geldern zu bewegen. Im Gegensatz dazu wird die Kartierung von der Expertenkommission problemlos bewilligt werden, weil sie sich bereits als durchführbar erwiesen hat.

Das Genomprojekt der Nationalen Gesundheitsinstitute wird auch versuchen, Daten anhand von Modellorganismen zu ermitteln. Zur Zeit unterstützen wir ein Gemeinschaftsprogramm des Medical Research Council in England, des Laboratory of Molecular Biology in Cambridge und der Gruppe in St. Louis, das künstliche Hefechromosomen entwickelt hat, um das Genom eines Fadenwurms zu sequenzieren. Die beteiligten Wissenschaftler verfügen bereits über die überlappenden DNA-Fragmente und hoffen, die Sequenz innerhalb von zehn Jahren zu erhalten. Sie entspricht 100 Megabasen, der Größe eines menschlichen Chromosoms, enthält aber weniger repetitive DNA, so daß die Analyse weniger Probleme aufwirft. In einem weiteren Versuch soll ein Pflanzengenom von etwa 70 Megabasen, das von Aradopsis, sequenziert werden. Das Projekt soll unter der Leitung der National Science Foundation und mehrerer anderer Behörden, darunter auch der unsrigen, stehen. Von allen genannten Projekten hätte kaum eines Unterstützung gefunden, wenn das Genomprojekt nicht existierte.

Das Interesse am Genom von Bakterien beruht nicht zuletzt darauf, daß man sich auch Aufschluß über die menschlichen Gene erhofft. In einigen Fällen kann sich die Analyse des Genoms als schwierig erweisen, aber wenn man ein Bakterien-Gen ohne viele repetitive Sequenzen ermittelt, ist es denkbar, daß auch Studenten sich mit diesen Prozessen befassen. Die Fähigkeit, ein Gen zu identifizieren, könnte sogar zur Zulassungsvoraussetzung zur Promotion werden.

Das Genomprojekt läßt sich ausreichend rechtfertigen, so daß die USA das Projekt auch allein durchführen sollten, falls kein anderes Land sich an der Finanzierung beteiligen will, was eher unwahrscheinlich ist, schon aus Sorge um kommerzielle Nachteile und aus Interesse an den Daten. Ich hoffe aber, daß viele Länder die Kosten der Sequenzierung tragen werden und damit auch Zugang zu den Daten erhalten. Sobald ein Gen identifiziert worden ist, sollte es in eine internationale Datenbank eingegeben werden.

Andere, vor allem rechtliche Probleme lassen sich weniger leicht lösen. Wenn ein DNA-Abschnitt in einem Universitätslabor sequenziert wird, ist unklar, wer die Rechte an der Patentierung hat. Durch Mutation entstandene Formen des Mukoviszidose-Gens sind bereits von den Universitäten Toronto und Michigan als Patent angemeldet worden. Sie nehmen Lizenzgebühren. Die Japaner werden wohl kaum ohne entsprechende Gebühren Einblick in ihre Arbeit gewähren. Interessierte Wissenschaftler werden bereit sein, für Sequenzinformationen zu zahlen, wenn dies der einzige Weg ist. Um eine solche Situation zu verhindern, argumentiere ich folgendermaßen: Ich *werde* Informationen zurückhalten, falls sich andere Nationen weigern, die Transparenz und den Zugang zu ihrer Forschung zu gewährleisten. Allerdings wäre es schade, wenn aus nationalem Interesse Daten zurückgehalten würden.

Die Kommerzialisierung von Information über die menschliche DNA wirft bereits ernsthafte ethische Probleme auf. Der Schutz der genetischen Informationen, der DNA jedes Menschen, muß gesetzlich gewährleistet sein. Was ist zu tun, wenn man bei einem Neugeborenen ein Gen feststellt, das eine Krankheit hervorruft, für die es noch keine Behandlung gibt? Es ist schwer, einige dieser Defekte zu entdecken; andere, wie der Muskelschwund, lassen sich problemlos nachweisen. Hier werden kritische Stimmen gegenüber dem Genomprojekt laut. Viele befürchten Nachteile, wie den Verlust von Arbeitsplatz und Versicherungsschutz für den Fall, daß Fremde Einblick in ihre genetische Disposition erhalten. Umgekehrt ist es auch denkbar, daß Arbeitnehmer in einer wirtschaftlichen Notlage versuchen, sich für bestimmte Arbeitsplätze dadurch zu qualifizieren, daß sie ihre genetische Karte offenlegen.

Gesetze sind erforderlich, um Benachteiligung zu verhindern und die Rechte des Individuums an seinen genetischen Daten zu schützen. Aufgrund all dieser Fragen, die das Genomprojekt aufwirft, werden über 3 Prozent des gesamten Budgets für ein Programm verwendet, das sich mit ethischen Problemen befaßt, eine Summe, die, wenn nötig, noch erhöht werden muß.

Bereits beim DNA-Fingerabdruck wurde die Wissenschaft mit dieser Herausforderung an ihr Verantwortungsbewußtsein konfrontiert. Das National Center for Genome Research hat 50000 Dollar für eine Studie des National Research Council und der National Academy of Science über den DNA-Fingerabdruck zur Verfügung gestellt und Anwälte und Richter als Berater hinzugezogen. Die Polizei ist an einem DNA-Register von Sexualverbrechern interessiert, andere haben aus jeweils einleuchtenden Gründen Interesse, eine bestimmte Gruppe mittels DNA-Fingerabdrücken zu erfassen. Deshalb bin ich der Meinung, daß grundsätzlich *niemand* Zugang zum DNA-Fingerabdruck anderer Menschen haben sollte.

Wir müssen die gesellschaftlichen Implikationen der Genom-Forschung untersuchen und den Schutz der Privatsphäre gewährleisten, damit diese Befürchtungen nicht die Akzeptanz des gesamten Projekts einschränken. Denn das einzige, was das Genomprojekt stoppen könnte, ist die Angst der Menschen vor der Information, die wir finden werden. Wir müssen die Öffentlichkeit davon überzeugen, daß die Vorteile, die die Kenntnis des menschlichen Genoms mit sich bringen wird, die möglichen Nachteile überwiegen.

Ethik, Recht und Gesellschaft

Dorothy Nelkin

Die gesellschaftliche Sprengkraft genetischer Information

Die Neigung, menschliche Merkmale durch Testverfahren zu ermitteln, ist in der amerikanischen Gesellschaft allgegenwärtig. Ein Karikaturist des *New Yorker* hat kürzlich die Begeisterung für solche Diagnoseformen auf den Punkt gebracht: Seine Karikatur zeigt die Werbung für ein Testzentrum an einer vielbefahrenen Straße. Der Autofahrer wird durch einen Parcours geschleust, auf dem Werte für »Abgas, Drogen, Intelligenz, Cholesterin, Ehrlichkeit, Blutdruck, Boden- und Wasserzustand, Lenkung und Bremsen, Streß und Loyalität« getestet werden.[1] Die Karikatur macht nicht nur deutlich, wie sehr wir uns von Meßwerten faszinieren lassen; gleichzeitig treten auch andere Merkmale der Testbegeisterung ans Licht: Tests werden wie Ware angeboten; man durchfährt die Strecke, wird getestet und fährt wieder fort. Das Prüfzentrum macht keinen Unterschied zwischen Mensch und Maschine – beide gelten als Gegenstände, die sich in Teile zerlegen, untersuchen und bewerten lassen. Es wird auch nicht zwischen physischer Gesundheit und dem Verhalten des Menschen unterschieden; Blutdruck, Abweichungen von der Norm, Intelligenz, Integrität, politische Loyalität – alles kann routinemäßig überprüft werden, genau wie die Bremsen des Autos. Schließlich aber, und das ist für meine Analyse vielleicht am wichtigsten, zielen die meisten Tests dieses Prüfzentrums nicht einfach darauf ab, sichtbare Symptome einer Krankheit oder Funktionsstörung zu diagnostizieren; der eigentliche Zweck ist vielmehr, die Wirklichkeit hinter dem äußeren Erscheinungsbild aufzudecken, Zustände zu erkennen, die unsichtbar bzw. symptomfrei sind oder die es erlauben, mögliche Probleme in der Zukunft vorauszusagen.

Gerade diese Merkmale der Tests sind aber auch bezeichnend für die Forschungen auf genetischem und neurowissenschaftlichem Gebiet. Hier entdeckt man durch Tests immer subtilere biologische

Unterschiede zwischen einzelnen Menschen und sagt Krankheiten voraus, ehe Symptome auftreten. Genetische Tests ergeben sich aus neuen Methoden zur Untersuchung von DNA-Sequenzen, die Grundlage der biologischen Vererbung sind. Durch die Lokalisierung von Genmarkern, die in Familien mit Erbleiden einer gemeinsamen Segregation mit Krankheitsgenen unterliegen, können Genetiker die Anlagen zu immer mehr Erbkrankheiten identifizieren. Inzwischen existieren Tests für etwa dreißig Krankheiten, und angesichts der Entdeckung immer neuer Gene und Marker kann man davon ausgehen, daß es in Zukunft Tests geben wird, die nicht nur die Anlage zu reinen Erbkrankheiten anzeigen, sondern auch zu sehr komplexen Störungen, bei denen eine genetische Komponente vermutet wird. Dazu gehören Geisteskrankheit, Hyperaktivität, die früh einsetzende Alzheimersche Krankheit, bestimmte Formen von Krebs sowie Alkoholismus und Drogensucht. Tests werden also nicht bloß Krankheiten, sondern auch Verhalten vorhersagen.

Eine weitere Form von Voraussagetests haben Darstellungstechniken der Neurowissenschaft geschaffen. Gewöhnlich werden solche Tests nicht im Zusammenhang mit der Genetik erörtert, doch stellen sie ein angrenzendes Forschungsgebiet dar, das weitgehend auf genetischen Annahmen beruht. Bei der Positronen-Emissions-Tomographie (PET) und verwandten Techniken – darunter einige mit assoziationsreichen Abkürzungen wie etwa BEAM (Lichtstrahl) oder SQUID (eine Art Krake) handelt es sich im wesentlichen um Verfahren zur Darstellung des Gehirns. Man wendet solche Techniken in Experimenten an, um die Funktionsweise des Gehirns unter verschiedenen Bedingungen darzustellen und dadurch Erkenntnisse über den Zusammenhang zwischen Hirnfunktion und bestimmten Verhaltensweisen zu gewinnen. Die Experimente mit der Positronen-Tomographie sollen der Diagnose von Verhaltensstörungen bzw. potentiellen Verhaltensstörungen – wie der Anlage zu Gewalttätigkeit, Lernstörungen, psychischen Erkrankungen – dienen, *bevor* Symptome auftreten. PET-Untersuchungen gewalttätiger Patienten legen z. B. den Schluß nahe, daß das Erkennen bestimmter anomaler Zustände im Gehirn es möglicherweise erlaubt, dem Jähzorn eines Menschen und seiner Unfähigkeit, gewalttätige Instinkte zu beherrschen, zuvorzukommen – für die Strafjustiz ohne Zweifel von Interesse.

Eine große Zahl besonders raffinierter genetischer und neurologischer Tests befindet sich noch im experimentellen Stadium, doch wird nach Auskunft des *National Institute of Mental Health* die Diagnose psychischer Erkrankungen vor dem Auftreten von Symptomen zur Routineangelegenheit werden.[2] Wie so oft in der Geschichte medizinischer Entdeckungen eilen zudem die diagnostischen Techniken den therapeutischen Möglichkeiten voraus. Auf kurze Sicht werden sich die bedeutsamsten gesellschaftlichen Konsequenzen der neuen Diagnoseverfahren vielleicht weniger aus ihrer tatsächlichen Anwendung ergeben, als vielmehr aus ihrer Wirkung auf die Definition von Krankheit und Abweichung von der Norm. Sie liefern die theoretischen Modelle zur Erklärung hochkomplexen Verhaltens in einfachen biologischen Begriffen.

Charles Scriver, Ex-Präsident der Amerikanischen Gesellschaft für Humangenetik, hat darauf hingewiesen, daß die Genetik Eingang ins medizinische Denken gefunden hat und daß man genetische Informationen zunehmend in medizinischen Publikationen antrifft.[3] Psychiater, die ohnehin zu deterministischen Erklärungen neigen, scheinen der genetischen Verhaltenslehre zunehmend verpflichtet zu sein. Die Empfänglichkeit der Mediziner ist dadurch gefördert worden, daß sich genetische Tests im klinischen Kontext als nützlich erwiesen haben, wenn ihre Ergebnisse dazu beitragen können, die richtige Therapie zu finden. Noch sind für die meisten Krankheiten genetische Therapien bloß Zukunftsmusik. Dennoch kann die Kenntnis von Gendefekten medizinisch von Nutzen sein. Die postnatale Untersuchung auf Phenylketonurie (PKU), die in vielen Ländern obligatorisch ist, hat es ermöglicht, diese Krankheit, die unbehandelt zu schweren geistigen Entwicklungsstörungen führt, durch gezielte Ernährung des betroffenen Kindes – eine phenylalaninarme Diät – zu beherrschen.

Genetische Informationen ergeben sich heute am häufigsten aus pränatalen Tests. Die Fruchtwasseruntersuchung (Amniocentese) dient der Feststellung von Chromosomenaberrationen, z. B. Trisomien bei Mongolismus, unbalancierten Translokationen, gestükkelten Genen (Mosaik-Genen) oder Anomalien der Geschlechtschromosomen. Man kann die Amniocentese auch anwenden, um biochemische Abweichungen auf genetischer Ebene festzustellen, und entdeckt dabei bis zu 180 genetische Störungen, wie etwa die Huntington-Krankheit, die Sichelzellenanämie, die Tay-Sachssche Krankheit, und (durch alpha-Fetoprotein-Bestimmung) Neuralrohrdefekte. Mit einer neueren Technik, der Chorionzottenbiopsie, kann man Genanomalien schon in der zehnten Schwangerschaftswoche feststellen. Juristische Konsequenzen fördern die Tendenz zu genetischen Untersuchungen, z. B. wenn bei Geburtsfehlern Verfahren gegen Ärzte angestrengt werden, die der Patientin keine entsprechenden Tests während der Schwangerschaft angeboten haben.

Pränatale Untersuchungen werfen natürlich gravierende Fragen zum Abtreibungsproblem auf. Aber wenn man durch Untersuchungen an Erwachsenen feststellt, daß ein Mensch eine Erbkrankheit übertragen kann oder selbst von ihr bedroht ist, dann sind die psychologischen Konsequenzen eher noch schwerwiegender. Man versetze sich nur in die Situation eines Menschen, der erkennt, daß er mit Sicherheit der Huntington- oder früh einsetzenden Alzheimer-Krankheit zum Opfer fallen wird, oder die seiner Verwandten, die erfahren, daß auch sie gefährdet sind. Obwohl für diejenigen, denen das Risiko bekannt ist, ein Huntington-Test zur Verfügung steht, haben nur relativ wenige von dieser Möglichkeit Gebrauch gemacht.

Das Sammeln genetischer Informationen führt auch im klinischen Bereich in ein Dilemma. Die Berater beziehen immer häufiger das familiäre Umfeld in ihre Fragen mit ein. Das umstrittene Problem der Information des Ehepartners, das bei AIDS so bedeutsam ist, wirft auch in diesem Bereich Probleme auf. Wenn jemand Überträger einer Erbkrankheit ist, muß man dann Ehepartner und Kinder informieren? Zwingende Interessen der Gesellschaft sind bereits in der Diskussion, um die Untersuchungspflicht für Personen, die das Risiko einer Erbkrankheit in sich tragen, und die Informationspflicht gegenüber den Angehörigen zu begründen.

Aus der Erkenntnis, daß ein Mensch sich im noch symptomfreien Stadium einer Krankheit befindet, ergeben sich zusätzlich zur psychologischen Wirkung auch gesellschaftliche und wirtschaftliche Konsequenzen. Laurence Tancredi und ich haben in *Dangerous Diagnostics* analysiert, wie biologische Annahmen zunehmend auf den außerklinischen Bereich übergreifen.[4] Alle Institutionen – Arbeitgeber, Versicherungen, Schulen und Gerichte – suchen nach Strategien, mit denen wirtschaftliche Effizienz gesteigert, Kosten gesenkt, Risiken verringert oder gering gehalten werden können. Tests, mit denen man voraussagt, wie der Körper eines Menschen voraussichtlich funktionieren wird, kommen den Bedürfnissen dieser Organe entgegen.

Das Testen ist nicht bloß ein medizinisches Verfahren, sondern eine Form, gesellschaftliche Kategorien zu schaffen. Es kann den Zweck verfolgen, bestehende soziale Ordnungen zu erhalten und die Macht bestimmter Gruppen über andere zu vergrößern. Das ist keine neue Erkenntnis. So hat Michel Foucault Prüfungen in der Schule als Strategie politischer Herrschaft, als ein Mittel der »Normierung« bezeichnet. Er beschrieb die Prüfung als einen Blick mit normierender Wirkung, der »Konformitätsgrenzen setzt, vergleicht, differenziert, hierarchisch ordnet, homogenisiert und ausschließt«.[5] Der Psychiater Walter Reich analysierte in ähnlicher Weise psychologische Tests, die in der Sowjetunion jahrelang dazu dienten, politische und gesellschaftliche Werte zu stabilisieren.[6] Anthropologen unterziehen in ihren Veröffentlichungen die Tendenz, das Individuum mit Hilfe biologischer Argumente institutionellen Wertvorstellungen anzupassen, einer gründlichen Analyse. Die Anthropologin Mary Douglas formuliert es so: »Institutionen machen gleich; sie formen den Körper nach ihren Gesetzen.«[7]

Wenn man sich in der amerikanischen Gesellschaft immer stärker an Tests orientiert, so spiegelt sich darin auch die Neigung, Probleme aus der Perspektive der Versicherungsmathematik anzugehen. Wer so denkt, will eventuelle Kosten kalkulieren können, indem er zu erwartende Verluste berücksichtigt und möglichst nur »gute« Risiken versichert und die »schlechten« ausschließt. Unter diesen Bedingungen betrachtet man den einzelnen Menschen in bezug auf ein statistisches Ganzes, so daß die aus Tests gewonnenen Informationen eine wertvolle Quelle darstellen. Der versicherungstechnische Ansatz wird indirekt darin sichtbar, daß Regierungsbehörden, Arbeitgeber und Schulen in den vergangenen zwanzig Jahren immer mehr personenbezogene Daten gesammelt haben. Die Tests sind Teil dieses Trends. So werden nach wie vor Stellenbewerber einem Test auf Drogenkonsum unterzogen, obwohl es Zweifel an der Treffsicherheit und an der rechtlichen Zulässigkeit dieser Tests gibt. Ebenso greift man in Schulen mehr und mehr zu normierten Tests, auch wenn es durchaus fragwürdig ist, wie weit sie Intelligenz messen und Leistung voraussagen können. Durch den Glauben an die Fakten und Zahlen der Tests denkt man außerdem immer seltener darüber nach, mit welchen Unwägbarkeiten das Messen individueller »Eignung« behaftet ist. Normierte Tests werden allgemein als objektiv, notwendig und vorteilhaft betrachtet.

Zur versicherungstechnischen Betrachtungsweise gehört nicht nur die Wertschätzung von Fakten, sondern ebenso die Neigung, gesellschaftliche Probleme auf meßbare biologische Dimensionen zurechtzustutzen. In unserer Kultur ist auf populärwissenschaftlicher Ebene die Vorstellung weit verbreitet, es gebe ein Ideal biologischer Normalität oder Vollkommenheit, an dem sich der einzelne messen läßt. In der Presse beispielsweise sind stereotype soziobiologische Theorien ebenso verbreitet wie die vielfältig vertretene Überzeugung, komplexes menschliches Verhalten lasse sich auf biologische oder genetische Erklärungen zurückführen.[8] Geisteskrankheit, Homosexualität, Gemeingefährlichkeit, Exhibitionismus, Erfolg im Beruf, Brandstiftung, Streß, Risikofreude, Schüchternheit, gesellschaftlichen Einfluß, konservative Einstellung, sogar Lebensfreude hat man als genetisch bedingt bezeichnet. Nahezu ohne Bezug auf den Einfluß von Gesellschaft und Umwelt schreibt man komplexe Zustände dieser Art biologischen Determinanten zu. Als E. O. Wilson 1975 sein Buch *Sociobiology* veröffentlichte[9], erschien in *Business Week* eine Serie mit dem Titel »Eine genetische Rechtfertigung der freien Marktwirtschaft«, die die Meinung von Bioökonomen referierte, das Verfolgen eigennütziger Ziele im Wettbewerb habe seinen Ursprung im Genpool des Menschen. In denselben Zusammenhang gehört auch der Artikel »Wie Gene die Persönlichkeit formen« in *U.S. News and World Report*, in dem, ausgehend von »überzeugenden Hinweisen darauf, daß selbst unser Charakter durch Vererbung geformt wird«, die Frage gestellt wurde, ob die Zukunft des Säuglings wirklich davon abhänge, in welcher Familie er aufwachse. Elternzeitschriften empfehlen Genogramm und Familiengesundheits-Stammbaum, um die künftigen Merkmale der Kinder vorhersagen zu können.

Die Klischees in den Medien und in der Werbung sind nicht einfach eine Erfindung der Journalisten; sie spiegeln Vorstellungen wider, die in wissenschaftlichen Veröffentlichungen entworfen wurden. Es gibt zahllose Publikationen zur Geschichte der Genetik und den Theorien der Eugenik, die das wissenschaftliche Denken ebenso wie die Gesellschaftspolitik bis zum Zweiten Weltkrieg geprägt haben.[10] Bis vor kurzem haben die meisten Wissenschaftler – mit Ausnahme von Arthur Jensen – gezögert, ihre Überlegungen auf den Bereich sozialer Werte auszudehnen. Die Fortschritte der 80er Jahre haben nun offenbar dazu geführt, daß man häufiger zur Anwendung genetischer Erkenntnisse auf die Gesellschaftspolitik

Stellung nimmt. Die Genetikerin Marjorie Shaw z. B. forderte »eine gesetzliche Kontrolle der Ausbreitung von Genen, die schwere Gesundheitsschäden verursachen, genauso wie bei Viren und Bakterien, die bleibende Gesundheitsschäden hervorrufen«.[11] Sie ist in der Tat dabei, ein Modell staatlicher Gesundheitsfürsorge für genetische Krankheiten zu entwickeln, das nicht von einer horizontalen, sondern von einer biologisch vertikalen Krankheitsausbreitung ausgeht. Sie fordert eine staatliche Kontrolle der Fortpflanzung in Familien, die über potentielle genetische Risiken informiert sind.

Der Herausgeber von *Science*, Daniel Koshland, stellte 1987 die Behauptung auf, daß in der Auseinandersetzung zwischen Anlagen und Umwelteinfluß die Anlagen sich unbestreitbar durchgesetzt hätten mit allen Konsequenzen, die daraus für die Idee genetischer Determination und die Unveränderlichkeit ererbter Merkmale zu ziehen seien.[12] In der wissenschaftlichen Diskussion fallen Begriffe wie Verschmutzung des Genpools, genetisch gesunde Gesellschaft, »optimale« genetische Strategie.[13]

Wenn man die gesellschaftliche Wirkung genetischer Information verstehen will, darf die starke kulturelle Anziehungskraft genetischer Begriffe nicht vergessen werden. Die Gesellschaftspolitik wird durch Institutionen wie Schulen, Gerichte, Versicherungen und Arbeitgeber vermittelt. Für sie stellen biologische Tests nur eine Erweiterung früher schulischer und psychologischer Tests dar; sie sind im Prinzip nicht völlig neuartig. Wie frühere Tests dienen sie der Auslese, indem sie beispielsweise den Zugang zu einer Anstellung oder einer Versicherung regeln. Letztlich ermöglicht die scheinbare Voraussagekraft biologischer Tests einer Institution, sich ihre Kunden auf der Basis der eigenen wirtschaftlichen und administrativen Bedürfnisse auszusuchen. Genetische Tests sind ein besonders wirkungsvolles Instrument. Weil sie scheinbar Gewißheit versprechen, wirken sie glaubhaft, und weil sie spezifisch sind, leitet man daraus ab, daß die Institution eine Entscheidung zum Wohl des einzelnen trifft.

Tests können dazu dienen, gesellschaftlich verursachte Störungen zu einem Problem in der Verantwortung des einzelnen umzudefinieren, indem man die Zuständigkeit der Gesellschaft beschränkt, damit die Institution an ihren Gewohnheiten festhalten kann. Die Verfügbarkeit biologischer Tests gibt Organisationen ein wissenschaftliches Mittel an die Hand, mit Fehlverhalten und besonderen Problemen fertigzuwerden, ohne daß sie ihre grundlegenden Werte in Frage stellen oder laufende Projekte abbrechen müßten.

Für Lehrer an staatlichen Schulen, die man für Lernschwierigkeiten oder Verhaltensauffälligkeiten eines Schülers verantwortlich macht, ist es z. B. bequem, diese Symptome als individuelle Mängel des Betroffenen zu erklären. Schulversagen hat man früher auf kulturelle Defizite oder Ernährungsprobleme zurückgeführt; im Lauf der letzten zehn Jahre hat man es zu Lernschwierigkeiten umdefiniert – d. h., als Problem, dessen Ursprung im Gehirn des Schülers zu suchen ist. Früher erklärte man sich Hyperaktivität bei Kindern als gruppendynamisches Problem im Klassenzimmer. Vor etwa dreißig Jahren führte man die Probleme der Kinder sogar auf einen in der häuslichen Umgebung vermuteten Mangel zurück, das sogenannte »Schlüsselkind-Syndrom«.[14] Jetzt bezeichnet man die Probleme als Konzentrationsstörungen, eine Schwierigkeit also, die im Kind selbst begründet sein soll.[15] Selbstverständlich gibt es Verhaltens- oder Lernstörungen. Wenn man jedoch die Schulen oder andere gesellschaftliche Institutionen von Verantwortung freispricht, dann können diagnostische Etiketten allzu leicht zur institutionellen Bequemlichkeit werden. Nicht alle Folgen müssen dabei von Übel sein. Es kann durchaus positiv wirken, wenn man in einer Familie Schuldgefühle abbaut. Doch die Etikettierung kann diskriminierend sein, wenn man jemanden, der langsam lernt, als von Natur aus und daher endgültig behindert ansieht. Auf diese Weise ignoriert man gesellschaftliche Faktoren, die das Lernen zweifellos beeinflussen.[16]

Ein Unternehmen kann Tests auch dazu benutzen, eingefahrene Gewohnheiten am Arbeitsplatz zu sanktionieren. Man macht einen biologischen Test, um herauszufinden, wie Arbeiter auf toxische Substanzen am Arbeitsplatz reagieren.[17] Das kann zwar zunächst zum Schutz der Gesundheit der Arbeiter dienen, führt aber vielleicht gleichzeitig dazu, daß besonders allergieanfällige Arbeiter ausgeschlossen werden, um kostenintensive Maßnahmen am Arbeitsplatz zu vermeiden. Die Verantwortung wird dem Arbeitnehmer aufgeladen; von ihm erwartet man, daß er sich entweder der Arbeitsumgebung anpaßt oder eine neue Stelle sucht.

Die Voraussagefähigkeit biologischer Tests ist für Organisationen auch als Instrument langfristiger Planung nützlich. Firmen sind nicht bloß Arbeitgeber; ihre Rolle ist auch die von Versicherern, und in dieser Eigenschaft sind sie immer weniger bereit, jene Menschen einzustellen, die durch Lebensweise oder Genetik krankheitsanfälliger sind als andere. Etwa die Hälfte der Arbeitgeber in Amerika fordert eine medizinische Untersuchung vor der Einstellung. Dazu gehören auch verschiedene Voraussage-Tests, z. B. psychologische Tests für künftige Führungskräfte, Röntgenuntersuchungen der unteren Wirbelsäule für Bauarbeiter, Drogen- und AIDS-Tests. Im immer härteren Konkurrenzkampf der Wirtschaft können Untersuchungstechniken, mit denen man genetisch bedingte Krankheitsanfälligkeit feststellt, eine kostenwirksame Methode sein, das Problem der Fehltage in den Griff zu bekommen, Haftungsansprüche zu beschränken und künftige Ausgaben für medizinische Leistungen für Arbeitnehmer und ihre Angehörigen zu vermeiden.[18]

Für die Abwicklung vorausfinanzierter Vorsorgeprogramme ist effiziente Planung unerläßlich. Da Versicherungsunternehmen und Politiker die Kostenerstattung an spezifische diagnostische Kategorien binden, wird die Verwaltung dazu ermutigt, Zukunftsrisiken vorauszusagen und zu beschränken.[19] Der so entstandene Druck und die Angst vor Schadensersatzforderungen verstärken die Tendenz, Entscheidungen in der Gesundheitsfürsorge durch objektive Informationen und Voraussagen abzusichern. So nimmt das »Abschöpfen« der sogenannten rentablen Personengruppen zu, also eine Form des Wettbewerbs zwischen den Gesellschaften, bei der um Patienten gekämpft wird, die voraussagbare und erstattungsfähige Krankheiten haben. Diagnostische Techniken helfen bei der Einteilung in Patientenkategorien; dadurch stehen formale Kriterien mit Beweiskraft bereit, um umstrittene Entscheidungen zu begründen.

Die Notwendigkeit, effizient und kostendämpfend zu arbeiten, kann die Anwendung pränataler Untersuchungen beeinflussen. Man geht davon aus, daß bei 5 Prozent aller Lebendgeburten genetische Anomalien vorliegen, auf die bei Kindern 30 Prozent und bei Erwachsenen 12 Prozent aller Aufnahmen in Krankenhäuser zurückzuführen sind. Zwar gelten die künftigen Eltern als Nutznießer vorgeburtlicher Tests, doch profitieren auch Gesundheitsdienste und Versicherungen von genetischen Informationen, die sich auf medizinische Verpflichtungen in der Zukunft auswirken können. Einige Versicherungsgesellschaften haben schon mit Leistungsausschluß für Kinder mit genetisch bedingten Krankheiten gedroht, wenn die Mutter durch einen pränatalen Test über das entsprechende Risiko für das Ungeborene aufgeklärt wurde. Sie hat dann die Wahl, entweder die Schwangerschaft abzubrechen oder ein Kind zur Welt zu bringen, das möglicherweise ungewöhnlich hohe, nicht versicherte medizinische Ausgaben verursacht. Die »Wahlfreiheit« in solchen Fällen ist zweifellos begrenzt.

Man kann auch durch biologische Untersuchungen den Gesundheitszustand eines Menschen feststellen lassen und mit den Ergebnissen einen Versicherungsausschluß begründen. In den USA sind zur Zeit 37 Millionen Menschen weder öffentlich noch privat krankenversichert. Etwa 15 Prozent der Versicherten haben Privatverträge (sind also nicht über den Arbeitgeber versichert), die erst nach Vorlage von Krankengeschichte, Informationen über Familienkrankheiten und dem Nachweis des aktuellen Gesundheitszustands abgeschlossen werden. 1987 erhielten 20 Prozent der Antragsteller Verträge, in denen die Versicherung bereits bestehender Leiden nur bei Zahlung höherer Prämien gewährt wurde; bei 8 Prozent wurde eine Deckung für Krankheiten wie Fettleibigkeit, Krebs, Schizophrenie und AIDS abgelehnt.[20] Ebenfalls im Jahre 1987 wurden 24 Prozent der Anträge auf einen Privatvertrag von den Krankenversicherungen abgelehnt.

In den Führungsetagen der Krankenversicherungen erhofft man sich Zugang zu Informationen aus genetischen Tests, um Dekkungsmöglichkeiten zu beurteilen und Beiträge zu kalkulieren. Da Versicherungsprämien auf Risikoeinschätzung beruhen, ist diese Erwartung nicht verwunderlich. Krankenversicherer versuchen routinemäßig, alle verfügbaren Informationen über die Antragsteller in Erfahrung zu bringen. Die Zahl der Versicherungskategorien ist in den letzten Jahren enorm gestiegen, im Fall der *Prudential Insurance Company* z. B. zwischen 1980 und 1986 von zehn auf neunzehn. Es ist sogar vorgesehen, zusätzliche und stärker differenzierte Klassifizierungen auf der Grundlage biologischer Untersuchungen – also voraussagefähiger Tests – vorzunehmen.[21]

Schließlich dienen Tests auch der Absicherung umstrittener Entscheidungen hinsichtlich der Veranlagung jener Menschen, die sich institutionellen Normen nicht anpassen wollen oder können. Psychologische Berater suchen technischen Beistand für Entscheidungen, die oft äußerst umstritten sind. So verlangen Krankenhäuser häufig eine Beurteilung der Entscheidungsfähigkeit von Patienten, die sich z. B. nicht an die empfohlene Therapie oder den Rat zur Aufnahme in ein Pflegeheim halten. Mit biologischen Daten lassen sich solche Einschätzungen untermauern, weil sie zuverlässiger wirken als die auf dem äußeren Eindruck beruhende Meinung des Psychologen.

Im Rechtswesen ist die genetische Information allmählich mehr als bloße Beweisquelle. Auch traditionelle Rechtsvorstellungen werden dadurch beeinflußt. Die Gerichte begründen Entscheidungen immer häufiger mit Erkenntnissen der Humangenetik, und zwar in ganz verschiedenen Bereichen: bei Schadensersatzansprüchen nach ärztlichen Kunstfehlern, im Sorgerecht, im Erbrecht und in Treuhandfällen sowie im Strafrecht zur Ermittlung der Schuldfähigkeit.[22] Die Gerichte sind zunehmend bereit, faktische Beweismittel zur Klärung der Sachlage bei widersprüchlichen psychiatrischen Gutachten zuzulassen, wenn Entscheidungen über Verantwortung, Schuld und Veranlagung eines Angeklagten zu treffen sind. Man erinnert sich, wie kritisch die Öffentlichkeit das milde Urteil im Fall des Reagan-Attentäters John Hinckley aufgenommen hat. Die Entscheidung in diesem Prozeß beruhte auf den vorgelegten Beweisen, und in den Augen der Geschworenen war es der Staatsanwaltschaft, die ihr Plädoyer auf psychiatrischen Gutachten aufbaute, nicht gelungen, Hinckleys Verantwortung für die Tat nachzuweisen. Er wurde daher für unzurechnungsfähig erklärt und in eine Heilanstalt eingewiesen.[23]

Das Verfahren fand in einer Zeit statt, in der die vagen Voraussetzungen für die Geltendmachung einer angeblichen Unzurechnungsfähigkeit des Angeklagten immer heftiger ins Kreuzfeuer der Kritik gerieten. Der Fall Hinckley gab den Kritikern Auftrieb, die die Prinzipien strafrechtlicher Verantwortung reformieren möchten. Viele Gerichte ziehen es vor, psychiatrische Gutachten durch objektivere Daten zu ersetzen, um Vorurteile und Meinungsverschiedenheiten in Grenzen zu halten. In diesem Zusammenhang ist die Entscheidung eines Neurologen in Kalifornien zu sehen, den dortigen Gerichten PET-Gutachten vorzulegen, um richterliche Entscheidungen, bei denen es um die Zurechnungsfähigkeit und die mögliche Resozialisierung von verurteilten Straftätern geht, wissenschaftlich abzusichern. Pilotstudien an gewalttätigen Patienten haben abweichendes Verhalten auf bestimmte Anomalien im Gehirn zurückgeführt.[24] Man behauptet, mit PET-Daten Geisteskrankheit nachweisen und den Gerichten dabei helfen zu können, Rückfälle vorauszusagen und Entscheidungen im Hinblick auf den Urteilsspruch zu treffen. Obwohl viele Fachleute die Voraussagefähigkeit dieses Verfahrens für begrenzt halten, gehen Rechtswissenschaftler in Veröffentlichungen zur biologischen Psychiatrie davon aus, daß die Gerichte immer stärker auf Informationen aus tomographischen Hirnuntersuchungen zurückgreifen werden, um strafrechtliche Verantwortung und mögliche Gemeingefährlichkeit zu beurteilen.[25] In modernen Lehrbüchern des Strafrechts wird die biologische Voraussage von Straffälligkeit, der man früher kaum mehr als ein Kapitel widmete, nicht selten in den Mittelpunkt gerückt.[26]

Genetische Diagnosen faszinieren, weil sie wissenschaftlich begründbar sind. Ein Bildschirm vermittelt das Gefühl von Präzision. Computerverarbeitete Statistiken erscheinen zumindest dem Laien objektiv, neutral, unwiderlegbar. Doch diese Untersuchungsergebnisse können durchaus falsch gedeutet werden. Die Beweise der meisten diagnostischen Tests sind nur abgeleitet, und die Interpretation beruht auf statistischen Definitionen des Normalen. Dazu kommt, daß man häufig Kausalzusammenhänge herstellt, wo bloße Korrelationen vorliegen. Die Fehlerquote – falsche Positiv- und falsche Negativergebnisse – ist beim gegenwärtigen Stand der biologischen Untersuchungsmethoden recht hoch. Aber auch zuverlässige Tests können nicht voraussagen, wann oder wie die Krankheit ausbrechen wird, weil in vielen Fällen zufällige Ereignisse oder zusätzliche Faktoren wie Ernährung, Lebensweise oder Umwelt mitbestimmen, zu welchem Zeitpunkt und in welchem Ausmaß die Symptome eintreten.

Die Voraussetzungen zur Interpretation biologischer Tests werden besonders dann problematisch, wenn man, beim sogenannten Screening, die Untersuchungen an großen Bevölkerungsgruppen durchführt, z. B. bei Tests zur Feststellung von AIDS oder genetisch bedingter Allergien gegen toxische Stoffe. Ziel solcher Massentests ist es nicht, wie bei klinischen Untersuchungen, die Ursache der bei einer Person aufgetretenen Symptome zu entdecken, sondern statistisch zu ermitteln, wie hoch der Anteil an Kranken in einer Population ist. Einige Menschen geraten dabei unweigerlich in den falschen Raster und müssen schwere Nachteile, wie etwa den Verlust des Arbeitsplatzes, in Kauf nehmen.

Trotz der technischen Grenzen biologischer Tests hat die Industrie im Hinblick auf den erwarteten riesigen Markt hohe Wachstumsraten.[27] Biotechnik-Firmen liefern sich einen Wettbewerb bei der Entwicklung von Gensonden zur Bestimmung von Erbkrankheiten, weil sie davon ausgehen, daß Gentests in vielen Institutionen Pflicht sein werden. Auch fließen in jüngster Zeit Anlagegelder bevorzugt in Unternehmen aus dem Bereich der neurowissenschaftlichen Forschung.

In dem Maße, wie Fortschritte in Genetik und Neurowissenschaft wirkungsvolle Instrumente zur Voraussage von Krankheiten und Verhaltensanomalien zur Verfügung stellen, können Tests entwickelt werden, die effizient, preiswert, präzise und vor allem nicht invasiv sind. Es wäre einfach, jedes Neugeborene zu testen. Die Amerikanische Gesellschaft für Humangenetik betrachtet den Vorschlag, der Nabelschnur von Neugeborenen eine Untersuchungsprobe zu entnehmen und die DNA zu speichern, als problematisch. Welche Folgen hätte das für die Privatsphäre und für eine spätere Diskriminierung? Staatliche DNA-Datenbanken, in denen Informationen über die Herkunft eines Menschen und seine Veranlagung zu Krankheiten gespeichert wären, sind keineswegs utopisch. Man könnte für jeden Menschen eine Genkarte anlegen. Einige private Gesellschaften für Biotechnologie werben für genetische Datenzentren, in denen Familien DNA-Proben zur späteren Untersuchung einlagern sollen. Bestimmte Firmen prophezeien schon heute, daß im Lauf der Entwicklung die meisten Menschen ihr genetisches Profil speichern lassen werden.

Solche Voraussagen verraten einen naiven Optimismus. Man erwartet, daß der medizinische Vorteil einer Voraussage genetisch bedingter Krankheiten, der gesellschaftliche Vorteil von Daten zur Kontrolle krimineller Elemente und der wirtschaftliche Vorteil rationaler Planungsdaten die Entwicklung von DNA-Datenbanken rechtfertigen werden. Schon heute bergen Datenbanken erhebliche Mengen von persönlichen Informationen über eine Vielzahl von Menschen. In einigen US-Bundesstaaten speichern die Behörden Daten von Patienten der Nervenheilanstalten und halten Geburtsfehler in Genregistern fest. Im Staat New York ist es bereits zu einer Auseinandersetzung gekommen, weil die Behörden die Akten über Geburtsfehler mit einem Identifizierungsvermerk (z. B. mit der Sozialversicherungsnummer) versehen hatten. Damit wollte man Studien über den Zusammenhang zwischen genetischen Anomalien und Arbeitsplatz ermöglichen. Die Genberater wollen solche Informationen nicht freigeben, um die Privatsphäre zu schützen. Sie mißtrauen der Absicht des Staates, die Verwendung der Informationen auf diese bestimmte Studie zu beschränken.

Trotzdem werden die DNA-Datenbänke immer umfangreicher. Die Strafverfolgungsbehörden haben ein besonderes Interesse an genetischen Daten.[28] Das FBI führt eine Datenbank mit den DNA-Fingerabdrücken von Straftätern, die auf Bewährung entlassen wurden. Die britische Regierung erlaubt der Polizei in Nordirland, ohne Einwilligung des Betroffenen Lippenabstriche vorzunehmen, falls der Verdacht besteht, sie könnten in Zukunft terroristische Straftaten begehen. So will man eine Datenbank schaffen, die spätere Identifizierungen ermöglicht. Die Prozedur beinhaltet eine Art spitzfindiger Rücksichtnahme: Abstriche im Mundraum sind unzulässig, weil sie einen »Eingriff« darstellen würden.

Die Möglichkeiten genetischer Diskriminierung sind nicht zu übersehen, und in einigen Fällen beginnen sie Gestalt anzunehmen. So hat man »Kranken ohne Symptome« – von deren genetischer Krankheit man weiß, die jedoch keine Krankheitsanzeichen aufweisen – Versicherung und Arbeitsplatz, ja sogar den Führerschein verwehrt. Letztlich erklärt man damit das genetische Risiko einer Krankheit schon selbst zur Krankheit, obgleich sie sich noch nicht manifestiert hat.[29]

Die Bedeutung biologischer Profile ist natürlich davon abhängig, wie man sie in der Praxis nutzt. Neben Schulen, Arbeitgebern, Versicherungen und Strafverfolgungsbehörden können auch Kfz-Zulassungsstellen, Einwanderungsbehörden, Kreditunternehmen, Adoptionsvermittler, Transplantationszentren, Profisportvereine, Geschlechtspartner, das Militär, sogar die Berufungskommissionen an Universitäten Interesse an der genetischen und neurobiologischen Verfassung, an diagnostischen Informationen über den gegenwärtigen und künftigen Gesundheitszustand einer Person haben.

Die steigende Flut biologischer Tests fordert die verschiedenartigsten Fragen zu den Normen persönlicher Freiheit heraus – insbesondere zum Recht auf die Privatsphäre im medizinischen Bereich. Angesichts ihrer besonderen Verantwortung mögen zahllose Organisationen, wie z. B. Versicherungen und Polizei, mit Unterstützung durch Rechtsprechung und Politik, Anspruch auf medizinische Informationen erheben. Wenn man jedoch bedenkt, daß durch die normale und mißbräuchliche Anwendung von Tests Menschen ausgegrenzt, stigmatisiert und diskriminiert werden können, bleibt dieser Anspruch zumindest fragwürdig.

Die immer größere Verfügbarkeit biologischer Tests stellt auch neuartige Ansprüche an die Normen ärztlicher Schweigepflicht. Je mehr man über die biologischen und genetischen Grundlagen von Krankheiten herausfindet, um so wichtiger wird die Rolle des medizinischen Experten im nicht-klinischen Bereich. Der Betriebsarzt, der Schulpsychologe, der Gerichtsmediziner – lauter Berufe mit Interessenkollisionen – haben innerhalb ihrer jeweiligen Institutionen mehr Verantwortung übernommen. Ärzte in zwiespältigen Rollen dieser Art haben Verpflichtungen nach zwei Seiten (und werden gelegentlich auch als »Doppelagenten« bezeichnet): gegenüber dem Unternehmen, für das sie arbeiten, und gegenüber ihren Patienten.[30] Die Ärzte werden nicht nur auf immer mehr außerklinischen Gebieten zuständig, sondern sie geraten dadurch auch immer häufiger in ein berufsethisches Dilemma.

Die wichtigste Folge biologischer Tests ist jedoch die Gefahr, daß die Zahl der Personen, die einfach »nicht dazugehören«, nun größer wird. Durch die Verfeinerung der Testmethoden für Lebensmittel in den 60er und 70er Jahren ließen sich mehr krebserzeugende Stoffe nachweisen, und die Zahl der als problematisch eingestuften Produkte stieg enorm an. Auf ganz ähnliche Weise erweitern verbesserte Diagnoseverfahren unsere Fähigkeit, Abweichungen von der Norm festzustellen; wie bei den Lebensmitteluntersuchungen steigt so die Zahl der als krank definierten Menschen. Da die Tests außerdem die Vorhersage künftiger, zunächst aber vielleicht noch jahrelang symptomfreier Erkrankungen ermöglichen, entsteht eine neue Kategorie von Menschen, die »Kranken ohne Symptom«.

Auch wenn die Tests zuverlässiger werden und in immer größeren Bereichen Voraussagen erlauben, bleiben Interpretationsprobleme bestehen. Wie eng muß der Zusammenhang zwischen bestehenden Genmarkern und daraus folgenden körperlichen Merkmalen oder Verhaltenssymptomen sein, bevor soziale Maßnahmen wie Arbeitsplatzverlust, Einweisung in Sonderschulen oder Untersuchung auf Schuldfähigkeit ergriffen werden dürfen? Wie wollen wir das Bedürfnis von Institutionen, sich wirtschaftlich abzusichern, und die Rechte des Individuums gegeneinander abwägen? Was soll als normal, was als abweichend definiert werden? Wessen Maßstäbe sollen gelten? Wir laufen insgesamt Gefahr, *mehr* Menschen als arbeitsunfähig, nicht erziehbar oder nicht versicherbar zu definieren, mit anderen Worten also, eine genetische Unterschicht zu schaffen.

Eric Lander

Identifizierung durch den DNA-Fingerabdruck: Probleme aus wissenschaftlicher und juristischer Sicht

Im Verlauf des 20. Jahrhunderts hat man durch grundlegende Fortschritte in der humangenetischen Forschung immer wieder neue Instrumente geschaffen, mit denen Beweismittel in Strafprozessen und Vaterschaftsklagen wissenschaftlich untersucht werden. Die gerichtsmedizinische Verwendung des DNA-Fingerabdrucks begann mit der Entdeckung des ABO-Blutgruppensystems; sie erstreckte sich bald auch auf andere Blutgruppen, Serum-Proteine und Zellenzyme der roten Blutkörperchen. Da diese Proteine jeweils in mehreren verschiedenen Formen auftreten, konnten die Gerichtsmediziner die Proteine eines Verdächtigen mit denen eines Beweisstücks vergleichen, um den Verdächtigen in eine Gruppe von Personen, von denen die Probe stammen könnte, »einzuschließen« oder aus ihr »auszuschließen«. Im Regelfall wird eine willkürlich ausgewählte Person mit 95prozentiger Wahrscheinlichkeit ausgeschlossen; dennoch bleibt eine nicht unerhebliche Möglichkeit rein zufälliger Übereinstimmung. Wenn jemand also aufgrund eines solchen Testverfahrens in den Kreis der Verdächtigen »eingeschlossen« würde, könnte man nie von einem endgültigen Beweis für seine Schuld sprechen.

So sah man in der Gerichtsmedizin die Notwendigkeit, Genmarker mit größerer Trennschärfe zu finden. Die Proteine des menschlichen Leukozyten-Antigens (HLA) stellten eine vielversprechende Möglichkeit dar: Diese Zelloberflächen-Proteine sind überaus verschiedenartig – in der Tat ist eben darauf die Abstoßungsreaktion bei Gewebetransplantationen zurückzuführen. Unglücklicherweise erwiesen sich die HLA-Proteine als so wenig stabil, daß eine zuverlässige Identifizierung aus getrockneten Blutflecken nicht möglich war; man bedient sich dieser Methode vorwiegend bei Vaterschaftsklagen, wo frische Proben zur Verfügung stehen.

Die Lage veränderte sich von Grund auf, als man feststellte, daß bei den DNA-Sequenzen, insbesondere den Restriktionsfragment-Längenpolymorphismen (RFLPs), eine andere Vielfalt herrscht als bei den Proteinen. Bisher wurden rund 2000 RFLPs entdeckt, und zwar auf allen menschlichen Chromosomen. Die Gerichtsmediziner erkannten bald, daß die DNA eine definitive Identifizierungsmöglichkeit darstellt. Sie verfügt über alle notwendigen Eigenschaften: Die DNA weist eine enorme Vielfalt auf (in einem Genom von etwa drei Milliarden Nukleotiden kommt eine Variationsstelle auf etwa tausend Nukleotide); DNA ist in allen Zellen vorhanden (außer in den Zellen der roten Blutkörperchen); die DNA eines Menschen ist im ganzen Körper identisch, verändert sich im Lauf des Lebens nicht und bleibt als relativ stabiles Molekül auch in getrockneten Spuren meist erhalten.

Die elementaren Methoden zur Feststellung des genetischen Fingerabdrucks sind verhältnismäßig einfach. Zunächst gewinnt man DNA aus einem Beweisstück und aus dem Blut des Verdächtigen. Anschließend spaltet man die DNA in Millionen von Fragmenten, und zwar mit einem Restriktionsenzym, das an ganz bestimmten Sequenzen schneidet. Durch Gelelektrophorese werden die Fragmente aufgetrennt: Dabei ordnet man die Proben jeweils auf einer Gelbahn an, an die ein elektrisches Feld angelegt wird. Die DNA-Moleküle wandern in diesem Feld mit unterschiedlicher Geschwindigkeit, die von ihrer Größe abhängt (die kleineren wandern schneller als die größeren). Am Ende des Verfahrens liegen die DNA-Fragmente nach Größe geordnet entlang der Bahn. Die DNA wird dann auf einem Spezialpapier, dem *Filter*, fixiert und kann nun analysiert werden.

Um bildlich darzustellen, welchem bestimmten *Locus* auf dem Chromosom die DNA-Fragmente entsprechen, muß man eine *radioaktiv markierte Sonde* verwenden, die eine kurze DNA-Sequenz des entsprechenden Bereichs enthält. Die Sonde wird auf den Filter aufgebracht und verbindet sich mit komplementären Sequenzen. Um festzustellen, wo die radioaktive Sonde sich verbunden hat, setzt man den Filter über Nacht einem Röntgenfilm aus. Die Verbindungsstellen zeigen sich als geschwärzte, horizontale Streifen (Banden) auf dem als *Autoradiogramm* bezeichneten Film. Die Banden stellen das DNA-Muster der Probe für den betreffenden Locus dar.

Für jeden Locus vergleicht man, ob die DNA-Muster (exakte

Zahl und Position der Banden) der Probe mit denen der weißen Zellen des Verdächtigen übereinstimmen. Wenn die Muster nicht in jedem Locus übereinstimmen, dann müssen sie (von technischen Fehlern abgesehen) verschiedener Herkunft sein. Wenn die Muster in jedem Locus übereinstimmen, dann sind sie *möglicherweise* gleicher Herkunft – d. h., es ist logisch begründet, gleiche Herkunft zu vermuten, aber auch durchaus möglich, daß sie von zwei verschiedenen Menschen stammen, die zufällig an diesen bestimmten Stellen dieselben Muster aufweisen. Findet man die Übereinstimmung an einer *ausreichenden* Zahl von Loci, dann wird man am Ende zu dem Schluß gelangen, daß die Proben von derselben Person stammen müssen.

Wie viele Übereinstimmungen sind ausreichend? Die Antwort richtet sich nach dem Grad der Variabilität an dem jeweiligen Locus – wie hoch also die Wahrscheinlichkeit ist, daß zwei willkürlich ausgesuchte Menschen an dieser Stelle das gleiche Muster haben. Um die Trennschärfe zu verbessern, sind die Gerichtsmediziner dazu übergegangen, mit hoch-polymorphen RFLPs zu arbeiten, d. h. Loci, die eine variable Anzahl benachbarter, repetitiver DNA-Sequenzen enthalten (VNTR – variable number of tandem repeat; s. Abb. 24). Einige Chromosomen können 30 dieser Tandem-Kopien enthalten, andere 31 usw. An vielen Loci sind zahlreiche verschiedene Längen möglich. Falls man zwischen den Längendifferenzen eindeutig unterscheiden kann, verfügt man über ein wirkungsvolles Verfahren für DNA-Fingerabdrücke. Zur Zeit werden in den meisten Laboratorien vier VNTR-Loci analysiert. Sie stellen zwar nur einen winzigen Ausschnitt aus der Vielfalt dar, die im menschlichen Genom vorliegt, doch ist man in der Gerichtsmedizin der Ansicht, dieser Bruchteil sei für eine große Zahl von Informationen zur Identität ausreichend.

Mitte der achtziger Jahre wurden in den USA mehrere private Gesellschaften gegründet, um den DNA-Fingerabdruck zur Identifizierung von Straftätern zu vermarkten. Die beiden bekanntesten waren *Cellmark Diagnostics* in Germantown, Maryland, und *Lifecodes Corporation* in Valhalla, New York. 1988 wurde der DNA-Fingerabdruck erstmals als Beweismittel vor Gericht zugelassen, und zwar in der Sache *Florida gegen Tommy Lee Andrews.*[1] Nachdem das FBI sich in den eigenen Labors mit diesem Verfahren behutsam auseinandergesetzt hatte, begann die Behörde ab Januar 1989 in einzelnen Fällen die Hilfe staatlicher gerichtsmedizinischer

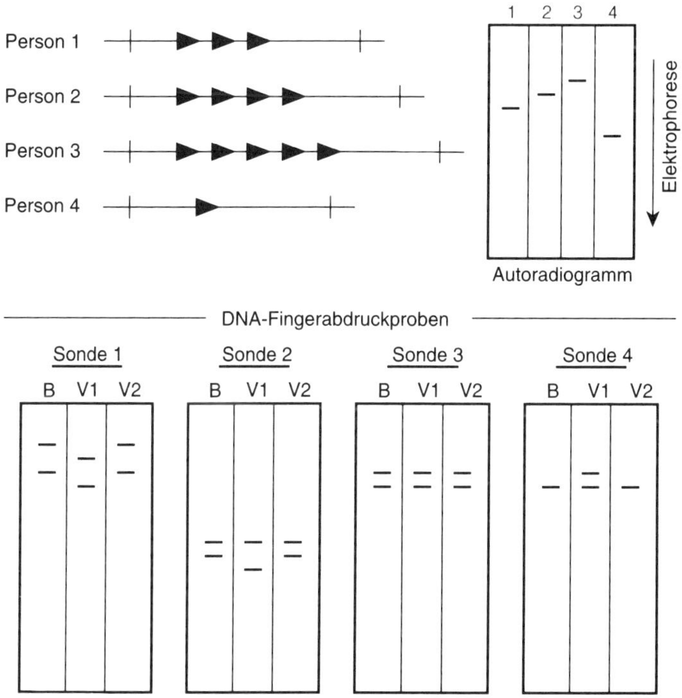

Abb. 24: Der DNA-»Fingerabdruck« stellt eine Aufzeichnung von Polymorphismen der DNA eines Menschen dar. Gerichtsmediziner analysieren eine Form des RFLP, d.h., Loci mit variabler Anzahl benachbarter, repetitiver DNA-Sequenzen (variable number of tandem repeat – VNTR). So kann sich in einer bestimmten Chromosomenregion eine DNA-Sequenz (in der Zeichnung oben durch einen Pfeil markiert) bei verschiedenen Personen drei-, vier-, fünf- oder nur einmal wiederholen. Wenn die DNA von diesen Chromosomen mit einem bestimmten Restriktionsenzym geschnitten wird (die Schnittstelle wird durch die senkrechten Striche bezeichnet), dann entstehen aufgrund der variablen Zahl der Sequenzwiederholungen Fragmente unterschiedlicher Länge. Nach radioaktiver Markierung und Elektrophorese zeigt das entstandene Autoradiogramm »Banden«, die die Fragmentlängen angeben (von der größten oben bis zur kleinsten unten).

Als Beispiel zeigen wir die Autoradiogramme für drei Proben, die mit vier verschiedenen Sonden analysiert wurden. Die Probe B stellt das Beweisstück dar, V 1 und V 2 stammen von eventuellen Verdächtigen. Für jede Sonde liefert die DNA eine Bande von dem in der väterlichen Linie vererbten Chromosom und eine vom mütterlich vererbten. Im Regelfall erscheinen zwei Banden, obwohl auch bloß eine Bande möglich ist, wenn die zwei Kopien des Chromosoms Fragmente gleicher Länge haben. Die Probe V 2 stimmt an allen vier untersuchten Loci mit der Beweisprobe überein, während das bei V 1 nur einmal der Fall ist. Den Verdächtigen V 2 würde man in die Personengruppe »einschließen«, von denen das Beweisstück stammen könnte, der Verdächtige V 2 würde endgültig aus dieser Gruppe »ausgeschlossen« werden.

Institutionen in Anspruch zu nehmen. Seitdem ist in den USA der DNA-Fingerabdruck in mehr als 100 Fällen angewendet und von ungefähr zwei Dritteln aller Bundesstaaten in mindestens einem Gerichtsbezirk förmlich zugelassen worden.

Da es sich um ein neues Verfahren handelte, mußte in allen betreffenden Gerichten festgestellt werden, daß es als solches bewährte Normen für die Zulässigkeit neuartiger wissenschaftlicher Beweismittel erfüllte. Die bekannteste Norm ist die Frye-Regel; sie wurde 1923 von einem Bundesgericht erstmals im Prozeß gegen James Frye formuliert. Frye, ein junger Schwarzer, wurde beschuldigt, in Washington, D. C. einen Weißen ermordet zu haben. Fryes Anwalt forderte das Gericht auf, die Ergebnisse eines »systolischen Blutdruck-Tests« – einer Vorform des Lügendetektors – als Beweismittel zuzulassen. Er berief sich dabei auf das allgemeine Prinzip, die Aussage von Experten zu den Fachbereichen ihres Wissens und ihrer Erfahrung zuzulassen. Da es sich beim Lügendetektor jedoch um ein neues Verfahren handelte, formulierte das Gericht ein strengeres Prinzip für die Zulassung:

»Es ist schwer zu definieren, zu welchem genauen Zeitpunkt die Grenze überschritten wird, die zwischen dem Erprobungsstadium eines wissenschaftlichen Prinzips und seinem Nachweis zu ziehen ist. Irgendwo in dieser Grauzone muß die Beweiskraft des Prinzips anerkannt werden; das Gericht wird zwar großzügig Aussagen von Fachleuten zulassen, die von einem allseits anerkannten wissenschaftlichen Prinzip oder einer entsprechenden Entdeckung abgeleitet werden, doch muß das Ableitungsprinzip so weit erwiesen sein, daß es im jeweiligen Fachbereich allgemein anerkannt ist.«[2]

Das Gericht kam zu der Überzeugung, der Lügendetektor sei noch nicht allgemein anerkannt, und lehnte die Zulassung der Ergebnisse als Beweismittel ab.

»Allgemeine Anerkennung im jeweiligen Fachbereich« ist eine dehnbare Norm – vielleicht gerade dehnbar genug, um den Gerichten den voreiligen Schluß zu erlauben, der DNA-Fingerabdruck erfülle die Voraussetzungen der Frye-Regel, einfach, weil die DNA-Analyse sich in der medizinischen Anwendung weitgehend durchgesetzt hatte. Die meisten Gerichtsentscheidungen enthielten einen Kern gemeinsamer Feststellungen: die DNA sei absolut unveränderlich in jeder Körperzelle; die Proben von einem Beweisstück müßten daher mit Proben des Schuldigen identisch sein; und falsch-positive Identifizierungen seien im Grundsatz ausgeschlossen.[3]

Man versteht, warum die Gerichte den DNA-Fingerabdruck so rasch als Beweismittel zugelassen haben. Das Verfahren ist theoretisch makellos: falls eine ausreichende Zahl von Orten genetischer Variation analysiert wird, ist es zweifellos möglich zu entscheiden, ob zwei Proben dieselbe Herkunft haben.

In der Praxis kann der DNA-Fingerabdruck jedoch durchaus Probleme machen. Die Schwierigkeiten werden evident, sobald man die DNA-Gerichtsmedizin mit medizinischer DNA-Diagnose vergleicht. Die DNA-Diagnose wird unter optimalen Laborbedingungen durchgeführt: die Proben sind frisch, nicht verschmutzt und stammen von einer einzigen Person. Sind die Ergebnisse zweifelhaft, kann man neue Proben entnehmen und den Test wiederholen. Für das Verfahren ergibt sich somit eine hohe Genauigkeit. Der forensische Molekularbiologe ist dagegen bei seiner Arbeit völlig auf die Proben angewiesen, die man am Schauplatz des Verbrechens gefunden hat. Sie waren möglicherweise zahlreichen Umwelteinflüssen ausgesetzt: sie sind vielleicht verdorben, oder sie bestehen aus einer Mischung von Proben verschiedener Personen, wie etwa in Fällen mehrfacher Vergewaltigung. Dem Gerichtsbiologen steht oft nur ein Mikrogramm oder weniger des DNA-Materials zur Verfügung, das vielleicht gerade für einen einzigen Test ausreicht. Ein nicht eindeutiger Test kann häufig nicht wiederholt werden, weil die Probe aufgebraucht ist.

Außerdem stellt sich in der DNA-Diagnose gewöhnlich nur die einfache Frage, welches von zwei alternativen Allelen ein Elternteil dem Kind weitergegeben hat. Da nur zwei Alternativen zur Verfügung stehen, gibt es natürliche Möglichkeiten, Fehlern auf die Spur zu kommen. Die DNA-Gerichtsmedizin hat dagegen Ähnlichkeit mit der analytischen Biochemie. Man möchte die Identität zweier Proben feststellen, über die man vorweg keine Informationen hat. Zunächst muß man entscheiden, ob die Bandenmuster übereinstimmen; es geht dabei um kleine Unterschiede, die hinsichtlich ihrer Bedeutsamkeit differenziert zu beurteilen sind. Kommt man zu dem Schluß, daß die Muster an einigen Variationsorten zusammenpassen, so muß man als nächstes die Wahrscheinlichkeit abschätzen, nach der diese Übereinstimmung zufällig sein könnte. Dafür muß die Verteilung von Bandenmustern innerhalb der Population insgesamt bekannt sein.

Aus diesen Gründen stellt die DNA-Gerichtsmedizin erheblich höhere Ansprüche als die DNA-Diagnose. Als man den DNA-Fingerabdruck als Beweismittel einführte, haben die Richter über diese potentiellen Schwierigkeiten nicht nachgedacht. Die Probleme sind erst in der Rückschau, als Ergebnis der inzwischen gemachten Erfahrungen, sichtbar geworden.

Meine Beschäftigung mit dem DNA-Fingerabdruck geht auf die Teilnahme an einer Tagung über DNA-Gerichtsmedizin zurück. Sie fand im November 1988 im *Banbury Center* des *Cold Spring Harbor Laboratory*, Long Island, statt.[4] Ich hatte als Humangenetiker in der medizinischen Diagnostik mit RFLP-Markern gearbeitet, und man hatte mich gebeten, zu den forensischen Anwendungsmöglichkeiten als Außenstehender Stellung zu nehmen. Nach der Tagung forderte man mich auf, in einem Mordfall in der Bronx, *New York gegen Castro*, Beweismittel zu untersuchen.[5] Nach langem Zögern erklärte ich mich schließlich bereit, als Experte in den Zeugenstand zu treten, als es in einer Anhörung vor Prozeßeröffnung um die Zulässigkeit des DNA-Beweismittels ging.

Vilma Ponce und ihre zweijährige Tochter Natascha waren in ihrer Wohnung in der Bronx brutal ermordet worden. Der Lebensgefährte des Opfers lenkte den Verdacht auf den Hausmeister des Gebäudes. Als die Polizisten Castro vernahmen, bemerkten sie auf seiner Armbanduhr einen kleinen Blutfleck. Die Uhr wurde beschlagnahmt und zur DNA-Probe an die *Lifecodes Corporation* geschickt. Dort verglich man die DNA aus dem Blutfleck mit der DNA der Opfer, wobei man drei Autosomen-Sonden benutzte und zur Geschlechtsbestimmung eine Y-Chromosomen-Sonde. *Lifecodes* gab an, das Blut auf der Uhr stimme mit dem der ermordeten

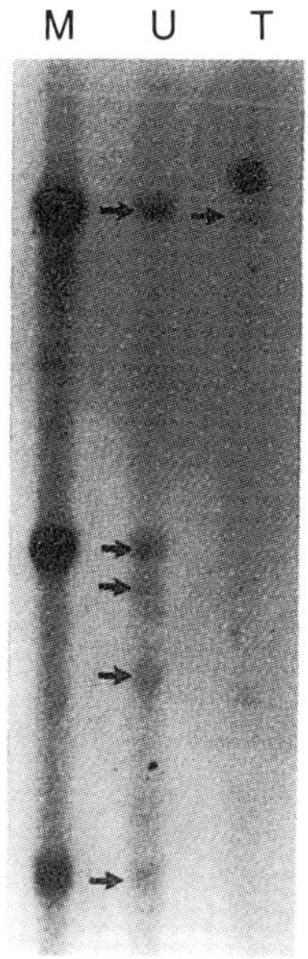

Abb. 25: Dieses Autoradiogramm aus dem Fall *New York gegen Castro* zeigt Muster von der ermordeten Mutter (M), dem Blutfleck auf der Uhr des Angeklagten (U) und von der ermordeten Tochter (T), die jeweils mit der Sonde für den Locus DXYS 14 hybridisiert wurden. Dieser Locus ist um einiges komplexer als die üblichen VNTR-Loci: er kann im DNA einer einzigen Person von einer bis zu acht Banden hervorbringen. Das DNA der Mutter weist drei auf. Zeugen beider Parteien kamen für die DNA des Blutflecks von der Armbanduhr übereinstimmend auf fünf Banden (durch Pfeile markiert). Obwohl die Intensität der Färbung bei den drei unteren Banden gleich war, entschied man im Untersuchungslabor, die nicht übereinstimmenden Banden als nicht natürlich (als Variationen aufgrund nicht ermittelter Einwirkung, z. B. durch einen Test bei falscher Temperatur) anzusehen, die man daher ignorieren könne. Daher bezeichnete man die Proben M und U als identisch. Außerdem wurde im offiziellen Untersuchungsbericht des Testlabors erklärt, die von der Tochter stammende Probe (T) zeige drei Banden in exakt der gleichen Position wie die in der Probe der Mutter. Bei der Anhörung konnte keiner der anwesenden Wissenschaftler die betreffenden Banden finden. Diese Fakten legen den Schluß nahe, daß die Interpretation der DNA-Muster durch das Untersuchungslabor möglicherweise zu stark von dem Vergleich zwischen den Bahnen beeinflußt war. Für zuverlässige Ergebnisse muß jedes Muster unabhängig von den anderen beurteilt werden.

Mutter überein und behauptete, dieses DNA-Bandenmuster trete innerhalb der lateinamerikanischen Bevölkerung in den USA mit einer Häufigkeit von 1 : 100 Millionen auf.

In der Anhörung zur Zulässigkeit des DNA-Beweismittels traten zahlreiche Probleme zutage.[6] Laut Laborbericht wiesen sowohl der Blutfleck auf der Uhr als auch die Vergleichsprobe von der ermordeten Mutter bei der Untersuchung mit der Sonde für den Locus DXYS14 drei DNA-Muster auf. (Die Locus-Bezeichnung bezieht sich auf das Chromosom und die Reihenfolge der Entdeckung; in diesem Fall handelt es sich um X- und Y-Chromosomen, und der betreffende Locus wurde als vierzehnter entdeckt.) Dennoch waren sich bei der Anhörung alle Experten – auch die von *Lifecodes* – einig, daß die DNA von der Uhr zwei zusätzliche DNA-Banden aufwies (s. Abb. 25). Warum waren sie im Laborbericht unerwähnt geblieben? Wieso galten sie nicht als Beweis, daß die Proben nicht übereinstimmten? *Lifecodes* begründete das mit dem Argument, bei den zusätzlichen Banden handele es sich um nichtmenschliche Kontamination; diese Schlußfolgerung beruhte jedoch auf reiner Spekulation, und man hatte keinerlei Experimente durchgeführt, um die Herkunft der Banden festzustellen (was nichts anderes erfordert hätte als das nochmalige Hybridisieren mit einer nicht kontaminierten DNA-Sonde). *Lifecodes* behauptete, die zwei zusätzlichen Banden könnten nicht von dem betreffenden Locus stammen, weil ihr Muster nicht zu den bekannten Merkmalen dieses Locus passe. Daß dieses Argument falsch war, erwies sich bei der Anhörung von Howard Cooke. Dieser Wissenschaftler vom *Medical Research Council Laboratory* in Edinburgh ist der Entdekker des Locus und hatte Lifecodes die Sonden zur Verfügung gestellt. Nach seiner Aussage gab es keinerlei Möglichkeit, auf der Grundlage der Muster zu entscheiden, ob die zusätzlichen Banden von Menschen stammten oder nicht – man hätte das Experiment in dem Moment wiederholen müssen, als sich herausstellte, daß das Ergebnis nicht eindeutig war, da zum Zeitpunkt des Prozesses der DNA-Filter verbraucht und es zu spät war, um die Untersuchung noch einmal durchzuführen.

Warum hatte man die beiden zusätzlichen Banden bei *Lifecodes* nicht berücksichtigt? Höchstwahrscheinlich hatten die mit der Untersuchung befaßten Personen das Muster in jeder Bahn nicht jeweils für sich identifiziert, sondern sich durch einen Vergleich zwischen den Mustern beeinflussen lassen. Das Auge, das drei übereinstimmende Banden wahrnimmt, übersieht aus eben diesem Grund die zusätzlichen um so leichter. Das ist ein ganz natürlicher Vorgang, vor allem, weil der Vergleich von Muster zu Muster in wissenschaftlichen Experimenten durchaus akzeptabel ist, da in diesen Fällen automatisch eingebaute Kontrollen zur Fehlervermeidung existieren. Dieselbe Gewohnheit wird jedoch beim Vergleich unbekannter DNA-Proben gefährlich, weil sie dazu verleitet, ausgerechnet die Unterschiede zu ignorieren, die einen unschuldigen Angeklagten entlasten würden.

Die Hypothese, daß man sich bei *Lifecodes* durch Vergleiche zwischen den Proben beeinflussen ließ, bestätigte sich bei den Schlußfolgerungen in bezug auf die Proben von der Tochter. Nach Aussage der Laborberichte hatte man drei Banden im Blut der Tochter in der gleichen Position gefunden wie im Blut der Mutter und im Blutfleck auf der Uhr. Diese drei Banden waren aber in Wirklichkeit überhaupt nicht vorhanden! Zumindest konnte sie vor Gericht keiner der Zeugen (zu denen auch der Wissenschaftler von *Lifecodes* gehörte, der sie ursprünglich gesehen hatte) finden. Die Bahn der Tochter zeigte statt dessen nur eine einzige Bande. Auch hier waren die ursprünglichen Untersuchungsergebnisse vermutlich die Folge unbewußter Voreingenommenheit aufgrund des Vergleichs zwischen den Bahnen.

Man muß, wie gesagt, die Position von Banden sehr genau vermessen, wenn man mit hochvariablen VNTR-Loci arbeitet, weil es viele Möglichkeiten alternativer Größe gibt, die man unterscheiden muß. Als *Lifecodes* sein System aufbaute, wurde seine Genauigkeit festgelegt; man formulierte eine präzise Regel für Übereinstimmungen, die jeweils unter dem gerichtsmedizinischen Untersuchungsbericht stand: danach galten zwei Banden dann als übereinstimmend, wenn ihre gemessenen Größen um nicht mehr als 1,8 Prozent voneinander abwichen.

Bezeichnenderweise zeigten die Laborberichte im Fall *Castro*, daß die Banden an zwei Autosomen-Loci, D2S44 und D17S79, diese Voraussetzung für eine Übereinstimmung nicht erfüllten. Sie hätten aufgrund der internen quantitativen Norm als nicht übereinstimmend bezeichnet werden müssen. Warum erklärte man sie also für identisch? Im Prozeß stellte sich heraus, daß ungeachtet des erklärten Prinzips zur Feststellung einer Übereinstimmung zwischen Proben keine quantitative Messung herangezogen, sondern nach Augenmaß geurteilt wurde.

Als entscheidende Erkenntnis aus dem Fall *Castro* ergibt sich also, daß Augenmaß nicht ausreicht. Bei Anwendungen hochvariabler VNTR-Systeme sind quantitative Messungen unverzichtbar. Zur Ehrenrettung von *Lifecodes* sei hier angemerkt, daß die Gesellschaft ihr Verfahren seit der Anhörung geändert hat und nun quantitative Messungen vornimmt, um eine Übereinstimmung festzustellen.

Zusätzliche Verwirrung stiftete der Geschlechtstest, der mit den Proben von Mutter, Tochter und Blutfleck auf der Uhr durchgeführt wurde. Die Untersuchung ist sehr einfach: Dazu gehören eine Sonde für eine vielfach wiederholte Sequenz, die etwa 2000 Mal auf dem Y-Chromosom vorhanden ist und ein substantielles Fragment des gesamten Chromosoms darstellt. Die DNA von Männern sollte eine deutliche Bande charakteristischer Größe ergeben, während die DNA von Frauen keine Auffälligkeit zeigen dürfte. Im Fall *Castro* ergab sich für Mutter, Tochter und den Fleck auf der Uhr keine Auffälligkeit. So zog man bei *Lifecodes* den Schluß, das Blut auf der Uhr stamme von einer Person weiblichen Geschlechts.

Es gab allerdings ein Problem. Zum Standard einer Laboruntersuchung hätte eine positive Gegenkontrolle gehört – eine Untersuchungsprobe männlicher Herkunft also. Andernfalls war es nicht möglich, eindeutig zu entscheiden, ob das männliche Bandenmuster nicht in Erscheinung trat, weil das Blut auf der Uhr von einer Person weiblichen Geschlechts stammte oder weil der Test nicht korrekt durchgeführt wurde. Im DNA-Test bei *Lifecodes* gab es eine Probe mit der Bezeichnung »Kontrollprobe«. Merkwürdigerweise zeigte aber auch diese keine Auffälligkeit. Woher stammte die Kontrollprobe?

Diese einfache Frage rief ungeheure Verwirrung hervor. Der Laborleiter bei *Lifecodes* hatte zunächst ausgesagt, die Kontroll-DNA stamme von einer Zellinie weiblicher Herkunft – ein befremdlicher Umstand bei Durchführung eines Geschlechtstests, weil kein positives Signal sichtbar werden würde. Zwei Wochen später gab jedoch der Labortechniker von *Lifecodes* zu Protokoll, die Kontroll-DNA stamme nicht von einer weiblichen Zellinie, sondern von einem männlichen wissenschaftlichen Mitarbeiter. Als der Laborleiter in den Zeugenstand zurückkehrte, bat man ihn zu erklären, warum die Bahn der inzwischen als männlich deklarierten Probe beim Test des Y-Chromosoms kein positives Signal zeige. Seine Erklärung war bemerkenswert – der männliche Mitarbeiter weise eine seltene genetische Anomalie auf, ein verkürztes Y-Chromosom nämlich, auf dem die betreffende Sequenz fehle. Mehrere Wissenschaftler, zu denen auch ich gehörte, machten das Gericht anschließend darauf aufmerksam, daß solche Deletionen außergewöhnlich selten sind (ihre Häufigkeit liegt unter 1 : 10 000) und praktisch ausnahmslos mit medizinischen Anomalien einhergehen. Eine Woche später kehrte der Laborleiter mit der Erklärung zurück, die Kontrollprobe stamme nicht von einem männlichen Mitarbeiter, sondern von einer Labortechnikerin. Seiner Zeugenaussage zufolge hatte man die Identität des Kontrollmusters durch DNA-Fingerabdruck festgestellt – zweifellos eine überraschende Nutzanwendung des Verfahrens. Offenbar hatte man bei *Lifecodes* die Identität der zur wissenschaftlichen Gegenkontrolle verwendeten DNA-Proben nie festgehalten.

Kurz nach meinem Auftritt als Zeuge, aber noch während der Anhörung, nahm ich an einer von Richard Roberts organisierten Zusammenkunft von Wissenschaftlern teil. Roberts arbeitete am *Cold Spring Harbor Laboratory* und hatte zu Beginn der Anhörung im Fall *Castro* als Zeuge der Anklage allgemein zur Frage des DNA-Fingerabdrucks ausgesagt. Angesichts der Fakten, die seit seiner Aussage ans Licht gekommen waren, schlug er vor, alle unabhängigen Gutachter der Anklage und der Verteidigung zu einem gemeinsamen Treffen einzuladen. Dort sollte eine Diskussion des Sachverhalts ohne Anwesenheit der Anwälte stattfinden. Diese Konferenz fand am 11. Mai 1989 in New York statt. Nach Überprüfung der Autoradiogramme, der Populationsgrundlagen für die Daten und weiterer Unterlagen kamen die Versammelten übereinstimmend zu dem Ergebnis, daß die Beweismittel schwerwiegende Mängel aufwiesen. In einer gemeinsam veröffentlichten Erklärung wurde das Kernproblem umrissen; man kam zu dem Schluß, daß »die DNA-Daten in diesem Fall wissenschaftlich nicht ausreichend gesichert sind, um die Behauptung zu stützen, die Proben stimmten miteinander überein bzw. nicht überein«.

Angesichts solcher Einmütigkeit unter den unabhängigen Gutachtern entschied der Richter schließlich, daß der DNA-Fingerabdruck im Prinzip als Beweismittel zulässig sei, daß man die Untersuchung in diesem Fall jedoch nicht nach allgemein anerkannten Grundsätzen durchgeführt habe. Er entschied, daß der DNA-Nachweis einer Übereinstimmung zwischen dem Blut auf der Uhr und dem der Opfer rechtlich unzulässig sei.

Der DNA-Fingerabdruck setzt eine kritische Beurteilung der Bedeutung eines DNA-Bandenmusters voraus. Andernfalls läuft man Gefahr, sich durch die verblüffende Effektivität dieser Technik blenden zu lassen und einfache Alternativen zu übersehen. Im Fall *Pennsylvania gegen Shorter* wurde ein Mann wegen Vergewaltigung und Mord an seiner Tochter angeklagt.[7] Man fand in seinem Haus einen Waschlappen mit Sperma und schickte ihn zur DNA-Analyse an das *Cellmark*-Labor. Dort identifizierte man in einer Probe des Lappens ein DNA-Muster, das mit dem des Vaters übereinstimmte. Durch eine Untersuchung vaginaler Epithelzellen wurde außerdem ein zweites Muster ermittelt, das weder mit der DNA des Vaters noch mit der seiner Tochter übereinstimmte. *Cellmark* bemerkte dazu, das zweite Muster müsse von einer dritten Person stammen. Der Staatsanwalt beabsichtigte, den Waschlappen als Beweismittel für die Vergewaltigung vorzulegen. Ein wissenschaftlicher Gutachter der Verteidigung stellte beim zweiten Muster etwas Ungewöhnliches fest: Die Hälfte der Banden entsprach denen der Tochter, und zwar an jedem Locus eine. Genau dieses Ergebnis wäre von der DNA der Mutter zu erwarten. Die Körperflüssigkeit auf dem Lappen war also wahrscheinlich die Spur ehelichen Geschlechtsverkehrs, nicht der Vergewaltigung. Der Staatsanwalt verzichtete daher völlig auf die DNA als Beweismittel, was nicht etwa bedeutete, daß der Mann unschuldig war; er legte vielmehr gegen Zusicherung von Strafnachlaß ein Geständnis ab.

Der DNA-Fingerabdruck erfordert auch präzise Informationen über die Art der Kontamination von Proben. Das erwies sich im Fall eines Kindsmißbrauchs, *Maine gegen McLeod*.[8] In diesem Fall schienen die DNA des Verdächtigen und die Probe der Samenflüssigkeit ähnlich, doch waren die Bandenmuster laut *Lifecode*-Analyse vertikal gegeneinander verschoben. Eine solche Differenz könnte darauf hinweisen, daß die Proben von verschiedenen Personen stammen, oder aber sie könnten durch ein Phänomen erklärt werden, das als *Bandenverschiebung* bekannt ist (s. Abb. 26). Gelegentlich wandert eine Probe im elektrischen Feld schneller als die andere (wegen unterschiedlicher Konzentration der Proben, Salzkonzentrationen, Verschmutzungen oder aus anderen Gründen), so daß die Banden gegeneinander versetzt wirken. Um zwischen den beiden Möglichkeiten zu entscheiden, kann man die Proben mit einer DNA-Sonde für einen konstanten oder *monomor-*

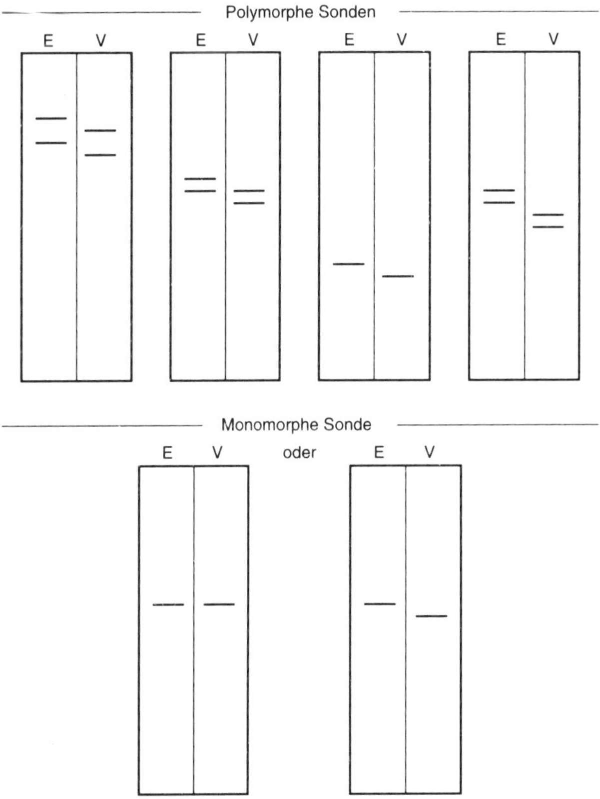

Abb. 26: Bei zwei DNA-Proben können sich Muster in unterschiedlichen Positionen ergeben, die aber bloß gegeneinander verschoben sind. Zwei Erklärungen sind möglich: die DNAs sind tatsächlich verschiedener Herkunft oder sie stammen aus der gleichen Quelle, aber eine Probe ist aus technischen Gründen (z. B. unterschiedliche Salzkonzentration) rascher gewandert. Den zweiten Fall bezeichnet man als »Bandenverschiebung«. Um zwischen diesen Alternativen zu unterscheiden, kann man eine monomorphe Sonde verwenden, die ein DNA-Fragment aufspürt, das bei allen Individuen von gleicher Länge ist. Befindet sich dieses Fragment konstanter Länge bei beiden Proben in gleicher Position, kann man daraus schließen, daß keine Bandenverschiebung vorliegt und die Proben unterschiedlicher Herkunft sein müssen. Sind die »konstanten« Fragmente nicht an gleicher Stelle, dann ist Bandenverschiebung erfolgt. In diesem Fall muß man versuchen, das Ausmaß der Verschiebung quantitativ zu korrigieren.

phen Locus analysieren – einen Locus also, der innerhalb der Bevölkerung nicht variiert, sondern bei jedem Individuum gleich ist. Wenn die monomorphen Muster an gleicher Stelle liegen, kann es sich nicht um Bandenverschiebung handeln, die Unterschiede bei den polymorphen Mustern würden also korrekt als einander ausschließend interpretiert. Sind aber die monomorphen um dieselbe Strecke verschoben wie die polymorphen Muster, dann kann man auf Bandenverschiebung schließen und versuchen, diesen Effekt zu korrigieren.

Der McLeod-Fall hat die Probleme einer solchen Korrektur der Bandenverschiebung schlagartig erhellt. Die Anhörung fand innerhalb einer einzigen Woche statt. Am Mittwoch führte *Lifecodes* einen einzigen monomorphen Locus vor, der um 3,15 Prozent verschoben war, und gab zu Protokoll, daß diese relative Verschiebung über die Gesamtlänge des Gels konstant sein müsse. Bei dieser Verschiebung konnte man die beiden Proben als übereinstimmend bezeichnen. Am Donnerstag legte die Verteidigung dem Zeugen die eigenen Laborberichte vor. Sie bewiesen, daß eine zweite monomorphe Sonde verwendet worden war, die eine Verschiebung von nur 1,72 Prozent anzeigte. Ging man von dieser Verschiebung aus, dann stimmten die Proben nicht überein! Am Freitag hatte der Richter das Problem klar erkannt. Der Staatsanwalt beschloß über das Wochenende, das DNA-Beweismaterial zurückzuziehen und die Anklage fallen zu lassen, bevor die Verteidigung einen einzigen Zeugen aufgerufen hatte.[9]

Zwar ist die Bandenverschiebung in der Molekularbiologie ein wohlbekanntes Phänomen; um Messungen zuverlässig korrigieren zu können, ist es jedoch quantitativ zu wenig erfaßt. Der Mangel an Informationen ist kaum überraschend: Wenn Bandenverschiebung in der Forschung oder im medizinischen Bereich auftritt und gravierende Unklarheiten entstehen, wird das Experiment einfach wiederholt. In der Gerichtsmedizin ist dieser Luxus ausgeschlossen.

Selbst wenn die beiden Proben passende DNA-Muster aufweisen, muß noch entschieden werden, wie wahrscheinlich eine rein zufällige Übereinstimmung wäre – mit welcher Häufigkeit nämlich das betreffende Muster in der Bevölkerung auftritt. Bei der direktesten Methode würde man das DNA-Muster mit einer vorher zusammengestellten Datenbasis vergleichen, in der die DNA-Muster einer willkürlich vorgenommenen Stichprobe in der Bevölkerung enthalten wären. Falls das betreffende DNA-Muster in einer Datenbasis von z. B. 1000 Personen keine Entsprechung hätte, würde man zu dem Schluß gelangen, daß ihre Häufigkeit vermutlich unter 1 : 1000 liegt. Das wäre durchaus vertretbar, wenn die Erhebung tatsächlich nach Zufallsgesichtspunkten vorgenommen würde. In der Praxis lassen die Methoden der Testlabors jedoch einiges zu wünschen übrig.

DNA-Fingerabdrucklabors erheben allerdings Anspruch auf viel extremere Angaben zur Wahrscheinlichkeit. Die von ihnen angegebenen Zahlen reichen von 1 : 100000 bis zu 1 : 100 Millionen, in einem Fall sogar 1 : 739 Billionen. Wie kommt es zu solchen Rechnungen? Das Labor geht von der Voraussetzung aus, daß jedes Allel (d. i. jede Bande) im DNA-Muster sich statistisch unabhängig verhält, und multipliziert dann die Häufigkeit der Allele in der Bevölkerung; so kommt es zu den oben angeführten, manchmal astronomischen Angaben zur Wahrscheinlichkeit. Entscheidend ist natürlich die Frage, ob statistische Unabhängigkeit tatsächlich gegeben ist.

Dieses Problem ist bereits vor Gericht verhandelt worden. In dem berühmten Prozeß *Kalifornien gegen Collins* berichtete ein Augenzeuge, er habe gesehen, wie eine weiße, blonde Frau und ein Schwarzer sich in einem gelben Fahrzeug vom Tatort entfernten.[10] Die Polizei griff in der Folge ein solches Paar auf. Im Prozeß sagte ein Mathematiker zur Wahrscheinlichkeit aus, ein Paar zu finden, auf das die Beschreibung zutraf. Bei seiner Berechnung multiplizierte er (a) die Häufigkeit blonder Frauen in der Bevölkerung mal (b) der Häufigkeit schwarzer Männer mal (c) der Häufigkeit rassisch gemischter Paare. Mit dieser Art von Arithmetik gelangte er zu dem Schluß, die Häufigkeit solcher Paare liege bei 1 : 12000000. Die Jury sprach die Angeklagten schuldig. Das Oberste Gericht in Kalifornien verwarf das Urteil, weil die Aussage statistische Irrtümer enthalte. Unter anderem verwiesen die Richter darauf, daß die drei Kategorien (a), (b) und (c) statistisch nicht unabhängig voneinander seien und ihre jeweilige Häufigkeit daher nicht miteinander multipliziert werden dürfe.

In der Populationsgenetik reduziert sich das Problem statistischer Unabhängigkeit auf die Frage, ob die allgemeine Bevölkerung zufällig zusammengesetzt ist oder ob sie aus genetisch differenzierten Untergruppen besteht.[11] Im zweiten Fall werden die Banden sich nicht statistisch unabhängig voneinander verhalten: wenn z. B.

eine unter Süditalienern häufig auftretende Bande an einem Locus gefunden wird, erhöht das die Wahrscheinlichkeit, daß der Verdächtige süditalienische Vorfahren hat und damit auch die Wahrscheinlichkeit, daß man eine unter Süditalienern häufige Bande an einem anderen Locus findet.

Die korrekte Berechnung von Häufigkeiten für eine heterogene Bevölkerung wirft komplexe Fragen auf. Es ist bemerkenswert, wie wenig Aufmerksamkeit die DNA-Labors diesem Punkt ursprünglich geschenkt haben. In einer wissenschaftlichen Veröffentlichung erklärte *Lifecodes*, daß es in seinen Datenbanken keine Anzeichen für Heterogenität sehe, legte aber sein Beweismaterial nicht vor. Als es dann im Mordfall *Castro* auf den Tisch kam, stützten die Daten die entgegengesetzte Schlußfolgerung. Angesichts der von *Lifecodes* behaupteten Meßgenauigkeit des Labors – der Laborleiter sagte aus, das System könne Zwei-Banden-Muster von Mustern mit einer Bande unterscheiden, falls das Molekulargewicht der Fragmente sich um 0,6 Prozent unterscheide – gab es in der Untersuchung viel zu viele Muster mit einer Bande (homozygote Muster). *Lifecodes* hatte Bevölkerungsstudien durchgeführt, um zu überprüfen, ob die statistische Unabhängigkeit gegeben sei, die zur Berechnung der Häufigkeit notwendig ist. Dabei ließ der hohe Anteil homozygoter Muster auf eine Korrelation zwischen dem vom Vater und dem von der Mutter vererbten Allel schließen. Einer der Zeugen im *Castro*-Prozeß hatte sogar selbst den Bericht über die Bevölkerungsstudie vor der Publikation begutachtet. Nach Überprüfung der Daten gab er zu Protokoll, sie widersprächen den von *Lifecodes* aufgestellten Behauptungen; er hätte den Beitrag nie zur Veröffentlichung freigegeben, wenn ihm die Daten bei Vorlage des Artikels zugänglich gewesen wären.

Die Populationsgenetik hat sich vor Gericht als dornenreicher und verwirrender Weg herausgestellt. Einige Gerichte haben die Berechnungen unverändert akzeptiert; andere haben versucht, rechnerische Korrekturen anzubringen; wieder andere haben den DNA-Fingerabdruck gar nicht erst zugelassen, solange diese Frage noch nicht definitiv entschieden sei. Zur letzten Kategorie gehören die Obersten Gerichte von Minnesota und Massachusetts. Ohne Zweifel muß dieses Problem rasch und energisch gelöst werden.

Aus mehreren Jahren Erfahrung mit dem DNA-Fingerabdruck lassen sich einige Lehren ziehen.

Erstens: Durch die Verwendung besonders polymorpher Systeme, d.h. der Loci mit variabler Anzahl benachbarter DNA-Sequenz-Wiederholungen, haben die an der Entwicklung dieser Technik Beteiligten zwar die Trennschärfe gesteigert, gleichzeitig aber Messungen von Fragmentpositionen nötig gemacht, die erheblich präziser sein müssen als in den üblichen medizinischen Anwendungen. Hätten sie statt dessen eine größere Zahl polymorpher Systeme verwendet, mit jeweils nur einer Handvoll diskreter Allele, dann wäre die Trennschärfe zwar etwas niedriger, die Untersuchung aber erheblich weniger anspruchsvoll. Wenn Staatsanwälte berichten, daß eine Wahrscheinlichkeit von 1 : 1000 für eine Verurteilung gewöhnlich mehr als ausreichend ist, dann hätte man vielleicht besser diese Wahl getroffen – jedenfalls im Anfangsstadium der neuen Technik.

Zweitens: Eine neue Technik schafft oft auch neue Bedürfnisse. Obwohl es mit dem relativ preiswerten HLA-Test möglich ist, mit praktisch 99prozentiger Sicherheit eine Vaterschaft auszuschließen, fordern einige Behörden den viel kostspieligeren DNA-Fingerabdruck in allen Vaterschaftsklagen. Ebenso drängt die Bundespolizei in den USA auf eine landesweite, computergestützte DNA-Fingerabdruck-Sammlung, obwohl bisher keine gründliche Kosten-Nutzen-Analyse über den Wert solcher Systeme vorliegt.

Und schließlich: Je leistungsfähiger eine Technik wie der DNA-Fingerabdruck in der Theorie ist, desto geringer ist die Wahrscheinlichkeit, daß man sie in der Praxis peinlich genau überprüft und in Frage stellt. Dann aber ist es ein Pakt mit dem Teufel. Gerade weil diese neuen Techniken so leistungsfähig und wertvoll sind, ist besondere Vorsicht angebracht. Sind wir heute zu nachsichtig mit denen, die nicht sorgfältig genug arbeiten, dann werden wir später für die Fehler büßen müssen. Erste Anzeichen dafür werden bei der Technik des DNA-Fingerabdrucks bereits sichtbar: Einige Strafverteidiger versuchen inzwischen, die von der Anklage in Auftrag gegebenen DNA-Gutachten zugunsten ihrer Klienten umzudeuten: sie verweisen auf kleinere Abweichungen bzw. durch Artefakte hervorgerufene Veränderungen im Untersuchungsmaterial und begründen damit den Antrag, ihren Klienten aus dem Kreis der Verdächtigen auszuschließen.

Glücklicherweise wird der DNA-Fingerabdruck ständig verbessert – teils weil man die Technik perfektioniert, teils weil man sich bemüht, die Probleme zu lösen, die sich in der Praxis ergeben haben. In den USA ist die *National Academy of Sciences* einer gemeinsamen Anregung der Gutachter im Fall *Castro* gefolgt und hat einen Ausschuß ins Leben gerufen, der Normen für den DNA-Fingerabdruck entwickeln soll. Aber bis sichere Normen gefunden sind, ist der einzelne Angeklagte auf energische Rechtsvertretung durch Anwälte angewiesen, die wissenschaftliche Beweismittel kompetent beurteilen können.

Auf lange Sicht könnte der DNA-Fingerabdruck gewiß zuverlässiger werden. Dazu müßten sich die DNA-Labors Qualitätskontrollen unterwerfen, die von unabhängiger Seite und im Blindversuch durchzuführen wären. In Kalifornien hat eine Vereinigung gerichtsmedizinischer Labors in beschränktem Rahmen solche Leistungstests vorgenommen. Zwar waren die genannten Bedingungen in diesem Fall nicht erfüllt, aber ein Anfang ist immerhin gemacht. In der ersten Versuchsrunde mit fünfzig Proben fand *Cellmark Diagnostics* in einem Fall irrtümlich eine Übereinstimmung. Der Fehler resultierte aus einer einfachen Probenverwechslung: Auf beiden Bahnen befand sich versehentlich dieselbe Probe! Seitdem muß bei *Cellmark* jede DNA-Übertragung von zwei Mitarbeitern bezeugt und mit Unterschrift bestätigt werden. In einem zweiten, im März 1990 abgeschlossenen Leistungstest kam es bei *Cellmark* zu einer zweiten fehlerhaften Zuordnung, die noch nicht geklärt werden konnte, möglicherweise aber auf ein kontaminiertes Reagens zurückzuführen ist.

Es ist gut, wenn solche Kontrollen uns daran erinnern, wie sinnlos es ist, Ergebnisse beim DNA-Fingerabdruck mit einer Genauigkeit von 1 : 100 Millionen anzugeben, wenn gleichzeitig die allgemeine Fehlerquote bei Laboruntersuchungen auf einen Wert zwischen einem und fünf Prozent geschätzt wird.

Wenn ein hoher Qualitätsstandard erreicht werden soll, sind staatliche Regelungen für DNA-Fingerabdruck-Labors wohl kaum zu umgehen. Vielleicht stellt sich heraus, daß die technischen Probleme des DNA-Fingerabdrucks leichter zu lösen sind als die rechtlichen Probleme, die diese Technik erst schafft. So sollte Angeklagten in Prozessen mit DNA-Beweismitteln das Recht auf sachkundigen Beistand zustehen. Auch wenn der DNA-Fingerabdruck nur in einigen wenigen Fällen (wie im *Castro*-Prozeß) nicht zugelassen wurde, hat die Anklage in Dutzenden von anderen Fällen dieses Beweismittel zurückgezogen, sobald die Verteidigung Gutachter zur Überprüfung berief.

Beim DNA-Fingerabdruck handelt es sich nicht um eine einzige Technologie, sondern um eine Vielzahl verschiedener Methoden zum Erkennen von DNA-Unterschieden – die sich jeweils in verschiedenen Entwicklungsstadien befinden. Wer eine Blankovollmacht zur Zulassung jeder beliebigen Art von DNA-Analysen ausstellt (und die dehnbar formulierten gesetzlichen Regelungen in den USA z. B. könnte man so verstehen), beschwört Unheil herauf.

Die DNA-Identifizierung wird zunehmend akzeptiert, und das Interesse an DNA-Datenbänken wächst; es ist daher durchaus nicht abwegig zu fragen, ob die DNA eines Tages unsere »Sozialversicherungsnummer« werden könnte. Schon zeigt man sich beim Militär an einer Verwendung der DNA zur Identifizierung aller Angehörigen der Streitkräfte interessiert (z. B. als Hilfe bei der Identifizierung von sterblichen Überresten); nur die Kosten halten das amerikanische Verteidigungsministerium zur Zeit davon ab, diese Möglichkeit wahrzunehmen. Voraussichtlich werden diese Kosten jedoch sinken, wenn weitere und effizientere Techniken zur Abnahme des DNA-Fingerabdrucks erfunden werden. Einige Behörden propagieren den DNA-Abdruck für alle Neugeborenen, um die Identifizierung von Kindern zu erleichtern, die entführt und später wieder aufgefunden werden. Ist ein solcher Anfang erst einmal gemacht, dann könnte das zur Einrichtung einer nationalen DNA-Datenbank führen, in der nicht nur das Identifizierungsmuster jedes Individuums, sondern auch seine Gesundheits- und vielleicht sogar Verhaltens-Merkmale verzeichnet wären.

Die zunehmende Zahl von DNA-Datenbeständen wird im strafrechtlichen Bereich ohne Zweifel das Recht des einzelnen auf seine Privatsphäre in Frage stellen. Eines Tages, wenn ein Fall entsprechend wichtig ist (z. B. bei einem Serienmörder), wird die Polizei die DNA-Muster in medizinischen Datenbänken überprüfen wollen, um den Täter ausfindig zu machen. Man wird das mit dem Argument rechtfertigen, Unschuldige hätten von einer solchen Überprüfung nichts zu fürchten. Das wird im wesentlichen auch zutreffen, falls die technischen Probleme bis dahin gelöst sind. Dennoch empfinden viele solche Nachforschungen als eine Verletzung der Privatsphäre.

Selbst ohne den Rückgriff auf Datenbanken werden polizeiliche Nachforschungen Probleme dieser Art aufwerfen. Wenn man zwanzig Tatverdächtige gefunden hat, wird man eines Tages das Gericht auffordern, die DNA-Probenentnahme anzuordnen, um eine mögliche Übereinstimmung feststellen zu können. Heute würde ein Gericht eine solche Forderung wahrscheinlich noch ablehnen, weil dafür eine Blutprobe nötig ist, die einen recht weitgehenden Eingriff darstellt. Eine verbesserte Technik – wie etwa die Polymerase-Kettenreaktion, mit der sich ein DNA-Molekül höchst wirksam im Reagenzglas vermehren läßt – erlaubt es jedoch, einen DNA-Fingerabdruck zu erstellen, sobald nur etwas Speichel oder ein einzelnes Haar zur Verfügung steht. In diesem Fall wird das Gericht die Forderung vielleicht nicht mehr als unangemessenen Eingriff betrachten und sich von dem Argument überzeugen lassen, daß Unschuldige von dem Test nichts zu befürchten haben. Möglicherweise werden die Gerichte den Test für jeden zulassen, der sich am Tatort aufgehalten hat. Das könnte den Begriff des »hinreichenden Tatverdachts« allmählich unterminieren.[12]

Mit dem DNA-Fingerabdruck leistet die Molekularbiologie einen wesentlichen Beitrag zur Verfolgung von Straftätern. Gewiß wird man die gegenwärtigen Verfahren zur Erstellung des DNA-Fingerabdrucks durch erheblich differenziertere und preiswertere Techniken ersetzen – z. B. durch Vermehrungsmethoden wie die Polymerase-Kettenreaktion, durch Suchverfahren, die direkte Rückschlüsse auf DNA-Sequenzen erlauben, und durch eine Automatisierung, die menschliches Versagen reduziert. Die Aussicht auf Verbesserungen ist allerdings kein Grund dafür, die Verwendung des DNA-Fingerabdrucks heute noch hinauszuzögern. Ein Abwarten könnte heißen, daß man die Verurteilung Unschuldiger zuläßt und nicht verhindert, daß Schuldige ungeschoren davonkommen.

Dennoch wäre es unklug, dieser Technik unbegrenzt zu vertrauen, vor allem, wenn man einseitig von ihr Gebrauch macht – wenn man etwa nur sehen will, was Staatsanwalt oder Verteidiger zu sehen wünschen. Der DNA-Fingerabdruck wird Grundrechte in Frage stellen. Wir sollten intensiv darüber nachdenken, wie wir dieser Herausforderung begegnen wollen.

Nancy Wexler

In die Zukunft blicken und Zurückhaltung üben: Das Genomprojekt und seine Folgen

Sinn der Genomanalyse ist es, Gene zu identifizieren: Gene, die normale Lebensfunktionen steuern und solche, die Erbkrankheiten allein oder gemeinsam mit anderen Genen bewirken. Die Entdeckung der Gene geht sehr viel schneller voran als die Entwicklung von Therapien für die von ihnen verursachten Störungen; dieser Trend wird durch das Genomprojekt noch beschleunigt. Da die Entwicklung therapeutischer Möglichkeiten mit der Erweiterung genetischer Kenntnisse nicht Schritt hält, entstehen ganz spezifische Probleme.

Wir erwarten, daß die Beschreibung eines krankheitsauslösenden Gens sehr viel zur Beantwortung der Fragen beitragen wird, wie und warum es eine Funktionsstörung im Körper verursacht. Es ist sinnvoll, das Problem an der Wurzel zu packen. Doch wer das Geheimnis eines Gens entschlüsseln will, muß es zunächst einmal finden. Und das ist keineswegs einfach: es ist viel leichter, gewissermaßen das Wohnviertel im Genom einzukreisen als die genaue Adresse herauszubekommen.

Zwergen- und Riesenreich: Jenseits von Gullivers Reisen. Das Ausmaß der Herausforderung ergibt sich aus der ungeheuren Masse der DNA, die das diploide Genom des Menschen einschließt. Sein gesamtes Erbmaterial ist darin enthalten. Wenn man das Genom eines einzigen Menschen wie einen Faden ausspannen könnte, so wäre dieser etwa zwei Meter lang, aber sein Durchmesser entspräche nur einem Zweimilliardstel Meter, 20 Angström also, und wäre damit hundertmal kleiner als die Wellenlänge des Lichts. Wenn man die DNA aus einer einzigen Zelle jedes Menschen auf unserem Planeten – von 6 Milliarden Menschen – aneinanderheften wollte, dann würde der so entstandene Faden die Erde 300 Mal umspannen. Legte man auf diese Weise die Genome *jeder* Zelle der 6 Milliarden Erdenbürger aneinander, dann würden sie sich über 700 Trillionen

Meilen erstrecken – genug, um sie über 700 Mal um unsere Galaxie zu wickeln.

Will man verstehen, wie ungeheuer schwierig es ist, ein Gen irgendwo auf dem DNA-Strang eines Individuums zu lokalisieren, dann muß man sich ein einziges menschliches Genom als lang genug vorstellen, um die Erde zu umspannen. In diesem Maßstab würde sich die DNA-Menge eines Chromosoms auf etwa 1600 Kilometer erstrecken. Ein Gen würde so gesehen rund 80 Meter messen und ein krankheitsauslösender Defekt – eine Punktmutation, die Veränderung nur eines Basenpaars – unter Umständen nur wenig mehr als einen Millimeter. Was wir also finden wollen, ist vergleichbar mit dem Bruchteil eines Zentimeters auf dem Erdumfang! Es bedeutet knochenharte Arbeit, wenn man in diesem immensen DNA-Gewirr die exakte Adresse eines Gens finden und seinen Defekt punktgenau festlegen will. Alle Beteiligten müssen in diese Suche ein Höchstmaß an Kreativität und Einfallsreichtum einbringen.

Chorea Huntington. Die Suche nach dem Gen, das diese Krankheit (*Huntington's Disease*, HD) verursacht, hat uns drastisch vor Augen geführt, welche Hindernisse sich der Lösung der Probleme in den Weg stellen. Das Leiden äußert sich in unwillkürlichen, ruckartigen Muskelzuckungen am ganzen Körper. Schlimmer noch als die sichtbaren Bewegungsstörungen ist für die Betroffenen und ihre Familien der Umstand, daß der Krankheit kognitive Veränderungen vorausgehen oder sie begleiten, die zu fortschreitendem geistigen Verfall führen und häufig psychische Störungen bewirken, gewöhnlich depressive Selbstmordgedanken und gelegentlich Sinnestäuschungen und Wahnvorstellungen. Die Krankheit endet nach 15 bis 25 Jahren unvermeidlich mit dem Tod des Patienten. Sie kommt in der Regel zwischen dem 35. und 45. Lebensjahr zum Ausbruch, doch können die Symptome schon mit zwei Jahren oder sogar erst Anfang achtzig einsetzen, in einem Alter also, in dem die Krankheit nur noch schwer zu diagnostizieren ist. Je später sie ausbricht, desto schwächer sind die Symptome. Wird die Diagnose bei einem älteren Menschen übersehen, dann kann das Auftreten der Krankheit in der nächsten Generation fälschlicherweise als Folge einer inzwischen eingetretenen Mutation angesehen werden. Therapeutisch kann man bisher nur kurzfristig auf die Bewegungsstörungen einwirken sowie Antidepressiva gegen die psychischen Folgen verabreichen. Eine weitergehende Therapie ist nicht bekannt.

Die Krankheit ist das Produkt eines Gens, das in einem autosomal dominanten Vererbungsgang übertragen wird – es handelt sich also um ein Gen, das auf einem der 22 nicht geschlechtsgekoppelten menschlichen Chromosomen liegt und dessen Wirkung gegenüber dem anderen, normalen Teil des Genpaars dominant ist. Die volle Merkmalsausprägung (Penetranz) des Gens ist immer gegeben, d. h., wenn der Anlageträger lange genug lebt, wird sich die Krankheit unweigerlich manifestieren.

Zu den Besonderheiten von Chorea Huntington gehört die Tatsache, daß das Geschlecht des übertragenden Elternteils Einfluß auf den Zeitpunkt zu haben scheint, an dem die Symptome bei den Nachkommen einsetzen. Sowohl männliche als auch weibliche Nachkommen, die mit spätestens zwanzig Jahren erkranken, haben die Krankheit fast ausnahmslos von ihrem Vater geerbt. Ob ein Gen durch Ei- oder Samenzelle übertragen wird, beeinflußt manchmal das Maß der Genexpression, seine »Expressivität«. (Eine mögliche Erklärung wäre, daß den Genen eine unterschiedliche Anzahl von Methylgruppen beigefügt ist, und zwar abhängig vom Geschlecht des Elternteils, der das Gen weitergibt.) Diese unterschiedliche Expression könnte ihrerseits den Ausbruch der Krankheit beeinflussen. Vielleicht verändern auch andere modifizierende Genfaktoren den zeitlichen Ablauf und die Expression bei diesem Gen. Das Erkennen und die Beeinflussung solcher Faktoren kann zu frühzeitigen therapeutischen Maßnahmen führen: wenn man den Krankheitsbeginn auf einen späteren Zeitpunkt verschieben könnte, wäre die Krankheit selbst vielleicht weniger belastend.

Zur Entwicklung neuer Therapien gegen Chorea Huntington und andere Erbleiden müssen daher möglicherweise neben anomalen Genen auch viele normale Gene aufgespürt und beschrieben werden. Das zeigt, wie sehr wir auf eine gemeinsame und untereinander abgestimmte Kraftanstrengung wie das Genom-Projekt angewiesen sind. Vielleicht stellt sich auf der Suche nach einer Therapie gegen Chorea Huntington heraus, daß Gene, durch die entscheidende, vom Gendefekt betroffene chemische Bahnen determiniert werden, leichter zu beeinflussen sind als das Gen selbst, das die Krankheit überträgt.

»Riflips« an die Front. Wenn wir auf dem Erdball nach dem Millimeter DNA suchen, der für Chorea Huntington verantwortlich ist, kommen uns auf raffinierte Weise Restriktionsenzyme zu

Hilfe, die kleine, normale DNA-Abweichungen identifizieren. Man spricht hier von Restriktionsfragment-Längenpolymorphismus – jenen RFLPs, die der Genetiker »Riflips« nennt. Wann immer ein Restriktionsenzym seine – einzigartige – Erkennungsstelle entdeckt, durchschneidet es die DNA an genau diesem Punkt wie mit einer winzigen Schere. Unter verschiedenen Individuen differieren diese Stellen, so daß die DNA-Fragmente dazwischen von unterschiedlicher Länge sind. Wenn DNA mit Restriktionsenzymen geschnitten wird, kann man durch die unterschiedlichen Fragmentlängen eine Person von einer anderen, ein Chromosom von einem anderen unterscheiden. Außerdem werden sie genau wie Gene vererbt. »Riflips« fungieren als Marker in der DNA eines Menschen, als verräterischer Hinweis auf die genetische Identität. (Inzwischen gibt es zahlreiche neue Arten sehr informativer Marker, die ohne Restriktionsenzyme auskommen, die jedoch gleichfalls dazu dienen, spezifische Regionen der DNA zu identifizieren.)

Zu Beginn der Suche nach dem für Chorea Huntington verantwortlichen Gen hielt man nach einem RFLP-Marker in seiner Nähe Ausschau. Eine Vorstellung davon, wie nahe ein Marker und ein Gen auf einem Chromosom beisammenliegen, erhält man durch einen als Rekombination bezeichneten Vorgang – die Neigung der Segmente gepaarter Chromosomen (das eine vom Vater, das andere von der Mutter), während der Entstehung der Keimzellen eine Art Platztausch vorzunehmen. Je weiter der Marker von einem Gen entfernt liegt, desto leichter wird er durch solche »Rekombinationsereignisse« von ihm getrennt; umgekehrt wird es um so seltener dazu kommen, je näher er ihm ist. Die Wahrscheinlichkeit, daß ein Rekombinationsereignis eintritt, beträgt für jeweils eine Million DNA-Basenpaare ein Prozent. Zählt man nun die Zahl der Rekombinationsereignisse, dann kann man verhältnismäßig gut schätzen, wie weit zwei Marker bzw. ein Marker und ein Gen genetisch voneinander entfernt sind. Ich selbst erkläre mir die Rekombinations-Wahrscheinlichkeiten, indem ich mir ein Erdbeben am Nordpol vorstelle: zu Beginn sitzen Tausende von Pinguinen auf einer riesigen Eisscholle; wenn sie auseinanderbricht, bleiben zwei Pinguine, die nebeneinander sitzen, mit größerer Wahrscheinlichkeit auf einer kleinen Scholle zusammen als zwei weit auseinandersitzende Pinguine, die auf ihrem jeweiligen Schollen-Bruchstück um den halben Erdball auseinandertreiben werden.

Wenn einer der beiden Pinguine auf derselben Scholle ein DNA-

Marker und der andere das Huntington-Gen ist, dann reisen sie zusammen. Wenn die »Pinguine« auf demselben Chromosom dicht beieinander sitzen, werden sie im Mendelschen Erbgang und mit großer Regelmäßigkeit an die Nachkommen weitergegeben. Hat also die Mutter die Krankheit und ein RFLP nach dem Muster A neben dem Krankheitsgen und der von der Krankheit nicht betroffene Vater ein RFLP nach dem Muster B bei seinem normalen Gen, dann werden die Kinder mit dem B-Muster die Krankheit höchstwahrscheinlich nicht erben, während die Kinder mit dem Gendefekt das A-Muster aufweisen werden. Die Aussage muß nur deswegen eingeschränkt werden, weil immerhin die Möglichkeit besteht, daß ein Rekombinationsereignis Marker und Gene trennt und neu verteilt (s. Abb. 27).

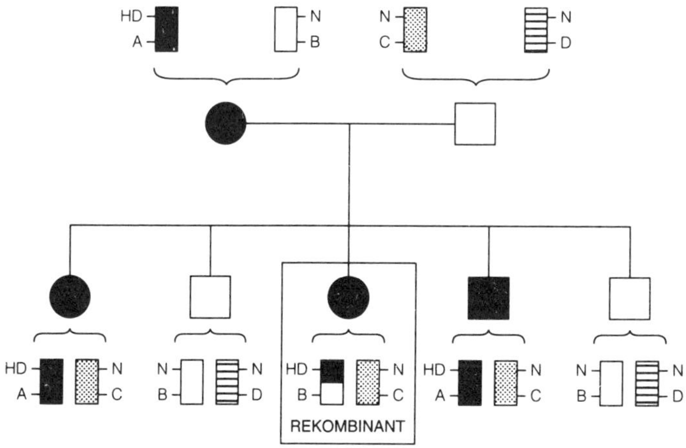

Abb. 27: In diesem Stammbaum werden die Frauen durch Kreise, die Männer durch Rechtecke dargestellt. Schwarze Symbole bedeuten, daß die betreffende Person Chorea Huntington hat. Für jede Person werden die oberen Abschnitte des kurzen Arms beider Chromosomen 4 gezeigt. Der Locus des HD-Gens befindet sich dicht oberhalb eines Marker-Locus, der vier Varianten bzw. Allele (A, B, C, D) aufweist. Bei der Mutter, die an der Krankheit leidet, findet sich das A-Allel des Markers nahe dem Krankheitsgen (mit HD, Abk. für engl. Huntington's Disease, bezeichnet). Ihr normales Gen (N), auf ihrem anderen Chromosom 4, sitzt neben dem B-Allel am Marker-Locus. Die beiden Chromosomen 4 des Vaters lassen

sich unterscheiden, obwohl er am HD-Gen-Locus zwei normale Allele besitzt, weil eines nahe beim C-Allel des Markers und das andere in der Nähe des D-Allels ist. Alle vier Chromosomen der Eltern sind dadurch zu unterscheiden, daß jedes einzelne am Marker-Locus ein unterschiedliches Allel besitzt.

Bei der Weitergabe des HD-Gens an die älteste Tochter war dieses am Marker-Locus vom A-Allel begleitet. Sie und ihre drei Brüder sind nicht rekombinant, weil die von der Mutter weitergegebenen Kopien des Chromosoms 4 exakt ihrem Chromosom 4 entsprechen. Wenn man lediglich den Markertyp der jüngeren Schwester betrachten würde, käme man zu dem Schluß, sie sei von der Krankheit verschont geblieben. Sie weist jedoch deutliche Symptome der Krankheit auf, ein unmißverständlicher Hinweis darauf, daß auch das Gen bei ihr vorhanden ist. Daraus ergibt sich, daß ein Rekombinationsereignis bzw. ein »Crossing-over« stattgefunden hat, während die Eizellen entstanden, aus denen sie sich entwickelte. Das HD-Gen und das normale Gen haben die Plätze getauscht und so zwei neue »rekombinante« Chromosomen geschaffen.

Rekombinationsereignisse sind ein Maß der genetischen Distanz: je weiter Gen und Marker auseinanderliegen, desto wahrscheinlicher ist es, daß eine Rekombination stattfindet. Für Forschungszwecke kann die Entdeckung einer Rekombination nützlich sein, wenn dadurch die Möglichkeit gegeben ist, den genauen Ort des Gens zu bestimmen. Andererseits können Rekombinationen zu verheerenden klinischen Fehldiagnosen führen, weil die Diagnose nur auf der Beobachtung der Marker-Muster beruht und nicht auf dem Vorhandensein des Gens selbst. Im Fall spät einsetzender Krankheiten sollte man bei symptomfreien Personen mit den Allelen, die *im Regelfall* das Vorhandensein des Gens anzeigen, nicht auf eine genetische Rekombination schließen, weil sich die Krankheit noch nicht entwickelt hat. Nur diejenigen, die zweifelsfrei an Chorea Huntington erkrankt sind und die Marker-Allele besitzen, die im typischen Fall zusammen mit dem normalen Gen wandern, sollten für die Forschung über Rekombinationsereignisse herangezogen werden.

Als wir 1979 die Suche nach dem HD-Gen in Angriff nahmen, war die Vorstellung einer »Kartierung« von Genen mit Hilfe von RFLP-Markern völlig neu; man hielt das für eine Marotte, wenn nicht gar für eine Irrlehre. Bis zu diesem Zeitpunkt hatte niemand ein Gen mit DNA-Markern lokalisiert, obwohl Gene aufgrund ihrer Nähe zu »traditionellen« Markern, Antigenen oder Proteinen der roten Blutkörperchen, gefunden worden waren. Zu Beginn der Diskussion über diese gentechnische Strategie war nur ein einziger

RFLP-Marker bekannt. Wir mußten damals einfach hoffen, daß man rasch neue Marker entwickeln würde und daß einer davon in der Nähe des HD-Gens auf einem Chromosom erkrankter Personen liegen würde.

Natürlich hielten nicht wenige erfahrene Wissenschaftler es damals für verrückt, in dieser Form auf Zufallstreffer zu hoffen und das Gen auf so planlose Art zu suchen. Man sagte uns eine Suche voraus, die mindestens fünfzig Jahre in Anspruch nehmen werde. Es war, als ob wir in den USA einen Mörder mit Hilfe einer Karte finden wollten, die keinerlei Landmarken enthielt – keine Bundesstaaten, keine Städte, Flüsse, Gebirge oder gar Adressen und Postleitzahlen – und ohne jeden Anhaltspunkt für den Aufenthaltsort des Mörders. Unsere Kritiker rieten uns, eine detailliertere Genkarte mit erheblich mehr Markern abzuwarten, die in regelmäßigeren Abständen voneinander liegen würden. Selbstverständlich wäre diese Strategie vorzuziehen, wenn man warten könnte. Diese todbringende Krankheit aber erlaubte kein Abwarten.

Ziel Venezuela. Allen begründeten Ratschlägen zum Trotz begannen wir 1979 mit unserer Jagd auf das für Chorea Huntington verantwortliche Gen. Es war uns durchaus bewußt, daß wir durch die bloße Entdeckung des Genorts nicht mehr über das Wesen des Gendefekts erfahren würden. Doch waren wir der Meinung, daß wir zunächst versuchen sollten, uns dem Gen aus beiden Richtungen zu nähern, indem wir Marker in immer kürzeren Abständen verwendeten, um schließlich unser Augenmerk auf das Gen selbst zu richten; anschließend würden wir alle zur Verfügung stehenden Mittel und all unsere Energie darauf verwenden, den Gendefekt zu identifizieren und therapeutische Maßnahmen zu finden. Es war unwahrscheinlich, aber mit viel Glück würden die Marker uns den Standort des Gens preisgeben.

Man kann nur auf eine Weise feststellen, ob ein Marker dicht bei einem nicht kartierten Gen sitzt: wenn man nämlich beobachtet, daß die beiden grundsätzlich im Verbund »unterwegs« sind. Von bestimmten Menschen ist bekannt, daß sie das Krankheitsgen haben, weil sie die Symptome aufweisen. Wir suchten nach Menschen, die erkrankt waren und eine bestimmte Form des Markers hatten, während ihre nicht betroffenen Angehörigen eine andere Form desselben Markers aufwiesen. Wir brauchten für unsere Untersuchung große Familien, weil die Gen-Umgebung von Familie zu Familie verschieden sein konnte; da außerdem die Marker an der Krankheit selbst nicht beteiligt sind, gab es im Hinblick auf die besondere Art des Markers, der mit dem Gen zusammen wandert, zwischen verschiedenen Familien mit Sicherheit Unterschiede.

Unser Ziel war also die große, weitverzweigte Familie mit mehreren Generationen, in der sich vielfach beobachten ließ, daß das defekte Gen oder sein normales Gegenstück übertragen wurde – und wir kannten eine Familie, auf die eben diese Beschreibung zutraf. Zu Beginn unserer Untersuchung ahnten wir allerdings nicht, als wie groß und bedeutsam die Familie sich dann erweisen sollte. Angehörige dieser Sippe leben in drei Bauerndörfern: San Luis, Barranquitas und Laguneta am Maracaibo-See. Da Venezuela im nördlichen Lateinamerika liegt und der See eigentlich eine riesige Meeresbucht darstellt, hat das Land schon seit langem direkte Beziehungen zu Europa. In der örtlichen Bevölkerung sind europäische Gene daher keineswegs selten. Es heißt, ein an Chorea Huntington leidender Seemann sei als Händler ins Land gekommen und habe dieses Erbe hinterlassen, doch vielleicht handelt es sich dabei bloß um eine Legende.

Es ist uns gelungen, die Krankheit bis ins frühe 19. Jahrhundert zurückzuverfolgen, bis zu einer Frau mit dem Namen María Concepción. Wir wissen, daß sie in den »pueblos de agua« lebte, Pfahldörfern im Wasser, weil die Ufer mit ihren Sümpfen und dem Urwald für menschliche Behausungen zu unwirtlich waren. Laguneta, wo viele von Marías Nachkommen leben, ist noch heute ein solches Pfahldorf.

Diese Frau ist die Begründerin einer Sippe, zu der inzwischen fast 11 000 Menschen zählen, Verstorbene mit eingerechnet. Der Stammbaum weist 371 erkrankte Angehörige auf, zusätzlich 1266 mit einem Krankheitsrisiko von 50 Prozent und 2395 weitere mit einem Risikofaktor von 25 Prozent. Von den insgesamt 11 000 Nachkommen leben 9000, die meisten davon jünger als vierzig Jahre. Nach unserer Schätzung wohnen in diesen kleinen, armseligen Siedlungen über 660 Anlageträger, die noch zu jung sind, um Symptome zu entwickeln, die aber in späteren Jahren – wenn man bis dahin keine Heilmöglichkeit findet – der Krankheit mit Sicherheit zum Opfer fallen werden. Die Jungen leisten als Fischer Schwerarbeit unter lebensgefährlichen Bedingungen, wenn Stürme über den See hinwegfegen, während die Mädchen schon im Kindesalter das Haus und kranke Familienangehörige versorgen müssen.

Eine erbarmungslose Krankheit entreißt ihnen Eltern, Großeltern, Onkel, Tanten, Vettern und Kusinen, und doch sind sie lebensfroh und überaus vital – bis die Krankheit zuschlägt. Jedes Jahr entdekken wir weitere zukünftige Opfer, diagnostizieren wir neue Fälle und müssen ohnmächtig zusehen, wie einer nach dem anderen körperlich verfällt und schließlich stirbt.

Auslöser für mein Interesse an dieser Sippe war ursprünglich die Möglichkeit, einzelne Nischen besonders enger Blutsverwandter ausfindig machen zu können. Da die Familie weitverzweigt ist, zahlreiche Angehörige hat und inzwischen acht Generationen umfaßt, ist Inzucht nicht besonders ausgeprägt. Die große genetische Vielfalt ergibt sich auch aus der Mischung lateinamerikanischer und anderer europäischer Gene mit den Genen eingeborener Indios. In einigen Familien haben jedoch Genträger untereinander geheiratet und Nachkommen gezeugt, die mit 25prozentiger Wahrscheinlichkeit das Gen von beiden Eltern geerbt haben, die also in bezug auf die Krankheit reinerbig, homozygot, sind. Durch die Untersuchung Reinerbiger hofften wir, direktere Nachweise für die biochemische Ursache der Krankheit zu finden, weil diese Menschen nicht über ein normales Genprodukt verfügen, hinter dem die Wirkungen des defekten Gens verborgen bleiben. Wir entdeckten in der Tat eine große Familie mit beiderseits erkrankten Eltern, nahmen Blutproben von ihren Angehörigen und traten die Heimreise in der Überzeugung an, daß es sich um ein sehr kleines Projekt handelte.

Anatomie einer Gensuche. 1981 änderten wir jedoch das Prinzip unserer Arbeit mit der Sippe aus Venezuela: statt nach Homozygoten zu suchen, verfolgten wir nun das Projekt einer ausgewachsenen Genkopplungs-Studie unter Verwendung von DNA-Markern. Zusammen mit einer kleinen Forschungsgruppe fuhr ich im März 1981 an den Maracaibo-See. Es sollte die erste einer jeweils vierwöchigen Expedition sein, die seitdem einmal jährlich stattfindet. Unsere Arbeit wurde in jeder Hinsicht von einem außergewöhnlichen Arzt unterstützt, Dr. Américo Negrette, der die Krankheit in diesem Bevölkerungsteil als erster korrekt diagnostizierte. Dazu kamen zwei seiner Schüler, Dr. Ramón Avila Girón und vor allem Dr. Ernesto Bonilla, der nach wie vor aktiv an der Untersuchung teilnimmt. Unsere erste Aufgabe bestand darin, den Stammbaum fortzuführen, den unsere venezolanischen Kollegen begonnen hatten. Die meisten Paare im Stammbaum sind rechtlich nicht verheiratet. Unsere Ergebnisse beruhen ausschließlich auf mündlichen Mitteilungen, aber unsere Methode, die Menschen einfach nach den Namen ihrer Verwandten zu fragen, hat sich als gute Grundlage erwiesen. Wir führen Kontrollen durch, um falsche Vaterschaftsangaben auszuschließen, doch sind sie seltener als in den USA, weil man keine Hemmungen hat, den Vater auch dann zu benennen, wenn er nicht der gegenwärtige Partner der Mutter ist.

Zur Kartierung des HD-Gens mußten wir nach bestimmten Kriterien Blutproben von möglichst vielen Personen aus den Familien bekommen, in denen die Krankheit weitergegeben wurde. Unsere Kollegen in Venezuela hatten uns darauf vorbereitet, daß die Familienangehörigen Schwierigkeiten machen oder sich weigern könnten, eine Blutprobe zu gestatten. Glücklicherweise haben sie allen Befürchtungen zum Trotz außerordentlich willig mit uns zusammengearbeitet, und zwar meist ihren Kindern zuliebe; denn sie wissen zwar nicht unbedingt, wie hoch die jeweilige Wahrscheinlichkeit ist, aber die Krankheit ist ihnen so vertraut, daß sie die Gefahren für ihre Nachkommen keineswegs verkennen. So machen sie auch zunehmend von den Möglichkeiten der Geburtenkontrolle Gebrauch.

Da die Blutproben unverzüglich dem Labor von James Gusella in Boston zugestellt werden mußten, konnten wir immer nur dann Blut abnehmen, wenn jemand aus dem Team abreiste und die Proben eigenhändig befördern konnte. Diese Tage hießen bald bloß noch »Blutproben-Tage« – chaotische Tage in erstickend heißen Räumen, wo sich unter ohrenbetäubendem Lärm und in einem unglaublichen Gedränge Menschen aller Altersstufen zusammenfanden; Tage, die wir damit verbrachten, in Wohnungen zu gehen, wo man vor Hitze fast umfiel und ganze Kinderscharen in schaurigem Entzücken den Umstehenden lauthals verkündeten, wie viele Röhrchen wir mit Blut füllten. Im allgemeinen waren die Männer schwerer zu überzeugen als die Frauen, weil sie Angst hatten, einen lebenswichtigen Körpersaft opfern zu müssen und durch die Blutentnahme geschwächt oder zum Arbeiten bzw. Trinken untauglich zu werden.

Das große Los in der Genlotterie. Im *Massachusetts General Hospital* wurde aus den Blutproben der venezolanischen Familie DNA gewonnen. Jim Gusella untersuchte parallel dazu eine große amerikanische Familie aus Iowa, in der Chorea Huntington vererbt wird.

Er testete die DNA beider Familien auf einen charakteristischen Marker und war durch seine Arbeit an der Entwicklung von Laborverfahren beteiligt, die seitdem bei solchen Unternehmungen zum Standard geworden sind. Er spaltete die DNA jeder Person mit Restriktionsenzymen. Dann entwickelte er Marker, RFLPs, die er radioaktiv kennzeichnete. Die Marker wurden als anonym bezeichnet, weil er nicht wußte, auf welchem menschlichen Chromosom sie lagen; es war ihm lediglich bekannt, daß sie wie ein Gen an einen einzigen Punkt im Genom gehörten und in verschiedenen Formen auftraten, an denen Individuen zu unterscheiden waren. Die DNA-Fragmente der Familienangehörigen wurden auf ein Gel aufgetragen, in dem sie nach Anlegen einer elektrischen Spannung unterschiedlich rasch wanderten und so nach Größe sortiert wurden. Dann wurde die radioaktive Sonde (denaturiert bzw. als Einzelstrang) hinzugegeben. Sobald die Sonde ihren zugehörigen DNA-Einzelstrang auf dem Gel gefunden hatte, lagerten sich beide beim Abkühlen wieder zusammen, ein Vorgang, den man als Hybridisierung bezeichnet. Da die Sonde radioaktiv ist, »leuchtet« sie an ihrem Standort auf dem Gel und zeigt charakteristische Bande. Als nächstes muß man dann überprüfen, ob ein bestimmtes Bandenmuster nur bei Personen mit der Krankheit auftaucht und ein anderes bei den Gesunden. Tritt dieser Unterschied häufiger auf, als nach dem Zufallsprinzip zu erwarten ist, dann besteht hohe Wahrscheinlichkeit dafür, daß der Marker und das Gen auf demselben Chromosom eng nebeneinander liegen.

Wir hatten alle damit gerechnet, daß die Entdeckung eines mit dem defekten Gen verbundenen Markers Tausende von Tests und Sonden erfordern würde, aber die dritte Sonde, die Gusella kennzeichnete, und die zwölfte, die er ausprobierte, traf das große Los. Er begann mit der Familie aus Iowa, deren Proben man als erste gesammelt hatte, und die mit G8 bezeichnete Sonde war schwach, wenn auch nicht signifikant positiv.

Diese Entdeckung gab ihm jedoch den entscheidenden Anstoß, G8 auch in der Familie aus Venezuela zu erproben. G8 ergab von Anfang an Wahrscheinlichkeiten von mehr als 1:1000 dafür, daß sie sehr nah am defekten Gen lag. P. Michael Conneally führte an der Universität von Indiana die Computer-Kopplungsanalysen durch, mit denen endgültig nachgewiesen wurde, daß diese Sonde und das Gen eng benachbart waren. Fast alle venezolanischen Familienangehörigen mit der Krankheit hatten den Marker in einer bestimmten

Form, während er bei ihren gesunden Verwandten in einer anderen vorlag. Als man die Kopplung entdeckte, war der Chromosomenort der Sonde unbekannt, doch wurde er u. a. durch die Anwendung von in situ-Hybridisierung rasch auf dem Chromosom 4 lokalisiert. Im Rückschlußverfahren wurde auch die Position des Gens kartiert. Während wir ursprünglich unter drei Milliarden Basenpaaren auf 23 Chromosomen suchen mußten, wußten wir jetzt, daß wir uns nicht mehr als vier Millionen Basenpaare unterhalb des gesuchten Gens befanden, ganz oben auf dem kurzen Arm des Chromosoms 4. Triumphierend verkündeten wir unseren Erfolg im Novemberheft 1983 in *Nature*.[1] Wir hatten bloß drei Jahre gebraucht, um das Gen zu lokalisieren – eine erstaunlich kurze Zeit!

Trügerische Beute. Nun ging es darum, den genauen Ort des HD-Gens herauszufinden, es zu isolieren und zu entschlüsseln. Seit Januar 1984 unterstützt die *Hereditary Disease Foundation* die Zusammenarbeit von sieben Wissenschaftlern in ganz Amerika und in anderen Ländern mit dem Ziel, das HD-Gen zu finden. Die Beteiligten sind: Francis Collins, *University of Michigan;* Anna Maria Frischauf und Hans Lehrach, *Imperial Cancer Research Fund,* London; Peter S. Harper, *University of Wales College of Medicine;* David Housman, *Massachusetts Institute of Technology;* James Gusella, *Massachusetts General Hospital/Harvard Medical School;* und John Wasmuth, *University of California,* Irvine. Diese Entdeckerarbeit im unwegsamen Gelände an der Spitze des Chromosoms 4 war ungeheuer mühsam.[2]

Homozygoten für Huntington. Ich habe bereits erwähnt, daß wir in Venezuela ursprünglich beabsichtigten, einen Homozygoten für die Krankheit zu finden. Nachdem wir einen Genmarker gefunden hatten, benutzten wir ihn sofort, um Nachkommen zu finden, die das defekte Gen von beiden betroffenen Eltern ererbt hatten. Dazu gehörte die Familie, die ursprünglich der Auslöser für unsere Reise nach Venezuela gewesen war. Sie bestand aus vierzehn Kindern und mehr als siebzig Enkeln und Großenkeln. In den letzten zehn Untersuchungsjahren haben wir noch zwei weitere Familien gefunden, in denen beide Eltern Chorea Huntington haben, und noch viele weitere, in denen beide Risikofälle sind bzw. einer ein Risikofall und der andere erkrankt ist. In diesen Familien sind acht wahrscheinliche Homozygoten identifiziert, und ohne Zweifel gibt es noch weitere.

Obwohl man ein dominantes Gen als ein Gen definiert, das die normale Kopie »dominiert«, ergibt sich aus den Beschreibungen der wenigen Homozygoten, die man für dominante Erbkrankheiten gefunden hat, daß sie im Vergleich zu den entsprechenden Heterozygoten stärker von derselben Krankheit betroffen sind. Das würde, auch bei dominanten Störungen, auf eine dosisabhängige Wirkung schließen lassen. Das normale Gen schwächt die Wirkung sogar in einfacher Dosis ab, und die doppelte Dosis des defekten Gens verschlimmert die Krankheit.

Nur Chorea Huntington stellt in der klinischen Erfahrung eine Ausnahme dar: Es ist die erste vollständig dominante Erbkrankheit, die genetisch belegt ist. Die Personen, die aller Wahrscheinlichkeit nach homozygot sind, unterscheiden sich klinisch nicht von ihren heterozygoten Verwandten. Einige der vermutlichen Homozygoten sind ohne Befund, vermutlich noch zu jung für irgendwelche Symptome, andere haben kleinere neurologische Störungen, während manche eindeutig erkrankt sind, aber weder früher noch ernsthafter als die übrigen. Eine tragische Feststellung gilt für alle diese Homozygoten: ihre Kinder werden ausnahmslos an Chorea Huntington erkranken, weil der homozygote Elternteil an diesem Locus kein normales Gen weitergeben kann. Das ist bei den großen Familien in Venezuela besonders erschütternd. In den Zellen der Homozygoten sind vielleicht Hinweise darauf zu finden, wie der zerstörerischen Krankheit Einhalt geboten werden kann, doch bis wir ein Mittel gefunden haben, wird sie sich in diesen Familien am Rande des Existenzminimums immer neue Opfer suchen.

Das Projekt in Venezuela als Referenzkartierung. Im Verlauf der letzten zehn Jahre unserer praktischen Arbeit in Venezuela ist immer deutlicher geworden, daß diese Familie, die u.a. durch Größe, geographische Geschlossenheit und ihr kooperatives Verhalten zur Erforschung von Chorea Huntington so viel beiträgt, auch für die allgemeine Genkartierung, die sogenannte Referenzkartierung hervorragend geeignet ist. Voraussetzung für die Kartierung des menschlichen Genoms ist das Aufspüren von zahlreichen Markern und Genen, die, wie die Sonde G8 und das HD-Gen, generationenlang gemeinsam wandern. Die Familie bietet die besten Voraussetzungen für die Klärung der Frage, wer was an wen weitergibt. Wir können acht Generationen verfolgen (die Großmütter sind im Durchschnitt noch in den Dreißigern). Durch

Familientests in dieser Population hat man Marker-Karten verschiedener Chromosomen erstellt: eine Karte für das Chromosom 21, die dazu beigetragen hat, Gene für die Alzheimer Krankheit und die Amyotrophische Lateralsklerose (ALS) zu finden; für die Chromosomen 17 und 22, auf denen Gene sitzen, die zwei Formen der Neurofibromatose auslösen; und für das Chromosom 11, auf dem man nach dem Ort eines Gens gesucht hat, das möglicherweise für die manische Depression verantwortlich ist. Wir versuchen außerdem, in dieser Sippe andere genetische und polygenetische Störungen zu erforschen, die – wie z. B. Fettleibigkeit, Diabetes und Bluthochdruck – große Populationsstudien voraussetzen.

Zweifelsohne ist es bei dieser Arbeit absolut notwendig, korrekte klinische Diagnosen zu stellen; andernfalls sind die daraus folgenden genetischen Analysen völlig falsch. Glücklicherweise stehen wir in ständigem Kontakt mit der Familie und kehren jedes Jahr zu ihr zurück. Außerdem werden die Familienangehörigen das ganze Jahr über vor Ort medizinisch betreut. Wenn möglich, nehmen wir jeweils von Familienmitgliedern nur eine Blutprobe. Manchmal stoßen wir jedoch auf jemanden, bei dem eine entscheidende Rekombination stattgefunden hat, die dazu beitragen kann, das HD-Gen präziser zu lokalisieren. Es ist von entscheidender Bedeutung, daß man zu diesem Menschen zurückkehren kann, um die Diagnose zu bestätigen und eine weitere DNA-Probe zu analysieren, die eventuelle Laborfehler ausschließt. Unsere Referenzsammlung wird dadurch noch wertvoller, daß wir mit den Angehörigen der Familie jederzeit Verbindung aufnehmen können. Alle an der Untersuchung Beteiligten haben sich verpflichtet, keinen Kontakt mit Personen aufzunehmen, die bereits zu anderen größeren Familienstudien für eine genetische Referenzkartierung beigetragen haben. Sie werden zur Fehlerkorrektur und zur Gewinnung klinischer Informationen nicht mehr herangezogen.

Eine neue Epoche: Die Voraussage eilt den therapeutischen Möglichkeiten voraus. Während die mühsame Suche nach dem HD-Gen fortgesetzt wird, hat die Entdeckung von *Markern*, die an das Gen gekoppelt sind, eine neue, aufregende, jedoch auch beunruhigende Epoche eingeläutet: die präsymptomatische und pränatale Diagnose von Chorea Huntington, ohne daß eine Heilung in Sicht wäre.

Gleich nachdem wir das Krankheitsgen lokalisiert hatten, stellte sich die Frage nach der genetischen Heterogenität: Liegt das Gen in allen Familien mit Chorea Huntington auf der ganzen Welt in der gleichen Chromosomenumgebung? Viele andere Erbleiden zeigen Heterogenie – das verursachende Gen kann auf mehreren verschiedenen Chromosomen vorkommen, auch wenn die Krankheitssymptome in allen betroffenen Familien das gleiche Erscheinungsbild zu haben scheinen. War der HD-Genort auf dem Chromosom 4 beschränkt auf die Sippe am Maracaibo-See und eine Familie in Iowa, oder war er weltweit gültig? Über hundert Familien auf der ganzen Welt sind getestet worden – in Europa, Nord- und Südamerika, sogar auf Papua, Neuguinea –, und bei allen befand sich das Gen in der gleichen Chromosomenumgebung, am Ende des Chromosoms 4. Die tatsächlichen Mutationen an diesem Ort werden sich vielleicht als unterschiedlich herausstellen, doch die Region ist dieselbe. Da sie also universal gültig ist, können wir nun den G8-Marker verwenden, ebenso wie andere, noch zu entdeckende Marker, die näher am Gen liegen, um festzustellen, ob eine Person das HD-Gen hat, und zwar bevor irgendwelche Symptome auftreten, sogar vor der Geburt. Durch den wissenschaftlichen Erfolg stehen wir an der Schwelle zu einer Epoche unbekannter, aber vorstellbarer Gefahren. Wir können den Menschen sagen, daß sie das HD-Gen haben und auf die Dauer erkranken werden, doch eine Behandlung oder Heilung können wir nicht in Aussicht stellen.

Die Mukoviszidose als Modellfall. Ob eine Krankheit Chromosomen-Heterogenie (d. h. mehr als einen Chromosomenort) oder Allelen-Heterogenie (d. h. mehr als eine Mutation in demselben Gen an demselben Chromosomenort) aufweist, ist für die genetische Beratung von großer Bedeutung. Einen aktuellen Fall stellt die Mukoviszidose dar, die unter Weißen am weitesten verbreitete Erbkrankheit. Die Patienten leiden an Pankreas-Insuffizienz und schweren Störungen der Lungenfunktion. Der in den Lungen verbleibende Schleim fördert Bakterienherde. Heutzutage überleben Kinder mit Mukoviszidose bis ins frühe Erwachsenenalter, aber die Krankheit führt letztlich immer zum Tod. Etwa vier Prozent der Weißen sind Träger eines einzelnen anomalen Gens für diese Krankheit, ohne jedoch klinisch betroffen zu sein. Die Krankheit ist rezessiv; jedes Kind, dessen Eltern jeweils ein Gen dieser Krankheit haben, erbt mit einer Wahrscheinlichkeit von 1:4 zwei Gene für Mukoviszidose und damit die Merkmalsausprägung. In den USA gibt es rund 30000 Personen mit dieser Krankheit. Die

Wahrscheinlichkeit für einen Weißen in der Bevölkerung, in dessen Familie die Krankheit nicht vorhanden war, ein von der Krankheit betroffenes Kind zu haben, beträgt ungefähr 1:2000.

Im September 1989 isolierten Francis Collins, Lap-Chee Tsui und Jack Riordan eine Mutation, die bei 70 Prozent aller Menschen mit Mukoviszidose vorliegt.[3] Durch eine Testuntersuchung, ein sogenanntes Screening auf diese besondere Drei-Basen-Paar-Deletion mit der Bezeichnung Delta 508, könnte man 70 Prozent aller Anlageträger ermitteln. Wenn jedoch ein Ehepartner ein positives Testergebnis hat, der andere ein negatives, dann weiß man immer noch nicht, ob er wirklich negativ ist oder bloß eine andere Mutation aufweist, die zu den 30 Prozent noch unbekannten zählt. Man schließt aufgrund von Berechnungen, daß man durch die Untersuchung von Ehepaaren, die beide Träger dieses Krankheitsgens sind, in mehr als der Hälfte der Fälle nur einen der beiden Partner ermitteln würde. Anders ausgedrückt: Die Annahme, der negativ getestete Ehepartner sei nicht Träger des Gens für Mukoviszidose, wäre in 50 Prozent aller Fälle falsch. Namhafte Genetiker haben im Namen der *American Society for Human Genetics* dazu eine öffentliche Stellungnahme abgegeben. Auf einer gemeinsamen Tagung des *National Center for Human Genome Research,* der Nationalen Gesundheitsinstitute *(NIH),* des *Human Genome Program of the Department of Energy (DOE)* und anderer Institute der *NIH* haben sich weitere Fachwissenschaftler dieser Erklärung angeschlossen. Die Experten sprechen sich darin gegen eine Reihenuntersuchung der Bevölkerung auf Mukoviszidose aus, solange keine weiteren Mutationen gefunden werden und der Test nicht präziser ist.[4] Zwar könne er für Personen mit einer bekannten einschlägigen Familiengeschichte von Vorteil sein, jeder darüber hinausgehende Test sei jedoch voreilig und auf keinen Fall als Standard der Gesundheitsvorsorge anzusehen. Die Wissenschaftler empfahlen, vor einer allgemeinen Anwendung des Tests die Erfüllung zweier wesentlicher Voraussetzungen abzuwarten: die Identifizierung weiterer beteiligter Mutationen und die Schaffung einer Infrastruktur für eine untersuchungsbegleitende Beratung. Seit 1989 hat man über 100 neue Mutationen gefunden und damit die Forderung nach größerer Genauigkeit für das Auffinden des Gens erfüllt. Die Voraussetzungen für eine angemessene Beratung sind jedoch noch nicht gegeben, und es wird sich vielleicht als schwieriger erweisen, diese Bedingung zu erfüllen, als die wissenschaftlichen Voraussetzungen zu schaffen.

Im Fall der Mukoviszidose scheint es sinnvoll zu sein, daß Eltern erfahren, wenn ein Kind mit der Krankheit zur Welt kommt. Ein früheres und energischeres Eingreifen mit Antibiotika, einer Pankreasenzym-Therapie und die Anwendung physikalischer Therapie sind für das Kind ohne Zweifel von Nutzen. Auch künftige Paare und Eltern könnten eine Information aus Gründen der Familienplanung wünschen. Zu welchem Zeitpunkt sollte sie ihnen gegeben werden? Nach der Zeugung, wenn es nur noch die Alternativen gibt, das Kind auszutragen oder die Schwangerschaft abzubrechen? Vor der Zeugung? Beim Aufgebot? Sollte der Test vor der Eheschließung obligatorisch sein? Sollten in großem Umfang Reihenuntersuchungen bei Schulkindern durchgeführt werden? In welchem Alter? Sollte es eine entsprechende Pflichtuntersuchung aller Neugeborenen geben? Jede Entscheidung hat andere wirtschaftliche, medizinische, psychologische und soziale Konsequenzen.

Genetische Bildungslücken. Solche Reihenuntersuchungen setzen voraus, daß man einen wichtigen Unterschied versteht, und zwar zwischen dem Träger eines anomalen Gens mit rezessiver Wirkung, bei dem der Betroffene also keine Symptome aufweist, und demjenigen, der zwei Kopien des anomalen Gens besitzt. Man muß auch in der Lage sein zu verstehen, daß Anlageträger dominanter Störungen, eines spät einsetzenden Erbleidens wie Chorea Huntington oder polyzystische Nierendegeneration, tatsächlich Opfer der Krankheit sein werden. Bei rezessiven Krankheiten ist der Träger bloß Träger, bei dominanten wird er auch Patient. Wie sollen wir komplizierte sachliche Informationen mit emotionaler Auswirkung einem Durchschnittsbürger vermitteln, der in vielen Fällen noch nie von DNA und kaum je von Genen gehört hat, der mit Wahrscheinlichkeiten wenig anzufangen weiß und dessen naturwissenschaftliche Bildung ihm nicht erlaubt, in solchen Fragen Entscheidungen zu treffen? Wie wollen wir einen gerechten Zugang zu Beratungsdiensten gewährleisten, sie allen zur Verfügung stellen, nicht nur der Mittel- und Oberschicht, die heute im Regelfall davon Gebrauch macht? Erbkrankheiten kennen keine sozialen und ethnischen Hürden, beim Zugang zur Beratung und Hilfe bleiben sie leider bestehen.

Wie wollen wir garantieren, daß Ärzte, die Einzelpersonen oder Bevölkerungsgruppen testen, eine angemessene genetische Beratung bieten, wenn sie doch selbst in der Genetik eine nur rudimentäre Vorbildung haben und nicht selten sogar die Prinzipien gründlich mißverstehen? Was sollen wir unternehmen, wenn im Fall eines Paares, dessen erstes Kind Mukoviszidose hat und das ein weiteres plant, der beratende Arzt sagt: »Machen Sie sich keine Sorgen, der Blitz schlägt nie zweimal ins gleiche Haus ein.« Oder: »Machen Sie sich wegen Chorea Huntington keine Sorgen, sagen Sie ihren Kindern nur, daß sie in eine Familie einheiraten müssen, in der die Krankheit nicht vorkommt!« Um solche Fehler geht es zunehmend in Prozessen wegen ärztlicher Kunstfehler. Dazu gehören Prozesse wegen ungewollter Schwangerschaft bzw. Geburt *(wrongful birth)* und wegen ungewollten Lebens *(wrongful life).* Im ersten Fall strengen Eltern eines schwerbehinderten Kindes ein Verfahren an, in dem sie geltend machen, daß das Kind nie hätte zur Welt kommen sollen. Sie argumentieren, der Arzt habe versäumt, ihnen Informationen zu geben, die zur Entscheidung über eine Zeugung oder einen Schwangerschaftsabbruch notwendig gewesen wären. Sie hätten das Kind nie bekommen, wäre ihnen diese Information bekannt gewesen. In Verfahren wegen ungewollten Lebens klagt das Kind, indem es geltend macht, es hätte nie geboren werden sollen.[5] Werden erst drohende Prozesse dazu führen, daß man die Regeln guter medizinischer Praxis befolgt? Oder wird es uns gelingen, einen Weg zu finden, genetische Information so zu vermitteln, daß man sie verstehen und verarbeiten kann? Wir können die Schwierigkeiten lösen, wenn wir uns *jetzt* ans Werk machen, bevor die Flut neuer Tests über uns hereinbricht, die das Genomprojekt mit sich bringen wird.

Alles in der Familie. Wenn man präsymptomatische und pränatale Tests mit gekoppelten DNA-Markern durchführt, so besteht ein großes Problem darin, daß die gesamte Familie mit einbezogen werden muß. Haben wir erst einmal das Gen selbst dingfest gemacht und seine spezifische Mutation unmittelbar erkannt, dann wird die Untersuchung der DNA eines Individuums genügen. Verwendet man jedoch Tests mit gekoppelten RFLPs, dann muß man die Marker-Muster aller Verwandten verfolgen, um entscheiden zu können, welches der Muster in dieser Familie immer gemeinsam mit dem HD-Gen wandert. So ist es z. B. in der venezolanischen Familie die C-Variante des Markers G8, die denselben Weg wie das HD-Gen nimmt, in der Familie aus Iowa dagegen die A-Variante. Im Verlauf der Zeit wird durch den Prozeß der Rekombination allmählich eine Veränderung hinsichtlich des besonderen Markermusters in Gennähe eintreten, es sei denn, der Marker liegt extrem dicht am Gen. Wenn ein Gen und ein Marker so eng nebeneinander liegen, daß sie praktisch nie getrennt werden, dann spricht man von »absoluter Kopplung«. Innerhalb einer Familie wird dasselbe Markermuster jedoch meist mit dem Gen wandern, und die wenigen Rekombinationsereignisse – der zufällige Austausch von Segmenten zwischen zwei homologen Chromosomen –, die möglicherweise stattgefunden haben, sind im allgemeinen gut erkennbar. Deswegen *müssen* Diagnose-Tests mit gekoppelten Markern innerhalb der Familien vorgenommen werden: Es ist unerläßlich festzustellen, welches Markermuster in dieser besonderen Familie Chorea Huntington voraussagt. Diese Form der diagnostischen Untersuchung ist mühsam, aber der einzig gangbare Weg, solange das Gen selbst nicht entdeckt ist. Zur Zeit muß man also die Tests in dieser Form vornehmen, nicht bloß für die Huntington-Krankheit, sondern u. a. ebenso für die polyzystische Nierendegeneration. Wer aus einer Familie mit einem Erbleiden kommt, sollte DNA-Proben von Verwandten aufheben, deren Genotyp von wesentlicher Bedeutung für diagnostische Tests ist. Zu diesem Zweck müßte eine aus dem Blut gewonnene DNA-Probe eingefroren werden. DNA kann auch aus dem Gehirn, Fibroblasten und fast allen anderen Geweben entnommen werden, selbst wenn das Gewebe schon lange Zeit eingefroren war. Es ist möglich, daß jede Familie ihre eigene genetische Variante, ihren eigenen »genetischen Fingerabdruck« des betreffenden Gens hat.

In vielen Familien mit einer Veranlagung zu Chorea Huntington gibt es zu wenige genetisch aussagekräftige Angehörige bzw. entsprechende DNA-Proben, so daß diagnostische HD-Tests unmöglich sind. Außerdem würden es viele Menschen vorziehen, nicht zu erfahren, ob sie Chorea Huntington bekommen werden oder nicht. Mit Hilfe des sogenannten begrenzt aussagefähigen, pränatalen Tests können gefährdete Eltern bestimmte Informationen über das Ungeborene erhalten. Sie erfahren mit fast definitiver Sicherheit, ob das ungeborene Kind Chorea Huntington *nicht* bekommen wird, ohne daß eine definitive Aussage darüber gemacht wird, ob es Anlageträger *ist*.

Gefährdet ist, wer das eine Chromosom von einem Elternteil mit Chorea Huntington hat, das andere von einem Elternteil ohne die Krankheit. Das Chromosom 4 des kranken Elternteils kann das defekte Gen enthalten oder auch nicht. Die gefährdete Person wird dem Ungeborenen nur ein Chromosom 4 weitergeben; das andere kommt vom Partner. Stammt das Chromosom vom nicht betroffenen Elternteil, so ist das Risiko des Ungeborenen unbedeutend (ein gewisses Risiko bleibt immer wegen der Möglichkeit einer Rekombination). Stammt das Chromosom vom betroffenen Elternteil, dann hat das ungeborene Kind dasselbe Risiko wie dieser, nämlich 50 Prozent. Im begrenzt aussagefähigen, pränatalen Test wird der Risikostatus des Elternteils überhaupt nicht berührt. Als einzig neue Information bringt man in Erfahrung, ob das ungeborene Kind das Chromosom 4 hat, das vom betroffenen Großelternteil stammt – dann liegt das Risiko bei 50 Prozent –, oder vom nicht betroffenen Großelternteil – dann ist sein Risiko minimal. Für diesen Test braucht man eine DNA-Probe des Ungeborenen, die durch Fruchtwasseruntersuchung (Amniozentese) oder durch Chorionzottenbiopsie gewonnen wird, jeweils eine Probe der Eltern und schließlich noch eine Probe von den Eltern der Risikoperson (notfalls auch nur eines Großelternteils). Ein Minimum von vier Personen ist also Voraussetzung für diesen Test.

In der Anfangsphase hatten viele der Beteiligten geglaubt, der pränatale Test mit begrenzter Aussagefähigkeit werde auf große Akzeptanz stoßen. Mit seiner Hilfe können die Eltern sich Gewißheit darüber verschaffen, daß ihr Kind nicht unter der Krankheit zu leiden haben wird, er bewahrt jedoch gleichzeitig gefährdete Menschen davor, Informationen zu erhalten, die traumatische Auswirkungen haben können. Dennoch wurde die Möglichkeit kaum genutzt. Der besonders bedrückende Aspekt ist nämlich die Aussicht, daß man ein Kind abtreiben läßt, das – wie der gefährdete Elternteil – mit 50prozentiger Wahrscheinlichkeit nicht von der Huntington-Krankheit betroffen ist. Einige Menschen empfinden die Abtreibung eines Ungeborenen mit einem 50prozentigen HD-Risikofaktor als eine Ablehnung des eigenen Ichs, ihres Rechts auf einen Platz in der Welt. Behinderte äußern sich manchmal in diesem Sinn. Sie wenden sich gegen genetische Tests, weil sie ihrer Meinung nach zum Ziel haben, Menschen wie sie auszugrenzen. Wegen dieser besonderen Probleme dürfen beschränkt aussagefähige, pränatale Tests nur gemeinsam mit intensiver genetischer Beratung und Unterstützung angeboten werden. Wenn die Eltern Bereitschaft und Interesse zeigen, dann ist die Gewebeuntersuchung nach Schwangerschaftsabbrüchen von besonders hohem Wert, vor allem, um mehr über den Zeitpunkt der Genexpression des HD-Gens zu erfahren. Möglicherweise wird das Gen nur *in utero* exprimiert.

Überlegungen zur genetischen Beratung. Viele Faktoren beeinflussen Art und Qualität der Beratungsdienste. Der Zeitpunkt spielt eine wichtige Rolle – wann sollte man die genetische Information vermitteln? Spät einsetzende Krankheiten wie Chorea Huntington werfen schwierige Fragen auf. Wir müssen oft präsymptomatische Testinformationen an Menschen vermitteln, deren Väter oder Mütter sich im Endstadium der Krankheit befinden bzw. gerade daran gestorben sind. Aus allen Informationen, die man ihnen gibt, hören die noch völlig gesunden Ratsuchenden dann nichts als die schreckliche Mitteilung heraus, daß es ihnen genau so gehen wird wie ihren Eltern.

Das entgegengesetzte Problem stellt sich bei potentiell gefährdeten Menschen, die sich testen lassen wollen und noch nie mit der Krankheit konfrontiert worden sind. Was geschieht, wenn sie die Information bekommen, daß sie wahrscheinlich gen-positiv sind, und sie kurz darauf im Fernsehen in einer populärwissenschaftlichen Sendung eine anschauliche Darstellung der Huntington-Krankheit von ihren Anfängen bis zum bitteren Ende zu sehen bekommen?

Wenn man beschließt, mögliche Testpatienten so über die Krankheit zu informieren, daß sie in der Lage sind, wohlüberlegt die Entscheidung für oder gegen die Untersuchung zu treffen, wieviel Information ist dann angemessen? Man darf die schützende und zur Bewältigung sehr nützliche Mauer der Verdrängung nicht rücksichtslos niederreißen, doch ebensowenig kann man zulassen, daß sich jemand testen läßt, der das Ergebnis in seiner Bedeutung nicht einigermaßen umfassend einschätzen kann. Das Maß der Information muß sorgfältig bedacht werden, und eine kontinuierliche, intensive Beratung ist unverzichtbar.

Wenn präsymptomatische und pränatale Laboruntersuchungen schneller und genauer werden – z. B. wenn durch die Polymerase-Kettenreaktion (PCR) die Mutation selbst gefunden werden kann –, dann wird man vielleicht versucht sein, das Testverfahren zur Beschleunigung kurzzuschließen und weniger Beratung anzubieten. Nach wie vor haben wir aber kein Gegenmittel zu bieten, weder Behandlung noch Vorbeugung. Und selbst wenn man den Test nur an einer Einzelperson durchführen kann, ohne DNA-

Proben von Verwandten, bleibt die Huntington-Krankheit ein *Familienleiden:* das Testergebnis des einen Familienmitglieds strahlt auf alle anderen aus.

Zur Zeit müssen die Angehörigen eine DNA-Probe zur Verfügung stellen, damit ein Kopplungstest vorgenommen werden kann. Für die Blutentnahme unterschreiben sie eine Einverständniserklärung – ein Formular, das sie über die Zusammenhänge aufklärt – und geben damit die Erlaubnis, die Blutprobe für eine präsymptomatische Untersuchung eines Familienangehörigen zu verwenden. Gewöhnlich muß die gefährdete Person, die den Test wünscht, sich mit den Angehörigen absprechen, damit Proben ans Labor geschickt oder neurologische Untersuchungen an wichtigen Verwandten durchgeführt werden, deren klinischer Status einer genauen Klärung bedarf. Diese äußern dann gelegentlich Kritik am Vorhaben ihres Verwandten; einige Eltern haben sogar die DNA-Probe entweder ganz verweigert und damit den Abbruch des Tests erzwungen oder nur einem ihrer Kinder zur Verfügung gestellt, wenn sie vermuteten, das andere werde der möglichen Belastung nicht gewachsen sein.

Ähnlich problematisch ist es, wenn von eineiigen Zwillingen nur einer untersucht werden möchte. Wer hat Vorrang? In einem Fall hat ein Zentrum zugestimmt, wollte die Information über das Ergebnis jedoch nur dem testwilligen Zwilling zukommen lassen. In der Praxis ist das natürlich undurchführbar. Andere Testzentren holten sich vor ihrer Entscheidung Rat bei Moralphilosophen, die daraufhin das Recht des einzelnen auf Selbstbestimmung für höherwertig erklärten als das Recht auf die Privatsphäre. Doch so abstrakte Überlegungen werden der Wirklichkeit nicht gerecht: Was ist, wenn der testunwillige Zwilling, der ja auch von der begleitenden Beratung nicht profitieren kann, dann doch erfährt, daß er gen-positiv ist, und Selbstmord begeht? Präsymptomatische Tests erfordern die gleichzeitige Beratung durch psychologisch geschulte Personen, die bei der Suche nach der besten Lösung für den Betroffenen und seine Familie Unterstützung gewähren können.

Man berücksichtigt oft die Tatsache nicht genügend, daß beim Test eines Familienangehörigen die ganze Familie mitgetestet wird und alle mit den Ergebnissen leben müssen. So kann der Fall eintreten, daß man in einer Familie Chorea Huntington bei drei oder vier Kindern gleichzeitig diagnostiziert, die alle noch frei von

Symptomen sind. Wer bereits fünfzehn oder zwanzig Jahre lang seinen erkrankten Partner pflegen mußte, mag bei diesem Testergebnis endgültig verzweifeln.

Der Test bei Minderjährigen. Die präsymptomatische Untersuchung auf Chorea Huntington stellt für alle eine Belastung dar und kann für manche verheerende Folgen haben, weil es bislang keine Therapie für die Krankheit gibt. Deswegen haben die Experten, die den Test anbieten und zu denen auch ich zähle, sich dafür entschieden, die Untersuchung erst ab dem 18. Lebensjahr vorzunehmen, weil die Betroffenen dann in der Lage sind, nach Beratung eine Einverständniserklärung abzugeben. Das ist keine gesetzliche Vorgabe, sie wurde jedoch von Testzentren weltweit als Teil des Untersuchungsprotokolls akzeptiert. Bevor wir nicht mehr über die Auswirkungen solcher Informationen auf Erwachsene wissen, die sich freiwillig dem Test unterzogen haben, wollen wir weder Minderjährige auf eigenen Wunsch testen noch Eltern mit oder ohne Wissen ihrer Kinder Auskunft geben. Ich persönlich bin in dieser Überzeugung nur bestärkt worden, als mir eine Mutter sagte, sie wolle ihre beiden minderjährigen Kinder testen lassen, weil sie nur für eines der beiden das Studium in Harvard bezahlen könne.

Dennoch haben Eltern überzeugende Gründe dafür, ihre minderjährigen Kinder testen zu lassen – sie brauchen die Information, um finanzielle und andere Lebenspläne zu machen. Verweigert man ihnen die Auskunft, so widerspricht das einer typischen Situation des Familienrechts, in der Eltern einen Rechtsanspruch auf medizinische Information haben; und der einzige Fall, in dem die Gerichte mit ziemlicher Gewißheit eingreifen, betrifft Eltern, die aus religiösen oder sonstigen Gründen die ärztliche Versorgung ihrer Kinder *nicht* gewährleisten.[6]

Eine Komplikation bei dem begrenzt aussagefähigen, pränatalen Test besteht darin, daß er manchmal entgegen den Vorschriften die Herausgabe von Informationen über ein minderjähriges Kind nötig macht. Pränatale HD-Tests werden Ehepaaren nicht angeboten, die eine Schwangerschaft nicht abbrechen würden, weil sie aus der Information keinen medizinischen Nutzen ziehen können und der vorgeburtliche Eingriff immerhin ein medizinisches Risiko für den Fetus in sich birgt. Wenn aber die Eltern erfahren, daß ihr ungeborenes Kind mit 50prozentiger Wahrscheinlichkeit Chorea Huntington hat, können sie immer noch ihre Meinung zum Schwangerschaftsabbruch ändern und die Mutter das Kind austragen lassen. Erkrankt anschließend der gefährdete Elternteil, wird dadurch die genetische Identität des Kindes ebenfalls preisgegeben. Dieser Eingriff in die Privatsphäre des Minderjährigen ist hinzunehmen, weil die Eltern das Recht haben, ihre Meinung über einen Schwangerschaftsabbruch zu ändern. Allerdings muß sehr sorgfältig beraten werden, damit das Ehepaar genau weiß, was der Test beinhaltet und welche Alternativen er offenläßt.

Auch die Entscheidung der Verantwortlichen von Testzentren, zur Adoption freigegebene Kinder nicht zu testen, kann unter Testanbietern strittig sein. Die Adoptionsstellen argumentieren, daß Kinder, die diese Krankheit nachgewiesenermaßen nicht haben, leichter zu vermitteln sind. Bisher halten die Testanbieter dem entgegen, daß Tests unter diesen Umständen das Recht des Minderjährigen auf seine Privatsphäre verletzen, ohne daß er nach Beratung sein Einverständnis erklären konnte, und daß dadurch unter Umständen die gen-positiv getesteten Kinder keine Chance mehr haben, das Heim zu verlassen; ein Kind, das ja immerhin nur gefährdet ist, könnte dann nicht mehr hoffen, adoptiert zu werden.

Sobald wir mehr über die Bedeutung genetisch-diagnostischer Informationen für die Betroffenen erfahren, werden wir einige der Entscheidungen darüber, wer zu welchem Zeitpunkt getestet werden darf, vielleicht revidieren. In den siebziger Jahren hat Charles Scriver in Kanada mehrere Untersuchungen an Kindern in weiterführenden Schulen durchgeführt, die erfahren hatten, daß sie Träger des rezessiven Gens für die Tay-Sachssche Krankheit seien. Es stellte sich heraus, daß sie sich als stigmatisiert und ihren Klassenkameraden unterlegen empfanden, obwohl ihre Eigenschaft als Genträger keinerlei Einfluß auf ihren Gesundheitszustand hatte.[7] Das Stigma war rein gefühlsmäßig. Werden solche Reaktionen die Regel sein? Einige Ärzte drängen darauf, genetische Tests bei der Eheschließung zur Pflicht zu machen. Andere raten dazu, die Tests in den genetischen Beratungsdienst zu integrieren, so daß Ehepaare getestet werden können, wenn sie Kinder planen oder wenn eine Schwangerschaft bereits besteht. Wer jedoch die Abtreibung ablehnt, möchte vielleicht genetische Informationen haben, bevor er einen Partner wählt. Eine Reihenuntersuchung auf Sichelzellenanämie in Orchemenos (Griechenland), die Anfang der siebziger Jahre durchgeführt wurde, bevor eine pränatale Diagnose möglich war, ergab dieses Merkmal für 23 Prozent der Bevölkerung.[8]

Identifizierte Genträger wurden in der Folge diskriminiert und verheimlichten in bestimmten Fällen ihren Status als Anlageträger, um die Heiratschancen nicht zu beeinträchtigen. Letztendlich wurden genausoviele von der Sichelzellenanämie betroffene Kinder geboren wie vor der Untersuchung. In zwei der vier Ehen mit betroffenen Kindern hatten die Frauen ihre Gefährdung verheimlicht, in den beiden anderen Fällen hatten die Paare Kinder bekommen, obwohl sie die Risiken kannten. Nachdem pränatale Tests für die Sichelzellenanämie und die Thalassämie in breitem Umfang zur Verfügung standen, verbesserte sich die soziale Akzeptanz von Genträgern auch in überwiegend ländlich-katholischen Gebieten, wie beispielsweise Sardinien.[9]

Genetische Mißverständnisse und ihre Folgen. Ich bin immer wieder überrascht, wie phantasievoll genetische Informationen mißverstanden werden. Die Überzeugung, daß mindestens ein Familienangehöriger erkranken wird, ist zwar sehr verbreitet, aber falsch. So kommen in die Testzentren für Chorea Huntington häufig Menschen in der festen Überzeugung, ihre Aussicht zu erkranken hänge unmittelbar vom Schicksal ihrer Geschwister ab: Sind meine Geschwister krank, dann sinkt mein eigenes Risiko, sind sie alt und gesund, steigt mein eigenes Risiko. Diese Fehlinterpretation ist durchaus verständlich, wenn man bedenkt, in welcher Form genetische Vererbung gewöhnlich erklärt wird. Die meisten genetischen Lehrbücher und Gesundheitsbroschüren stellen die Grundsätze des Erbgangs dar, indem sie eine Familie mit vier Kindern und ihren beiden Eltern abbilden, in der zwei Kinder betroffen sind und zwei nicht. Ärzte erklären das Risiko oft mit Formulierungen wie »die Hälfte/ein Viertel Ihrer Kinder werden erkranken.« Man muß immer sagen: »*Jedes* Ihrer Kinder ist mit 50prozentiger bzw. 25prozentiger Wahrscheinlichkeit gefährdet, unabhängig von der übrigen Familie.«

Es ist schwer, einem Menschen begreiflich zu machen, daß für die Frage, ob ein Kind Träger des HD-Gens sein wird, die Umstände einer vorausgehenden Schwangerschaft völlig unerheblich sind. Der Zufall hat kein Gedächtnis. Das Risiko gilt *individuell* für jede Person und besteht unabhängig von den übrigen Geschwistern.

Der Blick in die Zukunft. Es gibt etwa 22 Testzentren in den USA, 14 in Kanada, 5 in Großbritannien und noch einige weitere in

Europa und Skandinavien. Insgesamt sind in all diesen Zentren wahrscheinlich nicht einmal 1000 Menschen getestet worden. Nicht wenige entscheiden sich möglicherweise gegen die Untersuchung, weil sie ein positives Testergebnis fürchten. Außerdem hat man die Erfahrung gemacht, daß einige derjenigen, die einen präsymptomatischen Test wünschen, bereits eindeutige Symptome haben, ohne sich dessen bewußt zu sein. Sie wollen meist erfahren, ob sie Chorea Huntington bekommen werden, jedoch nicht, daß sie bereits erkrankt sind.

Es gibt eine Gruppe von Testwilligen, die ich die »Altruisten« nenne. Dabei handelt es sich um Menschen, die sich eigentlich lieber nicht testen lassen würden, die aber dazu bereit sind, um das Risiko für ihre Kinder zu klären, bevor diese die ersten Beziehungen eingehen oder heiraten. Über die Reaktion solcher Menschen auf die Diagnose »wahrscheinlich gen-positiv« wissen wir kaum etwas.

Einige von denen, die erfahren, daß sie nicht Anlageträger sind, stellen fest, daß mit dieser Erkenntnis nicht alle Probleme gelöst werden. Sie haben vielleicht trotzdem Schwierigkeiten, den »richtigen Partner« zu finden oder beruflich zurechtzukommen. Andere sind überaus erleichtert und beginnen ein neues Leben; sie bekommen Kinder, ziehen um, wechseln die Arbeitsstelle. Wieder andere fühlen sich beinahe schuldig gegenüber den übrigen Angehörigen, die ihren genetischen Status nicht kennen oder gen-positiv sind.

Aus Erfahrung lernen. Diese letztgenannte Gruppe derer, die im Test höchstwahrscheinlich gen-positiv sind, beschäftigt uns am meisten. Da ihre Zahl sehr gering ist – es handelt sich in den USA um weniger als 100 Personen –, wissen wir kaum, wie diese neue Kategorie der »Präsymptomatischen« auf die schlechte Nachricht reagieren wird. Unsere Erfahrungen in Venezuela, wo wir zur Zeit den klinischen Status der untersuchten Bevölkerungsgruppe bestimmen, bieten uns einige Anhaltspunkte. Nur selten fragt uns eine Testperson nach dem Befund der neurologischen Untersuchung. Einmal jedoch kam eine etwa zwanzigjährige Frau zur Untersuchung; sie war Mutter mehrerer Kinder und erneut schwanger. Wir waren zu dem Schluß gelangt, daß sie Chorea Huntington habe, als sie uns überraschend die Frage nach dem Ergebnis der Untersuchung stellte. Wir fragten, wie sie sich denn selbst fühle. Ihre Antwort: »Prima – noch kein Chorea Huntington« veranlaßte uns, mehr über sie und die Bedeutung dieser Diagnose für ihr Leben in Erfahrung zu bringen. Wir sagten ihr also, daß wir gern mehr von ihr wissen und sie über einen längeren Zeitraum beobachten wollten. Kaum war sie fort, als ihre Bekannte in höchster Sorge hereinstürzte und fragte, welche Auskunft wir ihr gegeben hätten. Durch unsere Antwort sichtlich erleichtert, erzählte sie, ihre Freundin habe ihr gegenüber geäußert, sie werde sich umbringen, wenn man bei ihr Chorea Huntington diagnostiziere. Die Gefahr eines Selbstmords oder Selbstmordversuchs gilt eben auch für diese Menschen.

Die Einführung des präsymptomatischen Tests stellte uns vor ein Dilemma: Sollten wir ihn den venezolanischen Familien zur Verfügung stellen? Für die wissenschaftliche Arbeit vor Ort ist es wesentlich, daß keiner von uns die Genotypen der Menschen kennt, die wir beobachten. Kennt man den Genotyp, dann ist es unmöglich, die klinische Untersuchung unvoreingenommen durchzuführen, und wer sie nicht selbst vornimmt, darf nichts wissen, damit die Information nicht indirekt oder zufällig preisgegeben wird. Vor allem, wenn Menschen zu beurteilen sind, bei denen man Rekombinationsereignisse vermutet, ist es ganz entscheidend, den Genotyp nicht zu kennen.

Da wir notwendige diagnostische Informationen den Betroffenen nur ungern vorenthalten wollten, setzten wir uns mit Kollegen der Universität Zulia in Maracaibo in Verbindung, um herauszufinden, ob sie die genetische Beratung garantieren konnten, die unbedingt mit genetischer Information einhergehen muß; wir selbst wollten die Laboranalyse der Genotypen vornehmen. Die Bewohner der Viertel, in denen wir arbeiten, sind arm und gelten als gewalttätig. Wir gewannen leider den Eindruck, daß die Personen, die den Betroffenen so schwerwiegende Informationen vermitteln sollten, ihrer Aufgabe nicht gewachsen sein würden. Unter diesen Umständen waren wir nicht bereit, die Genotyp-Daten freizugeben. Sogar mit Wissenschaftlern aus Caracas arbeiteten wir zusammen, um die Labor- und Beratungsstrukturen aufzubauen, die nach unserer Meinung vor Ort unverzichtbar waren, doch unser Vorhaben erwies sich als undurchführbar.

Da Angehörige der Familie von der Möglichkeit gehört hatten, die Krankheit frühzeitig zu diagnostizieren, und sich nun falsche Hoffnungen machten, versuchten wir, ihnen die Konsequenzen zu erklären. Einer von ihnen deutete auf eine Brücke in der Nähe und sagte bloß: »Wenn Sie mir sagen, daß ich die Krankheit bekommen werde, und ich habe niemanden, mit dem ich darüber sprechen kann, dann stürze ich mich von der nächsten Brücke!« Hätten wir den Menschen dort diagnostische Informationen gegeben und wären wir dann für ein Jahr nicht mehr erreichbar gewesen, dann hätte das unseres Erachtens eine Art Fahrerflucht dargestellt. Unsere Möglichkeiten wurden auch durch die Alternativen eingeschränkt, die in Venezuela zur Verfügung stehen: Das Verbot der Abtreibung macht die pränatale Diagnose auf das HD-Gen wertlos; Minderjährige werden ja nicht getestet. Darum entschlossen wir uns, klinische Diagnosen auf Anfrage zu geben und genetische Beratung vom Einsetzen der Symptome in der Familie abhängig zu machen. Informationen über den Genotyp werden nicht erteilt.

Präsymptomatische Tests: Vorläufige Ergebnisse. Unsere Erfahrungen im eigenen Land mit diagnostischen Gentests im Fall von Chorea Huntington deuten darauf hin, daß die wenigen Menschen mit positivem Testergebnis bei sehr intensiver Beratung im großen und ganzen ziemlich gut zurechtkommen. In Kanada unternahm eine Frau, die einen präsymptomatischen Test wünschte, einen Selbstmordversuch, als sie herausfand, daß sie bereits Symptome hatte; und in den USA ist mir bekannt, daß jemand wegen schwerer Depressionen ins Krankenhaus eingeliefert werden mußte, nachdem der Test positiv ausgefallen war. Die meisten, die aufgrund der Testergebnisse höchstwahrscheinlich Anlageträger sind, wissen es erst seit ein bis zwei Jahren, und wir haben keinerlei Vorstellung davon, wie diese Personen reagieren werden, wenn sie die ersten Anzeichen der Krankheit bemerken.

Das Gewinn-und-Verlust-Dilemma. Es gibt kaum Erhebungen darüber, wie jemand zu dem Entschluß kommt, sich präsymptomatisch testen bzw. nicht testen zu lassen. Die Psychologen Daniel Kahneman und Amos Tversky haben untersucht, wie Risiken eingeschätzt und aufgrund der Einschätzung Entscheidungen getroffen werden. Bei einem der imaginären Entscheidungsprozesse muß die Testperson sich vorstellen, in einer Schlacht habe sie das Kommando über 600 Soldaten und müsse die Wahl zwischen zwei möglichen Rückzugsrouten treffen.[10] Nimmt man die erste Route, rettet man mit Sicherheit 200 Soldaten; nimmt man die zweite, besteht eine Chance von 1 : 3, daß man alle rettet, aber von 2 : 3, daß alle ums Leben kommen. In einer anderen Variante kommandiert man wieder 600 Soldaten, und wenn man die erste Route wählt, kommen 400 der Männer mit Sicherheit um; wählt man die zweite, dann stehen die Chancen 1 : 3, daß keiner stirbt, und 2 : 3, daß alle ums Leben kommen. Die beiden Varianten sind natürlich identisch, aber in der einen entscheidet man sich für die Formulierung, daß mit Sicherheit 200 Soldaten gerettet werden, in der anderen, daß 400 Soldaten mit Sicherheit sterben. Kahneman und Tversky sind zu dem Ergebnis gekommen, daß die meisten Menschen nicht das *Risiko* scheuen, sondern den *Verlust*. Im ersten Entscheidungsfall, bei dem die Rettung der 200 Soldaten hervorgehoben wird, wählen die meisten Menschen die erste Route, weil sie die Gewißheit, einer bestimmten Zahl von Soldaten das Leben zu retten, der Möglichkeit vorziehen, das Leben aller aufs Spiel zu setzen. Formuliert man jedoch die gleiche Entscheidung so um, daß der sichere Tod der 400 Soldaten hervorgehoben wird, dann setzen mehr Testpersonen auf die Chance, allen das Leben zu retten, und wählen die zweite Route. In der Aussicht auf einen sicheren Gewinn neigt man zu konservativen Entscheidungen und hält an dem fest, was man hat; droht aber ein sicherer Verlust, dann ist man eher bereit, etwas aufs Spiel zu setzen. Schenkt man einem Menschen eine bestimmte Geldsumme, dann wird er eher dazu neigen, das Geld für sich zu behalten und nicht etwa im Hinblick auf zusätzlichen Gewinn ein Risiko einzugehen. Muß man Geld hergeben, ist man eher bereit zu spielen und sogar über die Summe hinaus zu verlieren, falls man die Chance hat, auf diese Weise überhaupt keinen Verlust zu machen. Kahneman und Tversky vertreten die Theorie, die Menschen wollten vor allem Verluste vermeiden. Das suchen sie zu verhindern. Ist der Verlust jedoch *gewiß*, dann riskiert man selbst einen noch höheren Verlust für die Chance, ihn ganz zu vermeiden.

Die Ergebnisse dieser Untersuchung machen deutlich, warum es so wichtig ist, genetische Informationen mit den Begriffen von Gewinn und Verlust zu erläutern. Wer den Ratsuchenden sagt, sie bekämen mit einer Wahrscheinlichkeit von 25 Prozent ein krankes Kind, vermittelt den einen Aspekt einer psychologischen Botschaft; sagt er ihnen, sie hätten eine Chance von 75 Prozent, ein normales Kind zur Welt zu bringen, so ist dies der andere Aspekt derselben Botschaft – die statistische Grundlage hat sich nicht verändert. Dem Ratsuchenden muß die genetische Information in beiden Formen gegeben werden.

Ein Mensch, der sich genetisch testen läßt, stellt eine schreckliche Gewinn- und Verlustrechnung auf. Der Gewinn entsteht natürlich dann, wenn er erfährt, daß er nicht Anlageträger für Alzheimer Krankheit, Mukoviszidose, Chorea Huntington oder irgendeine andere Krankheit ist. Der Verlust entsteht, wenn er das Gegenteil erfährt. Soll man, um vielleicht die gute Nachricht zu erfahren, das Risiko eingehen, die schlechte zu hören? Viele, die sich testen lassen wollen, haben bereits das Gefühl, auf der Verliererseite zu stehen; sie betrachten ihren Risikostatus als ebenso schlecht wie die Gewißheit, daß sie erkranken werden. Sie glauben, dies oder jenes nicht tun zu können, weil sie Risikofälle sind, obgleich sie tun könnten, was sie wollten. In Wirklichkeit hindert sie nichts, aber ihr Risikostatus lähmt ihre Entscheidungskraft: weil bestimmte Dinge ungewiß sind, erscheint ihnen alles unmöglich.

Da viele Risikopatienten schon das Gefühl haben, sich in einer *Verlust*situation zu befinden, sind sie eher bereit, einen Test machen zu lassen, der ihren Verlust noch vergrößern könnte, falls sie erfahren, daß sie tatsächlich Genträger sind. Betrachten sie ihr Leben eher als *Gewinn*situation – sie haben ihre berufliche Laufbahn gewählt, Kinder gehabt –, dann halten sie eher konservativ an diesem Gewinn fest und sind weniger willens, ihn aufs Spiel zu setzen. Einige gehen das Risiko ihren Kindern zuliebe ein, weil der Test der einzige Weg ist, deren Gefährdung zu klären.

Was diese Probleme so schwer lösbar macht, ist das Fehlen einer Therapiemöglichkeit. Wenn man etwas gegen die Krankheit unternehmen kann, dann besteht auch ein Anreiz für einen präsymptomatischen Test, und die katastrophale Wirkung einer positiven Diagnose kann teilweise aufgefangen werden. Wenn die Behandlung nur marginal wirksam ist, bleibt die Entscheidung schwer. Die Einstellung gegenüber dem HIV-Test wandelte sich erst, als bekannt wurde, daß eine Behandlung des HIV-Positiven mit dem Medikament AZT das Einsetzen der Krankheit hinauszögern könne.

Das Genomprojekt: Ein Straßenatlas der Gesundheit. Das Genomprojekt sollte in letzter Konsequenz den Weg zu Vorbeugung und Heilung weisen. Innerhalb der nächsten paar Jahre sollte eine Übersichtskarte des menschlichen Genoms entstehen, mit Markern, die jeweils rund 10 Millionen Basenpaare auseinanderliegen, wobei immer mindestens ein Marker so dicht bei jedem interessanten Gen liegt, daß man es lokalisieren kann. Diese Karte sollte es uns ermöglichen, in die nähere Umgebung der meisten Gene zu gelangen, die Krankheiten verursachen. Anschließend muß eine »hochauflösende« Karte erstellt werden, mit Tausenden von Markern im Abstand von jeweils rund einer Million Basenpaaren. Diese Detailkarte müßte uns erlauben, Gene rascher und präziser zu lokalisieren. Das Auffinden der Gene sollte dann die jeweilige Sequenzanalyse und Beschreibung erlauben.

Einige Kritiker wenden ein, daß die bloße Kenntnis des molekularen Gendefekts keine Garantie dafür bietet, daß man auch neue Therapien für die entsprechende Krankheit findet. Der Gendefekt, der die Sichelzellenanämie verursacht, ist seit 25 Jahren bekannt, und es gibt immer noch keine wirksame Therapie oder Möglichkeit der Heilung. Doch vielleicht kam diese Entdeckung einfach zu früh. Mit den inzwischen verfügbaren Techniken können wir vielleicht eher etwas gegen den Defekt unternehmen. Selbstverständlich entdeckt man Wege zur Linderung oder Heilung nicht notwendigerweise deswegen, weil man die Ursache der Krankheit auf molekularer Ebene gefunden hat. Aber es ist sinnvoll, dem Gen als Verursacher der Krankheit nachzugehen, um eine Möglichkeit auszuschöpfen, sie zu bekämpfen.

Gewisse Hinweise scheinen dafür zu sprechen, daß die Identifizierung von Genanomalien, die Mukoviszidose, α_1-Antitrypsinmangel, Neurofibromatose und andere Erbkrankheiten verursachen, neue Wege für die Therapieforschung eröffnen könnte. Es ist Wissenschaftlern gelungen, ein normales menschliches α_1-Antitrypsin-Gen in die Epithelien einer Rattenlunge einzuschleusen, wobei man für den Transfer einen Virus verwendet hat, der die gewöhnliche Erkältung verursacht, einen Adenovirus.[11] Das Rattenlungen-Gewebe produzierte danach für einige Zeit sowohl in der Retorte als auch im Tier normales menschliches Genprodukt. Zwei andere Forschergruppen haben das »normale« Gen der Mukoviszidose in eine Kultur von Lungen- und Pankreasgewebe von Menschen mit Mukoviszidose eingeschleust, wobei für die Transformation auch hier ein Virus verwendet wurde. In Gewebekulturen konnte das normale Gen die Wirkungen der Krankheit umkehren, und blockierte Kanäle arbeiteten normal.[12]

Einige Forscher planen, das normale Gen mittels eines Aerosol-Sprays in erkranktes Lungengewebe einzuschleusen. Dr. James Wilson von der Universität Michigan, Leiter einer der beiden

Forschungsgruppen, die die Mukoviszidose in der Gewebekultur korrigierten, gab gegenüber der *New York Times* die folgende Stellungnahme ab: »Für gewöhnlich bin ich in meinen Einschätzungen sehr konservativ ... beim gegenwärtigen Stand der Dinge ist es mir unmöglich, hinsichtlich der Mukoviszidose nicht optimistisch zu sein.«[13]

Es handelt sich in all diesen Fällen um sehr vorläufige Ergebnisse, und es bleibt noch viel zu tun, ehe bewiesen ist, daß die Gentherapie, die auf einer Behandlung mit dem normalen Gen beruht, wirksam ist. Doch die Aussichten sind vielversprechend. Eines aber erreicht man auf jeden Fall: Durch die Identifizierung des Gens kann man alle Energie und alle Mittel, die während der vorausgehenden Gensuche bei der Analyse irrelevanter Regionen des Chromosoms verzettelt wurden, nun auf das defekte Gen konzentrieren.

Ethische, rechtliche und gesellschaftliche Probleme. Uns stehen noch viele soziale, psychologische, rechtliche und wirtschaftliche Probleme bevor. Sobald wir unsere Möglichkeiten verbessert haben, Erkrankungen präsymptomatisch zu diagnostizieren, werden vielleicht noch viele weitere Menschen um ihre Kranken- und Lebensversicherung zu kämpfen haben. Sie werden möglicherweise durch Arbeitgeber diskriminiert, von Bekannten und Verwandten ausgegrenzt und gemieden werden. Informationen, die Voraussagen machen, bergen viele Gefahren für das Individuum und die Gesellschaft. Um diesen Sorgen Rechnung zu tragen, haben das *National Center for Human Genome Research,* die Nationalen Gesundheitsinstitute *(NIH)* und das *Human Genome Program of the Department of Energy* eine gemeinsame Arbeitsgruppe ins Leben gerufen, die sich mit den ethischen, rechtlichen und sozialen Problemen auseinandersetzt, die das Kartieren und Sequenzieren des menschlichen Genoms mit sich bringt. Die Arbeitsgruppe hat den Auftrag, die Forschung in diesen kritischen Bereichen zu fördern und Empfehlungen für Schutzmaßnahmen in dem Maße zu erarbeiten, wie neue genetische Tests entwickelt werden.

Wenn es so viele persönliche, gesellschaftliche und wirtschaftliche Risiken gibt und wirksame Therapien nicht unbedingt gewährleistet sind, warum, fragen die Kritiker, soll man das Genomprojekt dann überhaupt weiterverfolgen? Die Frage ist aber: Wie könnten wir es *nicht* tun? Viele Menschen, die an Erbkrankheiten leiden, bringen schon jetzt ungeheure finanzielle Opfer, müssen astronomische Kosten für psychologische und soziale Betreuung tragen. Es wird ihnen kaum begreiflich zu machen sein, daß die Suche nach dem HD-Gen eingestellt werden soll, weil die Kenntnis des Gens zu viele Gefahren birgt und eine Heilung nicht garantiert werden kann.

Mir ist bewußt, daß dieses Übergangsstadium, in dem wir nur vorhersagen, aber nichts verhindern können, überaus schwierig werden wird – es wird die Wirtschaft ebenso wie Gesundheits- und Sozialdienste belasten, die schon vor dem Beginn des Genomprojekts stark beansprucht waren. Dennoch glaube ich, daß unsere Erkenntnisse das Risiko aufwiegen werden. Aus der Erfahrung mit Chorea Huntington und anderen Erbleiden lernen wir, wie folgenreich der Blick in die Zukunft, wie notwendig die Zurückhaltung dabei sein kann. Wir gehen einer Zeit entgegen, in der Voraussagetests für Brust- und Darmkrebs, Herzkrankheit, Alzheimer Krankheit, manische Depression und Schizophrenie durchaus im Bereich des Möglichen liegen. Vielleicht müssen wir für einige Zeit mit begrenzten oder gar nicht vorhandenen Behandlungsmöglichkeiten, mit unerfüllbaren Hoffnungen und ungewissen Folgen für unsere Krankenversicherung leben, bis der Umschwung eintritt. Der Einsatz ist hoch, doch das gilt auch für den Gewinn. Was Delmore Schwartz in einem Gedicht gesagt hat, scheint hier zuzutreffen: »Schon unsere Träume nehmen uns in die Pflicht.«

Ruth Schwartz Cowan

Gentechnik und die Entscheidungsfreiheit bei der Fortpflanzung: Eine Ethik der Selbstbestimmung

Wenn man sich das Genomprojekt als ein technologisches System vorstellt – und diese Vorstellung ist durchaus angemessen –, dann erkennt man, daß es wie alle diese Systeme etwas produziert: nicht Apparate oder Mikrochips oder Stahlblöcke, sondern Information von zweierlei Art. Für unsere Zwecke können wir dabei von »interner« und »externer« Information sprechen. Die interne Information fließt in das System selbst zurück und trägt dazu bei, die Arbeitsinstrumente und die Genkartierung zu verbessern. Dadurch wird das gesamte Unternehmen effizienter und produktiver. Die interne Information ist wichtig und von großer Bedeutung für alle, die an dem Projekt beteiligt sind; für die moralischen und gesellschaftlichen Entscheidungsprozesse ist sie jedoch weniger relevant und steht daher nicht im Mittelpunkt der folgenden Ausführungen.

Die externe Information unterscheidet sich in ihren gesellschaftlichen Merkmalen deutlich von der internen Information. Technologie existiert immer in einer ganz bestimmten sozialen Welt. Die Technologie, die Stahlblöcke produziert, ist in einer sozialen Welt angesiedelt, die wir als »Eisen- und Stahlindustrie« bezeichnen, und Mikrochips sind das Produkt einer Technologie, die in einer Welt »multinationaler Konzerne« existiert. Das Genomprojekt ist weitgehend in der Welt zu Hause, der wir den Namen »Wissenschaft« oder gelegentlich auch »medizinische Wissenschaft« geben, aber – und das ist entscheidend – ein Teil der produzierten Information, die externe Information, tritt aus dieser Welt heraus und dringt in eine andere ein, die wir als »Medizin« oder manchmal als »klinische Praxis« bezeichnen. Wenn uns die sozialen und ethischen Konsequenzen des Genomprojekts beunruhigen, dann muß unsere Sorge dieser Information gelten: nicht der Information, die im System verbleibt, sondern der Information, die nach außen dringt.

Die Hauptakteure in der sozialen Welt der praktischen Medizin unterscheiden sich von den Hauptakteuren in der sozialen Welt der Wissenschaft. Derselbe Mensch schlüpft in eine andere gesellschaftliche Rolle, wenn er die Grenze zwischen zwei solchen Welten überschreitet. Die Welt der Wissenschaft ist bevölkert von »Projektleitern«, »Technikern«, »Ausrüstern«, »Laborleitern«; in der Welt der praktischen Medizin finden wir »Ärzte«, »Patienten«, »Techniker«, »Familien«, »Krankenschwestern« und – nicht zu vergessen – indirekt Beteiligte, die »Versicherer«. Wird jemand, der in der einen Welt Laborleiter ist, in der anderen Welt zum Patienten, dann bleibt er zwar physisch intakt, doch soziale Rolle und Macht verändern sich grundlegend. Die Menschen im System der praktischen Medizin haben in mindestens zwei Bereichen mehr Macht als die Menschen im System der Wissenschaft: 1. bei individuellen moralischen Entscheidungen, die Leben und Tod betreffen und 2. bei Gruppenentscheidungen – Entscheidungen über künftige Wege und Ziele, die ebenfalls Leben und Tod betreffen.

Wenn Genom-Information in die Welt der praktischen Medizin eindringt, so wird das in der vorhersehbaren Zukunft auf dem Weg über die pränatale Diagnostik geschehen. Die Gentherapie ist in vielerlei Hinsicht ein wunderbares Ziel, aber noch Zukunftsmusik. Die pränatale Diagnose ist bereits Teil unserer Gegenwart, des Hier und Jetzt. In den meisten Industrieländern (und in begrenztem Ausmaß auch in den Entwicklungsländern) ist sie uns sogar schon seit mehr als zwanzig Jahren vertraut. Die pränatale Diagnose ist eine Technologie, die den Patienten entweder als ein Verfahren der Geburtshilfe oder als angewandte medizinische Genetik zur Verfügung steht. In beiden Fällen muß dem Fötus eine Gewebsprobe zur Untersuchung entnommen werden. Bei der Chorionzottenbiopsie wird in der 9. oder 10. Schwangerschaftswoche eine Gewebsprobe aus den Chorionzotten gewonnen; bei der Amniozentese entnimmt man in der 16. Schwangerschaftswoche mit Hilfe einer Nadel Fruchtwasser mit den darin enthaltenen Fruchtzellen. Nach der Entnahme sind die Fruchtzellen (sowie biochemische Produkte der Frucht im Fruchtwasser) der Untersuchung zugänglich: man erfährt etwas sowohl über die Zahl als auch über die Beschaffenheit der Chromosomen; außerdem kommt man zu Informationen über das Vorhandensein bzw. das Fehlen bestimmter Gene. Durch dieses diagnostische Verfahren – die Feststellung, ob ein bestimmtes Gen vorhanden bzw. nicht vorhanden ist – fließen die Erkenntnisse aus dem Genomprojekt in das System der praktischen Medizin ein, so wie sich das im Fall der Entdeckung des Gens für die Mukoviszidose gezeigt hat. Um jedes Mißverständnis auszuschließen: für die meisten Krankheiten bzw. Behinderungen, die man vor der Geburt diagnostizieren kann, gibt es bisher *keine* Therapie. Patienten, deren ungeborenen Kindern die Diagnose auf Mongolismus, Spina bifida, Turner-Syndrom, Tay-Sachssche Krankheit, Sichelzellenanämie oder eine der Thalassämien gestellt wird, bleibt als einzige Möglichkeit die Abtreibung, ein Verfahren, das man kaum als therapeutisch bezeichnen möchte. So werden sich in absehbarer Zukunft die ethischen und sozialen Implikationen des Genomprojekts nicht von den ethischen und sozialen Implikationen der Abtreibung trennen lassen.

Da die pränatale Diagnostik seit mehr als zwanzig Jahren existiert, wissen wir schon recht viel darüber, wie sie sich entwickelt und zu welchen sozialen und ethischen Konsequenzen sie geführt hat. Ich möchte daher die Geschichte der pränatalen Diagnose unter zwei Gesichtspunkten betrachten – aus der Perspektive der Technikgeschichte und aus der Perspektive feministischer Ethik –, indem ich einige der sozialen und ethischen Konsequenzen untersuche, die sich aus dem Genomprojekt bisher ergeben haben und wahrscheinlich auch in Zukunft noch ergeben werden.

Die Geschichte der Technik ist als wissenschaftliche Disziplin etwa ebenso alt wie die molekulare Genetik; die *Society for the History of Technology* wurde 1958 ins Leben gerufen und gibt seit diesem Jahr ihre Vierteljahresschrift *Technology and Culture* heraus. Obgleich die Historiker im allgemeinen nur ungern von »Gesetzen der Geschichte« sprechen, weil es in einem historischen System weit mehr Variable gibt als in jedem anderen, würden viele wohl einräumen, daß man in der Geschichte der Technik mindestens drei Merkmale technologischer Systeme identifiziert hat, die grundsätzlich für die meisten modernen Fälle zutreffen, in denen gründliche Studien vorliegen.

Erstens: *Motive sind wichtig.* In der Technik können im Gegensatz zur Wissenschaft die Absichten der Erneuerer buchstäblich in die Struktur des Produkts eingebaut werden. Ein einfaches und anschauliches Beispiel dafür ist der Northern State Parkway, eine landschaftlich wunderschön gestaltete vierspurige Autobahn, die Ende 1930 auf Long Island gebaut wurde, um den Verkehr in Ost-West-Richtung aufzunehmen.[1] Die Überführungen sind als Teil der Gesamtanlage mit Naturstein verkleidet. Außerdem sind sie sehr niedrig: Autobusse und Lastzüge können sie nicht passieren. Die Autobahn wurde von dem New Yorker Baumeister Robert Moses geplant und entworfen. Robert Caro hat bei den Recherchen für seine gründliche Moses-Biographie herausgefunden, daß die Überführungen bewußt zu niedrig für Busse gebaut wurden.[2] Der Northern State Parkway verbindet als Zubringer New York City mit einer anderen brillanten Schöpfung des Architekten: Jones Beach. Moses wollte die Armen New Yorks daran hindern, diesen spektakulären Strand zu überrennen; sie konnten sich kein eigenes Auto leisten und waren auf öffentliche Transportmittel angewiesen. Für sie war die Untergrundbahn nach Coney Island gut genug; Jones Beach sollte der »besseren Gesellschaft« vorbehalten bleiben. Motive sind wichtig.

Andererseits sind Motive *nicht allein ausschlaggebend*. Das ist eine logische Folge aus dem ersten Grundsatz. Der Long Island Expressway, der parallel zum Northern State Parkway verläuft, machte Moses' Absichten zunichte, wenn auch erst zwanzig Jahre später. Der Erfindungsgeist des Menschen ist unerschöpflich, so daß er Wege findet, mit denen er sich über die Absichten des Erneuerers hinwegsetzen kann: Eine Turbine, ursprünglich für Flüssigkeiten vorgesehen, läßt sich so umkonstruieren, daß sie mit Gasen arbeitet; Verbrennungsmotoren kann man so verändern, daß sie mit Holz oder Kohle statt mit flüssigen Brennstoffen zu betreiben sind; man kann sogar – hoffentlich – Schwerter zu Pflugscharen umschmieden. Das Problem bei all diesen Abänderungen und Umbauten ist bloß die Kostenfrage: man muß Zeit, Mühe und Geld aufwenden, um den eigentlichen Zweck zu umgehen oder zurückzudrängen – und es ist nicht immer leicht, diese Voraussetzungen zu schaffen. Deswegen ist es im Normalfall besser, das Produkt von Anfang an passend zu den »richtigen« Motiven zu entwerfen; in der realen Welt der Technologie sind die Motive vielleicht nicht gänzlich ausschlaggebend, manchmal jedoch das Geld.

Zweitens: technische Systeme haben gewöhnlich *einen unsichtbaren Zweck, der vom erkennbaren Zweck abweicht*. Der erkennbare Zweck ist der, für den das Produkt potentiellen Kunden angeboten wird. Die Entwicklung des Kühlschranks für Privathaushalte ist ein Beispiel.[3] Als in den späten zwanziger Jahren die Massenproduktion von Kühlschränken anlief, waren zwei Typen auf dem Markt: eine elektrische Kompressionsmaschine (von der

Art, wie sie heute in den meisten amerikanischen Haushalten üblich ist), und eine Gasabsorptionsmaschine (die heute nur in Europa erhältlich ist). Die Absorptionsmaschine war der Traum jedes Ingenieurs. Sie hatte keine beweglichen Teile und war daher geräuschlos und praktisch wartungsfrei. Die Kompressionsmaschine wurde jedoch von einigen der größten amerikanischen Unternehmen hergestellt, u. a. General Electric und Westinghouse. Diese hatten bis dahin ihren Umsatz im wesentlichen damit gemacht, daß sie die Stromversorger mit dem notwendigen Gerät belieferten. Bei General Electric hatte man ursprünglich erwogen, die Absorptionsmaschine auf den Markt zu bringen, doch wurde diese Idee schließlich verworfen, weil – und das ist der springende Punkt – die elektrische Kompressionsmaschine den wirtschaftlichen Interessen der Stromversorger besser gerecht wurde. Als der Kompressionskühlschrank dann Ende 1920 auf den Markt kam, hatte das Unternehmen das sichtbare Ziel, Eisschrank und Kühlkeller abzulösen, und gleichzeitig das unsichtbare Ziel, für Stromversorger neue Einnahmequellen zu schaffen (und außerdem die Stromlast besser zu verteilen, denn die neuen Geräte liefen ja ununterbrochen 24 Stunden). In diesem besonderen Fall stellte sich heraus, daß die verborgenen Ziele durchaus historisch bedeutsam waren; die Hersteller der Kompressionsmaschinen hatten nämlich finanziell gegenüber den Herstellern der Absorptionsmaschinen den längeren Atem; sie überstanden die folgende Wirtschaftskrise besser, indem sie den Preis ihres Produkts besonders niedrig hielten, Ratenkauf anboten und Zwischen- und Einzelhändlern große Rabatte gewährten. Durch den Preisunterschied wurden die Hersteller der Absorptionskühlschränke zumindest vom amerikanischen Markt schließlich ganz verdrängt.

Die Geschichte der Technik hat vielerlei Arten versteckter Ziele in technischen Systemen aufgedeckt: Rivalitäten im Dienstleistungsbereich, Arbeitsplatzsicherung, Egoismus, Bestechung, Marktbeherrschung, Markenschutz. Der Kunde ist also gut beraten, wenn er versucht, etwas über die verborgenen Ziele herauszufinden. Dafür muß er sich die Mühe machen, etwas über die soziale Welt in Erfahrung zu bringen, in der die Technik produziert und das Produkt ausgeliefert wird.

Ein drittes Merkmal technischer Systeme ist die Tatsache, daß sie alle *unbeabsichtigte Konsequenzen* haben, nachdem sie einmal in Umlauf gebracht worden sind. Der Mensch ist einfallsreich, die

Gesellschaft komplex, und es gibt Zufälle. Der Erfinder des Radios hatte nie daran gedacht, daß eines Tages jemand Sendezeiten an Anzeigekunden verkaufen könnte; als man die Intrauterinpessare entwickelte, hatte man nicht geahnt, daß sie bei manchen Benutzerinnen Entzündungen hervorrufen würden; bei der Erweiterung von Verkehrswegen hatte man nicht vorausgesehen, daß sie nach dem Ausbau zusätzliche Autofahrer anziehen würden; einige Wissenschaftler, die an der Entwicklung der Atombombe mitwirkten, stellten sich vor, sie werde nur der Abschreckung, nicht der Zerstörung dienen.

Durch die unbeabsichtigten Konsequenzen sollten wir uns jedoch nicht zu dem Gefühl verleiten lassen, wir Menschen könnten am Lauf der Technik ohnehin nichts ändern.[4] Erstens können wir lernen, einige dieser Konsequenzen vorauszusehen. Was wir als »unbeabsichtigt« bezeichnen, ist zum Teil auf Unwissen zurückzuführen. Dagegen können wir etwas unternehmen, indem wir mehr über die Geschichte, Soziologie und Ökonomie der Technik lernen; wir können lernen, die oben angesprochenen verborgenen Motive ans Licht zu holen. Wir können außerdem Systeme entwickeln, gewissermaßen soziotechnische Versicherungen, die auch gegen nicht vorhersehbare Konsequenzen Schutz bieten. Gewiß wird der Schutz nicht vollkommen sein, aber es wäre angesichts der Risiken des modernen Lebens töricht, eine solche Versicherung nicht ebenso selbstverständlich abzuschließen wie die Lebens- und Krankenversicherung.

Für die Untersuchung der sozialen und ethischen Implikationen des Genomprojekts müssen wir die Geschichte der pränatalen Diagnostik aus der Perspektive der Geschichte der Technik betrachten, im Hinblick auf Motive, verborgene Voraussetzungen und unvorhergesehene Konsequenzen.

Das erste Merkmal, das man vor der Geburt diagnostizieren konnte, war das Geschlecht. Zwei kanadische Histologen, M. L. Barr und E. G. Bertram, beschrieben 1949 ein bestimmtes morphologisches Merkmal der Zellkerne von Nervenzellen der Katze, das sie nur in den Zellen weiblicher Katzen beobachten konnten.[5] Weitere Untersuchungen von Barr und anderen zeigten, daß dieser Unterschied auch für andere Säuger, einschließlich des Menschen, galt und sich ebenso in anderen Geweben zeigte, u. a. in Zellen, die aus Schleimhautabstrichen stammten. Dieses morphologische

Merkmal, das von einem der beiden X-Chromosomen der Frau herrührt, wird heute nach seinem Entdecker als Barr-Körper bzw. als Geschlechtschromatin bezeichnet. Bei entsprechender Färbung wird es – und das ist entscheidend – in zwei Stadien der Zellteilung, der Prophase und der Interphase, sichtbar.

1955, wenige Monate nachdem Barr in einem wissenschaftlichen Beitrag nachgewiesen hatte, daß das Geschlechtschromatin in Zellen aus Schleimhautabstrichen sichtbar wird, gaben vier verschiedene Forschungsgruppen (in New York, Jerusalem, Kopenhagen und Minneapolis) bekannt, daß man das Geschlecht des ungeborenen Kindes feststellen könne, wenn man die im Fruchtwasser schwimmenden Zellen auf das Vorhandensein bzw. Nichtvorhandensein von Geschlechtschromatin untersuchte. Nicht einmal eine Zellkultur war erforderlich, die Geschlechtsbestimmung konnte innerhalb weniger Stunden nach der Fruchtwasserentnahme (damals wie heute durch Amniozentese) erfolgen.

In Kopenhagen (und wahrscheinlich auch an vielen anderen Orten) wurde diese Information sogleich in die medizinisch-genetische Praxis umgesetzt.[6] Man bot Schwangeren mit dem »Symptom« einer Familiengeschichte der Bluterkrankheit die Gelegenheit, das Geschlecht des ungeborenen Kindes bestimmen und, bei der »Diagnose männlich«, eine Abtreibung vornehmen zu lassen (die Bluterkrankheit ist eine geschlechtsgebundene Erbkrankheit; das rezessive Gen befindet sich auf dem X-Chromosom; Frauen können die Krankheit weitergeben, erkranken aber selten selbst). Innerhalb weniger Jahre wurde diese sehr begrenzte Anwendung der Amniozentese – zur Diagnose geschlechtsgebundener Krankheiten mit familiärer Vorgeschichte – in Einrichtungen medizinischer Genetik (die es damals nur in größeren Forschungskliniken gab) zur Routine, und zwar in Kanada, den USA, Großbritannien und Westeuropa – obwohl in mehreren Ländern die sogenannten therapeutischen oder eugenischen Abtreibungen noch nicht ohne weiteres möglich waren.

Im folgenden Jahrzehnt führten drei verschiedene Entwicklungen zu einer erheblich erweiterten Anwendung der Amniozentese. Ab 1966 standen Möglichkeiten zur Verfügung, Kulturen von Fruchtwasserzellen anzulegen und für ein Karyogramm auszuwerten, d. h. Zahl und Morphologie der Chromosomen festzustellen. Im darauffolgenden Jahr wurde erstmals von Chromosomenstörungen berichtet, die durch ein Karyogramm diagnostiziert worden waren; 1968 erschien in *Lancet* der erste Bericht von einer Abtreibung, die man aufgrund der Diagnose Mongolismus vorgenommen hatte.[7] Von diesem Zeitpunkt an wurde der mögliche Anwendungsbereich für die Amniozentese deutlich größer, weil das häufigste Symptom für Chromosomenstörungen das »erhöhte Alter der Mutter« ist und weil es bei weitem mehr ältere Schwangere gibt als Schwangere mit einer familiären Vorgeschichte geschlechtsgebundener Krankheiten.

Im Verlauf einer davon unabhängigen Entwicklung entdeckten 1972 D. J. H. Brock und seine Mitarbeiter in Edinburgh, daß mehrere Neuralrohrdefekte (wie z. B. Spina bifida) durch den Nachweis erhöhter α-1-Fetoprotein-Werte im Fruchtwasser pränatal diagnostizierbar sind. Auch dadurch nahmen die Anwendungsmöglichkeiten der Amniozentese zu, da der Anteil solcher Defekte in bestimmten geographischen Bereichen relativ hoch liegt (z. B. in Nordirland bei 7,9 von 1000 Lebendgeburten).[8]

Schließlich gab die amerikanische Regierung im November 1975 bei einer Konferenz der *American Academy of Pediatrics* bekannt, die Ergebnisse einer Gemeinschaftsstudie der Nationalen Gesundheitsinstitute zeigten, daß die Amniozentese zur pränatalen Diagnose nicht nur für Mutter und Kind recht gefahrlos, sondern auch sehr zuverlässig sei.[9] Kanadische und britische Forscher veröffentlichten wenige Monate darauf ähnlich günstige Ergebnisse.

Damit begann die Amniozentese über den Bereich der Forschungsinstitutionen hinaus in der normalen medizinischen Praxis eine Rolle zu spielen. Mitte der siebziger Jahre war die Amniozentese bei vielen Tausenden von Frauen vorgenommen worden, und jedes Jahr ließen Tausende weiterer Frauen Fruchtwasser entnehmen und untersuchen. In den Labors entwickelte man Standardverfahren für die systematische Analyse fetalen Untersuchungsmaterials und Formulare für den Laborbericht an den Arzt. Auf dem Standardformular eines Karyogramms mußte das Geschlecht des Ungeborenen angegeben werden, weil alle Chromosomen – Autosomen und Geschlechtschromosomen – beschrieben werden mußten.

In der klinischen Praxis fiel der Umgang mit dieser Information offenbar unterschiedlich aus: Einige Ärzte teilten ihren Patienten das Geschlecht des Kindes automatisch mit, einige gaben es nur auf Fragen der Eltern bekannt, andere wiederum gaben die Information als »medizinisch irrelevant« überhaupt nicht weiter.[10] Die Zahl der vorgenommenen Amniozentesen und damit der Frauen, die das Geschlecht des Kindes vor der Geburt kannten, war so groß, daß der Sachverhalt allmählich allgemein bekannt wurde: Eine Frau konnte das Geschlecht ihres ungeborenen Kindes so frühzeitig in Erfahrung bringen, daß eine legale Abtreibung möglich war, falls das Ergebnis der Geschlechtsbestimmung nicht zu ihrer Zufriedenheit ausfiel. Mit Ausnahme einer Ärztegruppe in Indien gibt es keinen Hinweis darauf, daß irgendein Arzt tatsächlich die Amniozentese als eine Möglichkeit empfohlen hätte, auf das Geschlecht der Kinder Einfluß zu nehmen; doch berichteten Ärzte zunehmend von einzelnen Patienten, die eine Amniozentese *ausschließlich* zur Geschlechtsbestimmung ihres Nachwuchses wünschten, vor allem Frauen, die bereits mehrere Kinder gleichen Geschlechts geboren hatten.

Mit diesem Ergebnis hatte niemand gerechnet. Als Fritz Fuchs und seine Kollegen 1960 begannen, Frauen mit familiärer Vorbelastung für die Bluterkrankheit die Amniozentese und therapeutische Abtreibung anzubieten, war die Schwangerschaftsunterbrechung in den meisten westlichen Ländern illegal und die Frauenbewegung auf dem Tiefpunkt. 1975 war sie höchst aktiv, die nicht-therapeutische Abtreibung war fast in allen Ländern erlaubt, und Tausende von schwangeren Frauen hatten sich der Fruchtwasseruntersuchung unterzogen. Offenbar hatte keiner der Mediziner vorausgesehen, daß die Patienten sich aus nicht-medizinischen Gründen für die Amniozentese interessieren oder von ihr Gebrauch machen könnten. Ebensowenig hatte man damit gerechnet, daß Frauen ohne große Schwierigkeiten in der Lage sein würden, Schwangerschaften abzubrechen, die wegen des Geschlechts des Kindes unerwünscht waren. Doch zu den Forderungen, auf denen die Frauenbewegung bestanden hatte und die 1973 durch das Urteil im Fall *Roe gegen Wade* Gesetzeskraft erlangten, zählte auch das Recht der Frau auf Schwangerschaftsabbruch innerhalb der ersten sechs Monate durch einen Arzt, dem keine Gründe angegeben werden mußten: sozusagen eine Abtreibung auf Wunsch.

Viele Ärzte standen vor einem Dilemma. Einige befürworteten die legale Abtreibung, wollten jedoch nicht, daß sie in Anspruch genommen wurde, um das erwünschte Geschlecht bei den Nachkommen zu gewährleisten. Andere waren überzeugt, die begrenzten Mittel der Medizin – die Laboruntersuchungen bei der Amniozentese waren und sind zeitraubend sowie kostspielig, und in den siebziger Jahren reichten die Kapazitäten nicht für die Nachfrage aus – sollten nicht für Zwecke aufgewendet werden, die medizinisch nicht »relevant« seien.[11] Dieselben Ärzte waren sich jedoch darüber klar, daß sie die Selbstbestimmung ihrer Patientinnen in Frage stellten, wenn sie ihnen Informationen vorenthielten. Andere Ärzte wiederum erkannten, daß die Autonomie ihrer Patientinnen auch beeinträchtigt wurde, wenn sie Frauen, deren Motive sie für fragwürdig hielten, einen Schwangerschaftsabbruch verweigerten.

Ganz offenbar gerieten zwei Grundsätze medizinischer Ethik in Konflikt: die Pflicht, »keinen Schaden zuzufügen«, hält den Arzt davon ab, medizinisch nicht gerechtfertigte chirurgische Eingriffe vorzunehmen; die Pflicht, die »Selbstbestimmung des Patienten zu respektieren«, hält ihn dazu an, alle relevanten Informationen zur Verfügung zu stellen und Patientenwünsche bezüglich der Behandlung zu berücksichtigen. Genberater wollten das so entstandene Dilemma lösen, indem sie versuchten, den Patientinnen einen Schwangerschaftsabbruch zum Zweck der Geschlechtswahl auszureden – im Widerspruch zur standesrechtlichen Verpflichtung, nicht »direktiv« zu beraten. Laborleiter forderten die genetischen Beratungsstellen dazu auf, Elternwünsche nach Information über das Geschlecht ihrer Kinder mit der Begründung abzulehnen, die Labors seien überlastet. Gynäkologen überwiesen Patientinnen für die Amniozentese an Genmediziner, lehnten anschließend aber die verlangte Abtreibung ab, wenn die Patientinnen als einzigen Grund »falsches Geschlecht« angaben. Andere verwiesen die Patientinnen an einen Kollegen, der willens war, den Eingriff vorzunehmen; wieder andere waren bereit, sowohl die Information zu geben als auch die Abtreibung durchzuführen.

In der Absicht, die verworrene Lage zu klären, wurde 1979 im Hastings Center eine Konferenz einberufen. Die anwesenden Ärzte und Bioethiker formulierten damals eine recht komplizierte Erklärung, die man etwa folgendermaßen zusammenfassen könnte: Wir meinen, die ganze Geschichte ist von Übel, und die Eltern sollten es nicht tun, und wir respektieren auch die Ärzte, die es nicht tun wollen; trotzdem sind wir nicht der Meinung, daß ein Gesetz verabschiedet werden sollte, um es zu verhindern.[12] Wenige Monate später jedoch publizierte einer der Unterzeichneten, John C. Fletcher, ein Bioethiker der Nationalen Gesundheitsinstitute, eine revidierte Stellungnahme. Es sei unlogisch, wenn Ärzte in einer Situation (wenn nämlich eine pränatale Geschlechtsbestimmung verlangt wurde) den Schwangerschaftsabbruch ablehnten, während sie in allen anderen Fällen bereit seien, den Eingriff vorzunehmen, ohne Fragen zu stellen:

> ... die Entscheidungsfreiheit der Frau ist in der Abtreibungsfrage vorrangig. Grundlage der rechtlichen Regelung, mit der auf eine Erklärung von Gründen verzichtet wird, ist das Recht der Frau, über Geburt und die Risiken einer Schwangerschaft selbst zu bestimmen. Die staatliche oder medizinische Prüfung der Gründe schafft Gelegenheiten, die von der Gesellschaft garantierte freie Entscheidung der Frau über ihren Nachwuchs zu behindern oder zu unterlaufen. Um das zu vermeiden, ist es besser, von einer staatlichen Prüfung der Gründe abzusehen.[13]

Vier Jahre darauf vollzog Fletcher eine erneute Kehrtwendung, die deutlich macht, wie schwierig die Frage zu beantworten ist und wie stark tiefverwurzelte moralische Prinzipien dabei in Konflikt geraten. Inzwischen hatte sich herausgestellt, daß einige Ärzte in China und Indien ihren Patienten die pränatale Diagnose anboten, um die Abtreibung weiblicher Föten zu fördern. Fletcher argumentierte nun wie folgt: Ein eigenständiges ethisches Prinzip (in diesem Fall: keinen Schaden zuzufügen) sei wichtiger als ein verfahrenstechnisches ethisches Prinzip (innere Logik); der Schaden, den die Gesellschaft durch die Geschlechtsselektion allgemein und die Selektion des männlichen Geschlechts im besonderen erleide, wiege schwerer als der Nutzen des Individuums, das ein Kind mit dem erwünschten Geschlecht aufziehen könne; die Ärzte sollten also keinen Abbruch vornehmen, wobei diese Verpflichtung so zwingend sei, daß sie gesetzliche Regelungen rechtfertige, die eine Erfüllung der Verpflichtung gewährleisteten. Die Pflicht, Schaden abzuwenden, wiege in diesem Fall schwerer als die Pflicht, die Selbstbestimmung des einzelnen zu respektieren.[14]

Bisher haben die Praktiker in den Kliniken dennoch keinen Konsens in der Frage der Abtreibung aus Gründen der Geschlechtsselektion erzielt. Fletcher und seine Kollegin Dorothy Wertz haben vor kurzem eine internationale Befragung zur Einstellung der Genberater durchgeführt.[15] 34 Prozent der Befragten würden bei Patientinnen, die nur das Geschlecht des ungeborenen Kindes erfahren wollen, eine pränatale Diagnose vornehmen, 29 Prozent würden das zwar nicht selbst tun, aber die Patientin an entsprechende Kollegen überweisen. Die meisten Ärzte begründeten ihre Haltung mit dem Selbstbestimmungsrecht der Patientin. Sie habe das Recht, ihren Nachwuchs ohne Einmischung Dritter zu planen. Das Ergebnis der Umfrage läßt vermutlich auch den Schluß zu, daß 27 Prozent der Ärzte diese Dienstleistung ablehnen würden, wenn man sie darum bäte, bzw. ihre Patientinnen nicht über die entsprechende Möglichkeit informieren würden. Ihre Entscheidung beruht dabei im wesentlichen auf der Grundlage, daß die Pflicht, keinen Schaden zuzufügen, gegenüber der Pflicht, das Selbstbestimmungsrecht der Patientin zu respektieren, Vorrang hat.

Eine feministische Ethik kann vielleicht einen Weg aus diesem Dilemma weisen. Als wissenschaftliche Disziplin ist sie im Vergleich zur molekularen Genetik und zur Geschichte der Technik erheblich jünger und auch weniger weit entwickelt, da man ihren Anfang auf die Renaissance der Frauenbewegung in den frühen siebziger Jahren datieren kann. Zwei unterschiedliche Richtungen lassen sich erkennen, die zwei verschiedenen Zweigen der Ethik selbst entsprechen: die normative und die nicht-normative Ethik. Normative Ethiker beschäftigen sich mit der Ableitung ethischer Prinzipien. Eine feministische normative Ethikerin könnte behaupten, in der feministischen Ethik sollten ethische Prinzipien abgeleitet werden, die anders sind als die, die zuvor in patriarchalischen Kulturen vorherrschten. Nicht-normative Ethiker wollen untersuchen, wie Menschen tatsächlich handeln und wie sie erklären, was sie in spezifischen moralischen Situationen tun. Eine feministische nicht-normative Ethikerin könnte behaupten, daß sich einige Lebenserfahrungen bei Frauen von denen der Männer unterscheiden, insbesondere im Zusammenhang mit der Schwangerschaft. Daher seien Frauen mit anderen moralischen Problemen konfrontiert und hätten moralische Prinzipien entwickelt, die – weitgehend unartikuliert – sich von denen der Männer unterscheiden: eine »andere moralische Stimme«, auf die man hören sollte, nicht nur, weil sie die Hälfte der Bevölkerung repräsentiert, sondern auch, weil sie uns vielleicht helfen kann, mit einigen der moralischen Probleme von Leben und Tod fertig zu werden, die mit älteren Moralsystemen schwer zu lösen sind. Die nicht-normative Ethik scheint mir am ehesten geeignet, das Dilemma klären zu helfen, vor dem Ärzte und Patienten stehen, seit die pränatale Diagnostik die Wahl des Geschlechts erlaubt.

In dem Buch *In A Different Voice* illustriert Carol Gilligan die »andere« moralische Stimme anhand des folgenden Beispiels.[16] Zwei Kinder werden gefragt, wie sie das »Heinz-Dilemma« lösen würden. Es handelt sich dabei um eine Standard-Fallgeschichte, die in Untersuchungen nicht-normativer Ethik Verwendung findet: Sollte ein Mann ein Medikament, das er sich nicht leisten kann, stehlen, um seiner Frau das Leben zu retten? Ein Kind bejahte die Frage, »indem es das Dilemma als einen Konflikt zwischen den Werten von Eigentum und Leben begreift«:

Erstens ist ein Menschenleben mehr wert als Geld, und wenn der Apotheker nur 1000 Dollar verdient, wird er überleben, wenn aber Heinz das Medikament nicht stiehlt, wird seine Frau sterben. (*Warum ist Leben mehr wert als Geld?*) Weil der Apotheker später von reichen Krebskranken die 1000 Dollar bekommen kann, aber Heinz kann seine Frau nicht mehr bekommen. (*Warum nicht?*) Weil alle Menschen verschieden sind und man deswegen die Frau von Heinz nicht noch einmal bekommt.

Dieses Kind sagt außerdem, daß ein Richter Heinz im Fall einer Verhaftung wahrscheinlich freispräche, weil er erkennen würde, daß der Diebstahl in diesem Fall das richtige war; außerdem hätten »Gesetze Fehler, und man kann nicht ein Gesetz für alle Fälle machen, die man sich vorstellt«.[17]

Das andere Kind verneint die Frage; Heinz sollte das Medikament nicht stehlen.

Ich glaube nicht. Vielleicht gibt es noch andere Möglichkeiten außer Diebstahl, daß er z. B. Geld leihen oder einen Kredit aufnehmen könnte – aber seine Frau dürfte nicht sterben.

Auf die Frage, warum er das Medikament nicht stehlen sollte, denkt das Kind Gilligan zufolge weder an »Eigentum noch an Gesetz, sondern an die Auswirkung, die der Diebstahl auf das Verhältnis zwischen Heinz und seiner Frau haben könnte«.

Wenn er das Medikament stehlen würde, könnte er vielleicht seine Frau retten, aber er käme vielleicht auch ins Gefängnis, und dann würde seine Frau vielleicht noch kränker, und er könnte kein Medikament mehr besorgen, und das wäre vielleicht schlecht. Sie sollten es also miteinander besprechen und einen anderen Weg finden, um zu dem Geld zu kommen.

Carol Gilligan stellt fest, daß dieses Kind, ein Mädchen, moralische Probleme in einer Weise analysiere, wie sie unter Frauen üblicher sei als unter Männern. Das Kind »sieht in dem Problem keine mathematische Aufgabe mit Menschen, sondern die Schilderung einer Beziehung, die sich über einen Zeitraum erstreckt; es stellt sich daher vor, wie die Frau weiterhin ihren Mann braucht und der Mann sich weiterhin Sorgen um seine Frau macht, und versucht darüber hinaus, auf die Bedürfnisse des Apothekers so zu reagieren, daß Verbindungen erhalten und nicht abgerissen werden«.[18]

In Gilligans Buch geht es in erster Linie nicht um Untersuchungen an Kindern, sondern an Frauen, die sich für einen Abbruch der Schwangerschaft entschieden haben. Dabei stellte sich heraus, daß sie ihre Entscheidung, wie das befragte zweite Kind, im Hinblick auf gegenseitige Beziehungen begründeten. Die Anthropologin Rayna Rapp und die Soziologin Barbara Katz Rothman stießen auf die gleiche Art der Argumentation, als sie in einer parallelen Untersuchung Ehepaare befragten, die im Fall einer ursprünglich gewünschten Schwangerschaft den schwierigen Entschluß zu einem Abbruch getroffen hatten, weil nach den ersten vier Monaten die Amniozentese ergeben hatte, daß das ungeborene Kind einen bestimmten Gendefekt hatte. Die Befragten, Männer wie Frauen, sahen ihre Entscheidung als die Absicht, dem betroffenen Kind das schreckliche Leid zu ersparen, das ihm sonst notwendigerweise bevorstand; sie befürchteten, ein behindertes Kind nicht angemessen aufziehen zu können oder die Erziehung ihrer übrigen Kinder vernachlässigen zu müssen oder mit einem behinderten Kind in der Familie, das nie selbständig werden würde, sich selbst nicht angemessen entwickeln zu können.[19]

Läßt sich aus diesen Begründungen ein ethisches Prinzip ableiten? Einige Wissenschaftler, insbesondere Rosalind Petchesky und Barbara Katz Rothman, haben versucht, aus den verschiedenen Gründen, die Männer wie Frauen zur moralischen Rechtfertigung der jeweiligen Abtreibung vorgebracht hatten, ein solches Prinzip zu abstrahieren. Sie kamen zu dem Schluß, *daß Pflege wichtig ist*.[20]

Ein Embryo entwickelt sich nicht ohne die entsprechende Pflege zum Säugling, ein Kind kann ohne Erziehung und Pflege nicht zum Erwachsenen werden, und auch kranke oder behinderte Erwachsene können nur bei entsprechender Pflege weiterleben. Die Pflege ist ein andauernder, alltäglicher, prosaischer Vorgang: ernähren, beschützen, beistehen. Beim Embryo ist das angestrebte Ziel, ein

Individuum heranzuziehen, das zu anderen Individuen Beziehungen eingehen kann; bei Erwachsenen, das Leben eines Individuums, das solche Beziehungen hat, zu erhalten und zu unterstützen. In der Tat, wenn diese Pflege fehlt, entwickeln sich keine weiteren zwischenmenschlichen Beziehungen, und daher kann und darf man keine moralischen Entscheidungen treffen, wenn man nicht zuvor Entscheidungen über die Pflege getroffen hat.

Für Individuen, die aus welchem Grund auch immer nicht selbst entscheiden können, sind die Personen entscheidungsberechtigt, in deren Obhut und Pflege sich das betreffende Individuum befindet. Unabhängig davon, ob man sich darauf einigt, daß der Fötus ein Individuum ist oder nicht, kann man darin übereinstimmen, daß er zu eigenen Entscheidungen unfähig ist. Das heißt, Entscheidungen über den Embryo oder Fötus, der sich *in utero* befindet, sollten von der Frau getroffen werden, in deren Gebärmutter er sich entwikkelt; diese Frau kann, muß aber nicht die biologische oder künftige soziale Mutter sein, in keinem Fall aber ist es der Vater oder der Arzt oder der Ministerpräsident des Landes, in dem sie sich zufällig befinden.[21]

Das Prinzip, daß *Pflege wichtig ist*, verweist auch auf die beiden Grundlagen, von denen aus Pflegende Entscheidungen darüber treffen sollten, was im jeweiligen Fall das moralisch richtige Verhalten ist. Das Ziel der Pflege von Embryonen, Föten und Säuglingen ist es, Individuen heranzuziehen, die selbständig und unabhängig sind und keine Pflege mehr brauchen werden. Die Pflegenden müssen bei ihren Entscheidungen zuerst abwägen, welche Aussichten Embryo, Fötus und Säugling haben, dieses Ziel zu erreichen: Wird das Individuum jemals in der Lage sein, unabhängig zu leben und selbständige Entscheidungen zu treffen? Da die Ressourcen für die Pflege nicht unerschöpflich sind (Eltern haben nur begrenzt Energie und finanzielle Mittel und die Gesellschaft stellt nur ein begrenztes Maß an Sozialleistungen zur Verfügung), müssen die Pflegenden die Mittel abwägen, die sie für ein Individuum im Vergleich zu den konkurrierenden Bedürfnissen anderer, einschließlich der eigenen, aufzubringen haben: Wenn ich ein mongoloides Kind habe, werde ich dann auch noch für meine übrigen Kinder sorgen können? Gibt es eine Institution, die meinem Kind mit Spina bifida die angemessene Pflege zukommen lassen kann, wenn ich sterbe? Wenn ich ein Kind mit Mukoviszidose aufziehe, werde ich dann noch imstande sein, mich selbst zu verwirklichen?

Man wird vielleicht einwenden, daß solche Überlegungen im Kern egoistisch sind, daß das Ziel eines Moralsystems die Förderung der Selbstlosigkeit sein sollte. Darauf haben feministische Ethikerinnen mit einem Gegenargument geantwortet, das aus ihren Erfahrungen als Hausfrauen, Mütter und Sozialarbeiterinnen stammt: Man kann für andere nicht richtig sorgen, wenn man nicht richtig für sich selbst gesorgt hat. Die Pflege ist wichtig, und die Pflege der eigenen Person ist nicht mit Egoismus gleichzusetzen. Egoismus heißt »für sich selbst und nichts sonst dasein«; Pflege der eigenen Person heißt »für sich selbst dasein, um besser für andere dasein zu können«. Wer den Entschluß zur Abtreibung »egoistisch« nennt, wenn die Mutter ein geschädigtes Kind zur Welt bringen würde, argumentiert im Rahmen eines Moralsystems, in dem man weder den Pflegenden noch die Pflege jemals als vorrangig betrachtet und immer die Preisgabe individueller Ziele zugunsten von Gruppenzielen begünstigt. Die feministischen Ethikerinnen hoffen, dieses Moralsystem durch ein anderes ablösen zu können.

Eine Abtreibungspolitik, die auf dem Prinzip, daß *Pflege wichtig ist*, aufbaut, muß ohne Zweifel die Entscheidung über die Abtreibung vollständig den Schwangeren selbst übertragen. Ärzte und andere Personen, die die Möglichkeiten zum Schwangerschaftsabbruch bieten müssen, wären im Rahmen einer solchen Politik moralisch verpflichtet, sich dem elterlichen Entschluß auch dann zu fügen, wenn er auf einer Abwägung – auch einer eugenischen Abwägung – beruht, der sie nicht zustimmen, es sei denn, sie wären bereit und in der Lage, die Pflege des Ungeborenen selbst auf Dauer zu übernehmen.

Im Rahmen einer feministischen Ethik, die wesentlich auf dem Prinzip der Pflege aufbaut, billigt man also das Verhalten von Ärzten, die ihren Patientinnen Auskunft über das Geschlecht des ungeborenen Kindes geben, ebenso wie das Verhalten jener, die den Frauen eine Abtreibung ermöglichen, die sie aus diesem Grunde verlangen – unabhängig davon, ob man diese Begründung persönlich als abstoßend empfindet. Die Pflege als vorrangiger Grund ist nicht nur ein liberales ethisches, sondern auch ein feministisches Prinzip.

Viele Menschen befürchten, daß mit zunehmendem genetischen Wissen die Zahl der Abtreibungen aus »nicht medizinisch relevanten« Gründen steigen oder daß ein Schwangerschaftsabbruch bereits dann vorgenommen würde, wenn die Kinder nur leichte Behinderungen oder einen niedrigen Intelligenzquotient hätten. Andere beunruhigt der Gedanke, daß das vermehrte genetische Wissen neue und immer überzeugendere Gründe liefern könnte, die Rechte des einzelnen zu beschneiden. Man verweist auf einen Vorschlag der amerikanischen Organisation »Recht auf Leben«, in dem gefordert wird, Abtreibungen zum Zweck der Geschlechtswahl zu verbieten (entsprechende Gesetzentwürfe gibt es in mehr als einem Dutzend Bundesstaaten der USA) – ein direkter Versuch dieser Bewegung, feministische Unterstützung zu gewinnen. Wenn demnächst Gene für »Intelligenz« oder »blaue Augen« oder »Feigheit« entdeckt würden, dann, so wird befürchtet, könnten die Anti-Eugeniker sich mit Feministinnen und Anhängern der »Recht auf Leben«-Bewegung zusammentun und schließlich das Abtreibungsrecht hoffnungslos untergraben.

Welches Ergebnis müssen wir mehr fürchten? Eine Zukunft, in der Eltern die Merkmale der Kinder, die ausgetragen werden, frei wählen können, oder eine Zukunft, in der man sich auf Gründe berufen kann, um einer Frau sowohl die Information über ihren Fötus als auch den erwünschten Abbruch der Schwangerschaft zu verweigern?

Als ersten Schritt zur Beantwortung dieser Fragen müssen wir die erkennbaren Motive und die versteckten Voraussetzungen erörtern, die die Geschichte der pränatalen Diagnose bestimmt haben. Einige der Wissenschaftler, die zusammen mit anderen herausgefunden haben, wie das Geschlecht des ungeborenen Kindes festgestellt werden kann, sind inzwischen unglücklich über die praktische Anwendung ihrer Erkenntnis. Jerome Lejeune, der die Verbindung zwischen der Trisomie 21 und dem Mongolismus entdeckte, ist bedrückt, daß seine Entdeckung zum Abbruch so vieler Schwangerschaften geführt hat; Ian MacDonald, der als erster den Ultraschall für die Geburtshilfe entwickelte, wandte sich gegen die Anwendung seines Instruments zur Steuerung der Hohlnadel bei der Amniozentese.[22] Wie hätten diese Wissenschaftler die Anwendung ihrer Erfindung zu Zwecken verhindern können, die sie nicht billigten?

Zunächst einmal hätten sie versuchen können, ihre Entdeckungen geheimzuhalten. Lejeune beispielsweise hätte solange darauf verzichten können, seine Ergebnisse zu veröffentlichen, bis er (oder bis man) einen Weg gefunden hätte, das unheilvolle dritte Chromosom zu entfernen; er hätte versuchen können, diese genetische Information im internen Wissenschaftssystem zu belassen und zu verhindern, daß sie in die Welt der praktischen Medizin gelangte. Allerdings legt unsere Kenntnis des Wissenschaftssystems leider den Schluß nahe, daß dieser Versuch den ethischen und sozialen Normen in Lejeunes Beruf widersprochen hätte. Er wäre voraussichtlich auch deshalb zum Scheitern verurteilt gewesen, weil die Bedingungen, unter denen moderne Wissenschaft betrieben wird, gleichzeitige Entdeckungen sehr wahrscheinlich machen; die Trisomie 21 wurde in der Tat ungefähr gleichzeitig und unabhängig von Lejeune auch von britischen Wissenschaftlern als Ursache des Mongolismus erkannt.[23] Lejeunes explizites Motiv war die Suche nach einer Heilmöglichkeit für Mongolismus, doch war das in diesem Fall nicht ausschlaggebend, weil man in der Wissenschaft selbstverständlich davon ausgeht, daß Ergebnisse, auch Teilergebnisse, nicht geheimgehalten, sondern veröffentlicht werden sollten.

Wenn man die wissenschaftlichen Ergebnisse nicht für sich behalten konnte, dann hätte man vielleicht die Weitergabe an Patienten besser kontrollieren können. Es wäre gewiß möglich gewesen, gleich zu Beginn in der schriftlichen Patienteninformation keine Angaben zum Geschlecht des Kindes zu machen und die entsprechende Auskunft dem Arzt anheimzustellen. Von Soziologen wissen wir, daß Patienten sich in der medizinischen Welt eher passiv verhalten, und das gilt verstärkt für Patientinnen; sie nehmen die angebotene Information auf und verlangen nur selten zusätzliche Auskünfte. Anfang der sechziger Jahre gab es bereits mehrere Verfahren, die den Patienten daran hinderten, spezifische Informationen über den eigenen Gesundheitszustand zu erlangen. So teilten die Untersuchungslabors in den USA die Ergebnisse eines Schwangerschaftstests grundsätzlich nicht den Patientinnen selbst mit; wenn der Arzt sie nicht informierte, erfuhren sie die Ergebnisse serologischer Gutachten nicht direkt, und in den Röntgenabteilungen war es üblich, daß die Patienten die eigenen Röntgenaufnahmen nicht selbständig einsehen bzw. an sich nehmen konnten. Man hätte Wege finden können, die Informationslecks zu stopfen und die Auskunft über das Geschlecht des Ungeborenen dem Arzt vorzubehalten, der sie nur dann an die Patientin hätte weitergeben können, wenn sie medizinisch relevant gewesen wäre. Vollkommen wären diese Methoden nicht gewesen, aber sehr viel weniger Menschen hätten erfahren, daß man das Geschlecht des Kindes schon während der Schwangerschaft feststellen kann und die Ärzte wären weniger dem Druck ausgesetzt gewesen, die Information weiterzugeben.

Mit dieser Methode hätte man allerdings den paternalistischen Charakter medizinischer Praxis verstärkt. Entscheidungen, die das Leben der Patienten betreffen, wären von Ärzten vorwiegend hinter verschlossenen Türen getroffen worden. Die meisten Patienten in der genetischen Beratung sind nicht unzurechnungsfähig. Das Vorenthalten von Informationen verletzt ihr Selbstbestimmungsrecht. Angesichts ihrer gesetzlichen Rechte liefe das auf eine Entmündigung hinaus. Seit mehreren Jahrzehnten wenden sich Bewegungen für das Recht der Patienten und Frauengruppen gegen solche Praktiken im Gesundheitswesen – mit einigem Erfolg. Wenn also der Versuch, wissenschaftliche Informationen zu unterdrükken, einer bestehenden Norm, einer fest verankerten Voraussetzung in der Welt der Wissenschaft widersprochen hätte, so wäre der Versuch, eine medizinische Information zu unterdrücken, mit einer entstehenden Norm in Konflikt geraten.

Wer den Weg in eine Zukunft versperren will, in der Eltern die Merkmale auszutragender Kinder wählen können, der wird, wie uns die Geschichte der pränatalen Diagnostik offenbar lehrt, die Normen des wissenschaftlichen Berufsstandes ändern, in der medizinischen Praxis zu paternalistischen Verfahrensweisen zurückkehren und das Recht der Frau, eine Abtreibung zu verlangen und durchzusetzen, einschränken müssen. Solange die Normen des wissenschaftlichen Berufsethos' unverändert bleiben, werden Wissenschaftler ihre Entdeckungen nicht nur bekanntgeben, sondern ihnen auch möglichst große Resonanz verschaffen wollen. Unter diesen Umständen werden Genominformationen notwendigerweise rasch ihren Weg in das medizinische System finden – so wie im Fall des Geschlechtschromatins. Solange sich in der Welt der Medizin die Entwicklung fortsetzt, die von der Bevormundung zur verstärkten Achtung des Selbstbestimmungsrechts der Patienten führt, kann man also auch die genetische Information über den Fötus nicht als das ausschließliche Privileg der Ärzte betrachten. Wenn die Patientinnen Zugang zu diesen Informationen haben, werden einige von ihnen zweifellos einen Schwangerschaftsabbruch verlangen, den ihr Arzt nicht billigt. Und solange die Abtreibung auf Verlangen gesetzlich möglich bleibt, werden sie diese letztlich auch vornehmen lassen können. Das wäre nur zu verhindern, indem man die Rechtmäßigkeit an Bedingungen knüpft – einen Abbruch zum Beispiel nur nach einer Vergewaltigung erlaubt –, und diese Bedingungen die Entscheidungsfreiheit bei der Fortpflanzung in Frage stellen würden. Mit anderen Worten, wer verhindern will, daß Mütter die Merkmale der auszutragenden Kinder wählen können, muß gegen die Normen des Wissenschaftsbetriebs verstoßen, die Rückkehr zum Paternalismus in der Medizin betreiben und die Möglichkeiten für Frauen einschränken, einen Schwangerschaftsabbruch vorzunehmen.

Ist die Angst vor einer solchen Zukunft diesen Preis wert? Die Geschichte der Pränataldiagnostik legt eine negative Antwort nahe. Auch die Untersuchungen feministischer Ethikerinnen lassen vermuten, daß wir praktisch wenig zu befürchten haben, solange die Entscheidung über die Nachkommen jeweils der Frau überlassen bleibt.

Was wir meines Erachtens befürchten müssen, ist die Einmischung des Staates in einem beliebigen Stadium der pränatalen Diagnostik – von einer Kontrolle der wissenschaftlichen Forschung über die Kontrolle der Informationsvermittlung bis zur Kontrolle der Abtreibung. Nicht wenige möchten persönliche Ängste hinsichtlich der Folgen des Genomprojekts bekämpfen, indem sie staatliche Eingriffe befürworten. Einige wünschen beispielsweise den Verzicht auf staatliche Förderung; andere möchten die Ärzte daran hindern, Informationen an Patienten weiterzugeben oder Schwangerschaftsunterbrechungen durchzuführen, die entweder mit dem Geschlecht des Ungeborenen oder seinem medizinischen Zustand begründet werden. Doch wer so argumentiert, sollte die Konsequenzen sorgfältig bedenken. Wenn der Staat den Arzt daran hindert, Informationen an seinen Patienten weiterzugeben, dann werden damit Patientenrechte nicht nur kraft ärztlicher, sondern auch kraft staatlicher Autorität beschnitten. Sollte der Staat aber das Recht wiedererlangen, eine Abtreibung zu unterbinden, dann erwirbt er damit auch erneut das Recht, sich in Entscheidungen über die Fortpflanzung einzumischen. Eines hat die Geschichte des 20. Jahrhunderts uns allerdings mit Sicherheit gelehrt: Individuen können gelegentlich schlecht handeln, jedoch nie so schlecht und so zerstörerisch wie eine Regierung.

Evelyn Fox Keller

Erbanlage, Umwelt und das Genomprojekt

Die Genforschung hat sich seit 1980 zum Big Business entwickelt, und die Entwicklung wird sich in den kommenden Jahrzehnten wahrscheinlich fortsetzen. Immer wieder wird von Pflanzengenen, Mausgenen, bakteriellen und menschlichen Genen berichtet, doch sind die menschlichen Gene in den letzten Jahren in den Mittelpunkt des Interesses gerückt. Die Medien, vor allem aber die Befürworter des Genomprojekts hämmern uns ein, daß es die Gene seien, die »uns zu dem machen, was wir sind«, die einen zu musikalischen Genies, olympiareifen Athleten oder Physikern, die anderen zu Alkoholikern, Manisch-Depressiven, Schizophrenen oder sogar zu Stadtstreichern. In einem Gutachten für den amerikanischen Kongreß kommt das *Office of Technology Assessment* zu dem Schluß, für die Förderung von menschlichen Genomprojekten spreche vor allem die Aussicht, daß »Erkenntnisse über die bestimmenden Faktoren des Menschseins« zu erwarten seien und daß das menschliche Genomprojekt insbesondere Aufklärung über die bestimmenden Faktoren menschlicher Krankheiten verspreche, auch über solche, die bis »an die Wurzel vieler sozialer Probleme der Gegenwart reichen«.[1]

Es gibt vielleicht einige Menschen, die beunruhigt sind, wenn man davon spricht, wie »wünschenswert es ist, genetische Informationen zu nutzen, um die Zukunft der menschlichen Gesellschaft zu kontrollieren und zu gestalten«, aber auch andere, die sich möglicherweise ebensosehr sorgen, daß uns der Mut dazu fehlen könnte.[2] Wollte man dieses ehrgeizige und kostspielige Unternehmen nicht unterstützen, schreibt Daniel Koshland, Herausgeber der Zeitschrift *Science*, dann bedeute das, »sich einer Unterlassungssünde schuldig zu machen – man werde es dann versäumen, eine großartige neue Technologie in die Praxis umzusetzen, um den Armen, Kranken und Benachteiligten zu helfen«.[3]

Vor allem dank der bemerkenswerten Fortschritte der Molekularbiologie, so heißt es, sei der alte Streit um die Wirkung von

Erbanlage und Umwelt weitgehend entschieden. Um Koshland noch einmal zu zitieren, wir wissen heute, was »dem Wissenschaftler evident erscheinen mag, was Richter, Journalisten, Gesetzgeber und Philosophen aber nur zögernd zur Kenntnis nehmen«: Wer erreichen wolle, daß Kinder sich anständig benehmen, Häftlinge rehabilitiert und Selbstmorde verhindert werden, müsse erkennen, daß

wir es mit einem sehr komplexen Problem zu tun haben, in dem die Struktur der Gesellschaft und chemische Therapie eine Rolle spielen. Bessere Schulen, eine bessere Umwelt, bessere Beratung und bessere Rehabilitierung werden einigen Menschen helfen, aber nicht allen. Bessere Medikamente und die Gentechnik werden anderen helfen, aber nicht allen. Es wird für Menschen ohne eine wissenschaftliche Ausbildung nicht einfach sein, diesen komplizierten Beziehungen Rechnung zu tragen, selbst wenn sie alle Faktoren erkennen.[4]

Der bekannte Molekularbiologe Robert Weinberg vom *Massachusetts Institute of Technology* formuliert ähnliche Gedanken:

Im Verlauf des kommenden Jahrzehnts werden wir vielleicht beginnen, Gene zu finden, die kognitive und affektive Eigenschaften des Menschen sowie weitere Aspekte seines Handelns und seines Äußeren erstaunlich stark bestimmen. [Das zu leugnen, würde bedeuten,] den Kopf in den Sand zu stecken.[5]

Die meisten verantwortungsbewußten Befürworter des Projekts versäumen natürlich nicht, auf die Rolle von Anlage *und* Umwelt hinzuweisen, doch rhetorisch wie auch in der wissenschaftlichen Praxis stellt man die »Anlage« als eindeutigen Sieger dar. Wie andere nennt Koshland als anzustrebendes Ziel die Erforschung – nicht etwa der Umwelteinflüsse, sondern der genetischen Determination. Er verweist daher nicht auf die Rolle sozialer, psychologischer oder politischer Vorbildung, sondern allein auf die wissenschaftliche Ausbildung. In der Debatte über die jeweilige Rolle von Anlage und Umwelt bezieht Koshland sich ebensowenig wie andere auf unsere physische Entwicklung als vielmehr auf die Entwicklung der Gefühle, der geistigen Fähigkeiten und des Verhaltens. Daß man eine genetische Grundlage der Physiologie des Menschen annimmt, ist nicht neu; neu erscheint hier der Glaube an eine genetische Grundlage unseres Verhaltens. So schreibt Robert Plomin: »Noch vor 15 Jahren war die Vorstellung, komplexes menschliches Verhalten sei genetisch beeinflußt, für viele behavioristische Wissenschaftler ein rotes Tuch. Inzwischen jedoch wird die Rolle der Vererbung im Verhalten weithin akzeptiert, sogar in heiklen Bereichen wie beim Intelligenzquotienten.«[6]

Der Wandel, auf den Plomin, Koshland und andere verweisen, hat tatsächlich stattgefunden, und man führt ihn gewöhnlich unmittelbar auf die neuen wissenschaftlichen Erkenntnisse in der Genetik zurück. Man sollte jedoch nicht übersehen, daß unser Glaube an Anlage und Umwelt neben der wissenschaftlichen auch eine kulturelle Vorgeschichte hat. Die jeweilige Bedeutung unserer Überzeugungen hat sich in der Tat verändert, und wenn wir die Veränderung richtig verstehen wollen, dann müssen wir die Vorgeschichte in Wissenschaft und Kultur analysieren und sehen, wie sie miteinander verwoben und voneinander abhängig sind. Wer fragt, was im einzelnen am wiedererwachten genetischen Determinismus neu ist, muß diese Frage erst einmal in die richtige Perspektive rücken. Deshalb wollen wir uns zunächst einen kurzen Überblick über die Anlage-Umwelt-Debatte vom Anfang dieses Jahrhunderts bis nach dem Zweiten Weltkrieg verschaffen und anschließend untersuchen, wie sich die Grundlagen der Kontroverse durch die Fortschritte in der Molekularbiologie verändert haben.

Der feste Glaube früherer Eugeniker an die genetische Determination ist zwar allgemein bekannt, doch daß Anfang dieses Jahrhunderts solche Überzeugungen auch unter den Genetikern vorherrschend waren, weiß vielleicht nicht jeder. Die Historikerin Diane Paul schreibt beispielsweise, daß es »unter den Genetikern über die Rolle der Vererbung bei der Festlegung geistiger, psychischer und moralischer Merkmale« eine Übereinstimmung gegeben habe, die bis Mitte der vierziger Jahre bestehen blieb und die schon 1920 beinahe vollständig gewesen sei. In dieser Zeit erschien es vielen Genetikern als selbstverständlich, daß eugenische Möglichkeiten, wie sie sich aus dem genetischen Determinismus ergaben, wenigstens teilweise wünschenswert waren. So wurde z. B. auf dem Siebten Internationalen Kongreß der Genetiker im Jahre 1939 ein von H. J. Müller verfaßtes »Manifest der Genetiker« veröffentlicht, das 22 angesehene Genetiker mitunterzeichneten:

Vom gesellschaftlichen Standpunkt aus sind die wichtigsten Ziele der Genetik die Verbesserung jener genetischen Merkmale, die Wirkung haben auf (a) die Gesundheit, (b) den als Intelligenz bezeichneten Komplex und (c) diejenigen anlagebedingten Eigenschaften, die Anteilnahme und soziales Verhalten fördern... Ein wachsendes Verständnis biologischer Prinzipien wird zu der Erkenntnis führen, daß unser Ziel keineswegs nur darin bestehen darf, eine genetische Verschlechterung zu verhüten; vom rein genetischen Standpunkt aus könnte es gelingen, innerhalb relativ weniger Generationen den Standard der Durchschnittsbevölkerung hinsichtlich der körperlichen Gesundheit, der Intelligenz und der anlagebedingten Eigenschaften fast auf das Niveau anzuheben, das man heute nur bei wenigen Individuen findet. Dann könnte jeder »Genialität«, natürlich verbunden mit Ausgeglichenheit, als sein Geburtsrecht betrachten.[7]

Man muß der Darstellung Diane Pauls noch einen Punkt hinzufügen: der Glaube an die Macht der Gene, den Charakter des Menschen zu formen, und die dadurch bedingte Zuversicht, daß genetische Erkenntnisse für die Gestaltung des künftigen Gangs der Evolution nutzbar gemacht werden könnten, stellten einen wesentlichen Antrieb für die Entwicklung der klassischen wie der molekularen Genetik dar. Warren Weaver z. B., in den dreißiger Jahren Leiter der naturwissenschaftlichen Abteilung der Rockefeller-Stiftung, ließ keinen Zweifel daran, warum er die ihm zur Verfügung stehenden Mittel der biologischen Forschung zukommen lassen wollte:

Es war eindeutig, daß der Mensch nicht leiden würde, weil er zu wenig Macht hatte, das physische Universum zu beherrschen... Was er eigentlich brauchte, das waren mehr Erkenntnisse über sich selbst... Ein größeres Wissen vom Menschen... ist das eigentliche Ziel der biologischen Wissenschaften.[8]

1934 schrieb er in einem Forschungsbericht:

Unsere Aufgabe... ist klar. Kann der Mensch seine eigene Macht vernünftig beherrschen? Können wir die Genetik zu einer so fundierten und umfassenden Wissenschaft entwickeln, daß wir hoffen dürfen, in Zukunft bessere Menschen hervorzubringen?... Kann der Mensch so viel über seine eigenen Lebensprozesse erfahren, daß wir hoffen dürfen, das menschliche Verhalten rational zu machen? Mit anderen Worten, können wir eine neue Wissenschaft vom Menschen ins Leben rufen?[9]

Nach dem Zweiten Weltkrieg jedoch, stellen Paul und andere fest, erlebten der Glaube an die Macht der Gene über das menschliche

Verhalten und damit auch das Vertrauen in die eugenischen Möglichkeiten der Genetik einen jähen Niedergang. Paul schreibt ihn vor allem den »fatalen gesellschaftlichen Kräften« zu, die Hitlers Machtergreifung in Deutschland entfesselt habe. So seien insbesondere biologische Erklärungen nicht-physischer Unterschiede zwischen Menschen alsbald verworfen worden, weil der allgemeine Abscheu über die Art, wie die Nazis sich dieser Vorstellungen bedienten, so groß gewesen sei.[10]

Der Abscheu gegenüber der nationalsozialistischen Eugenik (übrigens auch gegenüber der Rassen-Eugenik in den USA und der »Klassen«-Eugenik in England) richtete sich gegen die direkte Verbindung zwischen der wissenschaftlichen Genetik einerseits und ihren eugenischen Implikationen andererseits. Die eugenischen Konsequenzen standen anfangs im Vordergrund und beflügelten die Anstrengungen, nun aber waren sie politisch untragbar geworden. Von seiten der Genetik wurde die Verbindung abgebrochen, indem man wissenschaftliche Erkenntnisse von praktischer Anwendung trennte oder, falls das nicht gelang, einen Unterschied zwischen menschlicher und nicht-menschlicher Genetik machte. Für andere erfolgte die Trennung zwischen Genetik und Eugenik durch eine allgemeinere Grenzziehung zwischen Biologie und Kultur; die Wirkung der Genetik sah man auf ausschließlich physiologische Attribute beschränkt, während man das Verhalten immer stärker dem Bereich der Kultur zuordnete. In beiden Fällen war es möglich, die Versuche früherer Eugeniker, sich für soziale Vorhaben auf genetische Prinzipien zu berufen, mit der Begründung zu diskreditieren, sie stellten einen Mißbrauch der Genetik dar und beruhten auf unhaltbaren (oder wenigstens übermäßig vereinfachten) Annahmen über die genetischen Grundlagen des Verhaltens. Auf diese Weise vermied man es, gleichzeitig auch die Genetik selbst in Mißkredit zu bringen.[11]

Nachdem diese Grenzen gezogen waren, konnte man das menschliche Verhalten zur Freizone erklären, während zur selben Zeit die wissenschaftliche Genetik – und mit ihr der Glaube an die genetische Determinierung aller Merkmale mit Ausnahme des Verhaltens – ungestört zur Blüte kam. Man war in der Nachkriegszeit der Ansicht, die Umwelt, nicht die Erbanlage, schaffe die Voraussetzungen für jene Form unbeeinträchtigter Entwicklung, die man sich in einer »freien« Republik als möglich vorstellte. Da die Genetiker in der Öffentlichkeit gegen diese Meinung nicht eindeutig Stellung bezogen, führte der allgemeine Optimismus dieser Zeit dazu, daß sich die Vorstellungen über die relative Bedeutung von Anlage und Umwelt (wenigstens was das Verhalten des Menschen betraf) in akademischen wie nicht-akademischen Kreisen entscheidend wandelten. Alles schien möglich, wenn nur Umwelt und Erziehung den richtigen Einfluß ausübten.[12] Die Zeit der fünfziger und sechziger Jahre kann nachträglich ohne weiteres als die Epoche der Psychologie bezeichnet werden. Psychoanalytisch orientierte Menschen führten das gewünschte Verhalten auf »ausreichende elterliche Zuwendung« zurück, die Behavioristen auf richtige Verstärkung und Konditionierung. Mit der möglichen Ausnahme einiger weniger Genetiker dachte damals innerhalb und außerhalb des wissenschaftlichen Kulturbetriebs niemand an die Genetik.

Gleichzeitig jedoch, in einer Zeit also, in der man das Verhalten allem Anschein nach endgültig dem Bereich der Umwelteinflüsse zugeordnet hatte, machte die wissenschaftliche Genetik unerhörte Fortschritte. Sie führten zu einer dramatischen Veränderung der Rolle, die die Genetik in der Biologie und letztlich auch allgemein in unserer Kultur innehat. Zu Beginn des Jahrhunderts stellte die Genetik ein kleines, verhältnismäßig abgelegenes Gebiet der Biologie dar; ihre Bedeutung für ein Verständnis der Physiologie und Entwicklung wurde von vielen mit einem Fragezeichen versehen; doch Ende der sechziger Jahre war sie in den Mittelpunkt der Biowissenschaften gerückt. Außerdem kam es in der Nachkriegszeit zu einem ungeheuren Aufschwung der Naturwissenschaften überhaupt, insbesondere der Biowissenschaften. Die Genetiker stellten (in absoluten Zahlen gemessen) eine weit größere Gruppe dar als vor dem Zweiten Weltkrieg und übten innerhalb und außerhalb der Wissenschaft erheblich größeren Einfluß aus. Zwischen 1950 und 1970 stieg die Mitgliederzahl allein in der *Genetics Society of America* von 882 auf 3043. Dazu müßte man noch eine Reihe von Molekularbiologen zählen.

Die einfachste Erklärung für die zunehmenden Zahlen und den steigenden Einfluß der Genetiker ist sicher in den ungewöhnlichen Erfolgen der Molekularbiologie zu suchen. Vor 1953 waren Gene eine abstrakte hypothetische Einheit; in diesem Jahr wurden sie zu einem konkreten, erkenntnismäßig faßbaren Gebilde. Die Leistung von James D. Watson und Francis Crick erlaubte die Identifizierung von Genen als DNA-Sequenzen und ermöglichte eine Lösung des Rätsels genetischer Replikation. In den folgenden Jahren lernten Molekularbiologen ungeheuer viel über die Mechanismen, mit denen die Gene – bzw. jetzt die DNA-Sequenzen – offenbar die wesentlichen Prozesse lebender Organismen regeln und kontrollieren. Die DNA wurde das »Herzmolekül« des Lebens.

Um diese Leistungen zu dokumentieren, brachte die amerikanische Akademie der Wissenschaften 1968 unter dem Titel »Die Biologie und die Zukunft des Menschen« eine umfassende Studie zu den Biowissenschaften heraus. Der überwiegende Teil dieses überaus nüchtern und gründlich geschriebenen Reports über den »Stand der Dinge« und die künftigen Erwartungen in den Biowissenschaften bezog sich kaum auf »den Menschen« und wenn, dann fast ausschließlich auf Fragen der Physiologie. Erst im letzten Kapitel begegnen uns alle aus der ersten Jahrhunderthälfte vertrauten Themen wieder, und zwar in einer Form, die nur wenig davon spüren läßt, wie umstritten diese Gedanken noch kurz vorher gewesen waren:

Wir könnten Eigenschaften heranzüchten wie dick oder dünn, blaue oder schwarze Augen, welliges oder borstiges Haar, jedes der sichtbaren Merkmale, in denen sich Menschen unterscheiden. Es ist anzunehmen, daß wir auch geistige Leistungen heranzüchten könnten, oder bestimmte Eigenschaften wie räumliche Wahrnehmung oder Sprachfertigkeit, möglicherweise auch Hilfsbereitschaft oder kooperatives Verhalten, vielleicht sogar hohe Intelligenzquotienten ...

Obwohl der Mensch potentiell dazu in der Lage ist, seine genetische Verfassung selbst selektiv zu bestimmen, hat er von dieser Fähigkeit bisher keinen Gebrauch gemacht. Die Selektion ist ein schmerzhafter Prozeß. Für rasche Fortschritte müßte die Fortpflanzung vor allem denen vorbehalten bleiben, die die Genotypen für die erwünschten Eigenschaften besitzen. Doch wer will entscheiden, was wünschenswert ist?... Wer würde es wagen, der Mehrheit der Menschen die Fortpflanzung zu verbieten? Und welchen Individuen würde die Gesellschaft solche Entscheidungen anvertrauen? Können wir einen Wandel in der Einstellung ganzer Gesellschaften erwarten, so daß die Menschen die Selbstkontrolle der menschlichen Evolution akzeptieren würden, wenn dafür die meisten auf den persönlichen Entschluß, sich in eigenen Kindern fortzupflanzen, verzichten müßten? Es ist extrem unwahrscheinlich, daß solche Veränderungen in naher Zukunft eintreten. Die Zukunft des Menschen erstreckt sich aber vielleicht... über einen so langen Zeitraum, daß man diese Möglichkeiten nicht nur erwägen, sondern tatsächlich erforschen wird.[13]

Im letzten Absatz des Reports lesen wir dann:

Das Bild des Menschen von sich selbst hat sich häufig gewandelt. Von einer Position der Einzigartigkeit im Universum kommend, wurde er durch die kopernikanische Wende zum Bewohner eines Planeten unter vielen reduziert. Die Darwinsche Revolution nahm ihm die Einzigartigkeit unter den Lebewesen und wies ihm einen Platz unter Millionen von anderen Gattungen zu. Doch der *homo sapiens* hat die Grenzen seiner Herkunft überwunden... Er erweitert nun die Fähigkeiten seines Gehirns mit dem Elektronenrechner und beeinflußt Zahl und genetische Verfassung von allen anderen lebenden Arten. Jetzt kann er auch seine eigene Evolution steuern. In ihm hat die Natur über die starren Gesetze physikalischer Phänomene hinausgegriffen. *Homo sapiens*, die Schöpfung der Natur, überschreitet ihre Grenzen. Aus einem Produkt der Umstände ist ein eigenverantwortliches Wesen geworden. Er ist endlich Mensch. Möge er sich so verhalten![14]

Man ist versucht, aus dieser 1968 geschriebenen Bemerkung zu schließen, es habe sich bei den Genetikern seit den zwanziger Jahren nicht viel geändert. Trotz sichtbarer Anzeichen für eine Kontinuität über Jahrzehnte hinweg spiegeln diese Bemerkungen dennoch nicht einfach das Wiederaufleben des genetischen Determinismus wider, sondern den Beginn seiner Verwandlung. Sie lassen auch den Anbruch einer neuen Epoche erkennen, in der die Wirkung von Anlage und Umwelt von Grund auf neu begriffen wird. Diese neue Auffassung ist eng mit den neuen Entwicklungen in der Molekularbiologie verknüpft, doch sind die Zusammenhänge komplexer, als man gemeinhin annimmt.

Für den Wandlungsprozeß im genetischen Determinismus ist es von ganz besonderer Bedeutung, daß die Molekularbiologen Ende der sechziger Jahre begannen, Verfahren zu entwickeln, mit denen sie selbst das »Herzmolekül« manipulieren konnten. Sie lernten, es mit Hilfe der Sequenzanalyse zu zerlegen, durch DNA-Synthese herzustellen und es zu verändern. In der Molekularbiologie entwickelte sich ein technisches Know-how, das unser überkommenes Gefühl für die Unveränderbarkeit der »Natur« bzw. der »Erbanlage« revolutionierte. Nach traditioneller Auffassung wurde »Erbanlage« mit Schicksal und »Umwelt« mit Freiheit verbunden; jetzt schienen die Rollen vertauscht zu sein. Die technischen Innovationen der molekularen Biologie ermutigten zu immer kühneren Schlußfolgerungen, die die Vorstellung stärkten, die Anlage sei leichter in den Griff zu bekommen als die Umwelt. Diese Vorstellung ging zwar weit über die tatsächlichen Möglichkeiten der damaligen Molekularbiologie hinaus, veränderte jedoch die Voraussetzungen der Anlage-Umwelt-Debatte und sollte am Ende auch für die Molekularbiologie neue Bedingungen schaffen.

In den ersten zwanzig Jahren konzentrierte sich die molekularbiologische Forschung auf Organismen, die stammesgeschichtlich vom entgegengesetzten Ende der Entwicklung des Menschen kamen, so daß den meisten irgendwelche Folgen für den Menschen fernzuliegen schienen. Doch einige hatten die Distanz zwischen Kolibakterien und dem *homo sapiens* nie für besonders groß gehalten, und spätestens seit dem Ende der sechziger Jahre, als man neue Verfahren entwickelte, um mit Genen von Eukaryonten und Säugetierviren zu arbeiten, begann sich die Lücke zu schließen. Die Forschungsergebnisse eröffneten Möglichkeiten einer Kontrolle, die wohl mehr oder weniger zwangsläufig auf den Menschen übertragen wurden. Um das Jahr 1969 herum formulierten Molekularbiologen solche Ziele zum ersten Mal ausdrücklich. Schon damals jedoch, als die Molekularbiologie erst gerade im Bereich der höheren Organismen Fuß faßte, stellte man die Formen der geplanten Kontrolle so dar, als seien sie gegenüber der früheren Eugenik entscheidend verändert.

Während die Eugenikprojekte Anfang des Jahrhunderts mit massiven sozialen Programmen verknüpft werden mußten und so einer Kontrolle durch die Gesellschaft unterlagen, machte die Molekulargenetik etwas möglich, das Robert Sinsheimer als »neue Eugenik« bezeichnete – die »wenigstens grundsätzlich auf ganz individueller Basis verwirklicht werden könnte«[15]. Die alte Eugenik, fährt Sinsheimer fort,

> mußte sich mit einer quantitativen Förderung des Besten im vorhandenen Genpool begnügen. Durch die neue Eugenik würde es im Prinzip möglich, alles Untaugliche auf das höchste genetische Niveau anzuheben.[16]

Mit anderen Worten, die Erfolge der Molekularbiologie lösten Vorstellungen aus, in denen die »Erbanlage« auf neue Weise formbar erschien, und zwar bei weitem formbarer, als man es bei der »Umwelt« je für möglich gehalten hatte. Bei Sinsheimer heißt es weiter:

> Für die Menschheitsgeschichte tut sich ein neuer Horizont auf. Man wird dies vielleicht belächeln und sagen, das sei doch nichts als der alte Traum

von menschlicher Vollkommenheit, nur in neuem Gewand. Das ist richtig, doch es ist gleichzeitig auch mehr. Die alten Vollkommenheitsträume stießen immer an die harten Grenzen der dem Menschen eigenen, angeborenen Unvollkommenheiten und Beschränkungen... Es war seit jeher in den meisten Fällen überaus schwierig, wenn auch gewiß nicht unmöglich, allein durch Erziehung die besseren Eigenschaften des Menschen zu fördern und die schlechteren zu hemmen... Wir erahnen inzwischen eine andere Möglichkeit – die Chance, auf direktem Weg interne Verformungen zu glätten und Mängel zu beheben und dieses erstaunliche Produkt einer Evolution von zwei Milliarden Jahren weit über unsere gegenwärtigen Vorstellungen hinaus bewußt vollkommener zu machen.[17]

1969 steckte die Molekularbiologie der Humangenetik in den Kinderschuhen. Gerade ein Jahr zuvor hatte man das erste nicht geschlechtsgebundene Gen einem bestimmten Chromosom zuordnen können, und noch war kein einziges menschliches Gen präzise lokalisiert worden. Außerdem hatte von den menschlichen Genen, die den Molekularbiologen überhaupt bekannt waren, nicht eines auch nur die entfernteste Beziehung zum Verhalten des Menschen. Und doch sah Sinsheimer bereits einen genetischen Weg zur »kulturellen Vervollkommnung des Menschen« voraus. Worauf beruhte diese außergewöhnliche Zuversicht?

Gewiß, wir haben uns daran gewöhnt, von Wissenschaftlern wenigstens den Anschein hellseherischer Prognose zu erwarten oder sogar zu verlangen, ganz besonders von denen, die an vorderster Front in der Forschung stehen. Dennoch wäre es völlig falsch, diese Aussagen entweder als Folgerungen aus wissenschaftlichen Experimenten oder aber als reine Spekulation bzw. Phantasterei zu betrachten. Man muß Sinsheimers Hoffnungen und Erwartungen von 1969 (wie die Schlußbemerkungen im Bericht der amerikanischen Akademie der Wissenschaften) als Teil einer Sichtweise verstehen, die ihre Inspiration wenigstens ebensosehr der Kultur wie der Naturwissenschaft verdankt. Andererseits müssen wir uns auch bewußt machen, wie stark sich Erwartungen dieser Art, als wissenschaftliche Prognose formuliert, indirekt und auch unmittelbar auf den künftigen Gang des wissenschaftlichen Fortschritts auswirken können. Wenn man bedenkt, welchen Rang und welche Autorität sich die Molekularbiologie seit 1953 erworben hatte, übten naturwissenschaftliche Voraussagen ganz unvermeidlich auf Überzeugungen, Einstellungen und Erwartungen in der Öffentlichkeit einen erheblichen Einfluß aus. In entsprechender Weise beeinflußten sie auch die Entscheidungen über den künftigen Weg der wissenschaftlichen Forschung insofern, als sie Hoffnungen und Erwartungen widerspiegelten, die in der Forschung selbst (und bei ihren Geldgebern) vorhanden waren – obwohl sie weit jenseits der zeitgenössischen wissenschaftlichen Realität lagen. Man kann daher die oben zitierten optimistischen Aussagen als eine Art Absichtserklärung auffassen; als solche haben sie aktiv an der Schaffung künftiger wissenschaftlicher Realität mitgewirkt.

Die Themen dieser wissenschaftlich/utopischen Szenarien, die auf die Öffentlichkeit besonderen Einfluß ausübten, sind 1. die nun wieder gutgeheißene Formbarkeit der »Erbanlage«; 2. die Überbrückung der Kluft zwischen Biologie und Kultur, die seit dem Zweiten Weltkrieg wenigstens stillschweigend bestanden hatte; und 3. die Betonung der individuellen Entscheidungsfreiheit, wo es um Interventionsmöglichkeiten ging, wie die neue Genetik sie verfügbar machen würde. Andererseits war zu erwarten, daß die Wirkung solcher Argumente auf die öffentliche Meinung von entscheidender Bedeutung sein würde, wenn es galt, die finanziellen Mittel und die Unterstützung zu bekommen, um mit diesen Zielen konkreten Einfluß auf künftige Forschungswege in der Molekularbiologie zu gewinnen.

In den vergangenen zwanzig Jahren ist genau diese Übereinstimmung zwischen gesellschaftlicher Einstellung und vorrangig betriebener Forschung sichtbar geworden. Nach 1970 nahm die Zahl neu entwickelter Verfahren für den direkten Eingriff in die Struktur der DNA-Sequenzen ebenso sprunghaft zu wie ihre Anwendung in der Humangenetik. 1970 kam es durch H. Ghobind Khorana zur ersten künstlichen Gensynthese; 1973 erfolgte die erste erfolgreiche Genmodifikation, indem man ein genau definiertes DNA-Fragment aus einem Organismus abtrennte und in das Genom eines anderen einsetzte (rekombinierte DNA). Bis zum Ende des Jahrzehnts, vor allem durch die Anwendung von Rekombinationsverfahren, stieg die Zahl identifizierter und einem bestimmten Chromosom zugeordneter Gene auf mehr als das Sechsfache bzw., wenn man nur die Gene auf den Autosomen rechnet, ungefähr auf das Dreihundertfache.[18]

Die siebziger Jahre waren ohne Zweifel für die Molekularbiologie das Jahrzehnt einer ungewöhnlichen Expansion: technisch, kulturell, institutionell und wirtschaftlich. Ich will nun nicht diese

Expansion als solche in Frage stellen, sondern vielmehr die Auffassung, daß sie eine direkte und natürliche Konsequenz ihrer technischen Erfolge war. Insbesondere möchte ich mich mit der ideologischen Expansion der Molekularbiologie in der öffentlichen Meinung und in der Medizin auseinandersetzen und zumindest die Frage stellen, wie sie sich auf nachfolgende technische Entwicklungen ausgewirkt hat. Die Untersuchung, die der Wissenschaftshistoriker Edward Yoxen zur Entstehung der Vorstellung von »genetischer Krankheit« vorgenommen hat, stellt dafür den in jeder Hinsicht notwendigen Ausgangspunkt dar. Dieser Begriff hat nämlich nicht nur den Boden für die zunehmende Bedeutung der Molekulargenetik in der Öffentlichkeit und in der Medizin bereitet, sondern er zeigt außerdem, worin sich die heutigen Definitionen des genetischen Determinismus von den Formulierungen in der ersten Hälfte des Jahrhunderts unterscheiden.[19]

Yoxen betont, es sei nicht nötig zu bestreiten, daß »viele Phänomene genetischer Krankheit auf einer materiellen Wirklichkeit beruhen«, um die Frage zu stellen, »warum wir bestimmte Phänomene zur Untersuchung isolieren und abgrenzen, warum wir sagen, daß sie Krankheiten darstellen, und warum wir uns bemühen, ihre Natur und Ursache mit genetischen Begriffen zu erklären«.[20] Zwar haben frühere Generationen von Genetikern vielleicht nicht daran gezweifelt, daß Gene die menschliche Gesundheit determinieren (und damit letztlich auch verändern) können, doch haben sie, außer in Einzelfällen, ihre Behauptungen nicht mit einem Begriff der genetischen Krankheit verknüpft. Ihre Arzt-Kollegen, die keine unmittelbare Verbindung zwischen Genen und der Therapie bei Krankheiten sahen, selbst nicht bei solchen, die man als Erbkrankheiten auffaßte, schätzten die Bedeutung der Genetik für die medizinische Praxis als gering ein. Heute jedoch hat sich die Relation zwischen der Genetik und der medizinischen Wissenschaft drastisch verschoben. Obgleich die Genetik in der Praxis verhältnismäßig wenig Bedeutung für die Heilkunst hat, verstehen die Ärzte den Begriff der Krankheit – der inzwischen auf den gesamten Bereich des menschlichen Verhaltens angewendet wird – mehr und mehr unter genetischen Vorzeichen. Der Umfang medizinischer Veröffentlichungen zu genetischen Leiden ist im letzten Jahrzehnt überproportional gewachsen[21], und ein Gutteil dieser Literatur läßt eine Begriffsverschiebung erkennen, die ein Beobachter wie folgt beschreibt:

Früher waren die meisten Ärzte und Forscher der Auffassung, schädliche Einflüsse auf die Gesundheit des Menschen seien von zweierlei Art: entweder der Mangel eines elementaren Grundstoffs wie Nahrung und Vitamine oder die Wirkung natürlicher... oder durch Menschen verursachter Risiken... Die Genetik zeigt jetzt, daß man übermäßig vereinfacht, wenn man die bestimmenden Faktoren für die Gesundheit als extern ansieht. Ein wesentlicher Faktor für Krankheit wird dabei übersehen – und zwar ein interner. Genetische Faktoren sind in den Industrieländern keineswegs eine seltene Ursache für Krankheiten, sondern als bestimmende Faktoren für Gesundheit und Krankheit von großer Bedeutung.[22]

Yoxen macht darauf aufmerksam, daß durch die Verschiebung des Begriffs die »genetische Krankheit« in eine Mammutkategorie verwandelt wurde, die nicht nur genetische Störungen einschließt, die man als Krankheiten ansieht, sondern auch genetische Abweichungen, die mit keiner bekannten Störung verbunden werden, sowie Störungen, die möglicherweise weder genetischer Art noch Krankheiten sind.[23]

Viele sachliche und gesellschaftliche Faktoren haben zur Erweiterung des Begriffs der genetischen Krankheit beigetragen und damit auch zur Ausdehnung des Bereichs klinischer Genetik. Eine Reihe von Umständen wäre hier zu nennen: Die Erklärungsstrukturen der Molekularbiologie werden zunehmend auch allgemein akzeptiert; seit dem Krieg hat man die Folgen akuter Erkrankung lindern können; die wissenschaftliche Ausbildung für die medizinische Praxis ist inzwischen gründlicher; die Gesundheitserwartungen in der Öffentlichkeit haben sich verändert; und bei der Vergabe von Mitteln für die wissenschaftliche Forschung haben sich neue Strukturen herausgebildet. Yoxen weist z. B. darauf hin, daß in den frühen siebziger Jahren das *National Institute of General Sciences*, eine Unterabteilung der Nationalen Gesundheitsinstitute, Unterstützung für seine Forschungsvorhaben zu mobilisieren versuchte,

indem es genetische Störungen als bedeutsame Ursache für Gesundheitsstörungen darstellte. In diesem Fall diente die Genetik als Strategie, um durch eine neue Definition von Krankheitsursachen Zuständigkeitsbereiche zu erweitern.[24]

Yoxen möchte allerdings vor allem hervorheben, wie viele gesellschaftliche, wirtschaftliche, politische und technische Probleme berücksichtigt werden müssen, wenn man verstehen will, wie die »Grundlagen für eine Erklärung ›genetischer Krankheit‹ verändert wurden, damit sie dem zeitgenössischen Rahmen angepaßt werden konnten.«[25]

Der Begriff der genetischen Krankheit, den sich die medizinischen Wissenschaften aus komplexen institutionellen und wirtschaftlichen Gründen zu eigen gemacht haben, spiegelt eine ideologische Expansion der Molekularbiologie wider, die weit über ihre technischen Erfolge hinausreicht. Außerdem hat die allgemeine Akzeptanz dieser Vorstellung ihrerseits entscheidend dazu beigetragen, den Weg für die nachfolgenden technischen Entwicklungen in der Molekularbiologie zu ebnen. Ohne die Anfang der achtziger Jahre erreichten überragenden technischen Fertigkeiten in dieser Disziplin hätte man eine Aufgabe wie die Sequenzanalyse des menschlichen Genoms erst gar nicht in Angriff nehmen können; doch erst der Begriff der genetischen Krankheit hat das Klima geschaffen, in dem ein solches Projekt vernünftig und wünschenswert erscheinen konnte.

Ich möchte zwei Argumente ausführlicher erörtern, mit denen das Genomprojekt schon frühzeitig begründet wurde: Als erstes das verblüffende Versprechen, die vollständige Sequenz des menschlichen Genoms werde uns endgültig lehren, was »es bedeutet, ein Mensch zu sein«, und uns in die Lage versetzen, die Geheimnisse unserer eigenen Existenz zu entschlüsseln. Vom molekularbiologischen Standpunkt aus werden sich die tatsächlichen Genome zweier beliebiger Individuen in mindestens drei Millionen Basenpaaren unterscheiden, und dennoch geht man in der »Elementardefinition« des Menschen von einer einzigen Wesenheit aus.[26] Befürworter des Genomprojekts schließen hier das Argument an, die Beschreibung dieser Wesenheit (d. i. ihre genetische Sequenz) sei deshalb eine Frage von kritischer Bedeutung für die Medizin. Doch was gelegentlich als logische Folge dargestellt wird, erweist sich im allgemeinen eher als eine Berufung auf die »revolutionäre Wirkung«, die eine solche Datenbank auf die »Gesundheitsfürsorge und Krankheitsbekämpfung« haben werde. In seinem offiziellen Bericht hebt das *National Research Council Committee on Mapping and Sequencing the Human Genome* den Wert dieser Informationen für die »Diagnose, Behandlung und Prävention« menschlicher Krankheiten mehrfach hervor. Das Argument lautet folgendermaßen:

Die DNA-Sequenz enthält codiert elementare Determinanten der für die menschliche Kultur wesentlichen geistigen Fähigkeiten – Lernen, Sprache, Gedächtnis. Im Code enthalten sind auch Mutationen und Variationen, die die Anfälligkeit für viele Krankheiten verursachen oder verstärken, die für viel menschliches Leid verantwortlich sind.[27]

Das Komitee kommt zu dem Schluß, »daß ein Projekt der Kartierung und Sequenzanalyse des menschlichen Genoms durchgeführt werden sollte«, um »einen raschen Fortschritt in der Diagnose und letztlich auch der Beherrschung vieler Krankheiten des Menschen zu ermöglichen«.[28] James D. Watson formuliert das Argument noch deutlicher. Für ihn ist das Genomprojekt »unsere beste Chance im Kampf gegen Krankheiten«. Er geht sogar weiter und nennt die manische Depression als ein Beispiel für die Art von Krankheit, die wir zu beherrschen versuchen, und vertritt die Ansicht, wir müßten das verantwortliche Gen finden, weil wir sonst »auf verlorenem Posten« stünden.[29]

Die beiden zentralen Vorstellungen, mit denen rhetorisch gearbeitet wird – einerseits die Idee einer Norm, dem »menschlichen Genom«, die als Ausgangspunkt dient, und andererseits das Schreckgespenst zahlloser genetischer Krankheiten (zur Zeit belaufen sich die Schätzungen auf weit über 3000) –, unterscheiden diese Darstellung definitiv von den vorangegangenen. Die Betonung liegt jetzt nicht mehr so sehr auf der »kulturellen Vervollkommnung des Menschen« oder auf der »bewußten« und »unmittelbaren« Anwendung der Gentechnologie, um den »Übergang zu einer fundamental neuen Stufe der Evolution« zu bewerkstelligen[30], auch die Absicht, die Qualität im Genpool zu heben, steht weniger im Vordergrund. Vielmehr soll die Genetik – durch Diagnose, Behandlung und Prävention – allen Menschen ein individuelles Naturrecht garantieren, das Recht auf Gesundheit. In dem bereits zitierten Bericht über das Genomprojekt von 1988 kam man zu dem Schluß, daß »neue Technologien zur Identifizierung von Merkmalen und Veränderungen der Gene es erlauben, eugenische Ziele auf dem Weg einer technischen, nicht einer gesellschaftlichen Kontrolle zu erreichen«.[31] Noch wichtiger ist eine in dem Bericht vorgenommene Unterscheidung zwischen der »Eugenik des Normalen« dieses Projekts und den eugenischen Ideen früherer Projekte; die genetische Information soll nämlich gewährleisten, daß »jeder Mensch wenigstens einen Grundstock an normalen Genen hat«.

Man beruft sich auf das Argument, es sei ein wesentliches Recht des Menschen, »mit einem normalen und adäquaten Erbgut« geboren zu werden.[32]

Genauso hatte Sinsheimer es zwanzig Jahre zuvor vorausgesagt: in der Version der neunziger Jahre wird die »neue Eugenik« nicht länger als gesellschaftspolitisches Anliegen zum Besten der Gattung Mensch oder des kollektiven Genpools vorgestellt; heute beschäftigt man sich mit dem Problem (wie Watson es formuliert) der »krankheitsverursachenden Gene«, die »einige von uns *als Individuen* ererbt haben«. Es geht also um Entscheidungen, die »wir als Individuen« treffen werden müssen.[33] Die Genetik stellt bloß die Information zur Verfügung, die es dem einzelnen erlaubt, sein unveräußerliches Recht auf Gesundheit wahrzunehmen, wobei »Gesundheit« unter Bezug auf eine stillschweigende Norm definiert wird – »*das* menschliche Genom« – und im Gegensatz zu einem Zustand mangelnder Gesundheit (oder des Nicht-Normalen), repräsentiert durch eine immer länger werdende Liste von Zuständen, die man als »genetische Krankheit« charakterisiert.

An dieser Stelle drängen sich ziemlich selbstverständliche Fragen zu den Begriffen »Individuum« und »Entscheidung« auf, die hier verwendet werden. Doch sind zunächst einige elementare Punkte zu klären. Obwohl man immer wieder die Ziele der Gesundheitsfürsorge, der Diagnose, der Behandlung und der Prävention von Erbkrankheiten betont, sind eigentlich in näherer Zukunft, selbst für die leidenschaftlichsten Verfechter des Genomprojekts, praktisch vor allem die Diagnosemöglichkeiten relevant; optimistische Schätzungen gehen davon aus, daß es bis zu fünfzig Jahre dauern kann, bis therapeutische Konsequenzen folgen. Die »Behandlung« ist also bestenfalls ein Fernziel, und »Prävention« bedeutet, daß man die Geburt von Individuen verhindert, die als genetisch abweichend diagnostiziert wurden – Prävention heißt, mit anderen Worten, Abtreibung. Bei den »Entscheidungen«, die man von »einzelnen« verlangt, geht es also nicht um ihre eigene Gesundheit, sondern um die ihrer Nachkommen und indirekt um öffentliche Gesundheitskosten. Charles Cantor, der ehemalige Direktor des Genom-Forschungszentrums am Lawrence Berkeley Laboratorium, hat vor kurzem in einem Vortrag die Ansicht vertreten, das Projekt werde sich schon dann mehr als ausgezahlt haben, wenn man mit den Ergebnissen nur eine einzige Krankheit, die Schizophrenie, beseitige, da die daran Erkrankten nach seiner Einschätzung die Hälfte aller Krankenhausbetten belegten. Auf die Frage, wie diese Einsparung zustande kommen solle, konnte er nur antworten, »indem man die Geburt der Schizophrenen verhindert«[34].

Damit sind wir bei einem zweiten Punkt angelangt, der einer Klarstellung bedarf. Die jetzt möglichen Entscheidungen werden zwar scheinbar von Individuen getroffen, sind aber ziemlich unübersehbar durch die Krankheitskategorien bestimmt, die dem Betreffenden, oft auf der Grundlage recht zweifelhafter Beweise, vorgegeben werden. Psychische Störungen sind dafür ein gutes Beispiel. 1987 wurde in den Medien ausführlich über einen Genort der manischen Depression berichtet, 1988 in ähnlicher Weise über einen Genort für Schizophrenie. Daß beide Behauptungen 1989 zurückgezogen wurden, erfuhr man an weniger prominenter Stelle. Drei Monate vor dem Vortrag Cantors war in *Nature* zu lesen, nach dem Widerruf gebe es nun keine überzeugenden Hinweise mehr auf eine Verbindung zwischen irgendeine psychischen Krankheit und einem einzelnen Genort. Mit den Worten David Baltimores, damals Leiter des *Whitehead Institute* am *Massachusetts Institute of Technology*: »Angenommen, ich wäre ein durchschnittlicher Leser von *Nature* – was soll ich nun glauben?«[35] In meinem Zusammenhang wäre die Frage noch wichtiger, was der durchschnittliche Leser von *Time* und *Newsweek* glauben soll. Wenn man sich in der wissenschaftlichen Welt besser auf die genetischen Definitionen von Krankheit einigen könnte, wären die Alternativen des einzelnen vielleicht klarer, aber »unabhängiger« wären sie deshalb auch nicht.

Die gegenwärtige Verwirrung bei den Versuchen, »genetische Krankheit« zu definieren, steht in Zusammenhang mit einem dritten Punkt, den ich bereits kurz angesprochen hatte: Die Norm, mit deren Hilfe man implizit den Begriff des Anomalen definiert, ist schwer faßbar. Da sich die Genome zweier beliebiger Individuen in rund drei Millionen Basenpaaren unterscheiden, hat man in dem Versuch, die ungeheure genetische Vielfalt selbst unter »normalen« Menschen zu überwinden, als Standard für die Genomanalyse ein Genom ausgewählt, das sich aus verschiedenen Chromosomen verschiedener Individuen zusammensetzt. Diese »Lösung« ändert jedoch weder etwas daran, daß die Nucleotiden-Sequenzen innerhalb einzelner Chromosomen in Wirklichkeit verschieden sind, noch behebt sie die daraus folgende Schwierigkeit zu entscheiden, was eine »normale« Sequenz wäre.

Als vierter und letzter Punkt sollte zumindest erwähnt werden, daß viele der Kategorien genetischer Krankheit – besonders wenn sie die geistige Zurechnungsfähigkeit betreffen – die Entscheidungsfreiheit gerade jener Individuen in Frage stellen, die Träger angeblich »krankheitsverursachender Gene« sind. Man könnte durchaus vermuten, daß sie – mit Watsons eigenen Worten – »genetisch nicht in der Lage sind, Verantwortung zu übernehmen«.[36]

Vor vierzig Jahren, als das Gespenst der Eugenik so große Ängste auslöste, zog man die Genetik aus der Schußlinie, indem man eine klare Trennungslinie zwischen Biologie und Kultur zog. Das Reich der Genetik, vor allem der molekularen Genetik, war die Biologie, insbesondere die Biologie der niederen Lebewesen. Für die meisten Menschen innerhalb und außerhalb der genetischen Forschung schien die Molekularbiologie kaum einen Bezug zum menschlichen Verhalten zu haben. Was uns in damaliger Sicht »zu Menschen« machte, war Kultur, nicht Biologie; die Kultur war gleichzeitig Ursprung und Ziel unserer besonderen Freiheit als Mensch, Entscheidungen zu treffen. Heute bedeutet man uns, es seien unsere Gene, die uns »zu Menschen« machen. Unter den Bedingungen, die die gegenwärtige Diskussion bestimmen, wird die »Kultur« zunehmend der Biologie untergeordnet.

Wenn das wirklich unser Ziel und das, was wir heute gestalten wollen, die biologische oder genetische Zukunft ist, wo wäre dann der Freiheitsraum zu suchen, aus dem heraus wir diese Zukunft entwerfen könnten? Man bekommt auf diese Frage die entwaffnende Antwort zu hören, der Freiheitsraum sei in jenem schwer faßbaren Bereich »individueller Entscheidung« zu suchen – eine Antwort, die sich auf ein demokratisches und egalitäres Ideal irgendwo jenseits der Biologie beruft. Doch in diesem Erklärungsmodell gibt es keinen Bereich »jenseits der Biologie«, die Gene »machen uns zu dem, was wir sind«, und zwar in so endgültig ungleicher Form, daß sogar die Entscheidungen, die einige von uns treffen können, dadurch in Frage gestellt werden. Wir müssen das Reich der gemeinten Freiheit wohl an anderer Stelle vermuten. Ich vertrete die Ansicht, daß die Freiheit nicht auf dem Gebiet »individueller Entscheidung« zu finden ist, so beruhigend eine solche Vorstellung auch wäre, sondern in der Schutzzone einer vieldeutigen sogenannten Normalität. Allgemeiner gesagt, die Grenzlinie, die früher zwischen Kultur und Biologie (oder zwischen Umwelt und Anlage) verlief, verläuft heute zwischen normal und abnorm; das Schicksalhafte verbindet sich nicht länger mit der Kultur oder der Biologie im allgemeinen, sondern vielmehr mit der Biologie (oder Genetik) der Krankheit. Weit davon entfernt, uns zu lehren, »was es heißt, Mensch zu sein«, geht es in der Praxis der neuen Humangenetik nicht darum zu zeigen, was den störungsfreien Zustand des Menschen ausmacht, sondern um Menschen, bei denen diese Ordnung gestört ist. Unsere Gene machen uns zu dem, »was wir sind«, doch offenbar gilt das für einige mehr als für andere. In allgemeiner Übereinstimmung suchen die Molekulargenetiker nicht die Genorte für Merkmale, die sie – und wir – als normal akzeptieren.

Vielleicht läßt sich gar nicht verhindern, daß die Berufung auf unser Bedürfnis, gesund zu sein, in eine Suche nach der genetischen Grundlage des Krankseins umgesetzt wird. Doch auf diese Weise lassen wir letztlich zu, daß sich das Wesen des Normalen stillschweigend der genetischen Überprüfung – und damit dem deterministischen Zwang – entziehen kann. Die Molekularbiologie verheißt eine Freiheit, die uns erlauben würde, im Namen eines nicht definierten Standards der Normalität auszumerzen, was der Begriff des »krankheitsverursachenden Gens« an Schicksalhaftem beinhaltet. Der »Normalzustand« kann dabei nur negativ definiert werden – durch das Fehlen jener Allele, die angeblich Krankheit verursachen.

Noch problematischer ist die Mehrdeutigkeit, die dem Begriff des *Normalen* selbst so hartnäckig anhaftet. Der Philosoph und Wissenschaftshistoriker Ian Hacking führt sie auf Auguste Comte zurück:

> Comte ... hat die fundamentale Spannung in der Idee des Normalen – das Normale als real existierender Durchschnitt und das Normale als Ideal der Vollkommenheit, zu der wir gelangen können – zum Ausdruck gebracht und bis zu einem gewissen Grad erfunden. Es verbirgt sich darin eine noch größere Wirkung als in der Ambivalenz von Tatsache und Wert, die schon immer in der Idee des Normalen vorhanden war ... Einerseits enthält sie den Gedanken, das Normale sei auch, was richtig ist, so daß das Sprechen über Normalität eine wunderbare Gelegenheit bietet, den Status quo zu bewahren oder wiederherzustellen ... Andererseits impliziert sie die Vorstellung, das Normale sei bloß Durchschnitt und damit etwas, das zu verbessern sei.[37]

Diese Zweideutigkeit erlaubt uns allen eine gewisse Bandbreite bei den Hoffnungen und Erwartungen, die sich auf eine »Eugenik des Normalen« richten. Außerdem bereitet sie den Boden für die Wirkung eindeutig nicht-genetischer, ideologischer Kräfte.

Sowohl die Definition als auch das Ausmerzen genetischer Krankheit sind Ausdruck menschlicher Entscheidungen, und selbst wenn die »individuelle Entscheidung« ein unzureichendes Modell zur Beschreibung der Prozesse ist, durch die Entscheidungen tatsächlich fallen, so beruht doch schon die Möglichkeit der Wahl auf einem Restbereich der Handlungsfreiheit, die nur in dem Maße frei bleibt, wie sie keiner Prüfung unterzogen wird. Natürlich stellt sich die Frage, wo und wie dieser Restbereich hergestellt und artikuliert und wie die Befugnis zur Definition des »Normalen« vergeben wird. Der Begriff der Kultur mag (wie derjenige der Umwelt) aus der gegenwärtigen biologischen Diskussion verschwunden sein, aber in diesem Bereich wirken die kulturellen Gegebenheiten ohne Zweifel fort.

Es steht außer Frage, daß die Eugenik heute eine sehr viel realistischere Aussicht darstellt als früher in diesem Jahrhundert, und die Vorstellung als solche bleibt ganz gewiß nicht weniger beunruhigend als 1945. Wie Watson schreibt:

> Wir dürfen nicht übersehen, wie die Nazis sich der führenden Wissenschaftler der deutschen Humangenetik und der Psychiater bedienten, um ihre Politik des Völkermords zu rechtfertigen, die sich zunächst gegen die Geisteskranken und dann gegen die Juden und die Zigeuner richtete. Nichts kann uns anschaulicher vor Augen führen, daß Wissenschaft in den falschen Händen unermeßlichen Schaden anrichten kann.[38]

Natürlich müssen wir zur Zeit keine nationalsozialistische Verschwörung befürchten. Fürchten müssen wir nur, daß wir es uns selbst zu leicht machen und meinen, es gebe schon die »richtigen« Personen, denen wir die Verantwortung für die Entscheidung darüber, was normal ist, anvertrauen dürften.

Daniel J. Kevles/Leroy Hood

Schlußbetrachtungen

Im Februar 1990 verschickte Martin Rechsteiner, Professor für Biochemie an der Universität von Utah, einen Rundbrief an Kollegen in den USA. Darin vertrat er die These, das Genomprojekt sei »eine Verschwendung öffentlicher Mittel«, und forderte gleichgesinnte Wissenschaftler auf, bei den verantwortlichen Regierungsstellen und dem Wissenschaftsberater des Präsidenten zu protestieren. Im April taten sich sechs Biologen aus verschiedenen Teilen des Landes zusammen und ließen den molekularbiologischen Labors des Landes über das allen gemeinsame elektronische Postsystem BioNet einen Brief zukommen, in dem sie erklärten: »Das Genomprojekt kann noch aufgehalten werden. Bitte schließen Sie sich unserer Initiative an.« Im Juli veröffentlichte Bernard Davis zusammen mit praktisch allen seinen Kollegen aus der Abteilung für Mikrobiologie und Molekulargenetik an der *Harvard University Medical School* in *Science* einen Brief, in dem darauf gedrängt wurde, die staatliche Förderung für das Projekt zu überdenken. Im gleichen Monat verteidigten Rechsteiner und Davis ihren Standpunkt in einer Regierungsanhörung. Anfang 1991 erklärte ein Mitarbeiter des Senats zum Genomprojekt, »es gibt keine wachsende Unterstützung für das Projekt; eher eine wachsende Gegnerschaft.«[1]

Inhaltlich deckte sich die Kritik zum Teil mit den Argumenten, die man 1987 gegen das Projekt vorgebracht hatte, daß es nämlich der Biologie die gelenkte, hierarchische Vorgehensweise wissenschaftlicher Großprojekte aufzwinge. Als Beispiel nannten die Gegner die Entscheidung Watsons, der das Genomprojekt der Nationalen Gesundheitsinstitute (NIH) leitet, Genom-Forschungszentren mit finanziellen Mitteln auszustatten, während Davis und seine Kollegen mit Nachdruck behaupteten, das Projekt sei von Beginn an unlogisch gewesen; man sehe darin die Möglichkeit, die biologischen Aktivitäten des Energieministeriums auszuweiten, einer Institution, die zu den Hauptbetreibern der Big Science zähle. Rechsteiner behauptete, zweifellos mit Bezug auf Senator Pete Domenici vom Staat Neu-Mexiko, das Projekt verdanke seine Existenz »einem einflußreichen amerikanischen Senator, der sich finanzielle Mittel für ein staatliches Laboratorium in seinem Staat sichern wollte«.[2]

Dem bekannten Argument, daß es Zeitverschwendung sei, ›Abfall‹-DNA einer Sequenzanalyse zu unterziehen, gab Rechsteiner eine neue Wende, indem er die These aufstellte, selbst die Sequenzanalyse der DNA-Regionen, in denen Informationen verschlüsselt seien, werde die Biologie nicht notwendigerweise voranbringen: man sammle dabei DNA-Daten um der bloßen Information willen, ohne Bezug auf irgendwelche Hypothesen und ohne daß man der physiologischen oder biochemischen Umgebung, in der Gene funktionieren, genügend Aufmerksamkeit widme. Auch der medizinische Fortschritt werde nicht unbedingt gefördert: schließlich hätte man für die Erkenntnisse über die Genetik der Krebserkrankungen oder des Cholesterin-Stoffwechsels keine Genomanalyse gebraucht, und auch die detaillierte Kenntnis genetischer Mutationen hätte nicht zu Behandlungs- oder Heilungsmöglichkeiten geführt. Im Gespräch mit einem Reporter der *New York Times* sagte Rechsteiner: »Das Genomprojekt ist schlechte Forschung, es ist nicht durchdachte Forschung, es ist Schaufenster-Forschung.« Nach Rechsteiners Meinung werde mit dieser Forschung eines ganz gewiß erreicht – man werde dem Großteil der übrigen biologischen Grundlagenforschung und Grundausbildung finanzielle Mittel entziehen und die Möglichkeiten substantieller kreativer Forschung beschränken, gleichzeitig aber in den Genom-Forschungszentren eine Armee von Technikern heranziehen, deren einzige Fähigkeiten darin bestehen würden, DNA-Sequenzanalysen und Dateneingaben vorzunehmen.[3]

Die neuen Dissidenten waren beunruhigt und sogar empört, weil in der allgemeinen biologischen Grundlagenforschung die Mittel knapp wurden, während das Genomprojekt aus dem vollen schöpfte. Ein wesentliches Indiz für die Krise waren die Gelder, die von einer der wichtigsten Abteilungen der Nationalen Gesundheitsinstitute, dem *National Institute for General Medical Sciences* (NIGMS), an Wissenschaftler vergeben wurden, die außerhalb der Institute forschen wollten. Zwischen 1988 und 1990, als das Genom-Budget von rund 17 Millionen Dollar auf 88 Millionen Dollar stieg, verzeichnete das NIGMS – ohne die Aids-Forschung – nur eine Steigerung von 613 auf 667 Millionen Dollar; damit wurde nicht einmal die Inflation der Kosten für die biomedizinische Forschung ausgeglichen. Bei der Bewilligung von Mitteln für externe Forschungsvorhaben berücksichtigen die NIH konkurrierende Anträge von zweierlei Art – für neue Vorhaben und für die Fortsetzung schon einmal bewilligter Projekte. 1988 gab das NIGMS Zusagen für 981 neue und erneuerte Anträge, die nicht mit dem Genomprojekt im Zusammenhang standen, 1990 nur noch 555; das entspricht einem Rückgang um 43 Prozent bzw. um 150 Anträge gegenüber dem tiefsten Stand des vorausgehenden Jahrzehnts.

Im gleichen Zeitraum war in allen Berichten der Nationalen Gesundheitsinstitute die Zahl der Antragsbewilligungen von 6400 auf 4600 gefallen und lag damit unter dem Stand von 1981. Bei den bewilligungsfähigen Anträgen sank der Anteil der tatsächlich unterstützten Projekte von 40 auf 25 Prozent, in Teilbereichen sogar bis auf 12 Prozent. Das Geld war so knapp geworden, daß Davis von einem »Notstand« in diesen Wissenschaftsgebieten sprach.[4] John C. Lucchesi, Leiter der Unterabteilung Genforschung in der Abteilung Forschungsstipendien der Nationalen Gesundheitsinstitute, sagte in einem Leserbrief an *Science* voraus, daß »ein paar weitere Runden der Mittelzuteilung auf dem gegenwärtigen Niveau sehr rasch zu einer Halbierung der Zahl aktiver Labors führen werden«, und fügte hinzu: »Das Genomprojekt wird angeblich eine neue Generation von Technologien hervorbringen, doch was wird das nutzen, wenn es niemanden gibt, der für die Anwendung dieser Technologien ausgebildet ist und sie praktisch anwenden kann?« Rechsteiners Ärger angesichts der Entwicklung war charakteristisch: »Wir mußten erleben, daß man einer Handvoll Genomforschern in diesen harten Zeiten Mittel in einer Größenordnung zuteilte, die bis dahin unbekannt war.«[5]

Nach Meinung der Gegner täte man besser daran, die 200 Millionen Dollar jährlich, die zuletzt für das Projekt vorgesehen waren, dafür aufzuwenden, den Engpaß in der biomedizinischen Grundlagenforschung zu beseitigen. Rechsteiner wies darauf hin, daß die genannte Summe gemessen an den Ausgaben für die Verteidigung zwar gering erscheinen könne, für einen jungen Lehrbeauftragten aber, der um jeden Pfennig feilschen müsse, einen wahren Geldsegen darstelle. Die Kritiker errechneten, wie viele Projekte biomedizinischer Grundlagenforschung – zur Zeit mit durchschnittlich

212 000 Dollar ausgestattet – man aus dem Budget des Genomprojekts finanzieren könne. Aus dem geschätzten Gesamthaushalt 1991 für das Genomprojekt könne man die Mittel für 385 derartige Vorhaben bereitstellen. Damit könne man nach Aussage von Bernard Davis einen wesentlichen Beitrag zu einer »Nothilfe« für nicht zielgebundene Forschung leisten.[6]

Man darf jedoch die Mittelknappheit in der allgemeinen biomedizinischen Forschung, so bedauerlich sie ist, nicht völlig dem Genomprojekt anlasten. Die Schwierigkeit geht teilweise auf die grundsätzliche Politik und Verwaltung bei der Vergabe von NIH-Forschungsgeldern zurück. Durch politisch motivierte Gesetzgebung wird ein gewisser Anteil der Forschungsmittel für Projekte abgezweigt, die außer Konkurrenz laufen. Darüber hinaus haben die Nationalen Gesundheitsinstitute Mitte der achtziger Jahre die durchschnittliche Laufzeit bewilligter Mittel von 3,3 auf 4,3 Jahre verlängert, vor allem in der Absicht, für individuelle Forschungsvorhaben größere Sicherheit zu schaffen und den Wissenschaftlern die Last häufiger Verlängerungsanträge zu erleichtern. Die Absicht war lobenswert, aber diese Verschiebung brachte es mit sich, daß in regelmäßigen Abständen feste Beträge durch bereits bewilligte Projekte abgerufen wurden, die einen 25prozentigen Rückgang der Gelder für neue oder erneuerte Anträge zur Folge hatten, weil man die Institute selbst nicht mit entsprechend höheren Mitteln ausstattete. Die Einbuße entsprach ungefähr dem Rückgang der Zahl bewilligter Projekte und reicht somit allein zur Erklärung aus.[7]

Die Mittelknappheit zeigt auch eine tieferreichende Entwicklung an, die für Wachstum und Grenzen biomedizinischer Forschung gilt. Gemessen an der Zahl der in der Biologie vergebenen Doktortitel stieg einer entsprechenden Studie zufolge zwischen 1977 und 1987 die Zahl des biomedizinischen wissenschaftlichen Nachwuchses um rund 48 000 Forscher an. Im Vergleich zu den Naturwissenschaften, in denen in den achtziger Jahren etwa ebensoviele Doktortitel verliehen wurden wie in den sechziger Jahren, haben die Biowissenschaften einen regelrechten Boom erlebt.[8] So wurden 1977 ungefähr 70 000 promovierte Biowissenschaftler eingestellt. 1987 knapp über 107 000, was einem Zuwachs von über 50 Prozent entspricht. Das Budget der Nationalen Gesundheitsinstitute stieg zwischen 1981 und 1990 inflationsbedingt ebenfalls um etwa 50 Prozent[9] – also um zwei Drittel mehr als die gesamten Ausgaben der Regierung. Der biomedizinische Forschungsbereich stößt aber an eine faktische Grenze: Um alle promovierten Biologen unterzubringen, wird – und kann – man die Mittel für die biomedizinische Forschung nicht unendlich lange überproportional erhöhen. Hinzu kommt, daß die allgemeine Knappheit der Mittel, die pro Forscher zur Verfügung stehen, sich für Einsteiger durch das hohe Startkapital für ihre Forschung verschlimmert – um ein molekularbiologisches Forschungslabor eines neuen Dozenten auszustatten, braucht man im Regelfall mehrere hunderttausend Dollar bis zu einer halben Million.

Auch bei besten wirtschaftlichen Bedingungen beinhaltet die staatliche Förderung der Wissenschaft ebenso wie die Mittelvergabe in anderen Bereichen eine politische Entscheidung – in der besten Bedeutung des Wortes, nämlich den Prozeß, durch den eine demokratische Regierung festlegt, wieviel sie für die verschiedenen Bedürfnisse des Gemeinwesens ausgeben will. Das Jahresforschungsbudget der Nationalen Gesundheitsinstitute der USA für Aids stand unlängst im Rampenlicht der Diskussion in der Gesundheitsfürsorge. Es war sprunghaft angestiegen und lag 1991 mit 800 Millionen Dollar fast zehnmal so hoch wie die Ausgaben derselben Institution für das Genomprojekt. Viele Biologen bezweifeln den wissenschaftlichen Nutzen bestimmter Bereiche der Aidsforschung, stellen die Höhe der Investitionen aber nur ungern in Frage, weil die Bekämpfung dieser Krankheit, die in der Öffentlichkeit große Resonanz und Unterstützung findet, als Thema tabuisiert wird. Das einzige von den Nationalen Gesundheitsinstituten geförderte, klar definierte Projekt, das außerdem kritisiert werden kann, ist das Genomprojekt.[10]

Die Angriffe erscheinen aus mehreren Perspektiven ungerechtfertigt. Im 8-Millionen-Gesamthaushalt der Nationalen Gesundheitsinstitute für 1991 machen die Ausgaben für das Genomprojekt nur ein Prozent aus. Würden die Fördermittel entsprechend einer Empfehlung der Nationalen Akademie der Wissenschaften auf 200 Millionen Dollar jährlich angehoben, dann würde der Anteil der Nationalen Gesundheitsinstitute auf gerade 1,5 Prozent des Gesamthaushalts bzw. rund 3 Prozent der Gelder für externe Förderung ansteigen. Man kann mit guten Gründen die Ansicht vertreten, daß das Genomprojekt der biomedizinischen Forschung Mittel erschlossen hat, die ihr sonst nicht zugeflossen wären. Der Zugewinn läßt sich vielleicht nicht in exakten Zahlen angeben, aber das Projekt muß ja nicht in erster Linie mit der Begründung verteidigt werden, es trage zum biomedizinischen Forschungsetat bei. Die Rechtfertigung liegt vielmehr auf wissenschaftlicher Ebene – was das Projekt an Technologien, Daten, Methoden und ausgebildetem wissenschaftlichen Personal hervorbringt, wird die Infrastruktur der Biomedizin stärken. Aus diesem Grund hat das Projekt einen legitimen Anspruch auf biomedizinische Forschungsmittel. Übrigens ist es vielleicht die einzige bedeutendere Einrichtung innerhalb der Nationalen Gesundheitsinstitute, die ihren Ursprung einem Bericht der Nationalen Akademie der Wissenschaften verdankt und nicht einer Kongreßinitiative zur Bekämpfung einer bestimmten Krankheit.[11] Aus diesem Grund haben die politischen Institutionen – Kongreß, Präsident und Nationale Gesundheitsinstitute – entschieden, das Projekt mit staatlichen Mitteln zu fördern.

Durch die bewußte Konzentration auf technologische und methodologische Erneuerung steht das Genomprojekt in krassem Gegensatz zu den Gepflogenheiten der biomedizinischen Wissenschaftler. Häufig wurde der Einwand erhoben, Technologie sei nur ein Hilfswerkzeug echter biologischer Forschung, sie sei im Grunde ein Fremdkörper, und der Fortschritt in der Biomedizin werde am ehesten durch den einsamen Forscher gewährleistet, der mit einfachen Methoden und einfachen Werkzeugen arbeite. Das Leben könne schließlich nicht in der Petrischale erforscht werden. Diese Argumentationsweise war immerhin so verbreitet, daß 1954 bei den Feierlichkeiten zur Verleihung der Nobelpreise ein Mitglied des Königlichen Karolinischen Instituts in Stockholm sagte: »Durch Elektronik, radioaktive Isotope und die komplizierte Biochemie unserer Epoche lief die medizinische Wissenschaft Gefahr, sich so zu verwandeln, daß sie in bedrohliche Nähe zur Technologie rückte. Wir müssen uns stets ihrer biologischen Grundlagen bewußt sein.«[12]

In Wahrheit wurde jedoch der Fortschritt in der Biomedizin in beträchtlichem Maß erst durch hochentwickelte Instrumente und Technologien ermöglicht und beschleunigt – durch Ultrazentrifuge, radioaktive Isotope, Röntgenstrahler, Chromatographie, Elektrophorese und Elektronenmikroskopie. Alle diese Techniken waren Produkte der Physik bzw. wurden von Physikern aus Grenzbereichen der Biologie, teilweise mit gemeinnütziger oder kommerzieller Unterstützung, zur Anwendung in der biologischen Forschung entworfen. So fanden z. B. die Erbauer der Zyklotrone, der ersten ergiebigen Quelle radioaktiver Isotope, anfänglich viele Geldgeber bei medizinisch orientierten gemeinnützigen Stiftungen, die die Konstruktion von Maschinen fördern wollten, mit denen sich die Isotope billig und in großer Zahl erzeugen ließen. (Seit dem Zweiten Weltkrieg stellten die Atommeiler der Atomenergiekommission und der ihr folgenden Organe die Hauptquelle dafür dar.)[13]

Daß man auf hochentwickelte Technologie nicht verzichten kann, ist offensichtlich – selbst Gegner des Genomprojekts räumen das ein. Weniger offensichtlich, aber auch sehr wichtig, ist die Art und Weise, wie die verschiedenen Technologien das Vorgehen am Arbeitsplatz des Wissenschaftlers beeinflußt haben. Es geht hier um den Vorwurf, daß durch die DNA-Sequenzanalyse der Biologe notwendigerweise zur Sklavenarbeit am Gen genötigt werde. Der Einwand beruht auf einer idealistischen Vorstellung – daß es in der konventionellen Biologie keine Fronarbeit gebe, daß jeder junge Forscher im Labor unaufhörlich mit großen intellektuellen Herausforderungen an seinem Arbeitsplatz konfrontiert sei. Wer sich mit der Geschichte wissenschaftlicher Laborarbeit etwas gründlicher beschäftigt, wird rasch erkennen, daß diese Annahme im allgemeinen falsch ist. Ein Teil der in der Molekularbiologie geleisteten Arbeit war gewöhnliche Biochemie – z. B. die Identifizierung von Restriktionsenzymen, die Bestimmung von Protein, DNA und RNA-Sequenzen, die Gensynthese und Klonierung. Man erinnere sich, daß H. Ghobind Khorana zusammen mit einem ganzen Mitarbeiterstab fünf Jahre brauchte, bis ihm schließlich 1970 die Synthese eines kleinen Gens gelang, und daß man heute für die Synthese sehr viel größerer Gene mit handlichen Instrumenten nur einen Tag braucht. Kommerzielle Unternehmen, die Material wie Klone und Restriktionsenzyme fertig liefern, ersparen den Molekularbiologen einige ermüdende Arbeit im Labor. Bestimmte Technologien, wie beispielsweise die automatisierte Sequenzanalyse und Synthese, haben ihnen eine Reihe weiterer lästiger Arbeiten abgenommen.

Der technologische Schwerpunkt des Genomprojekts hat zweifellos zu seinem Big-Science-Image beigetragen – und gleichzeitig der Glorifizierung der konventionellen Wissenschaft im kleinen Rahmen als der besseren Alternative in der Biomedizin Vorschub geleistet. Die Darstellung des individuellen Forschungsbetriebs als Wissenschaft im kleinen Rahmen beruht wohl auf einer getrübten Perspektive: Kapital- und Betriebskosten, die Zahl der Doktoranden, promovierten Mitarbeiter und Techniker, der Bedarf an Laborraum und -ausstattung ergeben insgesamt gewiß ein Unternehmen wenn nicht der Big Science, dann doch der Wissenschaft im großen Stil.

Leider hat die Form, in der man in den wissenschaftlichen Zeitschriften und in den übrigen Medien das Genomprojekt mit Big Science gleichsetzt, die Sachlage nicht gerade geklärt. Die Diskussion ist etwas einseitig – das Genomprojekt ist Big Science, hingegen nicht das Aids-Programm, dessen Jahresetat weit höher liegt – und weniger differenziert, als wünschenswert wäre.

Das Genomprojekt wurde mit dem Plan für den Superbeschleuniger und dem Programm für eine Weltraumstation in einem Atemzug genannt – also mit Plänen, bei denen es nicht nur um sehr viel Geld, sondern auch um große Maschinen und große Organisationsformen geht.[14] In Wirklichkeit ist das Genomprojekt zwar eine Form von Big Science, aber nicht so, wie die Kritiker es sehen.

Big Science gibt es in drei deutlich unterschiedenen Varianten. Bezogen auf amerikanische Verhältnisse sind das die zentralisierte, die staatlich gelenkte und eine gemischte Form, die jeweils mit ihrer Funktion zusammenhängen. Die zentralisierte Variante ist charakteristisch für die großen technologischen Herausforderungen – das Manhattan-Projekt zur Entwicklung der Atombombe, das Apolloprogramm für die Mondlandung oder das derzeitige Programm für den Bau und Transport einer Raumstation und ihren anschließenden Betrieb. Was diese Mammutprojekte u. a. kennzeichnet, ist die zentral gelenkte Anstrengung zum Bau und Betrieb eines großen technischen Systems.

Die staatlich gelenkte Form ist typisch für die Forschung, die auf den Erwerb von Wissen über sehr große Sachgebiete abzielt – z. B. eine physikalische oder geologische Karte des Kontinents, ein Katalog der Sterne und Galaxien oder die komplizierten Probleme gravierender Krankheiten wie etwa Krebs. Programme dieser Art zeichnen sich dadurch aus, daß lokale Initiativen koordiniert unterstützt und pluralistische, dezentrale Anstrengungen unternommen werden, die für die Aufgabe notwendigen Instrumente zu entwikkeln, indem die gewonnenen Informationen in einem systematisch organisierten Datenzentrum zusammengeführt werden.

Die gemischte Form findet sich gewöhnlich bei Forschungsvorhaben, die große technische Anlagen benötigen, wie Teilchenbeschleuniger, Planetensonden oder Radioteleskopanlagen. Die Erstellung, Unterhaltung und Betreibung der Anlage unterliegt der zentralen Leitung durch einen großen Stab von Wissenschaftlern und Ingenieuren. Über die Nutzung der Forschungsanlagen wird auf staatlicher Ebene entschieden, über den Gegenstand pluralistischer Initiativen durch Forschungsgruppen, die auf verschiedene Institutionen verteilt sind.

Das Genomprojekt fällt weder unter die zentralisierte noch unter die gemischte Kategorie, sondern unter die staatlich gelenkte Form wissenschaftlicher Großprojekte. Als solches ist es in der Geschichte staatlich geförderter wissenschaftlicher Forschung keineswegs neu, man denke nur an das Programm von 1807 zur Kartographierung des Küstenverlaufs der USA, das schließlich zu einer geodätischen Kartographierung des Landes erweitert wurde, eine Aufgabe, die Forschungen in vielen Regionen erforderte. Im Jahre 1879 rief der Kongreß das Programm zu geologischen Erfassung des Landes ins Leben. Der Leiter, John Wesley Powell, ließ eine geologische Karte des Landesinneren im Westen erstellen und begann damit ein Forschungsprogramm, das sowohl von den Angestellten der Institution selbst durchgeführt wurde, als auch auswärtige Wissenschaftler – Geologen, Paläontologen und Mineralogen – mit einbezog.[15]

Gesamtziel des Genomprojekts ist die Kartographierung und Sequenzierung des menschlichen Genoms, wobei verschiedenen, über die ganzen USA verstreuten Forschergruppen Mittel für Spezialuntersuchungen gewährt werden, die für das Gesamtziel relevant sind. So haben die Nationalen Gesundheitsinstitute 1991 rund 175 verschiedene Genomprojekte finanziert, durchschnittlich mit 312 000 Dollar im Jahr (etwa das 1,5fache des durchschnittlichen Förderungssatzes für Grundlagenforschung und ungefähr genausoviel wie der durchschnittliche Satz für die Aidsforschung). Allerdings haben die Nationalen Gesundheitsinstitute auch acht Forschungszentren für die interdisziplinäre Arbeit zu besonderen Aspekten technischer Entwicklung und für die Kartographierung und Sequenzanalyse im großen Maßstab aufgebaut. Wie bei den individuellen Forschungsstipendien sind die Zentren jedoch im Wettbewerb und aufgrund einer Begutachtung durch Fachkollegen vergeben worden; außerdem hält sich ihre Größe in Grenzen. 1991 belief sich der größte genehmigte Betrag auf 4 Millionen Dollar, die sich auf mehrere individuelle Forschungsgruppen verteilten.[16] Aus den Zahlen und der Art des Vorgehens müßte deutlich werden, daß nicht zentrale Lenkung, hierarchische Ordnung und Konzentration das Genomprojekt bestimmen, sondern lose Koordination, Entscheidungsfreiheit vor Ort und programmatischer ebenso wie institutioneller Pluralismus.

Die Ziele des Genomprojekts stehen außerdem ganz offenkundig in einer Tradition technologischer und methodologischer Erneuerung, die sich für die biomedizinischen Wissenschaften als äußerst fruchtbar erwiesen hat. Technologien wie die Elektrophorese oder die Chromatographie sind ja nicht bloß nützlich für die biologische Forschung gewesen. Viele dieser Technologien waren anfangs teuer und deswegen mehr oder weniger exklusiv und wurden später – anders als ein Teilchenbeschleuniger – billig und allgemein zugänglich.[17] Für das Genomprojekt hat man sich darauf geeinigt, die Methode der sequenzetikettierten Stellen (STS) anzuwenden, um genomische Klone zu identifizieren und zu lokalisieren und damit die Einrichtung von Klonbibliotheken vermieden, die ursprünglich für die 15jährige Projektdauer mit 60 Millionen Dollar veranschlagt waren. Sobald die STS eines bestimmten Klons in eine Datenbank aufgenommen ist, kann jedermann den Klon in seinem Labor unverzüglich neu herstellen, auch wenn das Labor nicht groß ist.

Die im Genomprojekt verfolgte Absicht, bessere Sequenzierungs-Techniken zu entwickeln, zielt u. a. darauf ab, den Durchsatz an Sequenzanalysen, also die Zahl identifizierter Basenpaare pro Zeiteinheit, zu steigern. Dabei handelt es sich in der Tat um ein ehrgeiziges Ziel: man will die zur Zeit mit Hilfe der automatisierten Fluoreszenz-Sequenzierung bewältigte Zahl von ungefähr 5000 Basenpaaren pro Tag auf das hundert- bis tausendfache erhöhen. Dadurch ermäßigen sich die laufenden Kosten der DNA-Sequenzierung – man nimmt an zwischen 2 bis 15 Dollar pro Basenpaar – wenigstens auf den hundertsten Teil. Die an einem beliebigen Organismus vorgenommene DNA-Sequenzanalyse im großen Maßstab rückt auf diese Weise in den Bereich der finanziellen Möglichkeiten kleiner Labors. Eine Vielzahl billiger Sequenziergeräte würde die Genomforschung weiter dezentralisieren, noch mehr Raum für eigenständige Projekte und Verfahren schaffen und technische Neuerungen zusätzlich fördern.

Auch die begeisterten Verfechter des Genomprojekts sind nicht blind für die Dimension der technischen Herausforderungen. Sie erkennen die Schwierigkeiten und Ungewißheiten bei der Erarbeitung der notwendigen genetischen Karten und Sequenzierungstechniken. Sie sind sich durchaus der Tatsache bewußt, daß die durchgehende Sequenzanalyse des gesamten menschlichen Genoms aus finanziellen Gründen nur dann möglich ist, wenn die Kosten für die Sequenzierung eines Basenpaars drastisch reduziert werden. Auch angesichts grundsätzlich ungewisser Ergebnisse in Wissenschaft und Technologie bietet das Genomprojekt auf jeden Fall eine gute Chance – man könnte durchaus behaupten, eine bessere als viele andere technologieabhängige Unternehmen. Ein Mammut-Beschleuniger, der sich als Fehlschlag erweist oder vor seiner Fertigstellung wieder aufgegeben wird, produziert dann wahrscheinlich wenig oder gar nichts von wissenschaftlichem Wert. Im Gegensatz dazu wird die wissenschaftliche und medizinische Ausbeute hoch sein, wenn man nur einen Bruchteil der Sequenzen des menschlichen Genoms bestimmt, vor allem jener, die die Gene für Krankheiten beinhalten.[18]

Unabhängig von der Quantifizierung des Erfolges wird das Genomprojekt letztendlich einer »Informationsorgie« gleichkommen und eine Ernte einbringen, die nach Auffassung von Francis S. Collins, Mitentdecker des Gens für die Mukoviszidose, »die Forschungsindustrie für die nächsten hundert Jahre antreiben« wird. Victor McKusick hat die Expansion von Genkartographie und Sequenzinformation als ein Kompendium von Elementarwissen bezeichnet, das die Grundlage für die Medizin der kommenden Jahrzehnte bilden wird. Die rasche Auffindung des Genorts für die Huntington-Krankheit war ein Glücksfall, aber das Aufspüren des Gens für die Mukoviszidose stellte hohe Ansprüche. Das gilt erst recht, wenn man den genetischen Ursprung für Krankheiten sucht, die, wie die Mukoviszidose, auf geringfügige Veränderungen der DNA zurückgehen, aber sehr viel seltener als diese Krankheit in der Bevölkerung auftreten. In solchen, wahrscheinlich zahlreichen Fällen wird man auf detaillierte Karten- und Sequenzierungsdaten nicht verzichten können.[19]

Durch Sequenzinformationen, die den gattungsübergreifenden Vergleich von Sequenzmustern ermöglichen, wird man in ein neues Stadium der Erforschung organischer Evolution eintreten. Mit Hilfe dieser Informationen wird sich umfassend beurteilen lassen, ob die Säugetier-DNA tatsächlich mehrheitlich Abfall ist – eine Meinung, die der Nobelpreisträger Paul Berg als eine »voreingenommene Definition von Genen« bezeichnet. Er nimmt an, daß vielleicht 50 Prozent der Genomsequenz genetisch aktiv sind und daß viele Introns wichtige regulatorische Signale beinhalten. »Sollen wir die Möglichkeit ausschließen«, so fragt er, »daß die sogenannten nicht-kodierenden Abschnitte und die umgebenden Gene Signale enthalten, die wir noch nicht erkannt haben bzw. untersuchen können? Wollen wir Überraschungen für unmöglich erklären, die daraus entstehen könnten, daß der Sequenzenaufbau nicht im Abstand von Kilobasen, sondern von Megabasen untersucht wird?«[20]

Man wird neue Techniken finden müssen, um die aus DNA-Kartierung und -sequenzierung entstehende Informationsflut zu bewältigen, die Daten zu speichern, zu analysieren und zu verteilen. Der Umgang mit den Techniken wird seinerseits Biologen anderer Art erfordern, die hochentwickelte Techniken und Methoden der Datenanalyse auf grundlegende und interessante Probleme in der Biologie anwenden können. Mit Victor McKusicks Worten: »Die Genomlaboratorien stellen eine hervorragende Ausbildungsstätte für eine neue Generation von Wissenschaftlern dar, die darauf vorbereitet sind, die Revolutionen der Molekulargenetik und der Computerwissenschaft zu nutzen. Im 21. Jahrhundert werden sie die führenden Biologen sein.«[21]

Das Genomprojekt hat den Blick für zahlreiche wirtschaftliche und gesellschaftliche Probleme geschärft, die im Zusammenhang mit der Kartographierung und der Sequenzanalyse der menschlichen Gene stehen, indem es Spannungen vergrößert hat, die in den volkswirtschaftlichen Aspekten des Projekts begründet sind.

Eine Hauptquelle für Spannungen ist der Bereich des Datenaustauschs. Es hat im allgemeinen auf nationaler Ebene bisher eine solide Zusammenarbeit gegeben, und die Gründung der Human Genome Organization (HUGO) zeigt, daß sie auch international funktioniert. Die Labors geben ihre Genominformationen an Datenbanken weiter und reagieren damit auf Anreize, wie sie das Centre d'Etude du Polymorphisme Humain (CEPH) bietet, oder aber auf sanften Zwang, wie ihn immer mehr wissenschaftliche Zeitschriften ausüben, die Genomartikel nur dann veröffentlichen, wenn die Verfasser beweisen, daß sie ihre Daten elektronisch an die Gen-Bank in Los Alamos übermittelt haben. In Europa sind rund 35 Labors durch ein Netzwerk verbunden, das der Sequenzanalyse der Hefechromosomen dient; in einem weiteren Netzwerk, dessen

Zentrum das CEPH ist, werden Klone und Daten zu Kopplungskarten ausgetauscht.[22]

Allerdings hat das starke Bedürfnis, sich wissenschaftlich die Priorität zu sichern, manche Labors dazu verführt, Karten- und Sequenzierungsdaten solange unter Verschluß zu halten, bis sie die Informationen selbst analysiert haben.[23] Als die Japaner 1989 bei ihrer Unterstützung für das Genomprojekt hinhaltend reagierten, drohte James Watson, den japanischen Wissenschaftlern keinen Zugang zu amerikanischen Genomerkenntnissen mehr zu gewähren, und zwar mit der Begründung, wer sich nicht an den Kosten beteilige, könne auch nicht an den Gewinnen beteiligt werden. Die Beteiligungshöhe setzte er für sie auf 300 000 Dollar jährlich fest. In bezug auf die in den USA gewonnenen Genomdaten soll Watson gesagt haben, man wolle durchaus tauschen, aber nichts verschenken.[24]

Wahrscheinlich dachte Walter Bodmer an diese verbale Attacke Watsons, als er das Verhalten einiger Amerikaner als chauvinistisch bezeichnete, da sie offenbar glaubten, das Projekt sei eine amerikanische Angelegenheit. In Wirklichkeit ging es weniger um Nationalstolz als um wirtschaftliche Interessen. In der Tat verfolgt das Genomprojekt zwei häufig gegensätzliche Ziele: internationale Zusammenarbeit, in der man die Ideale offener Wissenschaft verwirklicht, und nationales Konkurrenzdenken, das dem Erwerb und der Sicherung des eigenen Vorteils dient.[25]

Um zu verstehen, wie dieses dynamische Gegeneinander voraussichtlich funktionieren wird, kann man die Genominitiative mit einem anderen Großprojekt vergleichen, bei dem es auch um Hochtechnologie und Information geht, mit der Kernphysik. Die Technologie – das Zyklotron und die dabei verwendeten Beschleuniger – stammt aus den dreißiger Jahren unseres Jahrhunderts. Man hatte es in der Hoffnung patentieren lassen, die Lizenzvergabe zur Produktion radioaktiver Isotope werde Gewinn abwerfen, doch stellte sich heraus, daß es vor und nach dem Krieg nur geringen kommerziellen Wert hatte.[26] Für die Wissenschaftler und Ingenieure der Anfangszeit, die nichts von dem Patent wußten und für die es ohnehin keinen Wert hatte, waren die Arbeitsbedingungen nicht durch wirtschaftliche Erwägungen eingeschränkt. Diese Freiheit trieb die Entwicklung der Beschleuniger vor dem Krieg außerordentlich voran. Das galt auch, als nach dem Krieg die Atomenergiekommission eine ähnliche Linie verfolgte. Man hat auf politischer und juristischer Ebene versucht, der Atomenergiekommission und ihren Nachfolgeinstitutionen Eigentumsrechte an patentfähigen Erfindungen zu übertragen, die in ihren eigenen oder vertraglich verbundenen Labors gemacht wurden, gleichzeitig aber auch die Technologien der Teilchenphysik, einschließlich der Teilchen-Detektoren, den Wissenschaftlern in der Grundlagenforschung zur Verfügung zu stellen.[27]

Der Informationsaustausch unter Kernphysikern verläuft ähnlich ungehindert. Teilchen-Physiker haben ein erstaunliches Integrationsniveau erreicht, jedenfalls was das Sammeln, Bewerten und Speichern der Daten über Eigenschaften von Elementarteilchen angeht.

Alle beteiligten physikalischen Forschungszentren in Europa und in der ehemaligen Sowjetunion berichten über ihre Ergebnisse unter Verwendung eines Programms zur Datenverwaltung und einer Computersprache, die in Berkeley entwickelt wurden. Das System funktioniert gut, u. a. weil die Datenmengen relativ klein und die Anwender ausschließlich Fachleute sind. Hätten Teilchenphysiker eine Wunschliste, dann stünden nur größere Beschleuniger darauf. Laut Aussage eines Angehörigen der britischen Gruppe erklärt sich diese vorbildliche Zusammenarbeit und Übereinstimmung daraus, daß die Daten der Teilchenphysik weder wirtschaftlichen noch strategischen Wert haben.[28] Das trifft auch auf die hier angewendeten Technologien zu, die sich deswegen international völlig ungehindert ausbreiten konnten.[29]

Neue Techniken der Gensequenzanalyse dagegen werden erhebliche wirtschaftliche Bedeutung haben. Ein entscheidender Unterschied zur Teilchenphysik zeigt sich beispielsweise in dem Anteil, den kommerzielle Aktivitäten an technologischen Neuerungen im Genombereich haben. Bei einer Tagung über menschliche Molekularbiologie, die vor einigen Jahren in Cold Spring Harbor stattfand, kam ein Viertel der Vorträge aus dem Unternehmensbereich. Natürlich werden die Informationen über Erfindungen durch das Patentverfahren öffentlich zugänglich; doch die Hoffnung auf wirtschaftlichen Gewinn bremst die offene Diskussion technischer Einzelheiten in der kritischen Phase vor dem Einreichen des Patents. Man behauptet sogar, wirtschaftliche Erwägungen hätten den freien Austausch von Ergebnissen und Ideen in der Genomforschung behindert.[30]

Ähnliche Probleme könnten jetzt auch auf die technologisch ausgerichtete akademische Arbeit innerhalb des Projekts übergreifen, weil durch die Politik der amerikanischen Regierung Geldgeber in gemeinnützigen Institutionen dazu angehalten werden, mit kommerziellen Unternehmen zusammenzuarbeiten, und weil Empfänger staatlicher Förderungsgelder die in ihren Labors gemachten Erfindungen patentieren lassen dürfen. Zwei Kritiker der Fortschritte und Aussichten in der DNA-Sequenzanalyse haben moniert, ein unverhältnismäßig großer Anteil der zugänglichen Veröffentlichungen liege nur in Form von Patentierungsunterlagen vor.[31]

Das Genomprojekt erschließt Neuland, weil die erzeugten Daten, anders als in der Teilchenphysik, große kommerzielle Möglichkeiten bergen. Beispielsweise decken die Gensequenzen die Existenz und Zusammensetzung bestimmter Proteine auf, von denen einige möglicherweise enormen therapeutischen und daher auch wirtschaftlichen Wert haben können. Die Sequenz als solche ist Naturprodukt und damit nach amerikanischem Recht und dem der meisten westeuropäischen Länder nicht patentierbar. Nur von Menschen entwickelte Produkte und Verfahren sind durch das Patentrecht geschützt. Amerikanische Gerichte haben diese Norm so interpretiert, daß man natürlich vorkommende Substanzen, wie Vitamine, patentieren lassen kann, wenn sie isoliert und gereinigt werden. So könnte ein gentechnisch gewonnenes und gereinigtes Protein patentierbar sein – was Wissenschaftler möglicherweise dazu veranlaßt, Sequenzinformationen solange zurückzuhalten, bis sie das Protein hergestellt haben und ein Eigentumsrecht daran beanspruchen können.[32]

Das gleiche kann für die Gene selbst zutreffen. Sie sind Naturprodukte, jedenfalls so, wie sie in den Chromosomen der Zellen mit ihren Introns und Exons vorliegen. Die sogenannte komplementäre DNA (cDNA), eine von Menschenhand geschaffene Kopie eines Gens ohne die nicht-codierenden Introns, kommt nicht natürlich vor. Sie wird aus der DNA der Zelle in die Boten-RNA zwar eingeschrieben, aber nicht selbst in der Zelle realisiert. Da sie durch ein von Menschen erdachtes Verfahren, mit Hilfe des Enzyms Reverse Transcriptase, realisiert werden kann, ist die cDNA also patentierbar. Mehrere cDNA-Gene – z. B. das für menschliches Insulin – sind von Gentechnikern in bakterielle Plasmide eingebaut und in dieser Kombinationsform patentiert worden.[33]

Die Methoden und Technologien des Genomprojekts werden das Patentieren von cDNA-Sequenzen zweifellos beschleunigen. Weil eine typische menschliche cDNA in der Größe zwischen 1000 und 8000 Basenpaaren variiert, werden hochentwickelte Sequenzierungsgeräte in Zukunft erlauben, daß ein einziges Labor pro Jahr Hunderte, vielleicht sogar Tausende von ihnen bestimmt. Eine cDNA läßt sich auch mit der Methode der exprimierten sequenzetikettierten Stellen identifizieren, was die Sequenz auf 400 bis 500 Basenpaare begrenzt. Kurze Sequenzen dieser Art kann man sehr rasch gewinnen; ein einziges automatisch arbeitendes Sequenziergerät könnte jährlich mehr als 5000 cDNAs analysieren. Großbritannien, Frankreich und Japan haben sich entschieden, ihre Sequenzanalysen auf die cDNAs zu konzentrieren – und, wenn möglich, jede vollständig analysierte cDNA patentieren zu lassen. Einige Rechtsanwälte vermuten, daß es für ein Patent schon ausreichen könnte, die exprimierten sequenzetikettierten Stellen zu gewinnen.[34]

Die Anwälte gehen in dieser Vermutung vielleicht fehl; eine solche Definition einer bestimmten cDNA würde andere Forscher nicht daran hindern, dieselbe cDNA aus dem Genom auf andere Weise zu gewinnen – indem sie beispielsweise ein anderes exprimiertes Stellenetikett benutzen. Da aber cDNAs mit vollständiger Sequenz patentierbar sind, könnte der technische Fortschritt in der Sequenzierung zu ungebremster Patentierwut führen, gewissermaßen zu einem biologischen Goldrausch, in dem letztlich ein Patentanspruch auf jedes Gen im menschlichen Genom angemeldet wird.

Die Aussicht ist, vorsichtig ausgedrückt, beunruhigend. Die Gründe dafür sind vielleicht auf den ersten Blick einleuchtend: wenn irgend etwas im wahrsten Sinne de Wortes gemeinsames Geburtsrecht der Menschen ist, dann ist es das menschliche Genom. Man möchte daher meinen, ein Handels- und Patentkrieg um Funktionselemente dieses Geburtsrechts müsse um jeden Preis verhindert werden. Die Europäische Gemeinschaft hat daher auch ihren Vertragspartnern im Genomprojekt untersagt, irgendwelche Eigentumsrechte an menschlicher DNA exklusiv zu nutzen.[35] Dennoch stellen die offensichtlichen Gründe nicht schon an und für sich ein ausreichendes moralisches und wirtschaftliches Argument gegen das Patentieren von cDNAs dar.

Durch das Patentrecht will man vor allem die technologische Innovation fördern. Zu den Kriterien der Patentierbarkeit zählt daher, daß die Erfindung für Fachleute nicht selbstverständlich sein darf und daß sie in irgendeiner Form nützlich, d.h. praktisch verwertbar sein muß. Die Patentierung der cDNA erscheint vertretbar, wenn man ihre Funktion und ihre Verwendung für irgendeinen praktischen Zweck festlegt. Gäbe es diese Möglichkeit zur Patentierung nicht, dann würde sich das Klima für die Investition an Zeit, Geld und Fachwissen für die Entwicklung der cDNA-Biotechnologie abkühlen. Allerdings käme es einer Perversion des Patentsystems gleich, wenn man das Patent für die cDNA als solche erteilen wollte, ohne den Nachweis eines praktischen Nutzens, der über das selbstverständliche Ziel hinausgeht, das darin codierte Gen zu gewinnen. Ein solches Vorgehen liefe de facto auf die Patentierung bloßer Informationen hinaus und würde den Zweck des Patentrechts in sein Gegenteil verkehren, weil man der Anwendung der Information mit dem Ziel technischer Fortentwicklung Hindernisse in den Weg legen würde.

Geninformation – über Menschen oder andere Lebewesen – ist im Prinzip Eigentum der Allgemeinheit. So sollte es gerechterweise auch bleiben, denn die Kartographierung und die Sequenzanalyse von Genomen ist das Produkt der Findigkeit einer multinationalen Gemeinschaft von Wissenschaftlern und der Investitionen vieler Länder. Man wird gründlich darüber nachdenken müssen, wie man einerseits ein zu Recht als gemeinsam betrachtetes Eigentum erhalten und andererseits Anreize geben kann, damit es zu Forschungsergebnissen kommt, die der Menschheit Nutzen bringen. So könnte man z. B. eine internationale Körperschaft ins Leben rufen, die das Patent auf menschliche cDNA als solche hat – falls Patente erteilt werden – und die im Versteigerungsverfahren Lizenzen an diejenigen vergibt, die sie weiterentwickeln, während die Körperschaft die Ergebnisse wieder in die Grundlagenforschung zurückfließen läßt. Unabhängig von den Maßnahmen, die im einzelnen ergriffen werden, wird das Genomprojekt das fundamentale volkswirtschaftliche Problem lösen müssen, wie eine internationale Zusammenarbeit erreicht und erhalten werden kann, obwohl bei der Genominformation und den zugehörigen Technologien große wirtschaftliche Interessen auf dem Spiel stehen.[36]

Im April 1991 wurde in Paris im großen Saal des neuen Triumphbogens La Grande Arche im Défense-Viertel die Ausstellung *La Vie en Kit: Ethique et Biologie* eröffnet. Zu diesem Thema des »Lebens in der Retorte« gehörten Ausstellungsstücke zur Molekulargenetik und dem Genomprojekt. Monette Vaquin brachte in einem Text, der sowohl im Katalog abgedruckt als auch in der Ausstellung an prominenter Stelle plaziert worden war, moralische Bedenken zum Ausdruck:

Welch verblüffendes Paradox, daß man heute, nach dem Nationalsozialismus, unserer Generation Werkzeuge der Eugenik in die Hände legt, die Hitlers kühnste Träume weit hinter sich lassen. Es ist, als suchten die absurden Vorstellungen der Väter die Entdeckungen ihrer Söhne heim. Die Wissenschaftler von morgen werden über eine Macht verfügen, die jedes dem Menschen vertraute Maß übersteigt, die Macht, das menschliche Genom zu verändern. Wer will garantieren, daß diese Macht nur ausgeübt wird, um Erbkrankheiten zu vermeiden?[37]

Vaquins Ängste, die häufig auch von Natur- und Sozialwissenschaftlern geäußert werden, beweisen, daß die im Dritten Reich praktizierte Eugenik immer noch Schatten auf das Genomprojekt wirft. Man befürchtet, das Projekt könne staatlichen Versuchen zu »positiver« Eugenik Vorschub leisten, d.h. die Gentechnik zur Förderung von Eigenschaften wie geistes- oder naturwissenschaftliche Intelligenz, Musikalität oder sportliche Fähigkeiten anwenden. Andere wiederum warnen vor einer möglichen Renaissance »negativer« Eugenik – staatliche Eingriffe in das Fortpflanzungsverhalten, um die Weitergabe »schlechter« Gene in der Bevölkerung zu beschränken.

Negativ-eugenische Programme könnten durchaus aus wirtschaftlichem Anreiz entstehen. Die Sorge um finanzielle Lasten spielte in der Eugenik des frühen zwanzigsten Jahrhunderts eine Rolle, als soziale Krankheiten angeblich erschreckend zunahmen. Auf der Ausstellung zur 150-Jahr-Feier der Unabhängigkeit Amerikas, die 1926 in Philadelphia stattfand, zeigte die Amerikanische Gesellschaft für Eugenik u.a. eine Schautafel, die dem Betrachter mit Blinklichtern veranschaulichte, daß er alle 15 Sekunden hundert Dollar für die Pflege von Menschen »mit schlechtem Erbgut« ausgebe und daß alle 48 Sekunden in den USA ein geistig Behinderter geboren werde. Das Ausstellungsstück gab indirekt zu verstehen, daß nicht nur der Genpool profitieren werde, wenn man die Fortpflanzung von Menschen mit schädlichen Genen beschränke, sondern daß außerdem die Ausgaben von Staat und Gemeinden für Institutionen, in denen Geisteskranke und Körperbehinderte untergebracht waren, sinken würden. Es ist möglicherweise für diese

Argumentation bezeichnend, daß in Kalifornien und einigen anderen Bundesstaaten eugenische Sterilisierungen in den dreißiger Jahren deutlich zunahmen, als die Ausgaben für geistig Behinderte drastisch gekürzt wurden.[38]

Je mehr die Gesundheitsfürsorge heutzutage eine Angelegenheit der öffentlichen Hand und durch Steuerzahlungen finanziert, je kostenträchtiger die Pflege wird, desto wahrscheinlicher ist es, daß die Steuerzahler sich dagegen auflehnen, für die Pflegekosten derer aufzukommen, deren Erbgut sie zu schwerer Krankheit oder Behinderung verdammt. Politiker mögen sich gedrängt fühlen, Menschen davon abzuhalten, vielleicht sogar durch Zwang, erblich belastete Kinder zur Welt zu bringen – nicht zum Nutzen des Genpools, sondern um die Gesundheitskosten zu senken.

Eugenische Anstöße könnten auch von Wissenschaftlern kommen, die sich ja schon in der Vergangenheit von biologischen Imperativen verlocken ließen und die dieser Verführung auch in Zukunft erliegen könnten. Führende Biologen – nicht nur aus dem Lager der politischen Rechten, sondern auch aus dem der progressiven Linken – machten sich die eugenische Idee zu eigen. Die Anziehungskraft der Eugenik blieb auch dann noch groß, als man das gesellschaftliche Vorurteil, durch das sie zunächst geprägt war, erkannt und angeprangert hatte. Objektives Wissen ohne gesellschaftliche Vorurteile schließt eugenische Zielvorstellungen nicht von vornherein aus. Dieses Wissen kann sogar das Streben nach solchen Zielen unterstützen. Der Aufschwung der Genetik durch die Molekularbiologie veranlaßte Robert Sinsheimer 1969 dazu, begeistert die Möglichkeit einer »neuen Eugenik« ins Auge zu fassen – einer Eugenik, die frei von sozialen Vorurteilen und mit den Mitteln der Gentechnik wissenschaftlich zu verwirklichen wäre. Je mehr man in Zukunft über die Genetik des Menschen erfährt, um so eher könnten einige Biologen versucht sein, ihr Wissen mit eugenischen Zielen zu verbinden.

In den letzten Jahren haben die Regierungen verschiedener Staaten plumpe Anläufe zu einer eugenischen Politik genommen. In Singapur beklagte 1984 der Premierminister Lee Kwan Yew die relativ niedrige Geburtenrate bei gebildeten Frauen, wobei er von der verfehlten Annahme ausging, ihre *Intelligenz* sei überdurchschnittlich, so daß ihre Zurückhaltung in der Fortpflanzung die Qualität des Genpools sinken lasse. Seitdem hat die dortige Regierung eine Reihe von Maßnahmen eingeleitet – beispielsweise eine bevorzugte Behandlung der Kinder bei Schuleinschreibungen –, die die Geburtenzahl steigern sollen, und gleichzeitig ähnliche Anreize für die weniger gebildeten Frauen geschaffen, sich nach der Geburt des ersten oder zweiten Kindes sterilisieren zu lassen. In der chinesischen Provinz Gansu wurde ein Eugenik-Gesetz verabschiedet, das laut Aussage der Behörden die »Bevölkerungsqualität« verbessern soll: geistig zurückgebliebene Menschen dürfen nur heiraten, wenn sie zuvor einer Sterilisierung zustimmen. Ähnliche Gesetze folgten in weiteren Provinzen und wurden von Premierminister Li Peng jeweils gebilligt. Eine amtliche Zeitung erklärte dazu: »Schwachsinnige gebären Schwachsinnige.«[39]

Genetiker wissen, daß diese Behauptung nicht unbedingt richtig ist und daß geistige Behinderung aus vielen nicht-genetischen Ursachen entstehen kann. Menschenrechtler wissen, daß die freie Entscheidung über die Fortpflanzung unter Diktaturen leichter eingeschränkt werden kann als in Demokratien. Die Eugenik profitiert von einem autoritären Regime – sie setzt es sogar beinahe voraus. Die Institutionen politischer Demokratie sind vielleicht nicht widerstandsfähig genug gewesen, um die Verletzung der Menschenrechte, die mit der frühen Eugenik-Bewegung einherging, völlig zu verhindern, doch in zahlreichen Fällen haben sie sich als unüberwindliches Bollwerk erwiesen. Die britische Regierung weigerte sich, eugenisch begründete Sterilisierungsgesetze zu erlassen. Das gleiche gilt für viele Bundesstaaten der USA, und dort, wo eugenische Gesetze verabschiedet wurden, hat man sie häufig nicht angewendet.

Das Bewußtsein der barbarischen Grausamkeiten staatlich geförderter Eugenik in der Vergangenheit führt dazu, daß die meisten Genetiker und die Öffentlichkeit diese Einstellung verwerfen. Die Geschichte hat die modernen Genetiker gelehrt, daß alle Vorstellungen überaus problematisch sind, die sich mit Begriffen wie »gut für den Genpool« verknüpfen. Es wäre allerdings zu begrüßen, wenn die Auseinandersetzung mit den gesellschaftlichen und ethischen Implikationen der genetischen Forschung zum festen Bestandteil der Berufsausbildung eines jeden Biologen gehörte. Vorurteile gegenüber Menschen mit bestimmten Behinderungen und Krankheiten sind zwar nach wie vor vorhanden, diese Menschen besitzen jedoch heute als Angehörige einer Minderheit weitaus mehr politische Rechte als zu Anfang des Jahrhunderts. In den USA haben sie z. B. erreicht, daß im Behindertengesetz von 1990 u. a.

ihre Diskriminierung am Arbeitsplatz, im öffentlichen Dienst und in öffentlichen Gebäuden verboten wurde. Ihre politische Position mit Verbündeten in den Medien, in der Ärzteschaft und in anderen Gruppen der Gesellschaft ermöglicht es ihnen, eugenische Vorhaben, die sie betreffen könnten, zu blockieren oder zumindest zu hemmen.

Die Fortschritte der Humangenetik und der Biotechnologie haben die Voraussetzungen für etwas geschaffen, das Robert Wright mit dem aufschlußreichen Begriff der »hausgemachten Eugenik« bezeichnet hat: »Die einzelnen Familien entscheiden darüber, was für Kinder sie haben möchten.« Gegenwärtig können sie den Entschluß treffen, Kinder mit bestimmten Behinderungen oder Krankheiten wie Mongolismus oder der Tay-Sachsschen Krankheit nicht zur Welt zu bringen. In Zukunft könnten Eltern mit Hilfe der genetischen Untersuchung des Embryos die Möglichkeit haben, Kinder mit »verbesserten« Eigenschaften auf die Welt zu bringen mit der Aussicht auf eine Modellierung nach Idealvorstellungen, die von der Intelligenz und der sportlichen Veranlagung bis zum Aussehen nach Wunsch reichen könnte.[40]

In dem Bericht zum Genomprojekt, den Benedikt Härlin dem Europäischen Parlament vorgelegt hat, verwies er darauf, die Verfügbarkeit genetischer Tests führe immer häufiger dazu, daß Eltern darauf drängten, die eugenische Entscheidung selbst treffen zu dürfen, um ihre Kinder in der Gesellschaft, in der Erbanlagen zum Kriterium gesellschaftlicher Stellung werden, die besten Startchancen zu sichern. In der Zeitschrift *Trends in Biotechnology* wurde 1989 in einem Leitartikel auf eine Hauptquelle für den ausgeübten Druck hingewiesen: »Die ›Verbesserung des Menschen‹ gehört zu unserer Lebenswirklichkeit, nicht weil es einen staatlichen Eugenikausschuß gibt, sondern eine Nachfrage seitens der Kunden. Wie wollen wir in einer solchen Kultur mit genetischen Informationen verantwortungsvoll umgehen?«[41]

Genetische Verbesserungen würden jedoch unweigerlich Eingriffe an menschlichen Embryos bedeuten. Die Forschung an menschlichen Embryos ist aber in den USA gesetzlich untersagt und stößt in fast allen westlichen Demokratien auf heftige Opposition, besonders innerhalb der katholischen Kirche. Das Europäische Parlament hat zwar 1989 solche Forschung erlaubt, aber nur unter genau definierten Bedingungen, zum Beispiel nur wenn sie im Hinblick auf die Gesundheit des betreffenden Kindes und seiner

Mutter unmittelbare Vorteile bringe. Der Beschluß des Parlaments beruhte auf einem Bericht des Rechtsausschusses zu den ethischen und rechtlichen Problemen der Gentechnik und der künstlichen Befruchtung beim Menschen. Der Berichterstatter für den Abschnitt zur Gentechnik war Willi Rothley, der nicht nur ein Grüner, sondern auch Katholik ist. In dem Bericht wurde mit mehreren philosophischen Gründen gegen genetische Eingriffe am Embryo argumentiert, u. a. mit der Forderung, es müsse jeder Generation möglich sein, sich mit der menschlichen Natur auseinanderzusetzen, wie sie ihr vorgegeben sei, und nicht mit unumkehrbaren biologischen Ergebnissen, die ihre Vorfahren herbeigeführt hätten.[42]

Die Vorstellung einer auf den Menschen angewandten Gentechnik ist auch für viele Nicht-Katholiken provozierend. Die Erklärung des Europäischen Parlaments von 1989, die genetische Analyse dürfe auf keinen Fall zu dem wissenschaftlich zweifelhaften und politisch unannehmbaren Zweck angewandt werden, den Genpool der Bevölkerung zu »verbessern«, fand weltweit in religiösen wie in Laienkreisen ebenso breite Zustimmung wie der Ruf nach einem absoluten Verbot aller Experimente mit dem Ziel, das Erbgut des Menschen nach willkürlichen Prinzipien zu verändern.[43] Unabhängig davon wird das Genomprojekt zweifelsohne die Identifizierung von Genen für körperliche und mit ihnen verbundene medizinisch relevante Merkmale beschleunigen, doch es wird kaum in naher Zukunft aufdecken, wie Gene zu den Eigenschaften beitragen – Begabung, Kreativität, Verhalten, Auftreten –, die allgemein angestrebt und bewundert werden. Die Idee, genetische Erkenntnisse könnten uns bald erlauben, lauter Einsteins zu produzieren oder auch nur das allgemeine Intelligenzniveau anzuheben, ist schlicht abwegig.[44] Ebensowichtig ist die Feststellung, daß die gentechnische Herstellung von menschlichen Mustergenomen mit den gegenwärtigen Reproduktionstechnologien ausgeschlossen ist und technisch auch in Zukunft kaum wesentlich einfacher werden dürfte.

Die Aussicht auf die Möglichkeiten der Gentechnik für Menschen bleibt natürlich verlockend, auch wenn sie bisher nur Stoff für Science-fiction ist, und sie wird auch in Zukunft besorgte Kritik und enthusiastische Spekulationen auslösen. Die ethischen Herausforderungen des Genomprojekts beruhen jedoch weder auf privaten Anläufen zur genetischen Verbesserung des Menschen noch auf irgendeinem eugenischen Programm im staatlichen Auftrag. Die Probleme ergeben sich vielmehr aus dem, was das Projekt im Überfluß produzieren wird: genetische Information. Es geht um die Kontrolle, die Ausbreitung und die Verwendung dieser Information im Rahmen einer Marktwirtschaft, und diese Probleme sind zutiefst beunruhigend.

Zahlreiche Einzelpersonen und Familien suchen bereits genetische Beratungsstellen auf. Die genetische Information kann jedoch erschütternde Folgen haben. Der Test kann zeigen, daß Verwandte in der Seitenlinie, etwa Geschwister, ein Gen für eine Krankheit – z. B. die Huntington-Krankheit – haben, für die keine Behandlung und erst recht keine Heilungsmöglichkeit bekannt ist.[45] Die genetische Beratung kann einem Ehepaar eine Reihe von wichtigen Entscheidungen in der Familienplanung ermöglichen, aber genetische Tests nach Schwangerschaftseintritt zeigen vielleicht einfach, daß der Fötus im Würfelspiel der Erbanlagen verloren hat. Dann stehen die werdenden Eltern vor der zur Zeit einzig möglichen Alternative – ein im Regelfall erwünschtes Kind abzutreiben oder nicht. Das Problem kann sich durch mangelnde Gewißheit noch zuspitzen. So ist beispielsweise der Test, ob ein Individuum Träger des rezessiven Gens für die Mukoviszidose ist, nur zu 75 Prozent zuverlässig, d. h., das Gen wird nur bei drei von vier Trägern gefunden. Folglich findet man auf diese Weise nur 56 Prozent (75 Prozent mal 75 Prozent) der Paare, die tatsächlich das Risiko in sich tragen, ein Kind mit dieser Krankheit zur Welt zu bringen – umgekehrt werden 44 Prozent solcher Paare nicht entdeckt. Selbst wenn die Paare gründlich über die Bedeutung der Tests informiert worden sind, werden sich die meisten durch die nachfolgende Entscheidung immer noch sehr belastet fühlen.[46]

Je mehr Krankheitsgene durch Kartographierung von RFLPs und andere Techniken dingfest gemacht werden, desto mehr Menschen werden in das Untersuchungsnetz mit einbezogen werden. Viele wollen ihr genetisches Profil möglicherweise gar nicht kennen, vor allem, wenn sie von einer Erbkrankheit gefährdet sind, für die noch keine Behandlung existiert. Vielleicht geht aber der Druck, sich dennoch testen zu lassen, von wirtschaftlichen und medizinischen Interessen aus. Der potentielle Markt für genetisches Screening und pränatale Tests ist wahrscheinlich riesig; dazu werden später auch die 2,8 Millionen Menschen gehören, die durch den Test erfahren wollen, ob sie Träger der rezessiven Anlage für

Mukoviszidose, Sichelzellenanämie, Hämophilie und Muskeldystrophie sind. Die Ärzte Benjamin S. Wilfond und Norman Fost haben festgestellt, daß möglicherweise über 8 Millionen Amerikaner Genträger allein für die Mukoviszidose sind, und schließen nicht aus, daß in Zukunft Reihenuntersuchungen als Wirtschaftszweig, der sich vielleicht zu einer Milliarden-Industrie entwickelt, von der Wirtschaft gefördert werden können.[47] Trotz allem können genetische Tests, pränatal oder in anderer Form, erlösend wirken, wenn sie den Menschen zeigen, daß sie selbst oder ihre Kinder keine spezifische Krankheit zu befürchten haben. Eine junge Frau, die durch den Test feststellte, daß sie nicht Träger des Huntington-Gens war, erklärte: »Nach 28 Jahren der Ungewißheit ist das, als ob man aus dem Gefängnis entlassen wird. Ich habe wieder Hoffnung ... die Möglichkeit, meine Enkel zu erleben.«[48]

Die Sturzflut neuer genetischer Informationen über den Menschen wird zweifellos ein breites Spektrum sozioökonomischer Wertvorstellungen und Gewohnheiten in Frage stellen. Man hat zu Recht betont, daß in Zukunft Arbeitgeber sowie Kranken- und Lebensversicherer das genetische Profil ihrer künftigen Angestellten bzw. Kunden wohl erfahren wollen. Die Arbeitgeber werden wissen wollen, welche Arbeitnehmer Krankheiten bekommen könnten, die die Arbeitsleistung beeinträchtigen oder die durch den Arbeitsplatz ausgelöst werden könnten. Arbeitgeber wie Versicherer werden vielleicht wissen wollen, welche Menschen an Leiden erkranken werden, die hohe Behandlungs- oder Betreuungskosten verursachen. Die Arbeitgeber könnten die Information dafür nutzen, gefährdeten Individuen risikofreie Arbeiten bzw. Arbeitsplätze zuzuteilen, ebenso aber auch, um ihnen einen Arbeitsplatz zu verweigern. Die Versicherung könnte sie von der Risikodekkung ausschließen. Genetische Information würde den Menschen, wie es ein amerikanischer Gewerkschaftler einmal formuliert hat, lebenslang mit einer Art von genetischem »scharlachroten Siegel« brandmarken; in Europa spricht man gelegentlich vom »Genpaß«.[49] In Benedikt Härlins Bericht für das Europäische Parlament zum Genomprojekt wird davor gewarnt, daß Gesundheitsbehörden, Versicherer, Arbeitgeber und andere Körperschaften möglicherweise auf Eltern, Kunden und Arbeitnehmer Druck ausüben werden, sich genetisch testen zu lassen. Die so gewonnenen genetischen Informationen würden in jeder Hinsicht »ungeheuerlich« sein.[50]

Viele Anzeichen sprechen dafür, daß die Besorgnisse über die Verwendung genetischer Information nicht unbegründet sind. Um 1970 herum begann man zu befürchten, Menschen mit einem rezessiven Gen für Sichelzellenanämie könnten in sauerstoffarmen großen Höhen zur Bildung der Sichelzellen neigen. Die Aufnahme in die Luftwaffenakademie wurde ihnen verwehrt, mehrere größere Fluggesellschaften gestatteten eine Beschäftigung nur beim Bodenpersonal, und die Versicherungen verlangten häufig höhere Prämien.[51] Unlängst wünschten Eltern, deren erstes Kind an Mukoviszidose leidet, bei der zweiten Schwangerschaft eine pränatale Diagnose. Die Versicherung war bereit, für die Kosten der Untersuchung aufzukommen, falls die Mutter bei positivem Ergebnis das Kind abtreiben würde. Sonst wäre ihnen die Krankenversicherung gekündigt worden. Diese Forderung wurde erst zurückgezogen, als die Eltern mit einem Prozeß drohten.

Die bisherige genetische Diskriminierung war bislang oft willkürlich, herzlos und, vor allem am Arbeitsplatz, ein Ergebnis mangelnder Sachkenntnis, so etwa, wenn das Vorhandensein eines einzelnen rezessiven Krankheitsgens als Beweis dafür gilt, daß der Bewerber auf die Umgebung am Arbeitsplatz reagieren wird. Eine neue Studie, die von mehreren Wissenschaftlern der Harvard Medical School initiiert wurde, hat rund 30 Fälle genetischer Diskriminierung aufgedeckt. Menschen mit biochemischen Erbleiden wurden nicht versichert, obwohl sie mit Erfolg behandelt worden und nicht mehr krank waren. Ein selbstversichernder Arbeitgeber verweigerte einem Mann den Versicherungsschutz, weil er eine erblich bedingte neuromuskuläre Störung hatte, obwohl er nicht behindert war, und ein anderer Arbeitgeber stellte eine Bewerberin nicht ein, nachdem sie ihn informiert hatte, daß sie das gleiche Leiden habe. Paul Billings, einer der Autoren der Studie und medizinischer Genetiker, bemerkt zu den Ergebnissen, wegen der methodischen Voraussetzungen der Untersuchung könne man nicht ausmachen, ob diese Institutionen eine »Politik aktiver genetischer Diskriminierung« betreiben, aber der Schluß liege nahe.[52]

Viele haben dafür plädiert, Arbeitgebern und Versicherungen den Einblick in den Genpaß zu untersagen. Das kalifornische Parlament verabschiedete 1991 ein Gesetz (gegen das der Gouverneur anschließend sein Veto einlegte), mit dem Arbeitgebern und Krankenversicherungsgesellschaften verboten wurde, die Anstellung oder den Versicherungsschutz denjenigen zu versagen, die

Träger eines einzelnen Gens sind, das mit einem Leiden in Verbindung gebracht wird. Zur gleichen Zeit brachte in Großbritannien Baronesse Warnock, die früher maßgeblich an der Entwicklung dieser Idee in der Embryoforschung mitgewirkt hat, die Möglichkeit eines ähnlichen Verbots ins Gespräch. Die Versicherungen könnten solche Verbote jedoch umgehen, indem sie die allgemeinen Prämien erhöhen und Abschläge für Kunden mit gesunden Erbanlagen anbieten, die diese dann natürlich freiwillig nachweisen würden.[53] Versicherungsgesellschaften sind naturgemäß an Informationen interessiert, die Risiken betreffen. In ihren Augen sind unterschiedliche Prämien auf der Grundlage tatsächlich bekannter Risiken weder willkürlich noch unzulässig, sondern versicherungstechnisch eine vernünftige Geschäftspolitik.

Die Mehrheitsmeinung der Industrie, wo man über Erbkrankheiten zunehmend besser informiert ist, zeigt sich zweifellos in dem aus dem Jahre 1989 stammenden Bericht »Die mögliche Rolle genetischer Tests bei der Risikoeinstufung«, der vor allem von Robert Pokorski zusammengestellt und vom Verband amerikanischer Lebensversicherungen in Umlauf gebracht wurde. Dort ist folgende Feststellung zu lesen: »Wenn die Versicherer nicht in der Lage wären, im Verlauf der Antragsprüfung genetische Tests zu benutzen, weil ›Risiken nur aufgrund von Faktoren eingestuft werden dürfen, auf die die Menschen Einfluß nehmen können‹, dann würde man Gerechtigkeit durch Gleichheit ersetzen (gleiche Prämien für alle unabhängig vom Risiko), womit man den Bestand der Privatversicherung in ihrer heutigen Form in Frage stellen würde.«[54]

Die Vertreter der Industrie sind der Ansicht, durch diese Gleichstellung käme es nicht nur für die Versicherungen, sondern auch für viele Versicherungsnehmer zu Nachteilen. Wenn ein Kunde ein hohes genetisches Risiko hat, das sich in den Prämien nicht widerspiegelt, dann erhält er hohe Leistungen bei geringen eigenen Kosten, aber dafür würden hohe Kosten für die Versicherung anfallen. Das Problem spitzt sich noch zu, falls er – nicht aber die Versicherung – das Risiko kennt und sich deswegen besonders hoch versichert. In beiden Fällen müßte die Versicherung die erhöhten Kosten an andere Versicherungsnehmer weitergeben; stark gefährdete Versicherte würden somit den wenig gefährdeten Kosten auferlegen.[55]

Um das Prinzip der Gerechtigkeit zu wahren, wollen die Versicherungsgesellschaften wenigstens Zugang zu allen genetischen oder sonstigen medizinischen Erkenntnissen über ihre Kunden haben, über die diese selbst verfügen. Vielleicht entschließen sie sich auch dazu, das Gerechtigkeitsprinzip noch darüber hinaus zu verfolgen und genetische Tests zu verlangen, um maßgeschneiderte Risikoprämien erheben zu können. Die Industrie erwartet zu Recht und mit einer gewissen Resignation Widerstand beim Verbraucher. Rob Bier, Abteilungsleiter für Öffentlichkeitsarbeit im Verband amerikanischer Lebensversicherungen, hat dazu erklärt: »In dem Maß, wie sich diese Technologie entwickelt, werden sich zahlreiche Prozesse wohl nicht vermeiden lassen. Die Versicherungswirtschaft wäre im Grunde froh, wenn man die genetischen Tests nie entwikkelt hätte.«[56]

Die rechtlichen Auseinandersetzungen könnten als Reaktion auf die Datenflut durch das Genomprojekt hitziger werden. Ein genaueres Verständnis der Beziehung zwischen Genetik und Krankheit wird vielleicht eine so exakte Vorhersage des Einzelrisikos ermöglichen, daß Risiko zur Gewißheit wird und lebenslange Krankheitskosten exakt zu kalkulieren sind. In diesem Fall würden Krankenversicherungsprämien letztlich darauf hinauslaufen, daß die Kosten für die lebenslange Gesundheitsfürsorge nach Art eines Ratenkaufs bezahlt werden. Am Ende stünde eine Kranken- und vielleicht auch eine Lebensversicherung, die jeder aufgrund seiner tatsächlichen Voraussetzungen zahlt, mit Verträgen, die nach erblichen Voraussetzungen gestaffelt sind.[57]

Andererseits könnte das Genomprojekt auch umgekehrt wirken. Je mehr man über das menschliche Genom in Erfahrung bringt, um so deutlicher wird sich herausstellen, daß jeder von uns in irgendeiner Form für Krankheiten genetisch vorbelastet ist und wahrscheinlich auf diese oder jene Weise auch erkranken wird. Natürlich werden Schwere der Krankheit und Kosten unterschiedlich sein. Es ist jedoch möglich, daß das allgemeine Bewußtsein genetischer Belastung das Interesse an einem Versicherungssystem wachsen läßt, in dem Gleichheit Vorrang vor Gerechtigkeit hätte, die Solidargemeinschaft also. Nach Aussage G.W. de Wits, Versicherungsmathematiker an der Erasmus-Universität der Niederlande, ist das Gleichheitsprinzip in der Privatversicherung schon seit langem von großer Bedeutung und wird es auch angesichts neuer genetischer Informationen bleiben. Wenn Eltern eines genetisch belasteten Fötus sich für die Geburt des Kindes entscheiden, schreibt de Wit, dann werde die Versicherung alle Kosten für die medizinische Betreuung des Kindes tragen müssen. Es sei offensichtlich gerechtfertigt, von den übrigen Versicherungsnehmern einen Solidarbeitrag zu erwarten, weil andernfalls das freie Selbstbestimmungsrecht der Eltern in Gefahr gerate. De Wit bezweifelt, daß die europäischen Krankenversicherungen genetische Informationen von ihren Kunden verlangen werden, obwohl er anmerkt: »Wenn wir die Privatversicherung in der jetzigen Form beibehalten wollen, dann wird man in der Privat- und in der Pflichtversicherung fortwährend und sorgfältig theoretische Risiken und gesellschaftliche Bedürfnisse gegeneinander abwägen müssen.«[58]

Die staatliche Gesundheitsfürsorge ist grundlegender Ausdruck der Solidarität; die genetischen Informationen könnten aber auch das System der staatlichen Gesundheitsfürsorge aushöhlen. Wenn die Ausgaben für Krankheitskosten weiter eskalieren, könnte man sich auch hier dazu entschließen, die Gewährung von Behandlung und Pflege unter Berücksichtigung der erblichen Disposition für eine Krankheit einzuschränken, insbesondere dann, wenn das Risiko, erblich für Krankheiten vorbelastete Kinder zur Welt zu bringen, bekannt ist.[59]

Die Ansicht, die Kosten für eine genetisch bedingte Krankheit oder Störung seien nicht akzeptabel, wirft einen Schatten auf Menschen, die daran leiden. Die Einstellung, ein in dieser Form belasteter Embryo solle abgetrieben werden, ist bereits angegriffen worden, weil man dadurch Lebende mit der Krankheit stigmatisiere. Der Protest kommt von einzelnen und aus Familien mit Erkrankungen wie Mukoviszidose und Sichelzellenanämie, vor allem aber von Behinderten und ihren Interessenvertretern. Der Rechtsausschuß des europäischen Parlaments hat davor gewarnt, die Geburt behinderter Kinder bloß als »vermeidbaren Betriebsunfall« zu betrachten; so werde einerseits unsere Bereitschaft, Behinderte in der Gesellschaft zu akzeptieren, untergraben, andererseits ändere sich dadurch am grundsätzlichen Problem der Behinderung kaum etwas. In den USA haben sich einige Interessenvertreter der Behinderten den Abtreibungsgegnern angeschlossen.[60] Es erscheint allerdings kaum vernünftig, die Würde einer Gesellschaftsgruppe dadurch bewahren zu wollen, daß man einer anderen Gruppe die freie Entscheidung über die Fortpflanzung einschränkt. Es ist sehr viel sinnvoller zu erkennen, daß uns soziale Wertvorstellungen verpflichten, mit widersprüchlichen Vorstellungen zu leben – daß wir die Verwendung genetischer Information zur individuellen Entscheidung hinsichtlich der Nachkommen billigen und gleichzeitig die Rechte und die Würde der Kranken und Behinderten wahren.

Die genetische Stigmatisierung tritt in vielen Erscheinungsformen auf; dabei war die Verknüpfung von Erbanlagen mit Verhalten besonders rücksichtslos. In der Anfangszeit der Eugenik wurden in Amerika neue Einwanderer aus Ost- und Südeuropa als biologisch minderwertig bezeichnet; man sprach ihnen eine verminderte Intelligenz zu und den Hang zu Verbrechen, Alkoholismus und Prostitution. Die eugenische Wissenschaft steckte ganz offensichtlich voller sozialer Vorurteile, doch selbst wenn man darauf ebenso verzichtet wie auf verschwommene Kategorien, bleibt die Verhaltensgenetik problematisch. Man muß nicht nur zwischen Erbe und Umwelt unterscheiden, sondern es ist ebenso wichtig, Verhaltensmerkmale zu definieren, sie zu messen und scheinbare Korrelationen zu erkennen. Wenn man sich in der Humangenetik weiterhin derart von Fragen des menschlichen Verhaltens fesseln läßt, dann wird man unweigerlich auch Informationen produzieren, die falsch oder flüchtiger Natur (weil gesellschaftsbezogen) oder auch beides sind.

Die Suche nach dem Ursprung menschlichen Verhaltens geht weiter; das ist zwar wissenschaftlich ein legitimes Ziel, aber es macht gleichzeitig auch immer wieder deutlich, wie viele Fallstricke wissenschaftlicher und gesellschaftlicher Art dabei überwunden werden müssen. So schien man vor wenigen Jahren in mehreren Untersuchungen zu RFLP-Familien spezifische genetische Dispositionen für manische Depression und Schizophrenie gefunden zu haben, aber Kontrollstudien konnten die anfänglichen Ergebnisse nicht bestätigen. An der Washington-Universität in St. Louis haben der Psychiater C. Robert Cloninger und sein Kollege Eric Devor die Familien von Alkoholikern und Adoptivsöhne von Alkoholikern untersucht und anschließend eine umfassende Theorie genetischer Disposition für zwei Arten des Alkoholismus vorgelegt, die sie jeweils auf eine Gruppe chemisch bedingter Persönlichkeitsmerkmale zurückführen. Dazu zählen u. a. die Neugier auf neue Erfahrungen und exploratorische Aktivität, Ängstlichkeit und Schüchternheit sowie Abhängigkeit von Belohnung und soziale Kälte.[61]

Cloningers und Devors Interesse an einer genetischen Grundlage solcher Merkmale ist keineswegs neu. Der Psychologe Jerome Kagan aus Harvard berichtete 1990 darüber, daß in einer Gruppe von 379 Studenten diejenigen, die unter Heuschnupfen litten, auch hohe Schüchternheitswerte aufwiesen: »Wir glauben, daß eine kleine Gruppe von Menschen einen Gensatz erbt, der eine Disposition für Heuschnupfen *und* Schüchternheit verleiht«, schrieb Kagan.[62] Wie auch immer solche Schlußfolgerungen zu beurteilen sind, in diesen Bewertungen klingt etwas an, das an frühere Merkmals-Kategorien wie etwa die Liebe zur See erinnert. Die verschwommenen Grenzen dieser Kategorien, und das gilt erst recht für persönliche Eigenschaften ganz allgemein, lassen besondere Zurückhaltung in der verhaltensgenetischen Forschung und bei der Veröffentlichung von Ergebnissen, besonders durch die Medien, angeraten erscheinen.

Es war Stoff für die Titelseiten, als Wissenschaftler in Texas und an der Universität von Kalifornien gemeinsam bekanntgaben, man habe durch die Untersuchung des Gehirns von siebzig Verstorbenen – die Hälfte davon waren fortgeschrittene Alkoholiker – ein Gen für den Alkoholismus entdeckt. Die Nachricht vom Dezember desselben Jahres, daß die wissenschaftliche Gegenprobe der nationalen Gesundheitsinstitute die Ergebnisse nicht bestätigt habe, erschien in der *New York Times* dann weiter hinten, auf Seite zehn.[63] Journalisten fassen oft etwas als endgültigen Schluß auf, was Wissenschaftler als vorläufiges Ergebnis bekanntgeben. Die Forscher sind aber an diesem Prozeß nicht ganz unbeteiligt, wenn sie Pressekonferenzen abhalten, um aufsehenerregende Ergebnisse aus der Verhaltensgenetik zu verkünden, obwohl sie noch keineswegs gesichert sind. Dieses auf beiden Seiten zu Mißverständnissen führende Verhalten wird sich zweifellos noch verschlimmern, sobald die Nachrichten über Kartographierung und Sequenzanalyse des menschlichen Genoms reichlicher fließen. Die Wissenschaftler und die Presse sollten dafür sorgen, daß ethische Normen entwikkelt werden, wie mit gesellschaftlich relevanter genetischer Information umzugehen ist, ganz besonders, wenn es um Rassen, ethnische Gruppen und die Geschlechter geht. Ein Grundsatz dabei könnte die Forderung sein, um so strengere Maßstäbe an wissenschaftliche Korrektheit und Zuverlässigkeit bei der Veröffentlichung und Weiterverbreitung der Nachrichten anzulegen, je explosiver die Schlußfolgerungen für die Gesellschaft sind.

Es ist nicht nur politisch ratsam, sondern auch prinzipiell richtig, sich stets bewußt zu sein, daß das Genomprojekt ethisches Urteil und Zurückhaltung voraussetzt. James Watson hat mit Erfolg darauf bestanden, daß mit dem Projekt ein Programm ethischer Studien gekoppelt wurde. Es handelt sich um die erste entsprechende Initiative in der Geschichte wissenschaftlicher Großprojekte in den USA, und die Anregung ist vom Europäischen Parlament für das dortige Genomprojekt aufgegriffen worden.[64] Im Verlauf der letzten Jahre hat das Genomprojekt dazu beigetragen, daß man bioethische Probleme auf wissenschaftlichen Tagungen, internationalen Konferenzen, in Arbeitsgruppen und in der Presse auf die Tagesordnung setzt. Diese Treffen und Analysen haben, wie Claude Cheysson, Präsident der *Fondation de l'Arche de la Fraternité* in Paris es formulierte, die Betrachtungen von »Wissenschaftlern, Juristen, Ärzten, Theologen und Philosophen« befruchtet. Cheysson fügt hinzu, die Betrachtungen spiegelten nicht nur wider, welche Gedanken heute Allgemeingut seien, sondern auch die »Prophezeiungen von Scharlatanen und Wunderheilern«.[65] Die Sorge, das Genomprojekt werde die Tendenz zur Züchtung von Superbabies oder das rücksichtslose Ausmerzen der Untüchtigen fördern, schießt weit über das Ziel hinaus. Sie lenkt außerdem von den wissenschaftlichen und sozialen Fragen ab, die das Projekt tatsächlich aufwirft, insbesondere wie die Genetiker, die Medien, die Versicherungen, die Arbeitgeber und die Regierungen mit der genetischen Information über den Menschen umgehen sollen. Diese komplexen Probleme stellen höchste Ansprüche an die Fähigkeit jeder Gesellschaft, sachkundig zu urteilen und mitfühlend Toleranz zu üben.

Anhang

Anmerkungen

Die Geschichte der Genetik und Eugenik

1 Francis Galton, *Inquiries into the Human Faculty* (London: Macmillan, 1883), S. 24 f.; Karl Pearson, *The Life, Letters, and Labours of Francis Galton*, 3 Bände in 4 (Cambridge: Cambridge University Press, 1914–1930, Bd. III A, S. 348.

2 Historische Beschreibungen der Eugenik, die selbst eine umfangreiche Literatur hervorgebracht hat, haben in den letzten Jahren zugenommen. Zur Behandlung des Themas in den Vereinigten Staaten und Großbritannien siehe Daniel J. Kevles, *In the Name of Eugenics: Genetics and the Uses of Human Heredity* (New York: Alfred A. Knopf, 1985); Kenneth M. Ludmerer, *Genetics and American Society: A Historical Appraisal* (Baltimore: Johns Hopkins University Press, 1972); und G. R. Searle, *Eugenics and Politics in Britain, 1900–1914* (Leyden: Noordhoff International Publishing, 1976). Zu Deutschland siehe Benno Müller-Hill, *Murderous Science: Elimination by Scientific Selection of Jews, Gypsies, and Others, Germany, 1933–1945* (New York: Oxford University Press, 1988); Robert N. Proctor, *Racial Hygiene: Medicine under the Nazis* (Cambridge, Mass.: Harvard University Press, 1988); Sheila Faith Weiss, *Race Hygiene and National Efficiency: The Eugenics of Wilhelm Schallmayer* (Berkeley: University of California Press, 1987); und Paul Weindling, *Health, Race and German Politics between National Unification and Nazism, 1870–1945* (Cambridge: Cambridge University Press, 1990). Zu Frankreich siehe William H. Schneider, *Quality and Quantity: The Quest for Biological Regeneration in Twentieth-Century France* (Cambridge: Cambridge University Press, 1990); und Gérard Lemaine & Benjamin Matalon, *Hommes supérieurs, hommes inférieurs* (Paris: Armand Colin, 1983). Zu Rußland und anderen Ländern siehe Mark B. Adams (Hg.), *The Wellborn Science: Eugenics in Germany, France, Brazil, and Russia* (New York: Oxford University Press, 1990); Loren R. Graham, »Science and Values: The Eugenics Movement in Germany and Russia in the 1920s«, in: *American Historical Review*, 83 (1978), 1135 ff.; Nils Roll-Hansen, »Eugenics before World War II: The Case of Norway«, in: *History and Philosophy of the Life Sciences*, 2 (1980), 269–289, und Nils Roll-Hansen, »The Progress of Eugenics: Growth of Knowledge and Change in Ideology«, in: *History of Science*, 26 (1988), 295 ff.

3 Über die Gründung dieser Einrichtungen und die Forschungsprogramme, die sie verfolgten, kann man nachlesen bei Kevles, *In the Name of Eugenics*: Proctor, *Racial Hygiene*; und Sheila Faith Weiss, »The Race Hygiene Movement in Germany, 1904–1945«, in: Adams (Hg.), *The Wellborn Science*, S. 8 ff.

4 Charles B. Davenport, *Heredity in Relation to Eugenics* (New York: Henry Holt, 1911), S. 66f., 72ff., 77, 79f., 93, 102, 126, 157; Charles B. Davenport, *Eugenics – the Science of Human Improvement by Better Breeding* (New York: Henry Holt, 1910), S. 11f.; Charles B. Davenport & Morris Steggerda, *Race Crossing in Jamaica* (Washington, D. C.: Carnegie Institution, Publikation Nr. 395, 1929), S. 472f., 468f.

5 Henry H. Goddard, *Feeble-mindedness: Its Causes and Consequences* (New York: Macmillan 1914), S. 4, 7ff., 14, 17ff., 413, 504, 508f., 514, 547. Davenport stellte Mitarbeiter für Goddards Feldforschung über die mentalen Eigenschaften einer örtlichen Bevölkerung in New Jersey bereit und half beratend bei der genetischen Interpretation der Daten. Die Erhebungen lieferten wichtiges Material für das obige Buch und Goddards ebenfalls einflußreiches Werk *The Kallikak Family: A Study in the Heredity of Feeblemindedness* (New York, 1912). Kevles, *In the Name of Eugenics*, S. 78.

6 Weiss, »The Race Hygiene Movement in Germany«, S. 44f.; Proctor, *Racial Hygiene*, bes. Kap. 4 u. 7.

7 Ludmerer, *Genetics and American Society*, S. 60.

8 Davenport, *Heredity in Relation to Eugenics*, S. 216, 218f., 221f.

9 Kevles, *In the Name of Eugenics*, S. 61f.

10 Ebd., S. 107ff., 114ff.; *Buck v. Bell*, 274 U.S. 201ff. (1927).

11 Proctor, *Racial Hygiene*, S. 44, 292, 307.

12 Kevles, *In the Name of Eugenics*, S. 199.

13 Lancelot Hogben, *Genetical Principles in Medicine and Social Science* (London: Williams and Norgate, 1931), S. 82ff.

14 Julia Bell an Landsborough Thomson, 10. Juni 1936, zitiert in: Kevles, *In the Name of Eugenics*, S. 202.

15 Gespräch des Verfassers mit James V. Neel, Mai 1982. Wie andere institutionelle Möglichkeiten innerhalb der Humangenetik der damaligen Zeit erwuchsen die von Neel aus einer eugenischen Verpflichtung. Die Initiative für die Schaffung seines Postens scheint vom Leiter des Labors gekommen zu sein: Lee R. Dice, ein der Eugenik wohlwollend gegenüberstehender Ökologe, hatte die Universität überredet, eine kleine ambulante Klinik zu gründen, die sich mit Vererbung befaßte und den Leuten helfen sollte, daß sie erfuhren, ob sie möglicherweise »schlechte« Gene besaßen. Neel übernahm die Verantwortung für die Klinik und verbrachte einen Teil seiner Zeit damit, zu erforschen, wie

man die Träger von Erbkrankheiten feststellen könne. Ebenda; James V. Neel, »The Detection of Genetic Carriers of Hereditary Disease«, in: *American Journal of Human Genetics*, 26 (März 1949), 19ff.

16 James V. Neel, »The Inheritance of Sickle Cell Anemia«, in: *Science*, 110 (1949), 64ff.; Linus Pauling u. a., »Sickle Cell Anemia: A Molecular Disease«, ebd., 543ff. Beide Aufsätze sind wiederabgedruckt in: Samuel H. Boyer IV (Hg.), *Papers on Human Genetics* (New York: Prentice-Hall, 1963), S. 110ff.

17 T. C. Hsu, *Human and Mammalian Cytogenetics: An Historical Perspective* (New York: Springer-Verlag, 1979), S. 27ff.; Kevles, *In the Name of Eugenics*, S. 238ff.

18 Kevles, *In the Name of Eugenics*, S. 258 u. Anm. 21.

19 Lionel S. Penrose, »The Influence of the English Tradition in Human Genetics«, in: James F. Crow & James V. Neel (Hg.), *Proceedings of the Third International Congress of Human Genetics* (Baltimore: Johns Hopkins University Press, 1967), S. 22f.

20 Robert L. Sinsheimer, »The Prospect of Designed Genetic Change«, in: *Engineering and Science*, 32 (April 1969), 8; Robert L. Sinsheimer, »The Santa Cruz Workshop – May 1985«, in: *Genomics*, 5 (1989), 955; James D. Watson & Robert Mullen Cook-Deegan, »Origins of the Human Genome Project«, in: *FASEB Journal*, 5 (Januar 1991), 8; Joel Davis, *Mapping the Code: The Human Genome Project and the Choices of Modern Science* (New York: John Wiley, 1990), S. 88f.

21 Robert Mullan Cook-Deegan, »The Alta Summit, December 1984«, in: *Genomics*, 5 (1989), 661f.; Charles R. Cantor, »Orchestrating the Human Genome Project«, in: *Science*, 248 (6. April 1990), 50; Davis, *Mapping the Code*, S. 95f.

22 Davis, *Mapping the Code*, S. 97; Joseph Bishop & Michael Waldholz, *Genome: The Story of the Most Astonishing Scientific Adventure of Our Time – The Attempt to Map All the Genes in the Human Body* (New York: Simon and Schuster, 1990), S. 217f.

23 Stanley N. Cohen, Annie C. Y. Chang, Herbert W. Boyer & Robert B. Helling, »Construction of Biologically Functional Bacterial Plasmids In Vitro«, in: *Proceedings of the National Academy of Sciences*, 70 (November 1973), 3240ff.

24 A. M. Maxam & W. Gilbert, »A New Method for Sequencing DNA«, in: *Proceedings of the National Academy of Sciences*, 74 (1977), 560ff.; F. Sanger & A. R. Coulson, »A Rapid Method of Determining Sequences in DNA by Primed Synthesis with DNA Polymerase«, in: *Journal of Molecular Biology*, 94 (1975), 441ff.; Lloyd M. Smith u. a., »Fluorescence Detection in Automated DNA Sequence Analysis«, in: *Nature*, 321 (12. Juni 1986), 674ff.

25 D. C. Schwartz & C. R. Cantor, »Separation of Yeast Chromosome-

Sized DNAs by Pulsed Field Gradient Gel Electrophoresis«, in: *Cell*, 37 (1984), 67ff. Impulsfeld-Elektrophorese könnte DNA-Stücke mit einer Länge von 10 bis 10000 Kilobasen trennen.

26 David Botstein u. a.,»Construction of a Genetic Linkage Map in Man Using Restriction Fragment Length Polymorphisms«, in: *American Journal of Human Genetics*, 32 (1980), 314; Bishop & Waldholz, *Genome*, S. 61 ff.

27 Bishop & Waldholz, *Genome*, S. 214.

28 Ebd., S. 100f.; James Gusella u. a., »A Polymorphic DNA Marker Genetically Linked to Huntington's Disease«, in: *Nature*, 306 (1983), 234ff.

29 Bishop & Waldholz, *Genome*, S. 188ff.; Renato Dulbecco, »A Turning Point in Cancer Research: Sequencing the Human Genome«, in: *Science*, 231 (1986), 1055f.

30 Robert Mullan Cook-Deegan, »The Human Genome Project: The Formation of Federal Policies in the United States, 1986–1990«, in: Kathi E. Hanna (Hg.), *Biomedical Politics* (Washington, D. C.: National Academy Press, 1991), S. 112, 124, 129; Cantor, »Orchestrating the Human Genome Project«, S. 49.

31 Cook-Deegan, »The Human Genome Project«, S. 123.

32 Ebd., S. 115f.; Tracy L. Friedman, »The Science and Politics of the Human Genome Project«, Abschlußarbeit, Woodrow Wilson School of Public and International Affairs, Princeton University, April 1990, S. 31f.

33 Cook-Deegan, »The Human Genome Project«, S. 118; Friedman, »Science and Politics of the Human Genome Project«, S. 31f.; Benjamin J. Barnhart, »The Human Genome Project: A DOE Perspective«, in: BioDoc-Sammlung, Europäische Gemeinschaft, DG-XII, Brüssel, Ordner CB 27.188, S. 2. Die Brüsseler Sammlung wird im weiteren Verlauf kurz BioDoc genannt.

34 Cook-Deegan, »The Human Genome Project«, S. 120; Friedman, »Science and Politics of the Human Genome Project«, S. 38f.; U. S. Congress, Senate, Subcommittee on Energy Research and Development, Committee on Energy and Natural Resources, *Department of Energy National Laboratory Cooperative Research Initiatives Act: Hearing before the Subcommittee on Energy Research and Development of the Committee on Energy and Natural Resources*, 100. Kongreß, 1. Sitzung, 15. und 17. September 1987.

35 Cook-Deegan, »The Human Genome Project«, S. 124f.; Watson & Cook-Deegan, »Origins of the Human Genome Project«, S. 9.

36 Friedman, »Science and Politics of the Human Genome Project«, S. 32–35, 40f., 56ff.

37 Ebd., S. 38ff., 45; Cook-Deegan, »The Human Genome Project«,

S. 134f., 141; Watson & Cook-Deegan, »Origins of the Human Genome Project«, S. 10.

38 Davis, *Mapping the Code*, S. 126–128; Robert A. Weinberg, »The Case Against Gene Sequencing«, in: *The Scientist*, 16. November 1987, S. 11. Siehe auch Francisco J. Ayala, »Two Frontiers of Human Biology: What the Sequence Won't Tell Us«, in: *Issues in Science and Technology*, Frühjahr 1987, S. 56; Christopher Joyce, »The Race to Map the Human Genome«, in: *New Scientist*, 5. März 1987, S. 35.

39 Zitiert in: Friedman, »Science and Politics of the Human Genome Project«, S. 95; Bishop & Waldholz, *Genome*, S. 221 f.; Joyce, »The Race to Map the Human Genome«, S. 35.

40 Watson & Cook-Deegan, »Origins of the Human Genome Project«, S. 9; Cantor, »Orchestrating the Human Genome Project«, S. 50; Leslie Roberts, »Academy Backs Genome Project«, in: *Science*, 239 (12. Februar 1986), 725 f.; Committee on Mapping and Sequencing the Human Genome, Board on Basic Biology, Commission on Life Sciences, National Research Council, *Mapping and Sequencing the Human Genome* (Washington, D. C.: National Academy Press, 1988), S. 1 ff.

41 Cook-Deegan, »The Human Genome Project«, S. 141; Friedman, »Science and Politics of the Human Genome Project«, S. 60f., 63 f.; John M. Barry, »Cracking the Code«, in: *The Washingtonian*, Februar 1991, S. 182.

42 Friedman, »Science and Politics of the Human Genome Project«, S. 45.

43 Walter Bodmer, »Genes and Atoms for Health and Prosperity«, Ansprache des Vorsitzenden, 1988, British Association for the Advancement of Science, in: *Science and the Public*, Sept./Okt. 1988, S. 7; Europäisches Parlament, Ausschuß für Energie, Forschung und Technologie, *Report Drawn up on Behalf of the Committee on Energy, Research and Technology on the Proposal from the Commission to the Council (COM/88/424-C2-119/88) for a Decision Adopting a Specific Research Programme in the Field of Health: Predictive Medicine: Human Genome Analysis (1989–1991)*, Berichterstatter Benedikt Härlin, Dokumente der Sitzungen des Europäischen Parlaments, 1988/89, 30.01.1989, Reihe A, Dok. A2-0370/88 SYN 146, S. 21 (im weiteren Verlauf als Härlin-Bericht zitiert); »U. S. Dominates Publishing of Genome Mapping Articles«, in: *The Scientist*, 13. Juni 1988, S. 20.

44 »Frontiers Open Up«, in: *Nature*, 347 (4. Oktober 1990), 413. Neben Japan gehören zur Gruppe der Sieben noch die Vereinigten Staaten, Kanada, Großbritannien, Frankreich, Italien und Deutschland.

45 Davis, *Mapping the Code*, S. 178ff.; Akiyoshi Wada & Eiichi Soeda,

»Strategie für den Aufbau eines automatischen Hochgeschwindigkeits-DNA-Sequenzierungssystems«, Manuskript 1986, S. 10; Leslie Roberts, »Human Genome: Questions of Cost«, in: *Science*, 237 (18. September 1987), 1411 f. Wie es sich herausstellte, waren Wadas Erwartungen in hohem Maße übertrieben. Siehe dazu den Abschluß dieses Kapitels.

46 David Dickson, »Focus on the Genome«, in: *Science*, 240 (6. Mai 1988), 711; Watson & Cook-Deegan, »Origins of the Human Genome Project«, S. 9; Härlin-Bericht, S. 21; *European Technology Newsletter*, 13. Mai 1988, S. 5, Kopie in BioDoc; M. A. Ferguson-Smith, »European Approach to the Human Genome Project«, in: *FASEB Journal*, 5 (Januar 1991), 63. Griechenland und Portugal hatten Programme, um regionalspezifische Krankheiten zu analysieren; Härlin-Bericht, S. 21.

47 Jean-Paul Gaudillere, »Französische Strategien auf dem Gebiet der Molekularbiologie«, Aufsatz auf der Harvard-Konferenz über das Genom-Projekt, 15. Juni 1990, S. 3, 8 f., 10 f.

48 Jean Dausset, Howard Cann & Daniel Cohen, »Collaborative Mapping of the Human Genome«, unver. Ms, CEPH, 3. April 1987, S. 3 f.

49 Victor McKusick, »Mapping and Sequencing the Human Genome«, in: *New England Journal of Medicine*, 320 (6. April 1989), S. 913 f.; Davis, *Mapping the Code*, S. 162 ff.; Walter F. Bodmer, »HUGO: The Human Genome Organization«, in: *FASEB Journal*, 5 (Januar 1991), 73. Die Organisation wird manchmal auch inoffiziell als »Victors Hugo« bezeichnet, nach Victor McKusick, dem Herausgeber des Standardnachschlagewerks *Mendelian Inheritance in Man* und einem der Begründer von HUGO. »Gentechnologie (IX)«, in: *Basler Zeitung*, 9. September 1989, S. 38, BioDoc.

50 »Origines de la vie: le difficile de décryptage«, in: *Le Figaro*, 20. Juni 1988; »Débat«, in: *Biofutur*, Februar 1988, S. 21. Die Teilnehmer an der Pariser Debatte waren u. a. Prof. François Gros vom Collège de France, Daniel Cohen, Vizepräsident des Centre d'Etude du Polymorphisme Humain, und Jean Weissenbach, Forschungsdirektor am Centre National de la Recherche Scientifique, Paris.

51 Ferguson-Smith, »European Approach«, S. 63; Gaudillere, »Französische Strategien auf dem Gebiet der Molekularbiologie«, S. 2 f., 5 ff.

52 »Bioactualité«, in: *Biofutur*, September 1989, S. 6 f.; Sharon Kingman, »Buried Treasure in Human Genes«, in: *New Scientist*, 8. Juli 1989, S. 36.

53 »Débat«, in: *Biofutur*, Februar 1988, S. 20.

54 Lennart Philipson & John Tooze, »The Human Genome Project«, in: *Biofutur*, Juni 1987, 101; David Dickson, »Europe Seeks Strategy for Biology«, in: *Science*, 240 (6. Mai 1988), S. 710.

55 Dickson, »Focus on the Genome«, S. 711; »Débat«, in: *Biofutur*, Februar 1988, S. 21.

56 Die Kommission bezeichnete ihren Vorschlag als »eine europäische Reaktion auf die internationalen Herausforderungen, die die großangelegten Forschungsprojekte in den Vereinigten Staaten ... und Japan (Human Frontier Science Programme) darstellen«, und fügte hinzu: »Obwohl es sich um ein Programm zur Grundlagenforschung außer Konkurrenz handelt, werden daraus wohl neue Informationen wie auch neue Materialien resultieren, die in kommerzieller Hinsicht von potentiellem Wert sind; auch neue technologische Verfahren werden dabei entwickelt. Diese werden alle zur Entwicklung der biotechnologischen Industrie Europas beitragen, die sich oft auf kleine und mittlere Unternehmen stützt.« EG-Kommission, COM (88) 424 Schlußbericht – SYN 146, Brüssel, 20. Juli 1988, *Proposal for a Council Decision Adopting a Specific Research Programme in the Field of Health; Predictive Medicine: Human Genome Analysis (1989–1991)*, S. 1.

57 Ebd., S. 3.

58 Ebd., S. 10, 12, 20, 30. Die Kommission argumentierte formell, daß der Genomvorschlag auf dem Rahmenprogramm für Aktivitäten der Gemeinschaft auf dem Gebiet der Forschungs- und Technologieentwicklung (1987–1991) aufbaute, das 1986 angenommen worden war. Ebd., S. 10.

59 *The Institutions of the European Community* (Brüssel: Informationsdienst des Europäischen Parlaments und der EG-Kommission, Europäischer Ordner, Nr. 16/89, 1989), S. 6ff.; *Le Parlement européen* (Brüssel: Informationsbüro des Europäischen Parlaments, Juli 1989).

60 Härlin-Bericht, S. 3. Zusätzliche Stellungnahmen wurden auch vom Ausschuß für Haushaltsfragen und vom Ausschuß für Umweltschutz, öffentliche Gesundheit und Verbraucherschutz eingefordert. Ebenda.

61 London *Financial Times*, 10. Mai 1989, S. 18; Davis, *Mapping the Code*, S. 175; Michael Specter, »Petunias Survive German Debate over Biotechnology«, in: *International Herald Tribune*, 12. April 1990. Die deutsche Angst vor Genetik und Eugenik sollte sich noch verstärken und führte dazu, daß einige Interessengruppen bei einer Reihe von Gelegenheiten Diskussionen über biomedizinische Themen an Universitäten einschüchterten und sogar unterdrückten, wobei ihre Methoden an die Nazis erinnerten. Peter Singer, »On Being Silenced in Germany«, in: *New York Review of Books*, 15. August 1991, S. 36–42. 1988 rief das Genom-Projekt eine stürmische Debatte im Bundestag hervor. Vortrag von Hans Sass, »II. Workshop über internationale Zusammenarbeit beim Genom-Projekt: Ethik«, Valencia, Spanien, 12. Nov. 1990.

62 Härlin-Bericht, S. 23ff.

63 Specter, »Petunias Survive German Debate over Biotechnology«.

64 Härlin-Bericht, S. 3, 5 ff., 10 f., 14. Härlins Ausschuß wurde in seiner Position stark unterstützt vom Ausschuß über Umweltschutz, öffentliche Gesundheit und Verbraucherschutz, der eine Modifizierung des Genom-Projekt-Vorschlags in der Weise empfahl, daß die medizinischen, ethischen, gesetzlichen und gesellschaftlichen Implikationen einer solchen Forschung untersucht werden sollten, bevor irgendwelche speziellen technischen Projekte gefördert oder fortgesetzt würden. Für die Mitglieder dieses Ausschusses war es »ganz klar, daß ethische Probleme auftauchen werden, insbesondere solche, die eugenische Probleme und den Zugang von einzelnen, Staaten, Arbeitgebern, Versicherungsgesellschaften (etc.) zu Informationen betreffen, wenn das Programm hinsichtlich seiner langfristigen Ziele erfolgreich ist«. Ausschuß für Umweltschutz, öffentliche Gesundheit und Verbraucherschutz, *Opinion for the Committee on Energy, Research and Technology on the Proposal from the Commission of the European Communities for a Council Decision Adopting a Specific Research Programme in the Field of Health; Predictive Medicine: Human Genome Analysis (1989–1991) (COM 88, 424 Schlußbericht – SYN 146 – Dok. C2-119/88)* (Schriftführerin: Frau Lentz-Cornette), S. 3, 5 ff.

65 EG-Kommission, *Modified Proposal for a Council Decision, Adopting a Specific Research and Technological Development Programme in the Field of Health: Human Genome Analysis* 1990–1991 (COM 89, 532 Schlußbericht – SYN 146, Brüssel, 13. November 1989), S. 2.

66 London *Financial Times*, 5. April 1989, BioDoc; Dirk Stemerding, »Political Decision-Making on Human Genome Research in Europe«, Aufsatz im Harvard-Workshop über das Genom-Projekt, 15. Juni 1990, S. 2.

67 EG-Kommission, *Modified Proposal*, S. 2 ff., 11 ff.; *Scrip*, 8. Dezember 1989, S. 5, Kopie in BioDoc.

68 Europäische Gemeinschaft, *Common Position Adopted by the Council on 15 December 1989 ... Programme in the Field of Health: Human Genome Analysis (1990–1991)*, Brüssel, 14. Dezember 1989 [sic], 10619/89; *Official Journal of the European Communities*, Nr. L 196/8, 26/7/90, Ratsbeschluß vom 29. Juni 1990 über die Annahme eines speziellen Forschungs- und Technologieentwicklungsprogramms im Gesundheitssektor, menschliche Genomanalyse (1990–1991), (90/395/EEC).

69 Ferguson-Smith, »European Approach«, S. 62; Watson & Cook-Deegan, »Origins of the Human Genome Project«, S. 9 f.; »M. Curien lance un programme national de recherche sur le génome humain«, in: *Le Monde*, 19. Oktober 1990; Tabitha M. Powledge, »Toward the Year 2005«, in: *AAAS Observer*, 3. November 1989, S. P1–P6; *Scrip*,

26. September 1990, S. 6; Telefongespräch mit Gordon Lake vom Europäischen Parlament, 24. April 1991; Gaudillere, »Französische Strategien auf dem Gebiet der Molekularbiologie«, S. 4; »List of Genome Research Projects Under CEC Programmes«, in: *Technology Transfer Newsletter*, 11 (Oktober/November 1989), S. 19. Die Japaner hatten ursprünglich erwartet, daß ihr »Human Frontiers Scientific Programme« in erster Linie aus einem internationalen biologischen Forschungsinstitut bestehen würde, das sich in Japan befinden würde, aber keine westlichen Nationen wollten sich beteiligen. Die japanische Regierung weigerte sich zwar zunächst, das Programm außerhalb von Japan ins Leben zu rufen, stimmte aber 1987 wegen der weitverbreiteten Kritik zu, das Verhältnis Japans zur westlichen Wissenschaft und Technologie sei eines des Alles-Nehmens und Wenig-Gebens. 1991 war der Beitrag der japanischen Regierung zum Human Frontiers Programme etwa 40 Millionen Dollar, knapp 90 Prozent des jährlichen Gesamthaushalts des Programms. Gespräch mit Tateo Arimoto, der die Schaffung des Programms leitete, 20. September 1991.

70 Robert Wright, »Achilles' Helix«, in: *The New Republic*, 203 (9. & 16. Juli 1990), 27; Cook-Deegan, »The Human Genome Project«, S. 149; *Genetic Technology News*, Mai 1988, S. 1 f.; S. E. Luria, Brief an Herausgeber, in: *Science*, 246 (17. November 1989), 873.

71 Stephen S. Hall, »James Watson and the Search for Biology's ›Holy Grail‹«, in: *Smithsonian*, Februar 1990, S. 47 f.; James D. Watson, »Moving Toward Clonal Man: Is This What We Want?«, in: *The Atlantic*, 227 (Mai 1971), S. 53; Cook-Deegan, »The Human Genome Project«, S. 149.

72 Hall, »James Watson and the Search for Biology's ›Holy Grail‹«, S. 47 f.; Davis, *Mapping the Code*, S. 262.

73 Cook-Deegan, »The Human Genome Project«, S. 127; Friedman, »Science and Politics of the Human Genome Project«, S. 45, 57 f., 61.

74 Cook-Deegan, »The Human Genome Project«, S. 152; Watson & Cook-Deegan, *Origins of the Human Genome Project*, S. 10; Friedman, »Science and Politics of the Human Genome Project«, S. 61, 107. Leslie Roberts, »Genome Center Grants Chosen«, in: *Science*, 249 (28. September 1990), 1497. Anfang 1990 schafften es die NIH und das amerikanische Energieministerium, dem Kongreß einen gemeinsamen Fünfjahresplan für die Genomforschung vorzulegen.

75 Cook-Deegan, »The Human Genome Project«, S. 152; Watson & Cook-Deegan, *Origins of the Human Genome Project*, S. 10; Friedman, »Science and Politics of the Human Genome Project«, S. 61, 107. Im Haushaltsjahr 1990 wurden 2,6 Millionen des Genom-Budgets der NIH für Ethik veranschlagt. Gespräch mit Eric Juengst vom National Center for Genome Research, Salk Institute, 17. Dezember 1990.

76 Roberts, »Genome Center Grants Chosen«, S. 1497. Das Baylor College of Medicine kam später zu den sechs Einrichtungen hinzu, die in Roberts' Artikel aufgeführt sind.

77 Davis, *Mapping the Code*, S. 178ff.; Friedman, »Science and Politics of the Human Genome Project«, S. 50f.

78 Victor A. McKusick, »Current Trends in Mapping Human Genes«, in: *FASEB Journal*, 5 (Januar 1991); J. Claiborne Stephens u. a., »Mapping the Human Genome: Current Status«, in: *Science*, 250 (12. Oktober 1990), 239.

Eine Geschichte der Wissenschaft und der Technologie der Genkartierung und -sequenzierung

1 Gregor Mendel, »Versuche über Pflanzen-Hybriden«, in: *Verhandlungen des Naturforschenden Vereins in Brünn*, 4 (1865), 3 ff.

2 August Weismann, *Das Keim-Plasma. Eine Theorie der Vererbung* (1892), bes. S. 1 ff.; E. B. Wilson, *The Cell in Development and Inheritance* (New York, 1896), S. 182.

3 Archibald E. Garrod, »The Incidence of Alkaptonuria: A Study in Chemical Individuality«, in: *Lancet*, 2 (13. Dez. 1902), 1617–1620; Garrod, *Inborn Errors of Metabolism* (London: Frowde & Hodder, 1909).

4 Victor A. McKusick, C. A. Francomano & S. E. Antonarakis, *Mendelian Inheritance in Man*, 9. Ausgabe (Baltimore: Johns Hopkins University Press, 1990). Für einen Datenzugriff wende man sich an: GDB/OMIM User Support, Welch Medical Library, Johns Hopkins University, 1830 East Monument Street, Baltimore MD 21205; Tel. (00 1301) 955-7058, Fax (00 1301) 955-0054.

5 Walter S. Sutton, »The Chromosomes in Heredity«, in: *Biological Bulletin*, 4 (1903), 231 ff.

6 William Bateson & R. C. Punnett, »Experimental Studies in the Physiology of Heredity«, in: *Reports to the Evolution Committee of the Royal Society*, Berichte 2, 3 und 4 (1905–1908), teilweise wiederabgedruckt in: James A. Peters (Hg.), *Classic Papers in Genetics* (Englewood Cliffs, N. J.: Prentice-Hall, 1959), S. 42 ff.

7 Edward M. East, »A Mendelian Interpretation of Variation That is Apparently Continuous«, in: *American Naturalist*, 44 (Februar 1910), 42 ff.

8 T. H. Morgan, »Sex Limited Inheritance in Drosophila«, in: *Science*, 32 (1910), 120ff.

9 E. B. Wilson, »The Sex Chromosomes«, in: *Archiv für Mikroskopische Anatomie und Entwicklungsmechanik*, 77 (1911), 249; zitiert in: Vic-

tor McKusick, »The Gene Map of *Homo sapiens*: Status and Prospectus«, in: *Cold Spring Harbor Symposia on Quantitative Biology*, 51 (1986), 15, 24.

10 McKusick, *Mendelian Inheritance in Man*, passim.

11 A. H. Sturtevant, »The Linear Arrangement of Six Sex-linked Factors in Drosophila, as Shown by Their Mode of Association«, in: *Journal of Experimental Zoology*, 14 (1913), 43ff.

12 Siehe z. B. T. H. Morgan, A. H. Sturtevant, H. J. Muller & C. B. Bridges, *The Mechanism of Mendelian Heredity*, überarbeitete Auflage (New York: Henry Holt, 1922), Frontispiz, S. ii.

13 McKusick, »Gene Map of *Homo sapiens*«, S. 19.

14 H. J. Muller, »Variation Due to Change in the Individual Gene«, in: *American Naturalist*, 56 (1922), 32ff.

15 H. J. Muller, »Artificial Transmutation of the Gene«, *Science*, 66 (1927), 84ff.

16 T. S. Painter, »A New Method for the Study of Chromosome Rearrangement and Plotting of Chromosome Maps«, in: *Science*, 78 (1933), 585f.

17 Gespräch zwischen Max Delbrück und Horace Freeland Judson, 9. Juli 1972, zitiert in: Horace Freeland Judson, *The Eighth Day of Creation: Makers of the Revolution in Biology* (New York: Simon & Schuster, 1979), 58ff.

18 Sewall Wright, »Color Inheritance in Mammals«, in: *Journal of Heredity*, 8 (1917), 224ff.; Wright, »The Physiology of the Gene«, in: *Physiological Reviews*, 21 (1941), 487ff.

19 William B. Provine, *Sewall Wright and Evolutionary Biology* (Chicago: University of Chicago Press, 1986).

20 Judson, *The Eighth Day of Creation*, S. 214, 356, 368.

21 Ausführlicher behandelt und mit Zitaten in: Horace Freeland Judson, »Reflections on the Historiography of Molecular Biology«, in: *Minerva*, 18 (Herbst 1980), 369ff.

22 Frederick Sanger, »The Terminal Peptides of Insulin«, in: *Biochemical Journal*, 45 (1949), 563ff., Zitat auf 573; Sanger, »Some Chemical Investigations on the Structure of Insulin«, in: *Cold Spring Harbor Symposia on Quantitative Biology, 14: Amino Acids and Proteins* (Konferenz vom 8.–16. Juni 1949), 153ff.

23 Erwin Chargaff, »Chemical Specifity of Nucleic Acids and Mechanism of Their Enzymatic Degradation«, in: *Experientia*, 6 (1950), 201ff.; zu anderen Aufsätzen und zur Diskussion darüber siehe Judson, »Historiography«.

24 S. E. Luria & M. Delbrück, »Mutations of Bacteria from Virus Sensitivity to Virus Resistance«, in: *Genetics*, 28 (1943), 498ff.; Jacques Monod & Alice Audureau, »Mutation et adaption enzymatique chez

Escherichia coli-mutable«, in: *Annales de l'Institut Pasteur, Paris*, 72 (1946), 868 ff.; wegen des Kriegs verspätet veröffentlicht.

25 Judson, *The Eighth Day of Creation*, S. 19 ff.

26 François Jacob & Elie L. Wollman, »Induction of Phage Development in Lysogenic Bacteria«, in: *Cold Spring Harbor Symposia on Quantitative Biology*, 18 (1953), 101 ff.; William Hayes, »The Mechanism of Genetic Recombination in *Escherichia coli*«, in: ebd., S. 75 ff.; Elie L. Wollman & François Jacob, »Sur le mécanisme du transfert de matériel génétique au cours de la recombinaison chez *Escherichia coli* K 12«, in: *Comptes rendues Académie des Sciences*, 240 (Sitzung vom 20. Juni 1955), 2449 ff.; Gespräche mit François Jacob, 3. Dezember 1975 und 28. Mai 1977.

27 Die beste zeitgenössische Zusammenfassung der frühen Forschungsarbeit ist François Jacob & Elie Wollman, »Genetic and Physical Determination of Chromosomal Segments in *Escherichia coli*«, in: *Symposium of the Society for Experimental Biology*, 12 (1958; abgehalten 1957), 75 ff.

28 Seymour Benzer, »The Elementary Units of Heredity«, in: W. D. McElroy & Bentley Glass (Hg.), *The Chemical Basis of Heredity* (Baltimore: John Hopkins University Press, 1957), S. 70 ff.

29 Barbara McClintock, »The Origin and Behavior of Mutable Loci in Maize«, in: *Proceedings of the National Academy of Sciences*, 36 (1950), 344.

30 Die Entdeckung und die Benennung des Operons und des Repressors erfolgten in einer komplizierten Reihe von kleinen experimentellen Schritten; zu einer ausführlichen Behandlung mit Zitaten siehe Judson, *The Eighth Day of Creation*, S. 400 ff.

31 François Jacob & Jacques Monod, »Genetic Regulatory Mechanism in the Synthesis of Proteins«, in: *Journal of Molecular Biology*, 3 (1961), 318 ff.

32 M. W. Nirenberg & J. H. Matthaei, »The Dependence of Cell-Free Protein Synthesis in *E. coli* upon Naturally Occurring or Synthetic Polynucleotides«, in: *Proceedings of the National Academy of Sciences*, 47 (1961), 1588 ff.

33 Gespräch mit F. H. Crick, 15. September 1970, zitiert in: Judson, *Eighth Day of Creation*, S. 204, 640.

34 Zur Geschichte der Entdeckung mit vollständiger Zitierung siehe Howard M. Temin, Vortrag anläßlich der Verleihung des Nobelpreises, 12. Dezember 1975, veröffentlicht als »The DNA Provirus Hypothesis«, in: *Science*, 192 (1976), 1075 ff.

35 Frederick Sanger, »The Croonian Lecture, 1975: Nucleotide Sequences in DNA«, in: *Proceedings of the Royal Society of London, B*, 191 (1975), 317–333; Zitate auf 326.

36 F. Sanger, S. Nicklen & A. R. Coulson, »DNA Sequencing with Chain Terminating Inhibitors«, in: *Proceedings of the National Academy of Sciences*, 74 (1977), 5463 ff.
37 A. M. Maxam & W. Gilbert, »A New Method for Sequencing DNA«, in: *Proceedings of the National Academy of Sciences*, 74 (1977), 1258.
38 Überblick über diese gesamte Forschung mit ausführlicher Zitierung bei: McKusick, »Gene Map of *Homo sapiens*«.
39 Gespräch mit Victor McKusick, 6. Juni 1987.
40 McKusick, »Gene Map of *Homo sapiens*«; Gespräch mit McKusick, 6. Juni 1987.
41 David Botstein, R. L. White, M. Skolnick & R. W. Davis, »Construction of a Genetic Linkage Map in Man Using Restriction Fragment Length Polymorphisms«, in: *American Journal of Human Genetics*, 32 (1980), 314 ff.
42 Einen frühen Überblick bietet: J. F. Gusella u. a., »Molecular Genetics of Huntington's Disease«, in: *Cold Spring Harbor Symposia on Quantiative Biology*, 51 (1986), 359 ff.
43 Gespräch mit McKusick, 6. Juni 1987.
44 D. C. Schwartz & C. R. Cantor, »Separation of Yeast Chromosome-sized DNAs by Pulsed Field Gel Electrophoresis«, in: *Cell*, 37 (1984), 67 ff.
45 D. T. Burke, G. F. Carle & M. V. Olson, »Cloning of Large Segments of Exogenous DNA into Yeast by Means of Artificial Chromosome Vectors«, in: *Science*, 236 (1987), 806 ff.
46 K. F. Mullis, F. Faloona, S. Scharf, R. Saiki, G. Horn & H. Ehrlich, »Specific Enzymatic Amplification of DNA *in Vitro*: The Polymerase Chain Reaction«, in: *Cold Spring Harbor Symposia on Quantitative Biology*, 51 (1986), 263 ff.; Elise A. Rose, »Applications of the Polymerase Chain Reaction to Genome Analysis«, in: *FASEB Journal*, 5 (1991), 46 ff.
47 L. M. Smith, J. Z. Sanders, R. J. Kaise, P. Hughes, C. Dodd, C. R. Connell, C. Heiner, S. B. H. Kent & L. E. Hood, »Fluorescence Detection in Automated DNA Sequencing Analysis«, in: *Nature*, 321 (1986), 674 ff.; R. K. Wilson, A. S. Yuen, S. M. Clark, C. Spence, P. Arakelian & L. E. Hood, »Automation of Dideoxy Nucleotide DNA Sequencing Reactions Using a Robotic Workstation«, in: *BioTechniques*, 6 (1988), 776 ff.; Gespräch mit Leroy Hood, 12. Juni 1991. Zu einer skeptischen Sicht siehe Bart Barrell, »DNA Sequencing Present Limitations and Prospects for the Future«, in: *FASEB Journal*, 5 (1991), 40 ff.

1 James D. Watson, »The Human Genome Project: Past, Present, and Future«, in: *Science*, 248 (1990), 44ff.

2 V. A. McKusick, C. A. Francomano & S. E. Antonarakis, *Mendelian Inheritance in Man: Catalogs of Autosomal Dominant, Autosomal Recessive, and X-linked Phenotypes*, 9. Auflage (Baltimore: Johns Hopkins University Press, 1990); J. C. Stephens u. a., »Mapping the Human Genome: Current Status«, in: *Science*, 250 (1990), 237ff.

3 A. J. M. Verkerk u. a., »Identification of a Gene *(FMR-1)* Containing a CGG Repeat Coincident with a Breakpoint Cluster Region Exhibiting Length Variation in Fragile X Syndrome«, in: *Cell*, 65 (1991), 905ff.

4 D. L. Nelson u. a., »*Alu* Polymerase Chain Reaction: A Method for Rapid Isolation of Human-specific Sequences form Complex DNA Sources«, in: *Proceedings of the National Academy of Sciences*, 86 (1989), 6686ff.

5 R. Guthrie, »Blood Screening for Phenylketonuria«, in: *Journal of the American Medical Association*, 178 (1961), 863.

6 R. K. Saiki, P. S. Walsh, C. H. Levenson & H. A. Erlich, »Genetic Analysis of Amplified DNA with Immobilized Sequence-specific Oligonucleotide Probes«, in: *Proceedings of the National Academy of Sciences*, 86 (1989), 6230ff.

7 A. Cao, »Results of Programmes for Antenatal Detection of Thalassemia in Reducing the Incidence of the Disorder«, in: *Blood Review*, 1 (1987), 169ff.

8 E. Arpaia u. a., »Identification of an Altered Splice Site in Ashkenazi Tay-Sachs Disease«, in: *Nature*, 333 (1988), 85f.; R. Myerowitz, »Splice Junction Mutation in Some Ashkenazi Jews with Tay-Sachs Disease: Evidence against a Single Defect within This Ethnic Group«, in: *Proceedings of the National Academy of Sciences*, 85 (1988), 3955ff.; R. Myerowitz & F. C. Costigan, »The Major Defect in Ashkenazi Jews with Tay-Sachs Disease Is an Insertion in the Gene for the α-Chain of β-Hexosaminidase«, in: *Journal of Biological Chemistry*, 263 (1988), 18587ff.; K. Ohno & K. Suzuki, »A Splicing Defect Due to an Exon-Intron Junctional Mutation Results in Abnormal β-Hexosaminidase α-Chain mRNA in Ashkenazi Jewish Patients with Tay-Sachs Disease«, in: *Biochemical and Biophysical Research Communications*, 153 (1988), 463ff.

9 B. S. Kerem u. a., »Identification of the Cystic Fibrosis Gene: Genetic Analysis«, in: *Science*, 245 (1989), 1073ff.

10 J. S. Chamberlain u. a., »Multiplex PCR for the Diagnosis of Duchenne Muscular Dystrophy«, in: M. Innis u. a. (Hg.), *PCR Protocols:*

A Guide to Methods and Applications (Orlando: Academic Press, 1990), S. 272ff.; »Diagnosis of Duchenne and Becker Muscular Dystrophies by Polymerase Chain Reaction: A Multicenter Study«, in: *JAMA*, 267 (1992), 2609ff.

11 R.A. Gibbs u.a., »Multiplex DNA Deletion Detection and Exon Sequencing of the Hypoxanthine Phosphoribosyltransferase Gene in Lesch-Nyhan Families«, in: *Genomics*, 7 (1990), 235ff.

12 M. Grompe, D.M. Muzny & C.T. Caskey, »Scanning Detection of Mutations in Human Ornithine Transcarbamylase by Chemical Mismatch Cleavage«, in: *Proceedings of the National Academy of Sciences*, 86 (1989), 5888ff.

13 D.M. Zaller u.a., »Prevention and Treatment of Murine Experimental Allergic Encephalomyelitis with T Cell Receptor Vβ-specific Antibodies«, in: *Journal of Experimental Medicine*, 171 (1990), 1943ff.

14 J.W. Belmont u.a., »Expression of Human Adeonsine Deaminase in Murine Hematopoietic Cells«, in: *Molecular Cell Biology*, 8 (1988), 5116ff.; E.A. Dzierzak, T. Papayannopoulou & R.C. Mulligan, »Lineage-specific Expression of a Human β-Globin Gene in Murine Bone Marrow Transplant Recipients Reconstituted with Retrovirus-transduced Stem Cells«, in: *Nature*, 331 (1988), 35ff.

15 S.A. Rosenberg, »Gene Transfer into Humans – Immunotherapy of Patients with Advanced Melanoma, Using Tumor-infiltrating Lymphocytes Modified by Retroviral Gene Transduction«, in: *New England Journal of Medicine*, 323 (1990), 570ff.; W.F. Anderson, »September 14, 1990: The Beginning«, in: *Hum. Gene Ther.*, 1 (1990), 371f.; K.W. Culver, W.F. Anderson & R.M. Blaese, »Lymphocyte Gene Therapy«, in: *Hum. Gene Ther.*, 2 (1991), 107ff.

16 J.A. Wolff u.a., »Direct Gene Transfer into Mouse Muscle in Vivo«, in: *Science*, 247 (1990), 1465ff.

17 S. Thompson, »Germ Line Transmission and Expression of a Corrected HPRT Gene Produced by Gene Targeting in Embryonic Stem Cells«, in: *Cell*, 56 (1989), 313ff.

18 S. Hartung, R. Jaenisch & M. Breindl, »Retrovirus Insertion Inactivates Mouse α 1 (I) Collagen Gene by Blocking Initiation of Transcription«, in: *Nature*, 320 (1986), 365ff.

Biologie und Medizin im 21. Jahrhundert

1 S.J. Horvath, J.R. Firca, T. Hunkapiller, M.W. Hunkapiller & L. Hood, »An Automated DNA Synthesizer Employing Deoxynucleoside 3' Phosphoramidites«, in: *Methods in Enzymology*, 154 (1987), 314ff.

2 M. Olson, L. Hood, C. Cantor & D. Botstein, »A Common Language for Physical Mapping of the Human Genome«, in: *Science*, 245 (1989), 1434f.

3 D. A. Nickerson, R. Kaiser, S. Lappin, J. Stewart, L. Hood & U. Landegren, »Automated DNA Diagnostics Using an ELISA-based Oligonucleotide Ligation Assay«, in: *Proceedings of the National Academy of Sciences*, 87 (1990), 8923ff.

4 L. M. Smith, J. Z. Sanders, R. J. Kaiser, P. Hughes, C. Dodd, C. R. Connell, C. Heiner, S. B. H. Kent & L. E. Hood, »Fluorescence Detection in Automated DNA Sequence Analysis«, in: *Nature*, 321 (1986), 674ff.

5 T. Hunkapiller, R. J. Kaiser, B. F. Koop & L. Hood, »Large-scale and Automated DNA Sequence Determination«, in: *Science*, 254 (4. Oktober 1991), 59ff.

6 M. D. Adams u. a., »cDNA Sequencing: Expressed Sequence Tags' and the Human Genome Project«, in: *Science*, 259 (1991), 1651ff.

Die gesellschaftliche Sprengkraft genetischer Information

1 Dana Fradon: *The New Yorker*, Juni 1987. Ausführlichere Informationen in Dorothy Nelkin und Laurence Tancredi: *Dangerous Diagnostics: The Social Power of Biological Information*, New York: Basic Books 1989; Paperback-Ausgabe 1991.

2 National Institute of Mental Health: *Approaching the Twenty-First Century: Opportunities for NIMH Neurosciences Research. Report to Congress on the Decade of the Brain.* Washington, D. C.: U. S. Department of Health and Human Services, Januar 1988.

3 Charles R. Scriver: »Presidential Address«, *American Journal of Human Genetics*, 40 (1987), S. 199ff.

4 Nelkin und Tancredi: *Dangerous Diagnostics.*

5 Michel Foucault: *Discipline and Punish: The Birth of the Prison*. New York: Vintage Books 1979, S. 183f., 304.

6 Walter Reich: »Diagnostic Ethics: The Uses and Limits of Psychiatric Explanation«, in Laurence Tancredi (Hg.): *Ethical Issues in Epidemiologic Research*, New Brunswick: Rutgers University Press 1986, S. 37ff.

7 Mary Douglas: *How Institutions Think*. Syracuse: Syracuse University Press 1986, S. 63, 92.

8 Dorothy Nelkin: *Selling Science: How the Press Covers Science and Technology*. New York: W. H. Freeman 1988.

9 E. O. Wilson: *Sociobiology: The New Synthesis.* Cambridge: Harvard University Press, Belknap Press 1975.

10 Daniel J. Kevles: *In the Name of Eugenics: Genetics and the Uses of Human Heredity*. New York: Alfred A. Knopf 1985; Garland Allen: »The Misuse of Biological Hierarchies: The American Eugenics Movement«, *History and Philosophy of the Life Sciences*, 5 (2. Mai 1983), S. 105 ff.

11 Marjorie Shaw: »Conditional Prospective Rights of the Fetus«, *Journal of Legal Medicine*, 63 (1984), S. 63 ff.

12 Daniel Koshland, Jr.: »Nature, Nurture, and Behaviour«, *Science*, 235 (20. März 1987), S. 1445.

13 Diese Sprachregelungen werden erörtert in *The President's Commission for the Study of Ethical Problems in Medicine, Report Nr. 83-600502*. Washington, D. C.: U. S. Government Printing Office 1983; und Howard Kaye: *The Social Meaning of Biology*. New Haven: Yale University Press 1986.

14 Irving Harris: *Emotional Blocks of Learning: A Study of the Reasons for Failure in School*. Glencoe, Ill.: The Free Press, S. 162.

15 American Psychiatric Association: *Diagnostic and Statistical Manual*, III (1980) und IIIR (1987).

16 Gerald Coles: *The Learning Mystique*. New York: Pantheon, 1987.

17 U. S. Congress: *Genetic Screening in the Workplace*. Washington, D. C.: U. S. Government Printing Office 1990.

18 Mark Rothstein: *Medical Screening of Workers*. Washington, D. C.: Bureau of National Affairs 1984, S. 10; Elaine Draper: »High Risk Workers or High Risk Work«, *International Journal of Sociology and Social Policy*, 6 (1986), S. 12 ff.; Dorothy Nelkin und Michael S. Brown: *Workers at Risk*. Chicago: University of Chicago Press 1984.

19 Paul Starr: *The Social Transformation of American Medicine*. New York: Basic Books 1982.

20 U. S. Congress, Office of Technology Assessment, *Medical Testing and Health Insurance*. Washington, D. C.: U. S. Government Printing Office 1988, S. 3 f.

21 Society of Actuaries: *Record*. Jahrestreffen 5.–7. Oktober 1986, S. 2943 ff.

22 Rochelle C. Dreyfuss und Dorothy Nelkin: »The Jurisprudence of Genetics« (in Vorbereitung).

23 P. Low, J. Jeffries und R. Bonnie: *The Trial of John B. Hinckley*. New York: Foundation News Press 1986, S. 119; und M. Moore: »Causation and Its Excuses«, *California Law Review*, 73 (1985), S. 1091 ff.

24 N. Volkow and L. Tancredi: »Neural Substrates of Violent Behavior: A Preliminary Study with Positron Emission Tomography«, *British Journal of Psychiatry*, 151 (1987), S. 668 ff. Vgl. auch B. White: »Biological Causes for Violent Behaviour: Research Could Affect Legal Decisions«, *Texas Bar Journal*, 50 (1987), S. 446.

25 C. Ray Jeffrey zus. mit R. V. Del Carmen und J. D. White: *Attacks on the Insanity Defense: Biological Psychiatry and New Perspectives on Criminal Behavior*. Springfield, Ill.: Charles C. Thomas 1985, S. 82.

26 C. Ray Jeffrey: *Criminology: An Interdisciplinary Approach*. Englewood Cliffs, N. J.: Prentice Hall 1990.

27 Neil A. Holtzman: *Proceed with Caution: Predicting Genetic Risks in the Recombinant DNA Era*. Baltimore: John Hopkins University Press 1989.

28 Jack Ballantyne (Hg.): *DNA Technology and Forensic Science*, Banbury Report 32. Cold Spring Harbor, N. Y.: Cold Spring Harbor Laboratory Press 1989.

29 Peter Rowley: »Genetic Discrimination«, *American Journal of Human Genetics*, 43 (Juli 1988), S. 105 f. So auch Paul Billings, pers. Mitteilung.

30 Diane Chapman Walsh: *Corporate Physicians: Between Medical Care and Management*. New Haven: Yale University Press 1987.

Identifizierung durch den DNA-Fingerabdruck: Probleme aus wissenschaftlicher und juristischer Sicht

1 *Florida v. Andrews*, Fall Nr. 87-2166 (1988).

2 *Frye v. U. S.*, 293 F. 1030 (1923).

3 Siehe z. B. *New York v. Wesley*, 140 Misc. 2d 306 (1989).

4 Sensabaugh, G./J. Witkowski (Hg.): *DNA Technology and Forensic Science*, Banbury Report 34. Cold Spring Harbor, N. Y.: Cold Spring Harbor Press 1989.

5 *New York v. Castro*, 144 Misc. 2d 956, 545 N. Y. S. 2d 985 (1989).

6 Das Problem wird ausführlich erörtert in Eric S. Lander: »DNA-Fingerprinting on Trial«, *Nature*, 339 (1989), S. 501 ff.

7 *Pennsylvania v. Shorter*, Fall Nr. 7565-88. Vgl. auch W. C. Thompson/S. Ford: »The Meaning of a Match: Sources of Ambiguity in the Interpretation of DNA Prints«, in M. A. Farley/J. J. Harrington (Hg.): *Forensic DNA Technology*. Chelsea, Mich.: Lewis Publishers 1991.

8 »Maine Case Deals Blow to DNA Fingerprinting«, *Science*, 246 (1989), S. 1556 ff.

9 a. a. O.

10 *California v. Collins*, 68 Cal. 2d 319 (1968).

11 siehe z. B. Eric S. Sander: »Population Genetic Considerations in the Forensic Use of DNA Fingerprinting«, in Sensabaugh/Witkowski (Hg.), *DNA Technology and Forensic Science*.

12 Zu einer solchen Situation kam es in dem berühmten Fall Colin

Pitchfork, den Joseph Wambaugh in seinem Buch *The Blooding* beschreibt (New York: Morrow 1989). In diesem Fall einer Vergewaltigung unterzog sich auf Aufforderung der Polizei ein ganzes Dorf dem DNA-Fingerabdruck-Verfahren. Der Test wurde auf freiwilliger Basis durchgeführt.

In die Zukunft blicken und Zurückhaltung üben: Das Genomprojekt und seine Folgen

1 James Gusella, Nancy Wexler, P. Michael Conneally u. a.: »A Polymorphic DNA Marker Genetically Linked to Huntington's Disease«, *Nature*, 306 (1983), S. 234ff.
2 Inzwischen ist das Gen für die Huntington-Krankheit endgültig entschlüsselt worden (*Cell*, Bd. 72, Nr. 6 vom 26. März 1993).
3 Johanna M. Rommens u. a.: »Identification of the Cystic Fibrosis Gene: Chromosome Walking and Jumping«, *Science*, 245 (8. Sept. 1989), S. 1059ff.; John R. Riordan u. a.: »Identification of the Cystic Fibrosis Gene: Cloning and Characterization of Complementary DNA«, a. a. O., S. 1066ff.; Bat-Sheva Kerem u. a.: »Identification of the Cystic Fibrosis Gene: Genetic Analysis«, a. a. O., S. 1073ff.
4 C. T. Caskey u. a.: »The American Society of Human Genetics Statement on Cystic Fibrosis Screening«, *American Journal of Human Genetics*, 46 (1990), S. 393; B. S. Wilfond und N. Fost: »The Cystic Fibrosis Gene: Medical and Social Implications for Heterozygote Detection«, *Journal of the American Medical Association*, 263 (23./30. Mai 1990), S. 2777ff.; Workshop on Population Screening for the Cystic Fibrosis Gene: »Statement from the National Institutes of Health Workshop on Population Screening for the Cystic Fibrosis Gene«, *New England Journal of Medicine*, 323 (5. Juli 1990), S. 70f.
5 Lori B. Andrews: »Legal Aspects of Genetic Information«, *Yale Journal of Biology and Medicine*, 64 (1991), S. 29ff.; N. S. Wexler: »Will the Circle Be Unbroken? Sterilizing the Genetically Impaired«, in A. Milunsky (Hg.), *Genetics and the Law*. New York: Plenum Press, 1980; Nancy S. Wexler: »The Oracle of DNA«, in L. P. Rowland (Hg.), *Molecular Genetics in Diseases of Brain, Nerve, and Muscle*. New York: Oxford University Press, 1989.
6 Symposium: »A Legal Research Agenda for the Human Genome Initiative«, Arizona State University, Center for the Study of Law, Science and Technology, 17./18. Mai 1991.
7 Nachzulesen in Marc Lappe: *Genetic Politics*, New York: Simon and Schuster, 1977.
8 G. Stamatoyannopoulos: »Problems of Screening and Counseling in

the Hemoglobinopathies«, A. G. Motulsky und W. Lenz (Hg.), *Birth Defects*. Amsterdam: Excerpta Medica, 1974, S. 268ff.
9 A. Cao u. a.: »Prevention of Homozygous Betathalassemia by Carrier Screening and Prenatal Diagnosis in Sardinia«, *American Journal of Human Genetics*, 33 (1981), S. 593ff.
10 Amos Tversky und Daniel Kahneman: »The Framing of Decisions and the Psychology of Choice«, *Science*, 211 (1981), S. 453ff.
11 Melissa A. Rosenfeld u. a.: »Adenovirus-Mediated Transfer of a Recombinant α-1-Antitrypsin Gene to the Lung Epithelium in Vivo«, *Science*, 252, (19. April 1991), S. 431ff.
12 Mitchell L. Drumm u. a.: »Correction of the Cystic Fibrosis Defect in Vitro by Retrovirus-Mediated Gene Transfer«, *Cell*, 62 (21. September 1990), S. 1227ff.; D. P. Rich u. a.: »Expression of Cystic Fibrosis Transmembrane Conductance Regulator Corrects Defective Chloride Channel Regulation in Cystic Fibrosis Airway Epithelial Cells«, *Nature*, 347 (27. September 1990), S. 358ff.
13 Natalie Angier: »Team Cures Cells in Cystic Fibrosis by Gene Insertion«, *New York Times*, 21. September 1990. S. A1.

Gentechnik und die Entscheidungsfreiheit bei der Fortpflanzung: Eine Ethik der Selbstbestimmung

1 Wir beziehen uns hier auf Langdon Winner, *The Whale and the Reactor: A Search for Limits in an Age of High Technology*. Chicago: University of Chicago Press 1986, S. 19ff.
2 Robert Caro, *The Power Broker: Robert Moses and the Fall of New York*. New York: Knopf 1974, S. 318, 481, 514, 546, 951ff.
3 Ruth Schwartz Cowan, *More Work for Mother: The Ironies of Household Technology from the Open Hearth to the Microwave*. New York: Basic Books 1983, Kap. 5.
4 Langdon Winner, *Autonomous Technology: Technics-Out-of-Control as a Theme in Political Thought*. Cambridge: MIT Press 1977.
5 Einen Überblick über die Literatur zu diesem Thema geben Lars L. Cederqvist u. Fritz Fuchs in »Antenatal Sex Determination: An Historical Review«, *Clinical Obstetrics and Gynecology* 13 (März 1970), S. 159ff.
6 Die folgenden Informationen beruhen zum Teil auf einem Interview, das die Autorin im Sommer 1989 in New York mit Fritz Fuchs, M. D., geführt hat.
7 Die Geschichte dieser Entwicklung ist in der medizinischen Literatur häufig wiedergegeben worden, z. B. in Merton Sandler, *Amniotic Fluid and its Clinical Significance*. New York: M. Dekker 1981,

Kap. 1. Der Bericht von der Schwangerschaftsunterbrechung von Carlo Valenti, Edward J. Schutta u. Tehila Kehaty erschien in *Lancet*, 27. Juli 1968, S. 220, unter dem Titel »Prenatal Diagnosis of Down's Syndrome«.

8 Vgl. D. J. H. Brock, *Early Diagnosis of Fetal Defects*. Edinburgh u. London: Churchill Livingstone 1982, Kap. 4.

9 »Amniocentesis: HEW Backs Test for Prenatal Diagnosis of Disease«, *Science* 190 (5. November 1975), S. 537ff. Der Bericht der *NICHD National Registry for Amnicentesis Study Group* wurde erst im folgenden Jahr gedruckt: »Midtrimester Amniocentesis for Prenatal Diagnosis«, *Journal of the American Medical Association* 236 (27. September 1976), S. 1471 ff.

10 Diese Informationen beruhen auf Interviews der Autorin mit Männern und Frauen, die Ende der siebziger und Anfang der achtziger Jahre medizinisch-genetische Institutionen in den USA leiteten.

11 J. C. Fletcher, »Prenatal Diagnosis: Ethical Issues«, in Warren T. Reich (Hg.), *The Encyclopedia of Bioethics*. New York: The Free Press 1978, S. 1336ff.

12 T. M. Powledge u. J. Fletcher, »Guidelines for the Ethical, Social and Legal Issues in Prenatal Diagnosis: A Report from the Genetics Research Group of the Hastings Center, Institute of Society, Ethics and the Life Sciences«, *New England Journal of Medicine* 300 (1979), S. 168ff.

13 John C. Fletcher, »Sounding Board: Ethics and Amniocentesis for Fetal Sex Identification«, *New England Journal of Medicine*, 301 (1979), S. 551.

14 Ders., »Is Sex Selection Ethical?« in K. Berg u. K. E. Tranoy, *Research Ethics*. New York: Alan R. Liss 1983, S. 333.

15 Dorothy Wertz u. John C. Fletcher, »Attitudes of Genetics Counselors: A Multinational Survey«, *American Journal of Human Genetics* 42 (April 1988); s. auch Dorothy Wertz u. John C. Fletcher, »Ethics and Human Genetics: A Cross-Cultural Study in 17 Nations« in F. Vogel und K. Sperling (Hg.), *Human Genetics: Proceedings of the 7th International Congress of Human Genetics*. Berlin und New York: Springer-Verlag 1987, S. 655 ff.

16 Carol Gilligan, *In a Different Voice: Psychological Theory and Women's Development*. Cambridge: Harvard University Press 1982.

17 a. a. O., S. 26.

18 a. a. O., S. 28.

19 Rayna Rapp, »Constructing Amniocentesis: Maternal and Medical Discourses«, Typoskript, 5. Dezember 1986; Barbara Katz Rothman, *The Tentative Pregnancy: Prenatal Diagnosis and the Future of Motherhood*. New York: Viking Penguin 1986.

20 Rosalind Pollack Petchesky, *Abortion and Women's Choice: The State, Sexuality and Reproductive Freedom*. New york: Longman 1984, vor allem Kap. 1, 9, 10; Barbara Katz Rothman, *Recreating Motherhood: Ideology and Technology in a Patriarchal Society*. New York: W. W. Norton 1989.

21 Der Grundsatz der notwendigen Pflege bedeutet auch, daß Entscheidungen über einen Patienten im Koma von der Person getroffen werden sollten, die die tägliche Pflege des Patienten leistet, auch wenn sie mit dem Patienten weder verwandt noch verheiratet ist; die Erörterung dieses Problems führt hier jedoch zu weit.

22 Die Informationen über die Reaktion von einigen der Wissenschaftler, die an der Entwicklung der pränatalen Diagnose des Geschlechts beteiligt waren, stammen aus dem Gespräch der Autorin mit Kurt Hirschhorn im Sommer 1989.

Zu Lejeune s. Daniel J. Kevles, *In the Name of Eugenics: Genetics and the Uses of Human Heredity*. New York: Knopf 1985, S. 287; zu MacDonald s. Robert Reid, *My Children, My Children*. London: British Broadcasting Corp. 1977, Kap. 6.

23 Kevles, *In the Name of Eugenics*, S. 247 ff.

Erbanlage, Umwelt und das Genomprojekt

1 U. S. Congress, Office of Technology Assessment: *Mapping Our Genes*. Washington, D. C.: Government Printing Office 1988, S. 85; Daniel Koshland: »Sequences and Consequences of the Human Genome«, *Science*, 146 (1989), S. 189.

2 Office of Technology Assessment: *Mapping Our Genes*, S. 79.

3 Koshland: »Sequences and Consequences«, S. 189. Der zitierte Artikel beruhte auf einem Vortrag, den Koshland auf der ersten Konferenz zum Genom des Menschen im Oktober 1989 gehalten hatte. Dort hatte er sich noch deutlicher ausgedrückt. Als Antwort auf die häufig gestellte Frage, warum man die Gelder nicht direkt den Stadtstreichern zukommen lassen könne, hatte er gesagt: »Wer so fragt, ist sich nicht bewußt, daß es sich um Menschen mit einer gesundheitlichen Beeinträchtigung handelt... Diese Gesellschaftsgruppe wird sogar von der Anwendung genetischer Erkenntnisse am meisten profitieren«. Wie das Genomprojekt »den Armen, Kranken und Benachteiligten« konkret helfen wird, sagte er nicht.

4 Daniel Koshland: »Nature, Nurture, and Behaviour«, *Science*, 235 (1987), S. 1445.

5 zit. in Robert Wright: »Achilles' Helix«, *New Republic*, 9. und 16. Juli 1990, S. 21 ff.

6 Robert Plomin: »The Role of Inheritance in Behaviour«, *Science*, 248 (13. April 1990), S. 187.
7 Diane Paul: »Eugenics and the Left«, *Journal and the History of Ideas*, 45 (1984), S. 574; H. J. Muller: »Social Biology and Population Improvement«, *Nature*, 144 (1939), S. 521 f.
8 Warren Weaver: Transcript of Oral History Memoir, Oral History Office, Butler Library, Columbia University (Record No. 343), 1962, S. 282 ff.
9 Warren Weaver: Progress Report, the Natural Sciences, Rockefeller Foundation, 915.1.7, 14. Februar 1934; eine weitere Erörterung des Themas findet sich z. B. in: *Journal of the History of Biology*, 23 (Herbst 1990), S. 389 ff.
10 Paul: »Eugenics and the Left«, S. 589.
11 Die Geschichte der Eugenik wird ausführlich dargestellt in Daniel J. Kevles: *In the Name of Eugenics: Genetics and the Uses of Human Heredity*. New York: Alfred A. Knopf, Inc. 1985.
12 Arthur Jensen rief 1969 mit seiner Polemik gegen den »Zeitgeist des Egalitarismus der Umweltgläubigen« und durch seinen Versuch, den früheren Bezug zwischen Rasse und IQ wiederherzustellen, allgemeine Empörung hervor. Vgl. Kevles: *In the Name of Eugenics.*
13 Philip Handler (Hg.): *Biology and the Future of Man*. Oxford: Oxford University Press 1970, S. 926.
14 a. a. O., S. 928.
15 Robert Sinsheimer: »The Prospect of Designed Genetic Change«, *Engineering and Science*, 32 (1969), S. 8 ff., in R. Chadwick: *Ethics, Reproduction, and Genetic Control*. London: Croom Helm 1987, S. 145.
16 a. a. O.
17 a. a. O.
18 Bis 1989 war die Zahl kartographierter menschlicher Gene auf über 1450 angestiegen – die geschätzte Gesamtzahl liegt zwischen 50000 und 100000. Victor McKusick: »Mapping and Sequencing the Human Genome«, *New England Journal of Medicine*, 320 (1989), S. 910 ff.
19 Edward J. Yoxen: »Constructing Genetic Diseases«, in Troy Duster u. Karen Garett (Hg.): *Cultural Perspectives on Biological Knowledge*. Norwood, N. J.: Ablex 1984.
20 Yoxen: »Constructing Genetic Diseases«, S. 41.
21 Die in *Medline* angegebenen Zahlen für Zeitschriftenaufsätze über Erbkrankheiten zeigen allein für den Zeitraum zwischen 1986 und 1989 eine Steigerung auf mehr als das Siebenfache, von 51 auf 366.
22 P. A. Baird: »Genetics and Health Care«, *Perspectives in Biology and Medicine*, 33 (1990), S. 203 ff.
23 Yoxen, »Constructing Genetic Disease«, S. 49.

24 a. a. O., S. 50.
25 a. a. O., S. 48.
26 Vgl. Kap. 3.
27 National Research Council, *Mapping and Sequencing the Human Genome*. Washington, D. C.: National Academy Press 1988, S. 1, 12f., 45.
28 a. a. O., S. 11.
29 Die Zitate stammen aus einem Vortrag, den Watson am 9. Mai 1990 am California Institute of Technology gehalten hat.
30 Sinsheimer: »Prospect of Designed Genetic Change«, S. 146.
31 Office of Technology Assessment: *Mapping Our Genes*, S. 84.
32 a. a. O., S. 86.
33 James D. Watson: »The Human Genome Project – Past, Present and Future«, *Science*, 248 (6. April 1990), S. 44ff.
34 Charles Cantor: Vortrag an der University of California, Berkeley 1990.
35 Miranda Robertson: »False Start on Manic Depression«, *Nature*, 342 (18. November 1989), S. 222.
36 Vortrag Watson, 9. Mai 1990.
37 Ian Hacking: *The Taming of Chance*. Cambridge: Cambridge University Press 1990, S. 168.
38 Watson: »The Human Genome Project«, S. 46.

Schlußbetrachtungen

1 Michael Syvanen u. a. an Kollegen: elektronisch übermittelter Brief vom 16. April 1990, Ausdruck liegt den Verfassern vor; Brief Martin C. Rechsteiner: Beilage zu Rechsteiner an Norman Davidson, 23. Februar 1990, Kopie liegt den Verfassern vor; Bernard Davis u. a.: »The Human Genome and Other Initiatives«, *Science*, 249 (1990), S. 342f.; John M. Barry: »Cracking the Code«, *The Washingtonian*, Februar 1991, S. 183; Jeffrey Mervis: »On Capitol Hill: One Day in the Hard Life of the Human Genome Project«, *The Scientist*, 20. August 1990, S. 1. Rechsteiners Brief ist abgedruckt in *The FASEB Journal* 4 (1990), S. 2941f. James Wyngaarden, früherer Direktor der NIH und ein Verfechter des Projekts, merkt dazu an: »Wenn man innerhalb der Biowissenschaften eine Abstimmung über das Projekt durchführte, würde es von der überwältigenden Mehrheit abgelehnt.« Barry: »Cracking the Code«, S. 63; siehe auch Robert Wright: »Achilles' Helix«, *The New Republic*, 203 (9. und 16. Juli 1990), S. 30.
2 Barry: »Cracking the Code«, S. 183; Leslie Roberts: »Plan for Genome Center Sparks a Controversy«, *Science*, 246 (13. Oktober 1989),

S. 204; Davis u. a.: »The Human Genome«, S. 342; siehe auch Bernard D. Davis: »Some Problems with a Crash Program«, *FASEB Journal*, 5 (Januar 1991), S. 76; Rechsteiner: Manuskript eines Artikels, 22. April 1991, S. 1, erscheint in *TIBS*; Tracy Friedman: »The Science and Politics of the Human Genome Project«, Senior Thesis, Woodrow Wilson School of Public and International Affairs, Princeton University, April 1990, S. 82.

3 Rechsteiner: Brief v. Februar 1990, S. 1 f.; Natalie Angier: »Vast 15-Year Effort to Decipher Genes Stirs Opposition«, *The New York Times*, 5. Juni 1990, S. 85.

4 Friedman: »Science and Politics of the Human Genome Project«, S. 93 f., 99 ff.; Davis u. a.: »The Human Genome«, S. 342; Barry: »Cracking the Code«, S. 183; Mervis: »On Capitol Hill«, S. 1.

5 Friedman: »Science and Politics of the Human Genome Project«, S. 99 ff., 104 f; Manuskript Rechsteiner v. 22. 4. 1991, S. 2.

6 Manuskript Rechsteiner v. 22. 4. 1991, S. 2; Brief Rechsteiner v. Februar 1990, S. 2; Davis u. a.: »The Human Genome«, S. 342.

7 Die Angaben übermittelte Eric Lander den Verfassern am 22. September 1991.

8 National Science Board, NSF: *Science Indicators 1972*. Washington, D. C.: U. S. Government Printing Office 1972, S. 128; National Science Board, NSF: *Science and Engineering Indicators* 1989. Washington, D. C.: U. S. Government Printing Office 1989, S. 224.

9 R. Keith Wilkinson: *Science and Engineering Personnel: A National Overview*. Washington, D. C.: National Science Foundation, Surveys of Science Ressources Series, Special Report NSF 90-310, 1989, S. 62; Friedman: »Science and Politics of the Human Genome Project«, S. 93 f.

10 Barry: »Cracking the Code«, S. 183.

11 Eric Lander: »The Human Genome Project«, Beitrag zum »Scientist-to-Scientist Colloquium«, Keystone, Colorado, August 1991.

12 »Physiology or Medicine 1954: Presentation Speech by Professor S. Gard«, *Nobel Lectures ... Physiology or Medicine*, 1942–1962. Amsterdam: Elsevier 1964, S. 447.

Patricia Hoben, Molekularbiologin am Office of Technology Assessment, hat geäußert, das Genomprojekt widerspreche der gesamten Kultur biomedizinischer Forschung; nur wenige Biologen konzentrierten sich auf diese Art technischer Aspekte der Forschung so, daß sie darin wirklich Experten seien, und nur wenige sähen das überhaupt als erstrebenswert an; Friedman: »Science and Politics of the Human Genome Project«, S. 69 f.

13 John L. Heilbron u. Robert W. Seidel: *Lawrence and His Laboratory: A History of the Lawrence Berkeley Laboratory*, Band I. Berkeley u.

Los Angeles: University of California Press 1990, S. 155f., 189f., 219; Daniel J. Kevles: *The Physicists: The History of a Scientific Community in Modern America*. Cambridge: Harvard University Press 1987, S. 274f.; Robert E. Kohler: *Partners in Science: Foundations and Natural Scientists, 1900–1945*. Chicago: University of Chicago Press 1987, S. 358ff.; Lily E. Kay: *Cooperative Individualism and the Growth of Molecular Biology at the California Institute of Technology, 1928–1953*. Ann Arbor: UMIT Dissertation Services 1987, besonders Kap. 2 u. 4–6.

14 Friedman: »Science and Politics of the Human Genome«, S. 1f.; Daniel E. Koshland, Jr.: »Sequences and Consequences of the Human Genome«, *Science*, 246 (13. Oktober 1989), S. 189, *The New York Times*, 27. Mai 1990, S. 1; 4. September 1990, S. B7.

15 Siehe Kevles: *The Physicists*, S. 82f.

16 Lander: »The Human Genome Project«. Die Angaben für den Etat beruhen auf Schätzungen; Erin Burgess vom National Center for Human Genome Research stellte sie zur Verfügung.

17 Bezüglich der hohen Kosten für High-Tech Biologie der ersten Jahre siehe Kay: *Cooperative Individualism and the Growth of Molecular Biology at the California Institute of Technology*, S. 113ff., 226ff.

18 Wright: »Achilles' Helix«, S. 23.

19 »Gene Maps That Guide Biological Explorers«, *Independent* (London), 4. Dezember 1989; BioDoc collection, Europäische Gemeinschaft, DG-XII, Brüssel (im folgenden zitiert als BioDoc); Francis S. Collins: »The Genome Project and Human Health«, *FASEB Journal*, 5 (Januar 1991), S. 77; Victor A. McKusick: »Mapping and Sequencing the Human Genome«, *New England Journal of Medicine* 320 (6. April 1989), S. 914f.

20 Paul Berg: »All Our Collective Ingenuity Will be Needed«, *FASEB Journal* 5 (Januar 1991), S. 75.

21 McKusick: »Current Trends in Mapping Human Genes«, *FASEB Journal* 5 (Januar 1991), S. 19.

22 G. Christopher Anderson: »Genome Database Booms as Journals Take the Hard Line«, *The Scientist*, 30. Oktober 1989, S. 4; Alessio Vassarotti u. a.: »Genome Research Activities in the EC«, *Biofutur*, Oktober 1990, S. 1ff.

23 Gespräch von Daniel J. Kevles mit Giorgio Bernardi, Molekularbiologe am Institut Jacques Monod, Paris, am 11. November 1990, in Valencia, Spanien.

24 Hugo Johnson: »Human Genome et Revolution PCR«, *Biofutur*, Dezember 1989, S. 23; »American Know-How for Paid-Up Members Only«, *Independent*, London, 11. Dezember 1989, S. 13; *The Economist*, 16. Dezember 1989, S. 94; Michael Cross: »Japan Drags Its Feet

on Project to Map the Human Genome«, *New Scientist*, 6. Januar 1990, S. 25; »Q&A with James Watson, Genome Project Chief«, *Science & Government Report*, 15. März 1990, S. 1f.; Yoji Ikawa: »Human Genome Efforts in Japan«, *FASEB Journal*, 5 (Januar 1991), S. 68f. Die japanische Regierung beabsichtigte, ihren Haushalt für das Genomprojekt 1992 um 66 Prozent auf eine Gesamtsumme von 11 Millionen Dollar jährlich aufzustocken. David Swinbanks: »Japanese Science Agency Targets Space, Genome«, *Nature*, 353 (5. September 1991), S. 3.

25 »American Know-How for Paid-Up Members Only«, S. 13; John Maddox: »The Case for the Human Genome«, *Nature*, 352 (4. Juli 1991), S. 13.

26 Die Zyklotrone entwickelten sich in den fünfziger Jahren zu einem Wirtschaftszweig. In den USA sind zur Zeit etwa tausend in Betrieb, und zwar im Bereich der Radiopharmazie, der Radiotherapie und auf weiteren Gebieten, von denen sich ihre ursprünglichen Förderer nie hätten träumen lassen, z. B. in der Mikrolithographie für Computerschaltkreise. U.S. Government Accounting Office, *DOE's Physics Accelerators: Their Costs and Benefits* (Washington, D.C.: GAO, RCED-85-96, 1. April 1985), S. 45. Eine ausführlichere Erörterung dieser Gesichtspunkte und der folgenden Gedanken zur Kernphysik findet sich in J. L. Heilbron u. Daniel J. Kevles: »Finding a Policy for Mapping and Sequencing the Human Genome: Lessons from the History of Particle Physics«, *Minerva*, 26 (Herbst 1988), S. 299ff.

27 Atomenergiegesetz v. 1946, Abschnitte 4 u. 6; Atomenergiegesetz v. 1954, Abschnitt 152. Die Durchführungsverordnung 10096 v. 23. Januar 1950 sprach der Regierung die Rechte auf alle Erfindungen zu, die ihre Beamten während der Dienstzeit oder unter Benutzung staatlicher Einrichtungen machen. Einen Überblick über die Rechtsprechung zu dieser Verordnung gibt John O. Tresansky: »Patent Rights in Federal Employee Relations«, Patent and Trademark Society, *Journal*, 67 (1985), S. 451ff.; DOE, *Annual Report*, 1983, S. 61.

28 F.D. Gault: »Physics Databases and Their Use«, *Computer Physics Communications*, 22 (1981), S. 125ff. und »The Particle Physics Data Group in the UK«, *Computer Physics Communications*, 33 (1984), S. 217ff.

29 Zum Beispiel Yoshio Yamaguchi in einer Rede für die International Union of Pure and Applied Physics, in: International Conference on High Energy Accelerators, XII (1983), *Proceedings*, S. xviii; für das International Committee for Future Accelerators, in: International Symposium on Lepton and Photon Interactions at High Energies, *Proceedings*, hg. v. M. Konuma und M. Takahashi (IUPAP, 1985), S. 826f.

30 William J. Martin und R. Wayne Davies: »Automated DNA Sequen-

cing: Progress and Prospects«, *Biotechnology*, 4. Oktober 1986, S. 890ff.

31 a. a. O.; Stellungnahme v. Susan C. Rosenfeld, Science and Law Committee, Association of the Bar of the City of New York, at the Office of Technology Assessment Workshop on Issues of Collaboration for Human Genome Projects, 26. Juni 1987, S. 87f.; *Science*, 240 (11. Juli 1986), S. 157.

32 Rebecca S. Eisenberg: »Patenting the Human Genome«, *Emory Law Journal*, 39 (Sommer 1990), S. 726ff.

33 a. a. O.

34 Craig Venter, Wissenschaftler der NIH und Pionier der wissenschaftlichen Nutzung von STS, persönl. Mitteilung v. 25. September 1991.

35 EG-Kommission: *Modified Proposal for a Council Decision, Adopting a Specific Research and Technological Development Programme in the Field of Health: Human Genome Analysis (1990–1991)*, COM (89) 532 final-SYN 146, Brüssel, 13. November 1989, S. 12ff.

36 Wir danken Eric Lander für nützliche und aufschlußreiche Gespräche zur Frage der Patentierung von cDNAs.

37 *La Vie en Kit: Ethique et Biologie*. Paris: Arche de la Défense 1991, S. 25.

38 Philip R. Reilly: *The Surgical Solution: A History of Involuntary Sterilization in the United States*. Baltimore: The John Hopkins University Press 1991, S. 91ff. Das letzte Gesetz zur eugenischen Sterilisation wurde 1937 im Staat Georgia verabschiedet; es handelte sich zum Teil um eine Reaktion auf die Überfüllung in den staatlichen Heimen für geistig Behinderte. Edward J. Larson: »Breeding Better Georgians«, *Georgia Journal of Southern Legal History*, 1 (Frühjahr/Sommer 1991), S. 53ff.

39 Steven Jay Gould: *The Flamingo's Smile: Reflections in Natural History*. New York: W. W. Norton 1985, S. 292ff., 301ff.; *The New York Times*, 15. August 1991, S. 1.

40 Wright: »Achilles' Helix«, S. 27; Joseph Bishop u. Michael Waldholz: *Genome: The Story of the Most Astonishing Scientific Adventure of Our Time – The Attempt to Map All the Genes in the Human Body*. New York: Simon and Schuster 1990, S. 310ff.

41 Jane E. Brody: »Personal Health«, *The New York Times*, 8. November 1990, S. B7; Barry Werth: »How Short Is Too Short?«, *The New York Times Magazine*, 16. Juni 1991, S. 15, 17, 28f.; Europaparlament, Ausschuß für Energie, Forschung und Technologie, *Report Drawn up on Behalf of the Committee on Energy, Research and Technology on the Proposal from the Commission to the Council (COM/88/424-C2-119/88) for a Decision Adopting a Specific Research Programme in the Field of Health: Predictive Medicine: Human Genome Analysis (1989–1991)*, Berichterstatter Benedikt Härlin,

European Parliament Session Documents, 1988–89, 30.1.1989, Series A, Doc A2-0370/88 SYN 146, S. 25 f. (nachfolgend als Härlin-Bericht zitiert); John Hodgson: »Editorial: Geneticism and Freedom of Choice«, *Trends in Biotechnology*, September 1989, S. 221.

42 »Resolutions Adopted by the European Parliament, Committee on Legal Affairs and Citizens' Rights, Berichterstatter: Mr. Willy Rothley and Mr. Carlo Casini, *Ethical and Legal Problems of Genetic Engineering and Human Artificial Insemination*. Luxemburg: Office for Publications of the European Communities, 1990, S. 15, 38 f. Der Italiener Carlo Casini, Berichterstatter für den Abschnitt über die künstliche Befruchtung, gilt in Parlamentskreisen mehr oder weniger als Interessenvertreter des Vatikans. Die Embryoforschung und Keimbahn-Gentechnik stößt auch bei vielen Angehörigen islamischer Religionsgemeinschaften und bei Protestanten auf Widerstand, zuletzt in einem Bericht des Weltkirchenrats von 1989. Azeddine Guessos und Jack Stotts: »II Workshop on International Cooperation for the Human Genome Project: Ethics«, Valencia, Spanien, 12. November 1990.

43 »Resolutions Adopted by the European Parliament on 16 March 1989« in: European Parliament, Committee on Legal Affairs and Citizens' Rights, *Ethical and Legal Problems*, S. 12; Daniel J. Kevles: »Unholy Alliance«, *The Sciences*, September/Oktober 1986, S. 25 f.

44 Bishop und Waldholz: *Genome*, S. 314 ff.; Sharon Kingman: »Buried Treasure in Human Genes«, *New Scientist*, 8. Juli 1989, S. 37.

45 *Consumer Reports* Juli 1990, S. 483 f.; Bishop und Waldholz: *Genome*, S. 268 ff.

46 Thomas H. Murray: »Ethical Issues in Human Genome Research«, *FASEB Journal*, 5 (Januar 1991), S. 56; Benjamin S. Wilfond und Norman Fost: »The Cystic Fibrosis Gene: Medical and Social Implications for Heterozygote Detection«, *Journal of the American Medical Association*, 263 (23./30. Mai 1990), S. 2777.

47 Bishop und Waldholz: *Genome*, S. 291 ff.; Wilfond and Fost: »The Cystic Fibrosis Gene«, S. 2777

48 Bishop und Waldholz: *Genome*, S. 274.

49 a. a. O., S. 300 ff.; G. W. de Wit: »Gentechnology, Insurance, and the Future«, Vortrag »II. Workshop on International Cooperation for the Human Genome Project: Ethics«, Valencia, 11.–14. November 1990.

50 Härlin-Bericht, S. 25 f.

51 Daniel J. Kevles: *In the Name of Eugenics: Genetics and the Uses of Human Heredity*. New York: Alfred A. Knopf 1985, S. 278.

52 »The Genetic Age«, *Business Week*, 28. Mai 1990, S. 69; Bishop und Waldholz: *Genome*, S. 282 f.; Paul Billings: »Genetic Discrimination: An Ongoing Survey«, *geneWatch*, 6, nos. 4–5 (1991), S. 7 u. 15.

53 Wright: »Achilles' Helix«, S. 26; Leitartikel: »More Genome Ethics« (S. 2) und Peter Aldhous: »California Tackles Insurance« (S. 5), *Nature*, 353 (5. September 1991); Assembly Bill 1888, California State Legislature: »Legislative Counsel's Digest«, September 1991.

54 Bishop und Waldholz: *Genome*, S. 299f.

55 Judy Berlfein: »Genetic Testing: Health Care Trap«, *Los Angeles Times*, 30. April 1991, S. B2.

56 Gary Taylor: »Houston Conference Explores Human Genome Project's Legal and Ethical Considerations«, *Genetic Engineering News*, Mai 1991, S. 16.

57 Wright: »Achilles' Helix«, S. 26; Alexander Morgan Capron: »Which Ills to Bear?: Reevaluating the ›Threat‹ of Modern Genetics«, *Emory Law Journal*, 39 (Sommer 1990), S. 694f. Die Praxis einer Staffelung der Krankenversicherungsbeiträge beispielsweise nach Alter ist zunehmend üblich. *New York Times*, 24. März 1991, S. 1.

58 de Wit: »Gentechnology, Insurance, and the Future«, S. 8 u. 14; ders.: »The Politics of Rate Discrimination: An International Perspective«, *Journal of Risk and Insurance*, 53 (1986), S. 660. Der Rechtsausschuß des Europaparlaments ist weniger optimistisch als de Wit und gibt zu bedenken, daß die Privatversicherer hochgefährdete Versicherungsnehmer ausschließen könnten, so daß ihr Risiko von der staatlichen Gesundheitsfürsorge getragen werden müßte. Europaparlament, Committee on Legal Affairs and Citizens' Rights: *Ethical and Legal Problems, S. 55f.*

59 Wright: »Achilles' Helix«, S. 26; Berlfein: »Genetic Testing«, S. B2.

60 *New York Times*, 4. Juli 1991, S. 12; Europaparlament: *Ethical and Legal Problems*, S. 29.

61 Bishop und Waldholz: *Genome*, S. 226ff., 243f., 251ff.; »Mental Illness Theory – Study Raises Doubts«, *Los Angeles Times*, 17. November 1989, S. 29. Die Kontrollstudie für manische Depression fiel sogar negativ aus, obwohl sie dieselbe Zellinie wie die erste Untersuchung verwendete. Marcia Barinaga: »Manic Depression Gene Put in Limbo«, *Science*, 246 (17. November 1989), S. 886.

62 Kathleen Doheny: »Researchers Find Genetic Link to Shyness, Hay Fever«, *Los Angeles Times*, 27. November 1990, S. E4.

63 Lawrence K. Altman: »Scientists Say a Specific Gene May Foreshadow Alcoholism«, *New York Times*, 18. April 1990, S. 1; Gina Kolata: »Researchers Cannot Confirm a Genetic Link to Alcoholism«, *New York Times*, 26. Dezember 1990, S. 10. Selbst Robert Plomin, Genetiker an der Penn State University, der mit Begeisterung konstatiert, daß »die Rolle der Vererbung im Verhalten inzwischen weitgehend akzeptiert wird«, hat darauf hingewiesen, daß in einigen Fällen (z. B. bei Alkoholismus) die Vermutungen des genetischen Einflusses von den

Erkenntnissen nicht gedeckt seien. Robert Plomin: »The Role of Inheritance in Behaviour«, *Science*, 248 (13. April 1990), S. 187f.

64 Europaparlament, Ausschuß für Umweltfragen, Gesundheitsfürsorge und Verbraucherschutz: *Opinion for the Committee on Energy, Research and Technology on the Proposal from the Commission of the European Communities for a Council Decision Adopting a Specific Research Programme in the Field of Health: Predictive Medicine: Human Genome Analysis (1989–1991)* (COM [88] 424 final-SYN 146 Doc. C2-119/88, 1989), abgefaßt von Mrs. Lentz-Cornette, S. 3, 5 ff.; telefonische Mitteilung Gordon Lake, Europaparlament, am 24. April 1991.

65 Claude Cheysson: Vorwort zum Ausstellungskatalog *La Vie en Kit*, S. 1.

Auswahlbibliographie

Genetik, Technologie und Medizin

Anderson, G. Christopher, »Creation of Linkage Map Falters, Posing Delay for Genome Project.« *The Scientist*, (8. Januar 1990), 1, 10, 12–13.

Ayala, Francisco, »Two Frontiers of Human Biology: What the Sequence Won't Tell Us.« *Issues in Science and Technology*, 3 (Spring 1987), 51–56.

Baltimore, David, »Genome Sequencing; A Small-Science Approach.« *Issues in Science and Technology*, 3 (1987), 48–50.

– »RNA-dependent DNA Polymerase in Virions of RNA Tumour Viruses.« *Nature*, 226 (1970), 1209–1211.

Bishop, Jerry E. / Michael Waldholz, Landkarte der Gene. Das Genom-Projekt. München 1991.

Botstein, David u. a., »Construction of a Genetic Linkage Map in Man Using Restriction Fragment Length Polymorphisms.« *American Journal of Human Genetics*, 32 (1980), 314–331.

Bunn, H. Franklin / Bernhard G. Forget, Hemoglobin: Molecular, Genetic and Clinical Aspects. New York 1986.

Burke, D. T., G. F. Carle / M. V. Olson, »Cloning of Large Segments of Exogenous DNA into Yeast Artificial Chromosome Vectors.« *Science*, 236 (1987), 806–808.

Cohen, S. N. u. a., »Construction of Biologically Functional Bacterial Plasmids in Vitro.« *Proceedings of the National Academy of Sciences*, 70 (1973), 3240–3244.

Congress of the United States, Office of Technology Assessment, Mapping Our Genes; Genome Projects: How Big, How Fast? Baltimore 1989.

DeLisi, Charles, »Computers in Molecular Biology: Current Applications and Emerging Trends.« *Science*, 240 (1988), 47–52.

Dulbecco, Renato, »A Turning Point in Cancer Research: Sequencing the Human Genome.« *Science*, 231 (1986), 1055–1056.

Fischer, Ernst Peter, Gene sind anders. Erstaunliche Einsichten einer Jahrhundertwissenschaft. Hamburg 1988.

Gallo, R. C. u. a., »Isolation of Human T-cell Leukemia Virus in Acquired Immune Deficiency Syndrome (AIDS).« *Science*, 220 (1983), 865–867.

Galton, David J., Molecular Genetics of Common Metabolic Disease. New York 1985.

Geever, R. F. u. a., »Direct Identification of Sickle Cell Anemia by Blot Hybridization.« *Proceedings of the National Academy of Sciences*, 78 (1981), 5081–5085.
Gonick, Larry / Wheelis Mark, Genetik in Cartoons. Berlin 1986.
Gordon, J. W. u. a., »Genetic Transformation of Mouse Embryos by Microinjection of Purified DNA.« *Proceedings of the National Academy of Sciences*, 77 (1980), 7380–7384.
Gusella, James u. a., »A Polymorphic DNA Marker Genetically Linked to Huntington's Disease.« *Nature*, 306 (1983), 234–238.
Hall, Stephen S., »James Watson and the Search for Biology's ›Holy Grail‹.« *Smithsonian*, Februar 1990, 41–49.
Honig, George R. / Junius G. Adams III, Human Hemoglobin Genetics. Wien 1986.
Hozumi, N. / S. Tonegawa, »Evidence for Somatic Rearrangement of Immunoglobulin Genes Coding for Variable and Constant Regions.« *Proceedings of the National Academy of Sciences*, 73 (1976), 3628–3632.
The Human Genome Organization (HUGO). Montreux 1988.
Jacobson, C. B. / R. H. Barter, »Intrauterine Diagnosis and Management of Genetic Defects.« *American Journal of Obstetrics and Gynecology*, 99 (1967), 796–807.
Judson, Horace Freeland, Der 8. Tag der Schöpfung. Wien/München 1980.
– »Reflections on the Historiography of Molecular Biology.« *Minerva*, 18 (Autumn 1980), 369–421.
Kan, Y. W., M. S. Golbus / A. M. Dozy, »Prenatal Diagnosis of Alphathalassemia. Clinical Application of Molecular Hybridization.« *New England Journal of Medicine*, 295 (1976), 1165–1167.
Kay, Lily E., Cooperative Individualism and the Growth of Molecular Biology at the California Institute of Technology. 1928–1953. Ann Arbor, Diss. 1987.
Kerem, B. S. u. a., »Identification of the Cystic Fibrosis Gene: Genetic Analysis.« *Science*, 245 (1989), 1073–1080.
Kirby, Lorne T., DNA-Fingerprinting. An Introduction. New York 1990.
Lejeune, J., M. Gautier / R. Turpin, »Etudes des chromosomes somatique de neuf enfants mongoliens.« *Comptes Rendus de l'Academie des Sciences* Paris), D, 248 (1959), 1721–1722.
Lewin, Benjamin, Gene: Lehrbuch der molekularen Genetik. Weinheim 1991.
Littlefield, J. W., »Selection of Hybrids from Matings of Fibroblasts In Vitro and Their Presumed Recombinants.« *Science*, 145 (1964), 709–710.
Mandel, M. / A. Higa, »Calcium-dependent Bacteriophage DNA Infection.« *Journal of Molecular Biology*, 53 (1970), 159–162.

Maxam, A. M. / W. Gilbert, »A New Method for Sequencing DNA.« *Proceedings of the National Academy of Sciences*, 74 (1977), 560–564.
McCarty, Maclyn, The Transforming Principle: Discovering That Genes Are Made of DNA. New York 1985.
McKusick, Victor, »Mapping and Sequencing the Human Genome.« *New England Journal of Medicine*, 320 (1989), 910–915.
– »Current Trends in Mapping Human Genes.« *The FASEB Journal*, 5 (January 1991), 12–20.
McKusick, V. A. / C. A. Francomano / S. E. Antonarakis, Mendelian Inheritance in Man. Catalogs of Autosomal Dominant, Autosomal Recessive, and X-linked Phenotypes. Baltimore [9]1990.
Meselson, M. / F. W. Stahl, »The Replication of DNA in *Escherichia coli.*« *Proceedings of the National Academy of Sciences*, 44 (1958), 671–682.
Myerowitz, R. / F. C. Costigan, »The Major Defect in Ashkenazi Jews with Tay-Sachs Disease Is an Insertion in the Gene for the α-Chain of β-Hexosaminidase.« *Journal of Biological Chemistry*, 263 (1988), 18587–18589.
National Research Council, Committee on Mapping and Sequencing the Human Genome, Board on Basic Biology, Commission on Life Sciences, Mapping and Sequencing the Human Genome. Washington 1988.
Nelson, D. L. u. a., »*Alu* Polymerase Chain Reaction: A Method for Rapid Isolation of Human-specific Sequences from Complex DNA Sources.« *Proceedings of the National Academy of Sciences*, 86 (1989), 6686–6690.
Olby, Robert, The Path to the Double Helix. Seattle 1974.
Oliver, Stephen G. / John M. Ward, Wörterbuch der Gentechnik. Stuttgart 1988.
Palca, Joseph, »Hard Times at NIH.« *Science*, 246 (1989), 988–990.
Parker, R. C. / H. E. Varmus / J. M. Bishop, »Cellular Homologue (c-*scr*) of the Transforming Gene of Rous Sarcoma Virus: Isolation, Mapping, and Transcriptional Analysis of c-*src* and Flanking Regions.« *Proceedings of the National Academy of Sciences*, 78 (1981), 5842–5846.
Pines, Maya, Mapping the Human Genome. Bethesda 1987.
Roberts, Leslie, »Whatever Happened to the Genetic Map?« *Science*, 247 (1990), 281–282.
Robertson, Miranda, »False Start on Manic Depression.« *Nature*, 342 (1989), 222.
Rosenberg, S. A. »Gene Transfer into Humans – Immunotherapy of Patients with Advanced Melanoma, Using Tumor-infiltrating Lymphocytes Modified by Retroviral Gene Transduction.« *New England Journal of Medicine*, 323 (1990), 570–578.
Saiki, R. K. u. a., »Enzymatic Amplification of β-Globin Genomic Sequences and Restriction Site Analysis for Diagnosis of Sickle Cell Anemia.« *Science* 230 (1985), 1350–1354.

Saiki, R. K. u. a., »Primer-directed Enzymatic Amplification of DNA with a Thermostable DNA Polymerase.« *Science*, 239 (1988), 487–491.
Sanger, F. / A. R. Coulson, »A Rapid Method of Determining Sequences in DNA by Primed Synthesis with DNA Polymerase.« *Journal of Molecular Biology*, 94 (1975), 441–448.
Schwartz, D. C. / C. R. Cantor, »Separation of Yeast Chromosome-Sized DNAs by Pulsed Field Gradient Gel Elektrophoresis.« *Cell*, 37 (1984), 67–75.
Shapiro, Robert, Der Bauplan des Menschen. Bern/München/Wien 1992.
Smith, Lloyd M. u. a., »Fluorescence Detection in Automated DNA Sequence Analysis.« *Nature*, 321 (1986), 674–679.
Southern, E. M., »Detection of Specific Sequences among DNA Fragments Separated by Gel Electrophoresis.« *Journal of Molecular Biology*, 98 (1975), 503–517.
Stephens, J. C. u. a., »Mapping the Human Genome: Current Status.« *Science*, 250 (1990), 237–244.
Temin, H. M. / S. Mizutani, »RNA-dependent DNA Polymerase in Virions of Rous Sarcoma Virus.« *Nature*, 226 (1970), 1211–1213.
U. S. Congress, Office of Technology Assessment. *Mapping Our Genes – The Genome Project: How Big, How Fast?* OTA-BA-373. Washington 1988.
Villa-Komaroff, L. u. a., »A Bacterial Clone Synthesizing Proinsulin.« *Proceedings of the National Academy of Sciences*, 75 (1975), 3727–3731.
Vogel, Sebastian, *Lexikon Gentechnik*. Reinbek 1992.
Volkow, N. / L. Tancredi, »Neural Substrates of Violent Behavior: A Preliminary Study with Positron Emission Tomography.« *British Journal of Psychiatry*, 151 (1987), 668–673.
Watson, James D., »The Human Genome Project – Past, Present, and Future.« *Science*, 248 (1990), 44–49.
Watson, J. D. / F. H. C. Crick, »Molecular Structure of Nucleic Acid: A Structure for Deoxyribonucleic Acid.« *Nature*, 171 (1953), 737–738.
Watson, J. D. / John Tooze, Rekombinierte DNA. Eine Einführung. Heidelberg 1985.
Weaver, Robert / Philip Hedrick, Genetics. Dubuque (Iowa) 1989.
Weinberg, Robert A., »The Human Genome Sequence: What Will It Do for Us?« *BioEssays*, 9 (1988), 91–92.
Wilson, E. O., Sociobiology: The New Synthesis. Cambridge 1975.
Wingerson, Lois, Mapping Our Genes: The Genome Project and the Future of Medicine. New York 1990.
Wintrobe, Maxwell W., Blood Pure and Eloquent. New York 1980.
Wolff, J. A. u. a., »Direct Gene Transfer into Mouse Muscle in Vivo.« *Science*, 247 (1990), 1465–1468.
Worm, Alfred, Gentechnik. Wien 1988.

Zett, Rolf Andreas, Das Gen-Zeitalter, Menschen, Mächte, Moleküle. Stuttgart 1990.

Ethik, Recht und Gesellschaft

Adams, Mark (Hg.), The Wellborn Science: Eugenics in Germany, France, Brazil, and Russia. New York 1990.
Allen, Garland, »The Misuse of Biological Hierarchies: The American Eugenics Movement, 1900–1940.« *History and Philosophy of the Life Sciences*, 5 (Mai 2, 1983), 105–128.
Badouin, Jean-Louis / Catherine Labrusse-Riou, Produire l'homme de quel droit?: Etude juridique et éthique des procréations artificielles. Paris 1987.
Baird, P. A. »Genetics and Health Care.« *Perspectives in Biology and Medicine*, 33 (1990), 203–213.
Ballantyne, John u. a. (Hg.), DNA Technology and Forensic Science. Banbury Report: No. 32. Cold Spring Harbor. New York 1989.
Bayles, Michael, Reproductive Ethics. Englewood Cliffs 1984.
Beard, Timothy F. / Denise Denong, How to Find Your Family Roots, New York 1977.
Bennett, Neil G. (Hg.), *Sex Selection of Children*. New York/London 1983.
Bernard, Jean, De la Biologie à l'Éthique: Nouveau Pouvoirs de la Science, Nouveaux Devoirs de l'Homme. Paris 1990.
Bioéthique, Pouvoirs: Revue Française d'Études Constitutionelles et Politiques, 56 (1991).
Blanc, Marcel, L'Ère de la Génétique. Paris 1986.
Brock, D. J. H., Early Diagnosis of Fetal Defects. Edinburgh/London 1982.
Canguilhem, George, The Normal and the Pathological. Cambridge 1989.
Capron, Alexander Morgan. »Which Ills to Bear?: Reevaluating the ›Threat‹ of Modern Genetics«, *Emory Law Journal*, 39 (1990), 665–696.
Ciba Foundation, *Human Genetic Information: Science, Law and Ethics*. Ciba Foundation Symposium 149. New York 1990.
Coles, Gerald, The Learning Mystique. New York 1987.
Commission of the European Communities, *Modified Proposal for a Council Decision, Adopting a Specific Research and Technological Development Programme in the Field of Health: Human Genome Analysis (1990–1991)*. (COM [89] 532 final-SYN 146), Brüssel, 13. November 1989.
Cook-Deegan, Robert Mullan, »The Human Genome Project: The Formation of Federal Policies in the United States, 1986–1990.« In Kathi E. Hanna, ed., *Biomedical Politics*, 99–168. Washington 1991.

Dagognet, François, La maîtrise du vivant. Paris 1988.
Davis, Joel, Mapping the Code: The Human Genome Project and the Choices of Modern Science. New York 1990.
Deutscher Bundestag, 10. Wahlperiode. Bericht der Enquête-Kommission »Chancen und Risiken der Gentechnologie«. Drucksache 10/6775 (6. 1. 1987).
de Wit, G. W. »The Politics of Rate Discrimination: An International Perspective.« *Journal of Risk and Insurance*, 53 (1986), 644–661.
Douglas, Mary, Wie Institutionen denken. Frankfurt 1991.
Duster, Troy, Back Door to Eugenics. New York 1989.
Eisenberg, Rebecca S., »Patenting the Human Genome.« *Emory Law Journal*, 39 (1990), 721–745.
Enthoven, Alain C., Health Plan: The Only Practical Solution to the Soaring Cost of Medical Care. Reading 1980.
European Parliament, Committee on Energy, Research, and Technology, *Report Drawn up on Behalf of the Committee on Energy, Research and Technology on the Proposal from the Commission to the Council (COM/88/424-C2-119/88) for a Decision Adopting a Specific Research Programme in the Field of Health: Predictive Medicine: Human Genome Analysis (1989–1991).* Rapporteur: Benedikt Härlin. European Parliament Session Documents, 1988–89, 30.01.1989, Series A, Doc. A2-0370/88 SYN 146, Brüssel.
European Parliament, Committee on the Environment, Public Health, and Consumer Protection. *Opinion for the Committee on Energy, Research and Technology on the Proposal from the Commission of the European Communities for a Council Decision Adopting a Specific Research Programme in the Field of Health: Predictive Medicine: Human Genome Analysis (1989–1991) (COM [88] 424 final-SYN 146, Doc. C2-119/88).* Draftsman: Mrs. Lentz-Cornette, Brüssel.
European Parliament, Committee on Legal Affairs and Citizen's Rights. *Ethical and Legal Problems of Genetic Engineering and Human Artificial Insemination.* Luxemburg: Office for Official Publications on the European Communities, 1990.
Evans, Mark I. / Alan O. Dixler / John C. Fletcher / Joseph D. Schulman (Hg.), Fetal Diagnosis and Therapy: Science, Ethics and the Law. Philadelphia 1988.
Fischer, Jean-Louis (Hg.), Confidences d'un biologiste: Jean Rostand. Paris 1987.
Fletcher, John C., and Dorothy Wertz. »Ethics, Law, and Medical Genetics: After the Human Genome Is Mapped.« *Emory Law Journal*, 39 (1990), 747–809.
Foucault, Michel, Überwachen und Strafen: Die Geburt des Gefängnisses. Frankfurt 1991.

Fox, Daniel M. / Daniel C. Schaffer, »Health Policy and ERISA: Interest Groups and Semipreemption.« *Journal of Health Policy, Policy, and Law* 14 (1989), 239–260.
Friedman, Tracy L., »Science and Politics of the Human Genome Project.« Senior thesis, Woodrow Wilson School of Public and International Affairs, Princeton University, April 1990.
Gaudilliere, Jean-Paul, »French Strategies in Molecular Biology.« Paper delivered at conference on the Human Genome Project, History of Science Department, Harvard University, Juni 1990.
Gilligan, Carol, Die andere Stimme, München 1988.
Goldstein, Robert, Mother Love and Abortion: A Legal Interpretation. Berkeley 1988.
Graham, Loren R., »Science and Values: The Eugenics Movement in Germany and Russia in the 1920s.« *American Historical Review*, 83 (1978), 1135–1164.
Greely, Henry T., »AIDS and the American Health Care Financing System.« *University of Pittsburgh Law Review*, 51 (1989), 73–166.
– »The Death of Health Insurance: Employment-Related Health Coverage and the Increasing Predictability of Individual Health.« Forthcoming.
Hacking, Ian, The Taming of Chance. Cambridge 1990.
Handler, Philip (Hg.), Biology and the Future of Man. New York 1970.
Harris, Irving, Emotional Blocks to Learning: A Study of the Reasons for Failure in School. Glencoe, Ill. 1962.
Harwood, Jonathan (Hg.), »Genetics, Eugenics, and Evolution.« Special Issue of *The British Journal for the History of Science*, 22 (1989), 257–265.
Henry, Robin Marantz, »High-Tech Fortunetelling.« *New York Times Magazine*. 24. Dezember 1989, 20–22.
Hermitte, Marie-Angèle, »Le Sequencage du Genome Humain: Liberté de la Recherche et Demarche Democratique.« Unpublished manuscript in possession of the author.
Hoffman, Elaine Baruch / Amadeo F. D'Amado / Joni Seager (Hg), Embryos, Ethics and Women's Rights: Exploring the New Reproductive Technologies. New York and London 1988.
Holtzman, Neil A., Proceed with Caution: Predicting Genetic Risks in the Recombinant DNA Era. Baltimore 1989.
»The Human Genome Initiative.« A series of articles in *The FASEB Journal*, 5 (1991), 1–78.
Hunziker, Ernst, Der Wahn des Machbaren. Gentechnologen bauen ihre Welt. Möhlin 1990.
Institut National de la Santé et de la Recherche Médicale, Comité Consultatif National d'Éthique. *Avis de Recherches sur L'embryon*. La Fabrique du Corps Humain. Paris 1987.

– *Comités d'Éthiques a travers le Monde: Recherches en Cours 1987*. Paris 1988.
– *Éthique Médicale et Droits de l'Homme*. La Fabrique du Corps Humain. Paris 1988.
Jauvert, Vincent (Hg.), Va-t-on modifier l'espèce humaine?: Les prodiges et les menaces de la révolution bio. Paris: *Le Nouvel Observateur*, Documents No. 10, 1990.
Jeffrey, C. Ray, Criminology: An Interdisciplinary Approach. Englewood Cliffs, 1990.
Jensen, Arthur, »How Much Can We Boost IQ and Scholastic Achievement?« *Harvard Educational Review*, 33 (1969), 159–179.
Keller, Evelyn Fox, »Physics and the Emergence of Molecular Biology.« *Journal of the History of Biology*, 23 (Fall 1990), 389–409.
Kevles, Daniel J., In the Name of Eugenics: Genetics and the Uses of Human Heredity. Berkeley 1986.
Koshland, Daniel, »Nature, Nurture, and Behavior.« *Science*, 235 (1987), 1445.
– »Sequences and Consequences of the Human Genome.« *Science*, 246 (1989), 189.
Lander, Eric S., »DNA Fingerprinting on Trial.« *Nature*, 339 (1989), 501–505.
Larson, Edward J., »Belated Progress: The Enactment of Eugenic Legislation in Georgia.« *Journal of the History of Medicine and Allied Sciences*, 46 (1991), 44–64.
Lecourt, Dominique, Contre La Peur: De la science à l'éthique, une aventure infinie. Paris 1990.
»A Legal Research Agenda for the Human Genome Initiative.« *Jurimetrics Journal*, forthcoming.
Lemain, Gérard / Benjamin Matalon, Hommes supérieurs, hommes inférieurs. Paris 1985.
Lewis, Ricki, »Genetic-Marker Testing: Are We Ready for It?« *Issues in Science and Technology* 4 (1987), 76–82.
Liebman, Lance, »To Much Information: Predictions of Employee Disease and the Fringe Benefit System.« *University of Chicago Legal Forum*, 1988, 57–92.
Lindee, Mary Susan, »Mutation, Radiation, and Species Survival: The Genetics Studies of the Atomic Bomb Casualty Commission in Hiroshima and Nagasaki, Japan.« Phil. Cornell University, 1990.
Lucas, Philippe, Dire L'Éthique: Éthique Biomédicale: Le Débat. La Fabrique du Corps Humain. Paris 1990.
Ludmerer, Kenneth M., Genetics and American Society: A Historical Appraisal. Baltimore 1972.
Macklin, Ruth, »Mapping the Human Genome: Problems of Privacy and

Free Choice.« In Aubrey Milunsky and George J. Annas (Hg.), *Genetics and the Law III: Proceedings of the Third National Symposium on Genetics and the Law Held in Boston 2–4 April 1984*, 107–114. New York 1985.

Müller-Hill, Benno, Tödliche Wissenschaft: die Aussonderung von Juden, Zigeunern und Geisteskranken, Reinbek 1988.

National Institute of Mental Health, *Approaching the 21st Century: Opportunities for NIMH Neurosciences Research*. Report to Congress on the Decade of the Brain. Washington, D. C.: U. S. Department of Health and Human Services, Januar 1988.

Nelkin, Dorothy, Selling Science: How the Press Covers Science and Technology. New York 1988.

Nelkin, Dorothy / Michael S. Brown, Workers at Risk. Chicago 1984.

Nelkin, Dorothy / Laurence Tancredi, Dangerous Diagnostics: The Social Power of Biological Information. New York 1989.

Newell, John, Natur nach Wunsch? Gentechnologie heute. Freiburg/Basel/Wien 1990.

Newhouse, Joseph P. u. a., »Adjusting Capitation Rates Using Objective Health Measures and Prior Utilization.« *Health Care Financing Review*, 10 (1989), 41–54.

Paul, Diane, »Eugenics and the Left.« *Journal of the History of Ideas*, 45 (1984), 567–590.

– »The Rockefeller Foundation and the Origins of Behavioral Genetics.« In Keith R. Benson, Jane Maienschein, und Ronald Rainger, (Hg.), *The Expansion of American Biology*, 262–283. New Brunswick 1991.

Petchesky, Rosalind Pollack, Abortion and Woman's Choice: The State, Sexuality and Reproductive Freedom. New York 1984.

Plomin, Robert, »The Role of Inheritance in Behavior.« *Science*, 248 (1990), 183–188.

President's Commission for the Study of Ethical Problems in Medicine and Biomedical Research. *Screening and Counseling for Genetic Conditions: A Report on the Ethical, Social and Legal Implications of Genetic Screening, Counseling and Education Programs*. Washington 1983.

Proctor, Robert N., Racial Hygiene: Medicine Under the Nazis. Cambridge 1988.

Quéré, France, L'Éthique et La Vie. Paris 1991.

»The Randolph W. Thrower Symposium: Genetics and the Law.« *Emory Law Journal*, 39 (1990).

Reich, William, »Diagnostic Ethics: The Uses and Limits of Psychiatric Explanation.« In Laurence Tancredi, ed., *Ethical Issues in Epidemiologic Research*, 37–69. New Brunswick 1986.

Reilly, Philip, R., The Surgical Solution: A History of Involuntary Sterilization in the United States. Baltimore 1991.

Rifkin, Jeremy, Genesis zwei. Biotechnik – Schöpfung nach Maß. Reinbek 1988.
Roll-Hansen, Nils, »Eugenics before World War II: The Case of Norway.« *History and Philosophy of the Life Sciences*, 2 (1980), 269–298.
– »The Progress of Eugenics: Growth of Knowledge and Change in Ideology.« *History of Science*, 26 (1988), 295–331.
Rothman, Barbara Katz, Schwangerschaft auf Abruf: vorgeburtliche Diagnose und die Zukunft der Mutterschaft. Marburg 1989.
Rothstein, Mark A., Medical Screening and the Employee Health Cost Crisis. Washington, D. C. 1989.
– Medical Screening of Workers. Washington, D. C. 1984.
Rowley, Peter, »Genetic Discrimination.« *American Society of Human Genetics*, 43 (1988), 105–106.
Schneider, William H., Quality and Quantity: The Quest for Biological Regeneration in Twentieth-Century France. Cambridge 1990.
Scriver, Charles, R., »Presidential Address.« *American Journal of Human Genetics*, 40 (1987), 199–211.
Searle, G. R., Eugenics and Politics in Britain, 1900–1914. Leyden 1976.
Sensabaugh, G., and J. Witkowski (Hg.), DNA Technology and Forensic Science. Banbury Report: No. 34. Cold Spring Harbor 1989.
Shaw, Margery, W., »Conditional Prospective Rights of the Fetus.« *Journal of Legal Medicine*, 63 (1984), 63–116.
– »Presidential Address: To Be or Not to Be? That Is the Question.« *American Journal of Human Genetics*, 36 (1984), 1–9. (Based on presidential address delivered at 33rd Annual Meeting of American Socicty of Human Genetics, Detroit, 30. September 1982.)
Sinsheimer, Robert, »The Prospect of Designed Genetic Change.« *Engineering and Science*, 32 (1969), 8–13.
Stanworth, Michelle (Hg.), Reproductive Technologies: Gender, Motherhood and Medicine. Minneapolis 1987.
Starr, Paul, The Social Transformation of American Medicine. New York 1982.
Stemerding, Dirk, »Political Decision-Making on Human Genome Research in Europe.« Paper delivered at conference on the Human Genome Project, History of Science Department, Harvard University, Juni 1990.
Tétry, Andrée, Jean Rostand: Un homme du future. Lyon: La Manufacture, 1988.
U. S. Congress, Genetic Screening in the Workplace. Washington 1990.
U. S. Congress, Office of Technology Assessment. *Medical Testing and Health Insurance*. Washington, 1988.
Vogel, F. / A. G. Motulsky, Human Genetics, Problems and Approaches, Berlin [2]1986.

Walsh, Diane Chapman, Corporate Physicians: Between Medical Care and Management. New Haven 1987.
Weatherall, D. J., The New Genetics and Clinical Practice. Oxford [2]1985.
Weindling, Paul, Health, Race and German Politics between National Unification and Nazism, 1870–1945, Cambridge 1990.
Weiss, Sheila Faith, Race Hygiene and National Efficiency: The Eugenics of Wilhelm Schallmayer. Berkeley 1987.
Wertz, Dorothy / John G. Fletcher (Hg)., Ethics and Human Genetics: A Cross-Cultural Pespective, New York 1989.
Wess, Ludger, Die Träume der Genetik: Gentechnische Utopien von Sozialem Fortschritt. Hamburger Stiftung für Sozialgeschichte des 20. Jahrhunderts. Nördlingen 1989.
White, B. »Biological Causes for Violent Behavior: Research Could Affect Legal Decisions.« *Texas Bar Journal*, 50 (1987), 446.
Woodhead, Avril D. / Benjamin J. Barhart / Katherine Vivirito, Biotechnology and the Human Genome: Innovations and Impact. Basic Life Sciences, vol. 46. Based on the Science Writers Workshop on Biotechnology and the Human Genome, held September 14–16, 1987, at Brookhaven National Laboratory, Upton, N. Y. New York 1988.
Wright, Robert, »Achilles' Helix.« *The New Republic*, 201 (July 9 & 16, 1990), 21–31.
Yoxen, Edward J., »Constructing Genetic Diseases.« In Troy Duster and Kare Garett (Hg.), Cultural Perspectives on Biological Knowledge, 41–62. Norwood, N. J. 1984.
– Unnatural Selection: Coming to Terms with the New Genetics. London 1986.

Glossar

Adenin (A): s. Basenpaar

Adresse, chromosomale: Eine Stelle, die durch eine DNA-Sequenz (größer als 16 Basenpaare) charakterisiert ist, die nur ein einziges Mal im Genom vorkommt.

Allel: Eine von mehreren möglichen Formen eines Gens, das einen bestimmten Locus auf einem Chromosom besetzt. Ein einzelnes Allel für jeden Locus wird von jedem Elternteil vererbt, so daß jedes Individuum zwei Allele für jedes Gen besitzt.

Alu: Gruppe von 500000 eng verwandten genetischen Sequenzen im menschlichen Genom, von denen jede etwa 300 Basenpaare lang ist. Ein Beispiel für eine repetitive Genfamilie.

Alu-Sequenzen sind über alle 46 Chromosomen verstreut.

Aminosäuren: Klasse von 20 Molekülen, die sich in linearen Anordnungen verbinden und Proteine in lebenden Organismen bilden. Die Sequenz (Reihenfolge) der Aminosäuren in einem Protein wird durch die Reihenfolge von codierenden Tripletts in einem Gen bestimmt. Die Reihenfolge der Aminosäuren in einem Protein schreibt vor, wie sich die Moleküle zu einer bestimmten Gestalt falten und einen dreidimensionalen molekularen Körper mit einer oder mehreren Funktionen erzeugen.

Antigen: Jede körperfremde Substanz, deren Eindringen in einen Organismus die Produktion eines Antikörpers auslöst.

Antikörper: Vom Immunsystem hergestelltes großes Molekül, um Krankheitserreger im Körper zu neutralisieren oder unschädlich zu machen.

Autoradiographie: Technik, um ein Bild von der Verteilung der DNA-Fragmente zu erzeugen, die mittels Gelelektrophorese der Länge nach getrennt worden sind. Jeder DNA-Strang ist mit einem radioaktiven Marker versehen, der auf einem Röntgenfilm aufgenommen wird. Das Ergebnis ist eine Reihe von Banden, die die unterschiedlichen Fragmentgrößen zeigt und einen Vergleich von DNA-Proben untereinander erlaubt.

Autosom: Chromosom, das nicht an der Bestimmung des Geschlechts beteiligt ist. Das diploide menschliche Genom besteht aus 46 Chromosomen: 22 Paaren von Autosomen und einem Paar Geschlechtschromosomen (X- und Y-Chromosom). Jeder Elternteil steuert einen haploiden Chromosomensatz (22 Autosomen und 1 Geschlechtschromosom) zu dem gemeinsamen Nachkommen bei.

Bakteriophage: s. Phage

Basenpaar (Bp): Zwei Basen, Adenin und Thymin oder Guanin und Cytosin, die durch schwache Bindungen verbunden sind. Eine Base ist nur eine der Untereinheiten (s. *Nucleotide*) der DNA, aber ihre Sequenz codiert die Anweisungen für die Produktion unterschiedlicher Proteine. Zwei DNA-Stränge werden durch die Bindungen zwischen Basenpaaren in Form einer Doppelhelix verbunden.

Bibliothek, genetische: Ungeordnete Sammlung von DNA-Klonen, die von einem bestimmten Organismus stammen.

Boten-RNA: s. Messenger-RNA

cDNA: Abkürzung für engl. *complementary DNA* oder *copy DNA*. Die komplementäre DNA ist eine künstlich hergestellte Kopie der codierenden Sequenzen eines Gens; sie wird im Reagenzglas hergestellt, ist also kein natürliches Produkt. In einer lebenden Zelle werden die proteincodierenden DNA-Sequenzen als mRNA (s. *Messenger-RNA*) transkribiert. Molekularbiologen verwenden Reverse Transkriptase, ein Enzym, das DNA-Kopien der RNA macht, um Kopien der mRNA herzustellen. Die daraus resultierende cDNA – die Kopie der Kopie – kann dann analysiert werden.

Centimorgan: Maßeinheit der Rekombinationshäufigkeit. 1 Centimorgan entspricht der Wahrscheinlichkeit von 1 Prozent, daß ein genetischer Locus von einem anderen Marker aufgrund von Rekombination innerhalb einer einzigen Generation getrennt wird. Bei Menschen entspricht 1 Centimorgan durchschnittlich 1 Million Basenpaaren.

Chromosom: Stabförmiges Gebilde aus Proteinen und der zellulären DNA, die in ihrer Nucleotidsequenz die lineare Anordnung der Gene trägt. Das Rückgrat des Chromosoms bildet ein langes DNA-Molekül. Chromosomen sind unter dem Lichtmikroskop nur während bestimmter Stadien der Zellteilung zu erkennen, wenn sie sich in der Phase der Verdichtung befinden. Die 24 Chromosomen im menschlichen Genom

(22 Autosomen sowie das X- und das Y-Chromosom) enthalten etwa 100000 Gene.

Chromosomenbande: Ein schmaler Bereich des Chromosoms, der sich unter Einwirkung eines Farbstoffs dunkel färbt. Jedes menschliche Chromosom zeigt ein einmaliges Bandenmuster und läßt sich anhand dieses Musters identifizieren.

Chromosomenrekombination: Der Austausch von Chromosomensegmenten (durch Brechen und Wiederverknüpfung) zwischen zwei homologen Chromosomen während der Replikation. Da sich ein Stück des einen Chromosoms nun auf dem anderen Chromosom des Paars befindet und umgekehrt, wird die Rekombination als heterolog bezeichnet. Auch *Crossing-over* genannt.

Codierende Region: s. Exon

Codon: s. Genetischer Code

Cosmid: Künstlich konstruierter Klonierungsvektor, der das *cos*-Gen des Phagen Lambda sowie das DNA-Segment, das geklont werden soll, enthält. Cosmide können in Phagenpartikeln verpackt sein, um *Escherichia coli* zu infizieren; dies erlaubt die Klonierung von größeren DNA-Fragmenten (bis zu 45 kb), die durch andere Arten von Plasmiden in Bakterienwirte eingefügt werden können.

Cosmidkarte: Physikalische Karte, die eine Sammlung von Bakterien umfaßt; diese enthalten Cosmide, die die untersuchten DNA-Fragmente tragen.

Crossing-over: s. Chromosomenrekombination

Cytosin (C): s. Basenpaar

Desoxyribonucleinsäure: s. DNA

DNA: Desoxyribonucleinsäure, das Molekül, das die genetische Information codiert. Die DNA ist eine doppelsträngige Kette von Nucleotiden, die durch schwache Bindungen zwischen Basenpaaren verbunden ist. In der Natur bilden sich Basenpaare nur zwischen Adenin (A) und Thymin (T) und zwischen Guanin (G) und Cytosin (C); deshalb kann die Sequenz jedes einzelnen Strangs von der seines Partners abgeleitet werden.

DNA-Diagnostik: Die Anwendung verschiedener Techniken, um Abweichungen in Genen oder Chromosomen zu bestimmen, die mit Krankheiten verbunden sind. Zu diesen Techniken gehört die Anwendung der Komplementarität zwischen Sonden- und Ziel-DNA, um beide auf zusammenpassende und nicht zusammenpassende Abschnitte hin zu untersuchen.

DNA-Fingerabdruck: Analyse der DNA eines Individuums mit Hilfe der Molekulartechniken, die in der DNA-Diagnostik verwendet werden, um ein einmaliges DNA-Profil zu erzeugen.

DNA-Polymerase: Enzym, das als Katalysator bei der Replikation der DNA wirkt.

DNA-Synthese: Die chemische Verknüpfung von Nucleotiden, um ein künstliches DNA-Molekül zu erzeugen.

Dominant: Bezieht sich auf ein Allel, das exprimiert wird, wenn es bei dem Individuum in nur einer Kopie vorhanden ist. Chorea Huntington ist ein Beispiel für eine Krankheit, die von einem dominanten Gen verursacht wird.

Doppelhelix: Die natürliche Gestalt der DNA, die spiralenförmige räumliche Anordnung von zwei komplementären, antiparallelen Ketten von Nucleotiden.

Elektrophorese: Methode, um große Moleküle (wie etwa DNA-Fragmente oder Proteine) aus einem Gemisch ähnlicher Moleküle zu trennen. Durch ein Medium, das das Gemisch enthält, wird Strom geleitet. Jede Molekülart wandert mit unterschiedlicher Geschwindigkeit durch das Medium, je nach elektrischer Ladung und Größe. Die Fragmente werden deshalb der Größe nach getrennt oder fraktioniert. Agarose- und Acrylamidgele sind die verbreitetsten Medien bei der Elektrophorese von Proteinen und Nucleinsäuren.

Embryo: Organismus in den frühesten Stadien seiner Entwicklung.

Enzym: Protein, das als Katalysator wirkt und die Geschwindigkeit erhöht, mit der eine biochemische Reaktion abläuft, ohne die Richtung oder den Charakter der Reaktion zu verändern.

Exon: Die proteincodierende DNA-Sequenz eines Gens. S. auch *Intron*.

Expression: s. Genexpression

Fließzytometrie: Die Analyse von biologischem Material durch den Nachweis der lichtabsorbierenden oder fluoreszierenden Eigenschaften von Zellen oder noch kleineren Gebilden (wie etwa Chromosomen), die in einem schmalen Strom durch einen Laserstrahl wandern. Dabei entsteht ein Absorptions- oder Fluoreszenzprofil der Probe. Automatische Sortiergeräte analysieren aufeinanderfolgende Tröpfchen und ordnen sie nach der Fluoreszenz, die jedes Tröpfchen abgibt, in verschiedene Fraktionen. Einzelne Zellen oder Chromosomen können in solchen Tröpfchen isoliert und charakterisiert werden.

Gen: Die grundlegende physikalische und funktionelle Einheit der Vererbung. Ein Gen ist eine geordnete Abfolge von Nucleotiden, die sich an einer bestimmten Stelle eines Chromosoms befinden. Jedes Gen codiert ein spezifisches funktionelles Produkt wie ein Protein oder ein RNA-Molekül.

Genetischer Code: Die Sequenz von Nucleotiden, die in Tripletts entlang der Messenger-RNA codiert ist und die Sequenz von Aminosäuren bei der Proteinherstellung bestimmt. Mittels der DNA-Sequenz eines Gens kann die mRNA-Sequenz vorhergesagt werden. Während man mit Hilfe des genetischen Codes wiederum die Aminosäurenabfolge vorhersagen kann. Die vier Buchstaben des DNA-Alphabets bilden 64 Tripletts oder *Codons*; diese spezifizieren die 20 verschiedenen Aminosäuren-Untereinheiten und die Stoppsignale, die die Produktion des Proteins beenden. Folglich werden die meisten Aminosäuren von mehr als nur einem Triplett codiert.

Genetische Kartierung: Bestimmung der relativen Positionen von Genen auf einem DNA-Molekül (Chromosom oder Plasmid) und der Entfernung zwischen ihnen in Kopplungs- oder physikalischen Einheiten.

Genexpression: Der Vorgang, durch den die codierte Information eines Gens in die Strukturen umgewandelt wird, die in der Zelle vorhanden sind und dort tätig sind. Zu den exprimierten Genen gehören sowohl Gene, die in mRNA umgeschrieben und dann in Proteine übersetzt werden, als auch Gene, die in RNA transkribiert, aber nicht in Proteine übersetzt werden (z. B. Transfer-RNA und ribosomale RNA).

Genregulation: Die Wechselwirkungen von DNA und Protein in einem Gen, die die zeitliche und die räumliche Expressionsweise sowie die Stärke der Expression bestimmen.

Genom: Das gesamte genetische Material in den Chromosomen eines bestimmten Organismus. Die Größe des Genoms wird in der Regel als Gesamtzahl seiner Basenpaare angegeben.

Genotyp: Die gesamte genetische oder erbliche Beschaffenheit, die ein Individuum von seinen Eltern erhält. S. auch *Phänotyp*.

Guanin (G): s. Basenpaar

Heterozygote: Organismus, der auf jedem Exemplar eines Chromosomenpaars verschiedene Allele eines bestimmten Gens besitzt.

Homologes Chromosom: Exemplar eines gleichartigen Paars von menschlichen Chromosomen.

Homozygote: Organismus, der auf jedem Exemplar eines Chromosomenpaars identische Allele eines Gens besitzt. Eine Person kann für ein Gen homozygot und für ein anderes Gen heterozygot sein.

Impulsfeld-Gelelektrophorese: Die Verwendung von wechselnden elektrischen Feldern bei der Elektrophorese. Das Pulsieren bringt große Moleküle dazu, durch ein Gel zu wandern. Während die herkömmliche Gelelektrophorese DNA-Segmente bis zu einer Größe von 25 000 Basenpaaren trennen kann, vermag die Impulsfeld-Gelelektrophorese Segmente zu trennen, deren Größe von 100 bis zu 10 Millionen Basenpaaren reicht.

Intron: DNA-Sequenz, die die proteincodierenden Sequenzen eines Gens unterbricht. Diese Sequenzen werden in nukleäre RNA transkribiert, aber aus der Botschaft (mRNA) herausgeschnitten, bevor sie in das Protein übersetzt wird.

in vitro: Verfahren, die im Reagenzglas durchgeführt werden.

in vivo: Verfahren, die im lebenden Organismus durchgeführt werden.

Karten: s. Cosmidkarte, genetische Karte, Kopplungskarte, physikalische Karte, Restriktionsfragment-Längenpolymorphismus und *sequenzetikettierte Stelle.*

Keimbahn: Die DNA von Keimzellen.

Keimzelle: Gamete (Ei- und Samenzellen) und ihre Vorläufer. Bei Menschen enthalten Keimzellen nur eine Kopie der 22 Autosomen und ein Geschlechtschromosom (X oder Y), so daß sie als »haploide Zellen« bezeichnet werden. Wenn sich eine Ei- und eine Samenzelle verbinden, ergibt sich für die daraus hervorgehende Zygote eine diploide Chromosomenanzahl. S. auch *Somazelle.*

Kilobase (kb): Längeneinheit für DNA-Fragmente auf physikalischen Karten (entspricht der Entfernung, über die sich 1000 Basen erstrecken).

Klonen, Klonieren: Der Vorgang der ungeschlechtlichen Erzeugung einer Gruppe von Zellen aus einem einzigen Vorfahren (Klone), die alle identisch sind. Bei der rekombinanten DNA-Technologie bezeichnet man die Verwendung verschiedener Verfahren, mehrere Kopien eines einzigen Gens oder DNA-Segments zu produzieren, als »DNA-Klonierung«.

Kopplung: Die Nähe von zwei oder mehr genetischen Markern – einem Gen oder einem anderen Polymorphismus – auf einem Chromosom. Je dichter die Marker beieinander liegen, desto geringer ist die Wahrscheinlichkeit, daß sie bei einer DNA-Reparatur, -Replikation oder -Rekombination getrennt werden, und desto größer ist somit die Wahrscheinlichkeit, daß sie gemeinsam vererbt werden.

Kopplungskarte: Genetische Karte, die durch eine Analyse der Kopplungsmuster von Genen und Markern auf Chromosomen bestimmt wird.

Künstliches Hefechromosom (YAC, yeast artificial chromosome): Die drei Komponenten eines Hefechromosoms, die für die Replikation notwendig sind, mit einem großen Fragment einer fremden DNA verbunden. Ein YAC kann fremde DNA aufnehmen und verdoppeln.

Locus: Die Position eines Gens oder eines anderen Markers auf einem Chromosom, auch die DNA-Sequenz an dieser Stelle. Manche beschränken die Verwendung des Begriffs auf DNA-Regionen, die exprimiert werden.

Marker: Eine identifizierbare physikalische Stelle auf einem Chromosom, deren Vererbung überprüft werden kann. Marker können exprimierte DNA-Regionen (Gene), eine Basensequenz, die sich durch Restriktionsenzyme bestimmen läßt, oder ein DNA-Segment ohne bekannte codierende Funktion sein. Genetische Karten geben die relative Position von Markern und Genen auf dem Chromosom an.

Megabase: 1 Million Basenpaare.

Messenger-RNA (mRNA): Ribonucleinsäure (RNA), deren Funktion darin besteht, den genetischen Code vom Chromosom (im Zellkern) zum Ribosom (im Zytoplasma) zu befördern und dort die Proteinsynthese zu steuern.

Mutation: Jede replizierbare Veränderung in einer DNA-Sequenz.

Nucleinsäure: Natürliches Polymer, das einzel- oder doppelsträngig ist. Es besitzt eine Zucker-Phosphat-Kette, mit der verschiedene Basen verknüpft sind.

Nucleotid: DNA- oder RNA-Untereinheit, die aus einer stickstoffhaltigen Base (Adenin, Guanin, Thymin oder Cytosin bei DNA bzw. Adenin, Guanin, Uracil oder Cytosin bei RNA), einem Phosphatmolekül und einem Zuckermolekül (Desoxyribose bei DNA und Ribose bei RNA) besteht. Tausende von Nucleotiden sind miteinander verknüpft, um DNA- oder RNA-Moleküle zu bilden.

Oligonucleotid: Kurze DNA-Sequenz, die oft durch chemische Synthese erzeugt wird.

Oncogen: Gen, das in einer oder mehreren seiner Formen mit der Entstehung von Krebs in Zusammenhang steht. Als Proto-Onco-Gene sind viele Oncogene direkt oder indirekt an der Kontrolle der Geschwindigkeit des Zellwachstums beteiligt.

PCR (polymerase chain reaction): s. Polymerase-Kettenreaktion

Phage: Virus, dessen natürlicher Wirt eine Bakterienzelle ist. Phi-X (φX) und Lambda (λ) sind Phagentypen.

Phänotyp: Physische Eigenschaften, wie das Aussehen, eines Organismus als Ergebnis der Wechselwirkung der genetischen Beschaffenheit des Individuums mit der Umwelt. Der Phänotyp unterscheidet sich vom *Genotyp* dadurch, daß er nur die sichtbaren Manifestationen von Genen darstellt.

Physikalische Karte: Sammlung von sich überlappenden DNA-Fragmenten, die sich über eine bestimmte Chromosomenregion erstrecken. Ein gebräuchlicher Typ der physikalischen Karte umfaßt DNA-Fragmente, die in Cosmiden enthalten sind.

Plasmid: DNA-Molekül außerhalb von Chromosomen, das sich unabhängig vom Chromosom repliziert. Fremde DNA kann in ein Plasmid eingebaut werden, so daß sie sich zusammen mit ihm verdoppelt.

Polygen: Die kombinierte Wirkung von Allelen von mehr als einem Gen. Die Körpergröße ist ein Beispiel für ein polygenes Merkmal, ebenso die Dispositionen für verschiedene Typen von Herzerkrankungen.

Polymerase-Kettenreaktion (PCR): Methode, eine große Zahl von Kopien einer bestimmten DNA-Sequenz herzustellen. Das Verfahren erfordert zwei Arten von Primern, wobei jede Art zu genau einem Ende des DNA-Fragments komplementär ist, das vermehrt werden soll: hitzebeständige DNA-Polymerase und einen Vorrat von Nucleotiden. Zuerst wird eine Lösung erhitzt, die das DNA-Fragment, die Primer und die Nucleotide enthält; die beiden Stränge der DNA trennen sich dabei. Die Primer heften sich dann an die entsprechenden Enden. Nachdem die Lösung abgekühlt ist, wird die Polymerase zugesetzt; das Enzym bewirkt die Replikation des DNA-Fragments zwischen den beiden Primern. Jeder neu synthetisierte DNA-Strang dient danach als Schablone für jeden weiteren Strang, so daß sich die Menge mit jeder Wiederholung des Vorgangs verdoppelt. PCR kann eingesetzt werden, um das Vorhandensein einer bestimmten Sequenz in einer DNA-Probe nachzuweisen *(s. sequenzetikettierte Stelle).*

Polymorphismus: Jeder Unterschied in der DNA-Sequenz zwischen Individuen. Genetische Variationen, die bei mehr als 1 Prozent einer Bevölkerungsgruppe auftreten, können als für die genetische Kopplungsanalyse nützliche Polymorphismen gelten.

Primer: Kurze Polynucleotidkette, zu denen neue Desoxyribonucleotide mittels DNA-Polymerase hinzugefügt werden können.

Protein: Großes Molekül, das aus einer oder mehreren Ketten von Aminosäuren in einer bestimmten Abfolge besteht. Die Reihenfolge wird durch die Abfolge der Nucleotide im Gen bestimmt, das das Protein codiert. Proteine werden für die Struktur, Funktion und Regulation von Zellen, Geweben und Organen des Körpers benötigt.

Proteinfaltung: Die Anordnung der Kette von Aminosäuren, die ein Proteinmolekül bilden, in einer nichtlinearen oder »gebündelten« Form. Die Reihenfolge der Aminosäure-Untereinheiten schreibt vor, wie sich die Kette dreidimensional faltet, um eine molekulare »Maschine« zu bilden.

Proto-Oncogen: Normales zelluläres Gen, das sich zu einem krebserregenden Oncogen entwickeln kann. Die Mutation kann verschiedene Ursachen haben, darunter Punktmutation, chromosomale Translokation, Insertionsmutation und Amplifikation.

Radioaktive Markierung: Markierung eines Moleküls mit einer radioaktiven Substanz.

rekombinante DNA, rekombinierte DNA: Hybride, im Labor erzeugte

DNA. Sie wird synthetisiert, indem DNA-Stücke aus verschiedenen Quellen verknüpft werden.

Rekombination, homologe: Der Einbau von Genen oder DNA-Segmenten an ihrer richtigen Stelle in einem Chromosom.

Replikation: Verdoppelung eines Moleküls nach dem Muster einer Schablone oder Matrize. Die Replikation kann *in vitro* wie auch *in vivo* vorgenommen werden.

Restriktionsenzym: Protein, das spezifische, kurze Nucleotidsequenzen erkennt und die DNA an diesen Stellen schneidet.

Restriktionsfragment-Längenpolymorphismus (RFLP): Die Differenz in der Größe von DNA-Fragmenten, die bei verschiedenen Individuen von spezifischen Restriktionsenzymen geschnitten werden. Polymorphe Sequenzen, die zu RFLPS führen, werden sowohl auf physikalischen Karten als auch auf genetischen Kopplungskarten als Marker verwendet. RFLPs entstehen in der Regel durch eine Mutation an der Schnittstelle.

Rezessiv: Bezieht sich auf ein Allel, das nur exprimiert wird, wenn es in zwei Kopien vorhanden ist, eine auf jedem Exemplar eines Chromosomenpaars.

RNA: Abkürzung für *Ribonucleinsäure*, einen chemischen Stoff, den man im Zellkern und im Zytoplasma von Zellen findet; RNA spielt eine wichtige Rolle bei der Proteinsynthese und anderen chemischen Aktivitäten der Zelle. Die Struktur der RNA ist ähnlich derjenigen der DNA, nur daß sie anstelle von Thymin Uracil enthält. Es gibt mehrere Arten von RNA-Molekülen, Boten- oder Messenger-RNA (mRNA), Transfer-RNA (tRNA), ribosomale RNA (rRNA) und andere kleine RNAs, von denen jede eine unterschiedliche Funktion hat.

RNA-Spleißmuster: Die Kombination von DNA-Sequenzen, die durch Messenger-RNA von einem Gen kopiert werden. Von einem einzigen Gen transkribierte mRNAs können verschiedene Teile der Sequenz des Gens zusammenspleißen.

Sequenz: Die Reihenfolge der Nucleotiden in einer Nucleinsäure bzw. die Reihenfolge der Nucleinsäuren in einem Protein.

Sequenzetikettierte Stelle (STS): Kurze DNA-Sequenz, die von zwei PCR-Primern begrenzt wird und in einmaliger Weise ein kartiertes Gen oder eine andere chromosomale Region bestimmt. Die Reihenfolge und die Verteilung dieser Sequenzen bilden eine STS-Karte.

Somazelle: Jede Körperzelle mit Ausnahme der Gameten (oder Keimzellen) und ihre Vorläufer. Im menschlichen Körper besitzt jede normale Somazelle einen vollständigen Satz von 46 Chromosomen, zwei Kopien der 22 Autosomen und zwei Geschlechtschromosomen. Somazellen werden deshalb als »diploide Zellen« bezeichnet.

Sonde: Einzelsträngiges DNA- oder RNA-Molekül mit bekannter Abfolge, das entweder radioaktiv oder immunbiologisch markiert ist. Sonden werden eingesetzt, um komplementäre Basensequenzen mittels Hybridisierung festzustellen.

Stoffwechselfehler, angeborener: Fehler in einem der Gene, die den Stoffwechsel regulieren.

Thymin (T): s. Basenpaar

Träger: Individuum mit einer Krankheitsform eines Gens (Allel) und einer normalen Form des Gens.

Transgenes Tier: Tier, dessen Zellen genetisches Material enthalten, das ursprünglich von einem anderen Lebewesen stammt. Beispielsweise können transgene Mäuse Erbmaterial von Menschen enthalten.

Uracil: s. RNA

Vektor: Der Träger, mit dessen Hilfe neue Gene in Zellen eingeführt werden können. Gegenwärtig sind Plasmide die bevorzugten Vektoren, obwohl zunehmend auch Viren und Bakterien für diesen Zweck eingesetzt werden.

X-Chromosom, Y-Chromosom: Die Geschlechtschromosomen. Frauen besitzen zwei X-Chromosomen in jeder Somazelle, während Männer ein X- und ein Y-Chromosom haben.

X-Kopplung: Die Lage eines Gens oder Markers auf dem X-Chromosom. Rezessive, abnorme Gene, die sich auf dem X-Chromosom befinden, werden bei Männern häufiger exprimiert als bei Frauen, weil Männern die fehlerfreie Kopie des X-Chromosoms fehlt. Beispiele für X-gekoppelte bzw. X-chromosomale Erbkrankheiten sind Hämophilie und Duchenne-Muskelschwund oder Farbenblindheit.

YAC: s. Künstliches Hefe-Chromosom

Zellhybridisierung: Die Verschmelzung von Zellen zweier verschiedener Organismen zu einer Zelle, die die Chromosomen beider Ausgangszellen kombiniert.

Zytogenetik: Teilgebiet der Genetik, das sich mit genetischen Variationen beschäftigt und die Unterschiede in der Chromosomenstruktur untersucht.

Autorenbiographien

Charles Cantor ist Professor für Biochemie in Berkeley und als leitender Wissenschaftler am Genomprojekt des *Department of Energy* beteiligt. Er studierte physikalische Biochemie und hat für diesen Bereich ein größeres Lehrbuch verfaßt. Zusammen mit David Schwartz entwickelte er die Impulsfeld-Gelelektrophorese, ein wichtiges Verfahren zur Sortierung großer DNA-Fragmente. Professor Cantor hat das Genomprojekt von Anfang an befürwortet und leitete früher das Genomzentrum der *Lawrence Berkeley Radiation Laboratories*. Zur Zeit erforscht er Aufbau und Organisation der Chromosomen.

C. Thomas Caskey, Inhaber des Henry-und-Emma-Meyer-Lehrstuhls und Direktor des molekulargenetischen Instituts am *Baylor College of Medicine*, ist gelernter Physiker und arbeitete anschließend bei den Nationalen Gesundheitsinstituten als Molekularbiologe, vor allem auf dem Gebiet der Proteinsynthese. Seine gegenwärtigen Forschungsbereiche sind die Körperzellentherapie und -genetik, die medizinische Genetik und die Chromosomenkartierung und -sequenzierung. Er hat ein Genomzentrum der Nationalen Gesundheitsinstitute mit diesen Schwerpunkten aufgebaut. Caskey gehört zu den Pionieren der Anwendung molekularer Biologie in der medizinischen Genetik und hat vor kurzem das Gen für das Fragile-X-Syndrom isoliert, das die häufigste Ursache für geistige Störungen bei Neugeborenen darstellt.

Ruth Schwartz Cowan, erforscht die Geschichte der Wissenschaft und Technik im 19. und 20. Jahrhundert. Sie schrieb u. a. das preisgekrönte Buch: *More Work for Mother: The Ironies of Household Technology from the Open Hearth to the Microwave*, Basic Books 1983, und mehrere Untersuchungen zur Geschichte der Biologie und Eugenik. Sie ist Professorin für Geschichte an der *State University of New York* in Stony Brook, wo sie das Programm Frauenstudien leitet. Zu ihrer Lehrtätigkeit gehören Kurse zu sozialen und ethischen Fragen der Technologie im Bereich der Fortpflanzung. Zur Zeit arbeitet sie an einem Buch über die Geschichte der pränatalen Diagnose.

Walter Gilbert, Inhaber der Carl-Loeb-Professur in Harvard, studierte Physik, sattelte auf die Molekularbiologie um und leistete auf dem Gebiet der Protein-DNA-Wechselwirkungen Pionierarbeit. Zusammen mit Allan Maxam entwickelte er eines der wesentlichen Verfahren für die DNA-

Sequenzanalyse und erhielt dafür 1980 den Nobelpreis für Chemie. Gilbert war Teilnehmer der ersten Genomkonferenz 1985 in Santa Cruz und ist seitdem ein beredter Fürsprecher des Genomprojekts. Zur Zeit baut er ein Labor für die DNA-Sequenzanalyse im großen Maßstab auf, das vor allem für die Analyse des Ein-Megabasen-Genoms von Mycoplasma gedacht ist. Zu Professor Gilberts weitgefächerten Interessengebieten zählen die Genregulation und die molekulare Evolution.

Leroy Hood, Inhaber der Bowles-Professur für Biologie am *California Institute for Technology*, ist international bekannt für seine Forschungen in der Immunologie und für bahnbrechende technologische Neuerungen in der Biologie, insbesondere bei Verfahren zur Analyse des menschlichen Genoms. Für seine Arbeiten erhielt er zahlreiche Auszeichnungen, darunter den *Lasker Award* und die Mitgliedschaft in der Nationalen Akademie der Wissenschaften. Er wurde im September 1992 auf den William-Gates-III-Lehrstuhl für Molekularbiologie der University of Washington berufen.

Horace Freeland Judson ist am Programm Geschichte der Wissenschaft an der Stanford University beteiligt. Veröffentlichungen: *The Eighth Day of Creation, The Search for Solutions* und eine Reihe kritischer Aufsätze zu Natur- und Geisteswissenschaften mit dem Titel »Give It Mouth!«

Evelyn Fox Keller, Professorin an der University of California in Berkeley, bringt in ihre Arbeiten zur Geschichte und Philosophie der Wissenschaft ihre Erfahrungen aus Forschungen in theoretischer Physik und mathematischer und molekularer Biologie mit ein. In ihren Veröffentlichungen hat sie sich ausführlich mit verschiedenen gesellschaftlichen Problemen der Wissenschaft aus einer Perspektive befaßt, die nicht nur kenntnisreich ist, sondern auch Denkanstöße gibt. Sie ist Verfasserin von *A Feeling for the Organism: The Life and Work of Barbara McClintock*, W. H. Freeman 1983, und *Reflections on Gender and Science*, Yale University Press 1985. Ihre neuesten Bücher sind das in Zusammenarbeit mit Elisabeth Lloyd entstandene *Keywords in Evolutionary Biology*, Harvard University Press 1992, und *Secrets of Life / Secrets of Death*, Routledge 1991.

Daniel J. Kevles ist Inhaber des Koepfli-Lehrstuhls für Geisteswissenschaften am *California Institute of Technology*. In zahlreichen Beiträgen für verschiedene Publikationen, darunter der *New Yorker* und die *New York Review of Books*, hat er sich gründlich mit den Beziehungen zwischen Wissenschaft, Gesellschaft und Politik auseinandergesetzt. Er ist Autor von *The Physicists: The History of a Scientific Community in Modern America* und *In the Name of Eugenics: Genetics and the Uses of Human Heredity.*

Eric S. Lander ist Genetiker und Mathematiker, zu dessen wissenschaftlichen Interessen die Genetik des Menschen und der Maus und die Populationsgenetik ebensosehr zählen wie computertechnische und mathematische Verfahren in der Biologie. Er ist Mitglied am *Whitehead Institute for Biomedical Research*, Professor für Biologie am *Massachusetts Institute of Technology* (MIT) und Leiter des MIT-Zentrums für Genom-Forschung. 1987 wurde er für seine Arbeiten in der Genetik mit dem Preis der *MacArthur Foundation* ausgezeichnet. Er hat Verfahren zur genetischen Analyse komplexer ererbter Merkmale entwickelt und innerhalb des Genomprojekts an der Herstellung vollständiger Genomkarten mitgewirkt. Als Angehöriger des Nationalen Forschungsausschusses zur DNA-Technik in der Gerichtsmedizin hat Professor Lander an hervorragender Stelle dazu beigetragen, die Möglichkeiten des DNA-Fingerabdrucks zur Identifizierung von Straftätern kritisch zu bewerten.

Dorothy Nelkin ist Professorin an der New York University, wo sie an der soziologischen und juristischen Fakultät lehrt. Vorher hatte sie einen Lehrstuhl an der Cornell University; sie war *Guggenheim Fellow* und Gastdozentin an der *Russel Sage Foundation*. Sie gehörte dem Verwaltungsrat der *American Association for the Advancement of Science* an und übt zur Zeit eine Funktion im Nationalen Beirat für das Genomprojekt der Nationalen Gesundheitsinstitute aus. Sie hat zahlreiche Bücher zum Verhältnis zwischen Wissenschaft und Gesellschaft geschrieben, darunter *The Creation Controversy, Selling Science: How the Press Covers Science and Technology, Dangerous Diagnostics: The Social Power of Biological Information* (zusammen mit L. Tancredi). Ihr neuestes Buch, mit J. Jasper gemeinsam verfaßt, heißt *The Animal Crusade*.

James Watson erhielt 1962 gemeinsam mit Francis Crick den Nobelpreis für Medizin für die Entdeckung der DNA-Struktur. Watson, Ornithologe, bevor er sich der Molekularbiologie zuwandte, hat sich ein breites Spektrum biologischer Interessen bewahrt und ist an Forschungen im Bereich der Genexpression beteiligt. Er war viele Jahre in Harvard tätig und wurde 1968 zum Direktor des *Cold Spring Harbor Laboratory* berufen, wo er hervorragende Bedingungen für Forschung und Lehre geschaffen hat. 1989 übernahm er die Leitung des Genomprojekts der Nationalen Gesundheitsinstitute und ist seitdem im Kongreß, in den Nationalen Gesundheitsinstituten und im Bereich der Wissenschaft der vielleicht einflußreichste Interessenvertreter des Projekts.

Nancy Wexler studierte klinische Psychologie und ist am *Columbia University College of Physicians and Surgeons* Professorin für klinische Psychologie, Neurologie und Psychiatrie. Sie leitete ein Projekt zur Bekämpfung der Huntington-Krankheit in die Wege, in dessen Verlauf sie eine große Zahl von Betroffenen in Venezuela untersuchte. Dadurch wurden die Zellinien der untersuchten Bevölkerungsgruppe für eine Analyse mit den modernen Methoden der Molekularbiologie zugänglich. Zusammen mit James Gusella fand sie den Locus des Huntington-Gens auf dem kurzen Arm des Chromosoms 4. Sie ist sehr aktiv in der *Hereditary Disease Foundation*, die ihr Vater, der Psychoanalytiker Milton Wexler zur Untersuchung von Erbkrankheiten ins Leben gerufen hatte und die entscheidend dazu beitrug, daß hervorragende Wissenschaftler sich der Erforschung der Huntington-Krankheit zugewandt haben. Nancy Wexler ist Vorsitzende der Ethik-Arbeitsgruppe im Genomausschuß der Nationalen Gesundheitsinstitute.

Namenregister

Sachregister

Zu dieser Ausgabe

insel taschenbuch 1721
Daniel J. Kevles und Leroy Hood (Hg.)
Der Supercode
Die genetische Karte des Menschen

Der Text folgt der Ausgabe: Daniel J. Kevles und Leroy Hood (Hg.), *Der Supercode. Die genetische Karte des Menschen*, Artemis Verlag, München 1993. Die amerikanische Originalausgabe erschien 1992 unter dem Titel *The Code of Codes. Scientific and Social Issues in the Human Genome Project*, Harvard University Press, Cambridge/Mass. Die deutsche Übersetzung besorgten Günther Kirchberger und Rainer von Savigny.

Am Fluß des Heraklit
Neue kosmologische Perspektiven
Herausgegeben von
Eberhard Sens
Kartoniert

Der Band versucht den neuen kosmologischen Denkbewegungen in vielen Bereichen nachzugehen: den Paradoxien der Physik oder der Entstehung der Zeit, den Theorien der Selbstorganisation oder der Verbindung von Bewußtsein und Materie. Erst in einer breit angelegten Suche läßt sich ein vertieftes Verständnis der Natur gewinnen.

Friedrich Cramer
Der Zeitbaum
Grundlegung einer allgemeinen Zeittheorie
Gebunden

Daß die Zeit selbst eine Geschichte hat, daß sie entstanden ist und sich entwickelt, ist eine der aufregendsten Entdeckungen der letzten Jahre. Friedrich Cramer stellt hier einen neuen, umfassenden Zeitbegriff vor, der den aktuellen Erkenntnissen in Physik und Biologie, in Philosophie und Kosmologie Rechnung trägt.

Elisabet Sahtouris
Gaia
Vergangenheit und Zukunft der Erde
Gebunden

Die Gaia-Theorie, die die Erde als einen einzigen großen Organismus betrachtet, steht inzwischen im Brennpunkt der ökologischen und politischen Debatten. Elisabet Sahtouris, Schülerin von James Lovelock, hat das Konzept weiterentwickelt und differenziert.

Carol Zaleski
Nah-Todeserlebnisse und Jenseitsvisionen
Gebunden

Nah-Todeserfahrungen, Berichte von Menschen, die nach ihrem klinischen Tod wieder ins Leben zurückkamen, sind inzwischen medizinisch bestätigt worden. Carol Zaleski vergleicht gegenwärtige Berichte von Nah-Todeserlebnissen und historisch-literarische Jenseitsvisionen. Überraschende Übereinstimmungen werden sichtbar: ein neuer Ansatz zur Deutung eines vielschichtigen Themas.

Jacob Needleman
Vom Sinn des Kosmos
Moderne Wissenschaften und alte Wahrheiten
Gebunden

Auch die moderne Wissenschaft bedarf der Rückbesinnung auf alte Weisheitslehren. Needleman plädiert, bei aller nötigen Differenzierung, für eine umfassende Reintegration und damit auch für eine Humanisierung der Wissenschaften.

erschüttert. Alles Lebendige bewegt sich auf dem schmalen Grat zwischen Chaos und Ordnung. Diese Polarität gehört heute zu den wichtigsten Fragen der Wissenschaft. Cramers Buch beschreibt das neue Paradigma in der Anwendung auf zahlreiche Disziplinen.

Richard M. Bucke
Kosmisches Bewußtsein
Zur Evolution des menschlichen Geistes
insel taschenbuch 1498

R. M. Bucke hat mit diesem Buch auf dem Gebiet der Bewußtseinsforschung und Tiefenpsychologie innovativ gewirkt. Auf nüchtern-sachliche Weise beschreibt Bucke Möglichkeit und Wirklichkeit einer Bewußtseinsveränderung und untersucht zahlreiche historische Fälle.

Der Geist im Atom
Eine Diskussion der Geheimnisse der Quantenphysik
Herausgegeben von P. C. Davies und J. R. Brown
insel taschenbuch 1499

Anlaß dieses Buches waren die Experimente von Alain Aspect in Frankreich,die neues Licht auf die Debatte zwischen Niels Bohr und Albert Einstein warfen. Julian Brown und Paul Davies interviewten führende Physiker, die einen besonderen Anteil an der Entwicklung der Quantentheorie haben. Eine klare und knappe Einführung erläutert die Grundlagen der Quantentheorie, ihre Rätsel und Paradoxa sowie ihre unterschiedlichen philosophischen Deutungen.

Fred Alan Wolf
Körper, Geist und neue Physik
Eine Synthese der neuesten Erkenntnisse von Medizin und moderner Naturwissenschaft
insel taschenbuch 1497

Die klassische Physik eines Galilei und Newton hat auch die Mechanik des menschlichen Körpers verständlich gemacht. Doch erst die Quantenphysik versetzt uns in die Lage, den letzten Geheimnissen des Lebens ein Stück näher zu kommen. Der amerikanische Physiker F. A. Wolf vermittelt neue Einsichten in den Zusammenhang von Geist und Materie, Seele und Körper.

Anthony Zee
Magische Symmetrie
Die Ästhetik in der modernen Physik
insel taschenbuch 1501

Die theoretische Physik der Gegenwart richtet ihren Blick in immer stärkerem Maße auf den Entwurf eines einfachen und umfassenden Konstruktionsplans unserer Welt. Bei der Suche nach diesen elementaren Strukturen hat die moderne Physik erkannt: Die Natur gehorcht prinzipiell denselben Gesetzen wie die Ästhetik; besonders Formen der Symmetrie finden sich in den Bausteinen der Natur ebenso wie in der Kunst.

Michio Kaku/Jennifer Trainer
Jenseits von Einstein
Die Suche nach der Theorie des Universums
Gebunden

Die Suche nach einer einheitlichen Theorie zur Erklärung des Universums ist die zentrale Aufgabe der Astrophysik und der Quantentheorie. Das Buch gibt eine Zusammenfassung der kosmologischen Grundgedanken der letzten Jahre und Einblick in neueste Erklärungsversuche.

Werner Künzel/Peter Bexte
Allwissen und Absturz
Der Ursprung des Computers
Gebunden

Auch der Computer und seine Theorie haben ihre Geschichte. Sie reicht zurück bis zu kosmologischen, religiösen und sprachphilosophischen Konzepten in Mittelalter und Barock. Die alten Texte und die neuen Maschinen demonstrieren auf ihre besondere Weise die Logik des Universums.

David Lorimer
Die Ethik der Nah-Todeserfahrungen
Mit einem Vorwort von Raymond A. Moody
Gebunden

Das Plädoyer für ein neues Bewußtsein der Einheit, Verbundenheit und Verantwortlichkeit; der Entwurf einer neuen Ethik, die auf dem empirischen Boden der Nah-Todeserfahrungen entstehen kann.

Fred Alan Wolf
Parallele Universen
Die Suche nach anderen Welten
Gebunden

In glänzendem Weiterdenken der heute gängigen Quantentheorie führt Wolf den Leser in die Annahme paralleler Universen ein, in die Vorstellung, nach der die Zukunft die Vergangenheit zu bestimmen vermag, nach der prophetische Träume und Schizophrenie die Überlappung paralleler Universen anzeigen und Quantencomputer den Aktienmarkt vorhersagen können.

Wolfgang Kaempfer
Zeit des Menschen
Das Doppelspiel der Zeit im Spektrum der menschlichen Erfahrung
Gebunden

Wolfgang Kaempfers Buch enthält eine umfassende Darstellung der ›Zeit des Menschen‹, in Religion und Mythologie, in Politik und Gesellschaft, in Kunst und Philosophie. Zusammen mit Friedrich Cramers ›Zeitbaum‹ liegt damit, in zwei Bänden, eine Art Handbuch zur ›Zeit‹ vor.

Friedrich Cramer
Chaos und Ordnung
Die komplexe Struktur des Lebendigen.
Mit zahlreichen Abbildungen
insel taschenbuch 1496

Natur ist keineswegs nur Ordnung, die Vorstellung des durch und durch geregelten Kosmos ist

James Lovelock
Das Gaia-Prinzip
Die Biographie unseres Planeten
insel taschenbuch 1542

Inzwischen ist die Gaia-Theorie auch in Deutschland anerkannt. Dazu hat das weltweit Aufsehen erregende Buch von James Lovelock erheblich beigetragen. Denn er ist der Begründer dieses neuen Paradigmas der Geologie und Biologie, der Erdbetrachtung insgesamt. Auf dem Spiel steht heute die Gesundheit der Erde. Das Gaia-Prinzip eröffnet neue Perspektiven und neue Chancen für uns alle.

Ian Stewart
Spielt Gott Roulette?
Uhrwerk oder Chaos
insel taschenbuch 1543

Chaos »ist inzwischen eines der meistdiskutierten Phänomene der gegenwärtigen Mathematik«. Stewart zeigt, daß dieser neuen Mathematik ein großer Teil der Natur entspricht, daß die Welt der Dynamik sich noch immer unseren Berechnungen entzieht. Spielt Gott also Roulette mit unserer Welt – oder spielt er ein tiefsinnigeres Spiel, dessen Regeln wir nur noch nicht verstanden haben?

John Gribbin/Martin Rees
Ein Universum nach Maß
Bedingungen unserer Existenz
insel taschenbuch 1579

Eine aktuelle Einführung in die Grundfragen der Kosmologie, zur Entstehung des Universums ebenso wie zur Theorie der ›Schwarzen Materie‹, zu den physikalischen Gesetzen des Kosmos und zur Entwicklung des Lebens. Fesselnd geschrieben und für jedermann verständlich, macht dieses Buch dem Leser deutlich, was in der Astrophysik zur Erkenntnis geworden ist: »Unser« Universum ist ein Universum nach Maß für die Menschheit, und es ist das einzig denkbare, in dem wir existieren können.

Mircea Eliade
Kosmos und Geschichte
Der Mythos der ewigen Wiederkehr
insel taschenbuch 1580

Bei dem Versuch des Menschen, seine eigene Stellung im Universum zu deuten, lassen sich zwei einander prinzipiell entgegengesetzte Grundhaltungen unterscheiden: die des »historischen (modernen) Menschen«, der sich als Schöpfer der Geschichte erkennt, und die des »Menschen der archaischen Kulturen«, der die Geschichte abwehrt, indem er alles Historische in ein System von Mythen und Archetypen einordnet. Alles Geschehen im Leben des Individuums wie der Gemeinschaft hat auf diese Weise selbst teil an einem Urbild, ja wird selbst ein Teil einer überzeitlichen Gegenwart. Dadurch erhält es seinen Wert: Das »Chaos« wird zum »Kosmos«, »Geschichte« zur »Wirklichkeit« beispielhafter Vorbilder. *Kosmos und Geschichte* gehört zu Mircea Eliades bahnbrechenden Arbeiten, dessen Œuvre in Deutschland vor allem von den Verlagen Suhrkamp und Insel betreut wird.